Computersimulationen in politischen Entscheidungsprozessen

AF166567

Dirk Scheer

Computersimulationen in politischen Entscheidungsprozessen

Zur Politikrelevanz von Simulationswissen am Beispiel der CO_2-Speicherung

 Springer VS

Dirk Scheer
Stuttgart, Deutschland

Zgl. Dissertation an der Universität Stuttgart, 2013

D 93

ISBN 978-3-658-03393-4   ISBN 978-3-658-03394-1 (eBook)
DOI 10.1007/978-3-658-03394-1

Die Deutsche Nationalbibliothek verzeichnet diese Publikation in der Deutschen Natio-
nalbibliografie; detaillierte bibliografische Daten sind im Internet über http://dnb.d-nb.de
abrufbar.

Springer VS
© Springer Fachmedien Wiesbaden 2013

Gedruckt auf säurefreiem und chlorfrei gebleichtem Papier

Springer VS ist eine Marke von Springer DE. Springer DE ist Teil der Fachverlagsgruppe
Springer Science+Business Media.
www.springer-vs.de

Für Barbara und Lotti
Für Heinz und Hans

Vorwort

Das vorliegende Buch ist eine redaktionell leicht abgeänderte Fassung der Dissertationsschrift „Simulationen in politischen Entscheidungsprozessen: Funktion und Kommunikation von Computersimulationen am Beispiel der Carbon Capture and Storage-Technologie", die von der Fakultät 10 (Wirtschafts- und Sozialwissenschaften) der Universität Stuttgart angenommen und am 29. April 2013 erfolgreich vom Autor verteidigt wurde.

Mein besonderer Dank gilt zunächst meinem Erstbetreuer Ortwin Renn, der mir überhaupt erst die Möglichkeit eröffnete, das spannende Thema Simulationen und Politik zu bearbeiten, und mir im Verlauf der Arbeit jederzeit (im wörtlichen Sinne) geistreicher Ideengeber, Ansprechpartner und Kritiker war. Besonders bedanken möchte ich mich auch bei meinem Zweitgutachter Hans-Joachim Kümpel für seine Bereitschaft, sich neben seiner Tätigkeit als Präsident der Bundesanstalt für Geowissenschaften und Rohstoffe (BGR) Zeit für mich zu nehmen und die Dissertation zu betreuen. Profitieren konnte ich auch von der Auskunftsbereitschaft der Interviewpartner, die sich viele Stunden Zeit nahmen.

Der engen Zusammenarbeit mit dem Lehrstuhl für Hydromechanik und Hydrosystemmodellierung (LH^2)am Institut für Wasser- und Umweltsystemmodellierung der Universität Stuttgart verdankt die Arbeit viel. Erst der intensive Austausch mit Rainer Helmig und Holger Class und ihren Mitarbeiterinnen und Mitarbeitern erlaubte es mir, geowissenschaftliche Simulationen besser zu verstehen und ihre Bedeutung für politische Entscheidungsprozesse herauszuarbeiten. Die „BGR-Druckstudie" als empirische Fallstudie in den Mittelpunkt der Untersuchung zu stellen, geht darüber hinaus auf eine Anregung von Holger Class zurück, die ich gerne aufgenommen habe. Auch den weiteren Autoren der Studie – Frauke Schäfer (ehemals BGR), Christian Müller (BGR) sowie Lena Walter (LH^2) – möchte ich für ihre Unterstützung danken.

Erste Ideen und Überlegungen zur vorliegenden Arbeit konnte ich in der Ruhe von Forschungsaufenthalten in den USA am *George Perkins Marsh Institute* der *Clark University* in Worcester (Massachusetts) und in der *Earth Sciences Division* des *Lawrence Berkeley National Laboratory* in Berkeley (Kalifornien) entwickeln. Hier gilt mein besonderer Dank Robert L. Goble von der Clark University für den engen Austausch und sein fortwährendes Interesse an Inhalt und Zustand der Arbeit und Maura Sweeney für die Unterstützung in Worcester.

Karsten Pruess und Curtis M. Oldenburg haben mir in Berkeley das Innenleben von geowissenschaftlichen Simulationen im Bereich der *Carbon Capture and Storage* Technologie nähergebracht. Den weiteren Mitarbeiterinnen und Mitarbeitern um Curtis Oldenburg danke ich zudem für ihre Bereitschaft, mir für Interviews zur Verfügung gestanden zu haben. An der *Carnegie Mellon University* in Pittsburgh hatte ich zudem die Gelegenheit, erste Grundzüge der Arbeit vorzustellen und im Wissenschaftskreis zu diskutieren. Lauren Fleishman danke ich sehr, mir diese Gelegenheit eröffnet zu haben.

Die Arbeit wurde auch von einer Vielzahl von Kolleginnen und Kollegen an der Universität Stuttgart in verschiedenen Phasen begleitet. Hier danke ich insbesondere meinem langjährigen Kollegen Wilfried Konrad, der sich einer frühen Fassung angenommen hat. Daneben gilt mein Dank einer Vielzahl weiterer Kolleginnen und Kollegen, von denen hier stellvertretend genannt sind: Eckhart Arnold, Gregor Betz, Marion Dreyer, Wolfgang Hauser, Hannah Kosow, Barbara Teutsch, Karolin Tampe-Mai, Gisela Wachinger, Sandra Wassermann und Wolfgang Weimar-Jehle. Mein besonderer Dank gilt auch dem Exzellenzcluster Simtech an der Universität Stuttgart, in dessen Graduiertenschule ich die Arbeit durchführen konnte; hier möchte ich stellvertretend Wolfgang Ehlers und Dietmar Wechsler sowie dem gesamten Managementteam für die Geduld und immerwährende Unterstützung danken.

So wichtig die kollegiale Unterstützung im Arbeitsumfeld auch ist, so ist das private Umfeld doch letztlich das Entscheidende. Ohne Verständnis, Zuspruch und dem Zurückstellen eigener Wünsche und Bedürfnisse kann eine solche Arbeit nicht gelingen. Ein tiefer Dank gilt daher meiner lieben Partnerin Barbara Lubienski, meinen tollen Eltern Lotti Reiter und Heinz Scheer sowie meinem engen Freund Hans Nicolay – ihnen ist diese Arbeit gewidmet.

Heidelberg, im Juni 2013   *Dirk Scheer*

Inhalt

11

Abbildungen

Tabellen

Zusammenfassung

Computersimulationen sind eine zentrale Errungenschaft der technischen Entwicklung im Bereich der Informations- und Kommunikationstechnik. Begünstigt durch die technischen Möglichkeiten der digitalen Datenverarbeitung haben sich Computersimulationen als wichtiges Werkzeug mit vielfältigem Anwendungsbezug etabliert. Zentrale Bedeutung habe Simulationen in der grundlagen- wie anwendungsorientieren Wissenschaft. Einsatzfelder sind – um nur eine kleine Auswahl zu nennen – die Genetik, die Gravitationsphysik und nicht zuletzt die Klimaforschung und Technikfolgenabschätzung.

Das über Simulationen gewonnene Wissen hat Einfluss auf andere Gesellschaftsbereiche wie Politik, Wirtschaft und Öffentlichkeit. Die Produktion von simulationsbasiertem Wissen und dessen Kommunikation an politisch-gesellschaftliche Entscheidungsträger ist mittlerweile von zentraler Bedeutung. Simulationen fungieren damit gleichermaßen als Erkenntnis- und Kommunikationsinstrument an der Schnittstelle zwischen Wissenschaft und Politik. Gleichwohl sind die Prozesse und Begleitumstände dieses Wissenstransfers bislang nur unzureichend betrachtet worden. Es besteht dabei ein unzureichendes Verständnis in zweierlei Hinsicht: erstens über die Spezifika der Erkenntnis- und Kommunikationsfunktionen von Simulationen beim Prozess des Wissenstransfers; zweitens über Perzeptions- und Rezeptionsmuster sowie Bewertungs- und Verwertungsmuster von Simulationen bei politisch-gesellschaftlichen Entscheidungsträgern.

An dieser Stelle setzt die vorliegende Arbeit mit der folgenden forschungsleitenden Fragestellung an: Wie werden politikrelevante wissenschaftliche Simulationen in politischen Entscheidungsprozessen verarbeitet? Zur Bearbeitung wird diese Leitfrage in drei Bearbeitungsschritte aufgeteilt: Erstens, welche Erkenntnis- und Kommunikationsfunktionen erfüllen Simulationen beim Wissenstransfer an der Schnittstelle von Wissenschaft und Politik? Zweitens, unter welchen Bedingungen sind wissenschaftliche Simulationen politikrelevant? Drittens, welche simulationsbasierten Perzeptions- und Rezeptionsmuster sowie Bewertungs- und Verwertungsmuster lassen sich bei politisch-gesellschaftlichen Entscheidungsträgern ausmachen?

Die Untersuchung verfolgt damit gleichermaßen eine theoretisch-konzeptionelle wie empirische Zielsetzung. Zum einen soll über eine theoretisch-konzeptionelle Analyse ein besseres und differenzierteres Verständnis von simulationsbasierten Kommunikationsprozessen und deren Wirkung in der Politik erfolgen. Zum andern sollen empirisch rezeptionsseitige Muster der Informationsaufnahme und -verarbeitung bei politisch-gesellschaftlichen Entscheidungsträgern ermittelt werden.

Als Fallstudie für die empirische Untersuchung wurde die Technologie der unterirdischen CO_2-Sequestrierung (engl. *Carbon Capture and Storage – CCS*) gewählt. Die Technologie ist, obwohl noch nicht im industriellen Maßstab anwendungsfähig, bereits relativ gut hinsichtlich ihrer technischen und politisch-gesellschaftlichen Implikationen erforscht. CCS gilt Vielen als Erfolg versprechende Brückentechnologie für eine CO_2-arme Nutzung von fossilen Energieträgern und ist damit vornehmlich im Bereich des Energiesektors und der Klimapolitik anzusiedeln. Andererseits hat die CCS-Technologie aber auch mit beträchtlichen Akzeptanzproblemen in der Bevölkerung zu kämpfen. Die Auswahl der CCS-Technologie erfolgte aus inhaltlichen und forschungspragmatischen Gründen: Zum einen spielen Simulationen im Bereich von CCS bei der derzeit laufenden Technikentwicklung und -bewertung sowie der regulatorischen Einbettung eine herausragende Rolle. Zum anderen wurde die Untersuchung in enger Zusammenarbeit mit dem Lehrstuhl für Hydromechanik und Hydrosystemmodellierung am Institut für Wasser- und Umweltsystemmodellierung der Universität Stuttgart durchgeführt, die dem Autor vertiefende Einblicke in Konzeption und Praxis CCS-bezogener Modellierung erlaubte.

Die konzeptionelle Analyse zur Herausarbeitung der Erkenntnis- und Kommunikationsfunktionen von Simulationen stützt sich auf theoretische Ansätze der Wissensvermittlung an der Schnittstelle von Wissenschaft und Politik sowie der Betrachtung der Wissensvermittlung als Kommunikationsprozess. Darüber hinaus werden spezifische kommunikationstheoretische Ansätze zur Informationsverarbeitung auf Rezipientenebene herangezogen. Der für die Empirie entwickelte Analyserahmen fokussiert darauf, wie Entscheidungsträger Simulationsergebnisse bewerten und verwerten. Bei der Bewertungsdimension wird zwischen einer Instrumenten-, Prozess- und Ergebnisbewertung von Simulationen unterschieden. Die Verwertungsdimension differenziert einen instrumentellen, konzeptionellen, strategischen und prozeduralen Gebrauch von Simulationen in politischen Entscheidungsprozessen.

Die empirische Analyse identifiziert und systematisiert zunächst Simulationen im Anwendungsbereich der CCS-Technologie und analysiert deren Bedeutung für politische Entscheidungsprozesse. Dies dient in einer ersten Annäherung dazu, die Bedeutung von Simulationen bei der Technologieentwicklung von CCS ein- und deren Politikrelevanz abzuschätzen. In einem weiteren Schritt werden die Ergebnisse qualitativer Interviews mit 19 Entscheidungsträgern aus

Politik, Verwaltung, Wirtschaft und Gesellschaft zur Bewertung und Verwertung von Simulationen in Entscheidungsprozessen ausgewertet. Im Mittelpunkt der Interviews stand zum einen allgemein die Rezeption von geowissenschaftlichen CCS-Simulationen. Zum anderen wurden die Gesprächspartner zu einer konkreten CCS-Simulationsstudie befragt, die von der Bundesanstalt für Geowissenschaften und Rohstoffe (BGR) zusammen mit der Universität Stuttgart durchgeführt wurde (Schäfer et al. 2010). Die Ergebnisse geben ein differenziertes Bild über den Einfluss von geowissenschaftlichen Simulationsstudien bei der Technikentwicklung und -umsetzung von CCS.

Summary

Computer simulations have established as a fundamental accomplishment in the field of information and communication technologies. Benefiting from its increasing capacities for digital data processing, simulations play an important role in a great variety of application fields. However, simulations are of major significance in science-based fundamental and application-oriented research. To give just a few examples, simulations are widespread in genetics, in gravitational physics, climate research and technology impact assessment.

Knowledge gained from computer simulations is not limited to the scientific community itself but impacts other domains of society such as politics, business and industry, and the public at large. Production of simulation-based knowledge and its communication towards political decision-makers have become a crucial factor within policy-making. Impacting societal domains, simulations meet two principal functions: they serve as a knowledge instrument as well as a communication instrument at the science-policy interface. Nonetheless, so far science did not consider in depth how processes and circumstances of simulations-based knowledge transfer works. Research deficits exist in two ways: first, there is a limited understanding about the specifics of the simulation's knowledge and communication role; second, there is no systematic empirical research on how decision-makers perceive and receive as well as judge and use simulations results.

This is the starting point of the present study taking the following research question into account: How are policy-relevant scientific simulation results processed and used in policy-making? To operationalize this leading research question, three subordinated working step questions have been elaborated: First, which knowledge functions and communication functions fulfill simulations within the knowledge transfer at the science-policy interface? Second, under which conditions are simulations policy-relevant? Third, which simulations-based perception and reception patterns as well as assessment and use patterns are dominant among policy-makers and stakeholders?

The study follows both a theoretical-conceptual and empirical objective. On one side, the theoretical-conceptual analysis aims at a better understanding on functions, processes and impacts of simulation results on policy and politics. On the other side, information receptions and processing patterns among decision-makers shall be identified based on empirical evidence.

The field work research is carried out as a case study on the carbon capture and storage technology (CCS). The technology, though still in its implementation infancy, has been researched widely concerning its technical and policy-related implications. Many consider CCS as a promising bridging technology towards a low carbon use of fossils for generating electricity. Thus, CCS is a technology placed in the energy sector and climate policy field. However, CCS faces fierce opposition among environmental groups and affected public. CCS has been chosen as a case-study topic for two reasons: first, simulations are of major importance within the current steps of CCS technology development, assessment and implementation. Second, the case study has been carried out in close cooperation with the Department of Hydromechanics and Modelling of Hydrosystems at the University of Stuttgart, which allowed the author deeper insights and a better understanding of theory and practice of CCS simulations.

The conceptual analysis to identify knowledge and communication functions is based on theories of both knowledge transfer at the science-policy interface and knowledge transfer as a communication process. In addition, a more detailed focus is on policy-makers as information receivers with specific communication theories tackling the issue of human information processing.

The empirical analysis first identifies and systematizes simulations in the field of the CCS technology and analyses their role within policy-making. The purpose of this approach is to assess the significance of simulations within CCS and pre-evaluate *ex-ante* their policy impact. In a next step, results of 19 qualitative interviews with decision-makers from politics, business and industry and society are presented. The interviews focused on how interviewees perceive and process simulation-based knowledge, i.e. geoscientific simulations in general and one specific study in particular. Latter has been carried out by the Federal Institute for Geosciences and Natural Resources (BGR) and the Department of Hydromechanics and Modelling of Hydrosystems at the University of Stuttgart (Schäfer et al. 2010) and was well-known among the majority of interviewees. The empirical results reveal a great variety of coexisting perception and reception patterns as well as assessment and use patterns how decision-makers process simulations results in the field of CCS technology development and implementation.

1   Einleitung

General Circulation Models will achieve direct policy impact "only when their grid scales descend to the size of a Congressional district".
Bob Chervin
National Center for Atmospheric Research
(zit. n. Edwards 1996: 155)

1.1   Simulationen und Politik: Gibt es ein Problem?

Im Jahr 2010 gerieten Simulationen in Deutschland schlagartig in den Blick der Öffentlichkeit. In Island brach der Vulkan Eyjafjallajökull nach 187 Jahren erstmals wieder am 20. März 2010 aus und spuckte tagelang Aschewolken in die Luft. Das Naturschauspiel wurde zum Streitobjekt zwischen Luftfahrtindustrie und zuständigen Behörden. Das Problem waren feine Staubpartikel der Aschewolke, die sich über weite Strecken verteilen können. Wenn sie in Triebwerke von Flugzeugen eindringen, verflüssigen sich die Partikel aufgrund der hohen Temperatur im Inneren der Antriebsaggregate und können Einzelteile und Leitungen verkleben. Die Gefahr eines Triebwerkausfalls mit der Folge eines möglichen Absturzes einer Flugmaschine war gegeben. Die Verantwortlichen mussten schnell handeln: Am 17. April wurde erstmals der deutsche Luftraum gesperrt. Der Deutschen Flugsicherung war als verantwortlicher Behörde die Gefahr von Zwischenfällen im Flugbetrieb zu groß. Entscheidungsgrundlage für das von der deutschen Behörde verhängte Flugverbot waren Simulationsrechnungen über das Ausbreitungsverhalten der Aschewolke, welche vom federführenden *Volcanic Ash Advisory Centre* mit Sitz in London getätigt wurden.

Die Entscheidung eines Flugverbots traf bei den Fluggesellschaften auf heftigen, auch medial artikulierten Widerstand. Im Zentrum des Streits zwischen Flugwirtschaft und staatlichen Behörden stand die Güte der Simulationsrechnungen. Wolfgang Mayrhuber – Chef der Lufthansa – äußerte sich folgendermaßen im „Stern": „Wenn in England ein Institut sitzt, das einen Vulkanausbruch aus Island mit mathematischen Modellen fortrechnet und dann uns erklärt, was in Deutschland in Hannover, in Hamburg, in Berlin zu welcher Stunde passiert, dann darf man das nicht mehr ernst nehmen" (zit. n. Bischoff 2010). Die Prognose über die Ausbreitung der Aschewolke über Computersimulationen wurde seitens der Luftfahrtindustrie in Frage gestellt.

Hatten die Behörden anfangs eine Nulltoleranz-Strategie verfolgt, so einigte man sich mit den Airline-Betreibern im Verlauf der Krise auf einen ad-hoc Grenzwert von 2 Milligramm Asche pro Kubikmeter Luft (mg/m^3) (Wick 2012). In der Tat war die Berechnung und Prognose der Aschekonzentration mit Hilfe von Computersimulationen in mehrerer Hinsicht problematisch (Wick 2012). Zum einen waren und sind die Anfangsbedingungen der Simulation schwer zu bestimmen, da niemand hinreichend genau weiß, wie viel Asche ein Vulkan in die Luft schleudert. Auch ist der Anteil der feinen Asche (nur diese ist für die Beeinträchtigung des Flugverkehrs relevant) empirisch sehr schwer zu bestimmen. Die Forscher mussten begründete Annahmen treffen und legten einen Anteil von 5% fest. Darüber hinaus war die Varianz der Aschekonzentration im Detail nicht zu berechnen. Die der Simulation zugrunde gelegte Gittergröße betrug 40 mal 40 km. Für einzelne Zellen wurde dann ein Mittelwert berechnet. Nachträgliche Überprüfungen ergaben (Webster et al. 2012, zit. n. Wick 2012), dass die Übereinstimmung zwar gut, die Fehlerbandbreite aber mindestens eine Größenordnung betrug. Wurde eine Konzentration von 2 mg/m3 prognostiziert, hätte die eigentliche Belastung auch bei 20 mg/m^3 oder nur bei 0,2 mg/m^3 liegen können.

Die Relevanz von Computersimulationen im politisch-gesellschaftlichen Raum lässt sich auch an einem anderen Beispiel aufzeigen. Fisher et al. (2010) berichten den Fall des Rechtsstreites *Downs* gegen *Secretary of State for the Environment (DEFRA)* in Großbritannien. Die Klägerin Georgina Downs – eine Umweltaktivistin gegen den Einsatz von Pestiziden in der Landwirtschaft – klagte gegen die Entscheidung des britischen Umweltministeriums, keine Schutzzonen für den Einsatz von Pestiziden in der Nähe von Wohngebieten einzurichten. Downs berief sich unter anderem darauf, dass die vom Ministerium für die Entscheidung zugrunde gelegten Informationen auf Simulationsergebnissen beruhten, die nicht adäquat den Sachverhalt einer möglichen Exposition widerspiegeln und somit keine Evidenz für die Ungefährlichkeit des Pestizideinsatzes liefern können. Damit verstoße das Ministerium nach Ansicht der Klägerin gegen geltendes EU-Recht. Richter Collins schloss sich in seinem Urteil dieser Sichtweise an mit der Begründung: „The claimant has produced cogent arguments and evidence to indicate that the approach does not adequately protect residents and so is in breach of the Directive" (England and Wales High Court Decisions 2008: Paragraf 39). Weiter heißt es im Richterspruch von Collins: „It is apparent from this that the claimant is not alone in asserting that the bystander exposure model is inadequate for a proper assessment of the risk to the health of residents" (ebd. Paragraf 27).

Die richterliche Andeutung bezog sich dabei auf Kritik, die die *Royal Commission on Environmental Pollution (RCEP)* an dem vom Umweltministerium genutzten Expositionsmodell bereits geäußert hatte. Aufgrund ungenügender Reliabilität der Simulationsergebnisse riet die Kommission zur Anwendung des Vorsorgeprinzips unter Berufung auf das EU-Recht. Diese Kritik wurde von dem Beratungsgremium des Umweltministeriums, dem *Advisory Committee on Pesticides (ACP)* zurückgewiesen. Das Ministerium hat sich in diesem Expertendilemma auf die Seite des eigenen Expertenkreises gestellt. Richter Collins betonte in seinem Richterspruch aber auch die Grenzen der richterlichen Urteilsfähigkeit zur Güte und Adäquatheit von Simulationen und Modellen indem er schreibt: „I am not qualified to decide between those views nor is it an appropriate exercise for a judge to undertake on judicial review" (ebd. Paragraf 38).

Drei Aspekte sind bei dieser gerichtlichen Auseinandersetzung bemerkenswert (Fisher et al. 2010: 262). Erstens hat sich das Gericht inhaltlich intensiv und ausführlich mit den wissenschaftlichen Details und der Adäquatheit von Simulationen befasst, obwohl das Gericht ausdrücklich auf seine fehlende Kompetenz in Detailfragen hingewiesen hat. Zweitens stützte sich die juristische Begründung für die Entscheidung zugunsten der Klägerin Downs nicht pauschal auf die Beurteilung ‚is the model right or wrong?‘, sondern lieferte mehrere inhaltliche, aufeinander aufbauende juristische Begründungen. So ging der Richterspruch der Frage nach, ob das Modell für die Problemstellung ein angemessenes Berechnungsinstrument war und ob mit den Modellergebnissen stichhaltige Beweise (‚solid evidence‘) vorgelegt werden konnten. Darüber hinaus ist bemerkenswert, dass das Gericht nicht nur die inhaltlichen Facetten detailliert betrachtet hat, sondern auch den administrativen Prozess der Entscheidungsfindung eruierte und ausführlich auf das Expertendilemma einging.

Die beiden Beispiele zeigen zunächst zweierlei: Computersimulationen sind zum einen eine zentrale Errungenschaft der technischen Entwicklung im Bereich der Informations- und Kommunikationstechnik. Begünstigt durch die technischen Möglichkeiten der digitalen Datenverarbeitung haben sich Computersimulationen als wichtiges Werkzeug mit vielfältigem Anwendungsbezug etabliert. Zentrale Bedeutung habe Simulationen in der grundlagen- wie anwendungsorientieren Wissenschaft. Einsatzfelder sind – um nur eine kleine Auswahl zu nennen – die Genetik, die Gravitationsphysik und nicht zuletzt die Klimaforschung und Technikfolgenabschätzung. Das über Computersimulationen gewonnene Wissen hat zum anderen aber auch erhebliche Bedeutung für und Einfluss auf andere gesellschaftliche Teilbereiche. In spezifischen Anwendungen werden Computersimulationen als wissenschaftliches Wissen in unterschiedlichen Einsatzbereichen eingesetzt und Simulationsergebnisse für vielerlei Entscheidungen herangezogen. Simulationen erfüllen damit sowohl eine Erkenntnisfunktion, indem sie Wissen generieren, als auch eine Kommunikationsfunktion, indem über Simulationen gewonnenes Wissen von der Wissenschaft an andere gesellschaftliche Akteure kommuniziert wird.

Betrachtet man die beiden oben skizzierten Beispiele von Simulationen in politischen Entscheidungsprozessen, so zeigen sich einige Aspekte, die paradigmatisch für eine Vielzahl von politischen Problemstellungen und Entscheidungssituationen sind. Zunächst besteht der begründete Verdacht, dass ein bestimmtes Gefährdungspotential für Mensch und/oder Umwelt vorhanden ist. Dabei ist es Aufgabe der Wissenschaft, diesen Verdacht über die Bereitstellung von Wissen zu erhärten bzw. zu objektivieren, so dass Politikentscheidungen evidenzbasiert vollzogen werden können. Für die Politik besteht die Notwendigkeit, einen möglichen Schaden abzuwenden. Es liegt eine Entscheidungssituation vor, bei der zwischen verschiedenen Optionen zu wählen ist. In beiden oben dargelegten Fällen handelt es sich um eine binäre, diskrete Entscheidungssituation, wie sie häufig in der Politik vorkommt. Es muss zwischen zwei gegensätzlichen Alternativen ausgewählt werden: Flugerlaubnis oder Flugverbot einerseits; Einrichtung oder Verzicht auf die Einrichtung eines Schutzraumes beim Einsatz von Pestiziden andererseits. Die Herausforderung besteht nun darin, genau zu definieren und inhaltlich zu begründen, wann die eine oder andere Option zu wählen ist: Ab welcher Aschekonzentration ist ein Flugverbot auszusprechen? Bei welcher Expositionsrate muss ein Schutzraum angelegt werden? Die Entscheidungsalternativen müssen also hinterlegt werden mit eindeutig definierten Bereichen von ‚sicher vs. nicht-sicher'. Es muss eine diskrete Linie der Akzeptanz bzw. Nicht-Akzeptanz von Risiko eingezogen werden in ein Kontinuum von Ursache-Wirkungszusammenhängen. Bei der Aschewolke war dies zunächst die Linie der Nulltoleranz, im Verlauf der Krise dann die Anhebung auf den Grenzwert von 2 mg/m3.

Entschieden werden muss zudem unter Unsicherheit. In unseren beiden Fällen bestand die Unsicherheit darin, die realweltliche Situation und ihren weiteren Verlauf genau zu erfassen und die zukünftige Entwicklung zu prognostizieren. Diese Erfassung ist insofern von großer Wichtigkeit, da sie die Entscheidungswahl substantiell mitbestimmt. Sind die Entscheidungsoptionen mit klar definierten Bereichen hinterlegt und auf genaues Wissen über die Beeinträchtigung von Schutzgütern gestützt (z. B. Expositionsrate, Aschekonzentration), entscheidet der empirische Befund, welche Entscheidung zu treffen ist. Damit ist für die

Politik das Entscheiden inhaltlich weitgehend festgelegt. Insofern kommt der genauen Erfassung der Situation eine immense Bedeutung zu – und dies ist Aufgabe der Wissenschaft. In beiden Fällen wurde die Diagnose der realweltlichen Situation mit Simulationen erfasst und abgebildet.

Mit der Auswahl vorhandener Optionen sind für bestimmte gesellschaftliche Gruppen aber auch positive und negative Folgewirkungen verbunden (Zielkonflikte). Im Fall des Flugverbots verlieren die Fluggesellschaften viel Geld; bei dem Verzicht auf die Einrichtung von Schutzräumen muss mit Gesundheitsschäden und –kosten für Betroffene gerechnet werden. Der Widerstand gesellschaftlicher Gruppen gegen jedwede Entscheidung ist garantiert. Darüber hinaus sind die Implikationen der Entscheidung in beiden Fällen irreversibel. Zwar können die Entscheidungen revidiert werden, die damit verbundenen Folgewirkungen jedoch nicht.

Der Widerstand der Betroffenen machte sich inhaltlich genau an der Frage der adäquaten Situationsbeschreibung durch die Simulationen fest. Die Kritik richtete sich genau auf die Sollbruchstelle der politischen Legitimationskette: Erfassen die Simulationsergebnisse die realweltliche Gefährdungssituation adäquat oder sind die Unsicherheiten der Simulationsergebnisse zu groß, um Rückschlüsse von der Simulation auf das Bezugssystem herzuleiten? Die Politik steht also vor dem Dilemma, dass die Wissenschaft nicht immer harte Fakten für eine eindeutige Interpretation liefern kann, während die Politik eindeutige Entscheidungen zu treffen hat. Funktowicz/Ravetz (1990: 1) haben dieses Dilemma zwischen Wissenschaft und Politik folgendermaßen zusammengefasst: „Previously it was assumed that Science provided 'hard facts' in numerical form, in contrast to the 'soft', interest-driven, value-laden determinants of politics. Now, policy makers increasingly need to make 'hard' decisions, choosing between conflicting options, using scientific information that is irremediably 'soft'".

Simulationen als Methode der Wissenschaft werden im Rahmen dieser Untersuchung folgendermaßen gefasst: Computersimulationen sind ein spezifischer Modelltypus, bei dem realweltliche Prozesse und Systeme abgebildet und deren Elemente über vereinfachte, quantitativ-numerische Wirkungsbeziehungen auf einer Computerumgebung unterlegt sind. Über eigenständige Rechenvorgänge auf dem Computer können dynamische Entwicklungspfade dieser Systeme imitiert und Änderungen der Systemzustände im Zeitverlauf ermittelt und dargestellt werden. Simulationen sind damit zugleich referentiell (d. h. sie verweisen auf etwas anderes) und dereferentiell (d. h. sie stehen für sich alleine) und dienen zugleich als Erkenntnis- und Kommunikationsinstrument, um Erkenntnisse zu generieren und zu kommunizieren, die auf das reale Bezugssystem übertragen werden können.

1.2 Stand der Forschung und Forschungslücken

Simulationen werden im Rahmen dieser Arbeit entsprechend aus dem Blickwinkel ihrer Erkenntnis- und Kommunikationsfunktion im Kontext politischer Entscheidungsprozesse betrachtet. Diese Betrachtungsweise von Simulationen in Entscheidungsprozessen berührt drei unterschiedliche Dimensionen: die Generierung von Wissen und Erkenntnis, die Kommunikation dieses Wissens an politisch-gesellschaftliche Akteure sowie die Wirkung von Simulationsergebnissen in verschiedenen Gesellschafts- und Politikbereichen. Der vorliegende Forschungsstand über diese drei Dimensionen Erkenntnis, Kommunikation und Wirkung stellt sich allerdings recht unterschiedlich dar.

(1) Simulation und Erkenntnis: Am intensivsten hat sich die Forschung mit dem epistemischen Stellenwert von Simulationen beschäftigt. Im Mittelpunkt steht dabei weniger die Politik- und Gesellschaftsrelevanz von Simulationen als vielmehr deren wissenschaftstheoretischer Erkenntniswert und ihr Verhältnis zu den beiden traditionellen Erkenntnisinstrumenten ‚Experiment‘ und ‚Theorie‘. Entsprechend hat sich insbesondere in der philosophischen Wissenschaftstheorie eine umfassende Debatte über den epistemischen Stellenwert von Simulationen entfaltet.

Die philosophische Auseinandersetzung um den epistemischen Stellenwert von Simulationen lässt sich in verschiedene Forschungsschwerpunkte unterteilen (Frigg/Hartmann 2006; Frigg/Reiss 2009). Erstens wird auf metaphysischer Ebene argumentiert, dass Simulationen eine Parallelwelt erschaffen, in der Experimente unter besseren Bedingungen durchführbar sind als in der realen Welt. Mit der Durchführung von ‚numerischen Experimenten‘ in einer artifiziellen Computerumgebung werden über Simulationsergebnisse Erkenntnisse erzielt, die für das Parallel-Modell gültig sind. In einem zweiten Schritt werden diese Erkenntnisse dann auf das Bezugssystem (‚target system‘) mit Gültigkeitsanspruch übertragen. Eine Vielzahl wissenschaftstheoretischer und –philosophischer Abhandlungen widmet sich der Übertragung von Erkenntnissen aus Simulationsergebnissen auf das abgebildete Bezugssystem und fragt nach dem epistemischen Verhältnis von Realität und Virtualität (z. B. Rohrlich 1991; Humphreys 1994; Galison 1996; Fox Keller 2003; Winsberg 2003; Oreskes 2000; Küppers/Lenhard 2005).

Zweitens wird auf epistemologischer Ebene danach gefragt, wie wissenschaftliche Erkenntnisse und Lerneffekte mit Hilfe von Computersimulationen gewonnen und erzielt werden können. Morisson/Morgan (1999) haben betont, dass Lerneffekte alleine über die Konstruktion und den Gebrauch von Modellen bzw. Simulationen erzielt werden, denn „we do not learn much from looking at a model – we learn more form building the model and from manipulating it"

(Morisson/Morgan 1999: 11 f.). Simulationen als dynamische Modelle über die Zeit sind damit vergleichbar einer Technologie, die gebaut und angewendet werden müssen, um ihre Funktion vollständig zu verstehen.

Im Zentrum der Debatte um den epistemologischen Status von Computersimulationen stand und steht die Positionierung von Simulationen gegenüber den wissenschaftlichen Erkenntnisinstrumenten Theorie und Experiment. Besondere Aufmerksamkeit fand dabei das Verhältnis von Simulation zu Experiment (Arnold 2011). Während einige Vertreter die epistemologische Nähe zu Experimenten herausstellen und Simulationen als numerische oder virtuelle Experimente vergleichbar zu empirischen Experimenten auffassen (Morrison 2009; Winsberg 2009), betonen andere den eigenständigen Charakter von Simulationen als ein dritter Weg zwischen Theorie und Experiment (Rohrlich 1991; Küppers/Lenhard 2005). Andere hingegen sehen Modell und Simulationen näher an der formalen Logik von Theorien angesiedelt (Frigg/Hartmann 2006).

(2) Simulation und Kommunikation: Anders als die umfassende wissenschaftstheoretische Debatte ist die Forschung zu Aspekten von Simulation und Kommunikation bislang rudimentär und wenig ausgeprägt. Zunächst ist festzuhalten, dass wenig spezielle Literatur über die Forschungsfrage der Kommunikation von Simulationen aus der Wissenschaft in die Politik vorhanden ist (Webler et al. 2011: 473). Systematische konzeptionelle und/oder empirische Untersuchungen zu Kommunikationsbedingungen und -anforderungen, zu Eigenheiten des Kommunikationsgegenstandes und der Kommunikationsprozesse sowie zu Perzeptions-, Rezeptions- und Bewertungsmustern von Simulationsergebnissen durch den Kommunikationsempfänger liegen kaum vor.

Zwar liegen einige Forschungsarbeiten vor, die Simulationen an der Schnittstelle von Wissenschaft und Politik thematisieren, insbesondere in Bezug auf bestimmte Anwendungsfelder wie beispielsweise Ressourcenmanagement oder Klimawandel. Dabei werden vielfach Kommunikationsdefizite und Glaubwürdigkeitsprobleme auf Seiten des Empfängers ausgemacht (z. B. Alcamo et al. 1996; Yearly 1999; Jäger 1998; Grimm 2002; Happe/Kellermann 2007; Olsson/Anderson 2007; Dreyer/Renn 2011b). Van der Sluijs (2002) identifiziert etwa eine „credibility crisis of models used in integrated environmental assessments", während Happe/Kellermann (2007) nach Auswegen suchen, um das Kommunikationsproblem agentenbasierter Simulationsmodelle in der Politikanalyse zu lösen.

Interessanterweise wird der Kommunikationsprozess bei diesen Arbeiten aber auffallend selten im Detail betrachtet. Es werden zwar Kommunikations- und Glaubwürdigkeitsprobleme identifiziert, Einflussfaktoren für diese Defizite ausgemacht sowie Anforderung zur Verbesserung von Modellen und Simulationen aus Nutzersicht formuliert. Diese stützen sich in der Regel aber nicht auf

29

systematisch und empirisch aufgearbeitete Analysen des Kommunikationsprozesses.

Olsson/Andersson identifizieren beispielsweise auf Basis einer Literaturrecherche eine ganze Reihe von „[f]actors likely to influence stakeholders' acceptance of model derived results" (Olsson/Andersson 2007: 100). Die vermuteten Einflussfaktoren umfassen erstens soziodemographische Faktoren auf Seiten der Rezipienten wie Alter, Geschlecht, Profession oder sozialer Hintergrund. Zweitens werden wissens-, interessens- und einstellungsbezogene Faktoren bei den Rezipienten identifiziert. Es wird vermutet, dass die eigene Erfahrungswelt und das spezifische Interesse der Rezipienten wichtig für die Interpretationsbandbreite von Simulationsergebnissen sind. Daneben wird auch Vertrauen als Einflussfaktor für die rezipientenseitige Akzeptanz von Simulationsergebnissen thematisiert. Demzufolge bestimmen Vertrauen in die Kompetenz von Modellierern und die wissenschaftliche Qualität von Computersimulationen die Akzeptanz von Simulationsergebnissen. Diese vermuteten Einflussfaktoren auf Rezeption und Bewertung von Simulationsergebnissen werden aber nicht systematisch empirisch gestützt, sondern allenfalls über anekdotische Evidenz nachgewiesen. Darüber hinaus fällt auf, dass die existierenden Studien keine Bezüge zu kommunikationstheoretischen Ansätzen aufweisen. Die identifizierten Kommunikationsprobleme bei dem Wissenstransfer von Simulationen aus der Wissenschaft in Politikbereiche werden nicht rückgekoppelt mit Erkenntnissen aus der Kommunikationsforschung.

(3) Wirkung von Simulation: Dem zu Beginn zitierten Bonmot des Ozeanforschers Bob Chervin zufolge ist die Wirkung von Simulationen in der Politik sehr begrenzt. Die Forschung hat sich mittlerweile eingehender mit der Wirkung von Simulationen beschäftigt. Es existieren mittlerweile eine Reihe von Wirkungsanalysen von Simulationen in ausgewählten Politikbereichen (z. B. King/Kraemer 1992; Boulanger/Bréchet 2005; NRC 2007; Fisher et al. 2010; Wagner et al. 2010). Mit dem Schwerpunkt in der Gesundheits-, Umwelt- und Klimapolitik wurde die Bedeutung von Simulationen bei politischen Entscheidungsprozessen untersucht. Eine der umfassendsten Studien hat der US-amerikanische *National Research Council* (NRC 2007) mit einer Analyse von Modellen und Simulationen in der regulatorischen Umweltpolitik der USA vorgelegt. Die Wirkungsanalyse fokussiert auf die funktionale und regulatorische Klassifikation und Systematisierung von Modellen und Simulationen. Darüber hinaus wird deren Wirkungsweise in unterschiedlichen politischen Entscheidungsprozessen analysiert. Der Schwerpunkt liegt auf der Wirkungsanalyse von quantitativen Simulationen in umweltmedienbezogenen Regulationen (z. B. Luft-, Wasser- und Bodenreinhaltung) oder gesundheitsbezogenen Risikoanalysen zur Identifikation von toxikologischen Dosis-Wirkungszusammenhängen.

Genese und Gebrauch von Simulationen werden in den vorliegenden Wirkungsstudien in einer Vielzahl von Politikbereichen nachgewiesen und deren Einflussfaktoren analysiert. Fasst man den Forschungsstand zusammen, kann zwischen simulationsbezogenen und kontextbezogenen Wirkungsfaktoren unterschieden werden. Bei ersteren werden die Komplexität und Undurchsichtigkeit der Modelle sowie deren erkenntnistheoretische Restriktionen und Limitierungen hervorgehoben. Damit verbunden wird auf Probleme bei der Kommunikation von simulationsbedingten Unsicherheiten rekurriert. Bei kontextbedingten Wirkungsfaktoren wird auf die Subjektivität des Modellierers, den geringen kommunikativen Austausch zwischen Modellierer und Entscheidungsträger sowie auf systembedingte Funktionsunterschiede zwischen Politik und Wissenschaft verwiesen.

Der Forschungsstand in den hier skizzierten drei Bereichen lässt sich folgendermaßen zusammenfassen: Zur Frage des Erkenntniswerts von Simulationen besteht vornehmlich in der Philosophie ein sehr elaborierter Forschungsstand zur wissenschaftstheoretischen und epistemologischen Einordnung von Simulationen. Gleichwohl stellt sich dieser Forschungsstand sehr heterogen dar. Es besteht beispielsweise keine Einigkeit über die Einordnung von Simulationen gegenüber den weiteren Erkenntnisinstrumenten Theorie und Experiment. Der Forschungsstand zur Kommunikation von Simulationen ist am schwächsten ausgeprägt. Zwar werden Kommunikations- und Glaubwürdigkeitsprobleme identifiziert. Diese Problemdiagnose ist aber nicht systematisch mit empirischer Forschung unterlegt und es existieren auch kaum Bezüge zu Theorien und Ansätzen aus der Kommunikationswissenschaft. Forschungslücken bestehen hinsichtlich einer systematisch durchgeführten konzeptionellen und empirischen Analyse von Kommunikationsprozessen und deren Rückkopplung mit kommunikationstheoretischen Ansätzen. Untersuchungen zur Wirkung von Simulationen in der Politik sind meist neueren Datums und werden erst seit der Jahrtausendwende durchgeführt. Der Fokus liegt dabei auf der Entwicklung von Klassifikationsschemata, der Identifizierung von Wirkungsfaktoren sowie der Erarbeitung von Vorschlägen zur Wirkungsverbesserung. Der Schwerpunkt der Wirkungsanalysen liegt auf der instrumentellen Verwertung von Simulationen und Simulationsergebnissen in konkreten Politikentscheidungen (Gesetze, Verordnungen usw.). Forschungslücken bestehen dabei hauptsächlich hinsichtlich der Berücksichtigung von Simulationen und ihrer Wirkung für den politischen Entscheidungsprozess in einem umfassenderen Sinne, bei dem nicht nur die instrumentelle Verwertung, sondern auch Aspekte der Perzeption, Rezeption und Bewertung von Simulationsergebnissen bei Entscheidungsträgern im vorgelagerten Stadium der politisch-gesellschaftlichen Meinungsbildung und Entscheidungsfindung Berücksichtigung finden. Während über die Erkenntnisfunktion von Simulationen bereits aus unterschiedlicher Perspektive reflektiert wurde, wurde die Kommunikationsfunktion von Simulationen bislang nur unzureichend wissenschaftlich betrachtet.

1.3 Leitfragen und Ziele der Arbeit

Aus dem oben dargelegten Forschungsstand und den identifizierten Forschungslücken über Simulationen in politischen Entscheidungsprozessen lässt sich folgende Arbeitshypothese formulieren:

> Die Produktion von simulationsbasiertem Wissen und dessen Kommunikation an politisch-gesellschaftliche Entscheidungsträger ist mittlerweile von zentraler Bedeutung. Simulationen fungieren damit gleichermaßen als Erkenntnis- und Kommunikationsinstrument an der Schnittstelle zwischen Wissenschaft und Politik. Gleichwohl sind die Prozesse und Begleitumstände dieses Wissenstransfers bislang nur unzureichend betrachtet worden. Es besteht dabei ein unzureichendes Verständnis in zweierlei Hinsicht: erstens über die Spezifika der Erkenntnis- und Kommunikationsfunktionen von Simulationen in politischen Entscheidungsprozessen; zweitens über Perzeptions- und Rezeptionsmuster sowie Bewertungs- und Verwertungsmuster von Simulationen bei politisch-gesellschaftlichen Entscheidungsträgern. Zum besseren Verständnis dieser Prozesse können kommunikationstheoretische Ansätze beitragen.

An dieser Stelle setzt die vorliegende Arbeit mit der folgenden forschungsleitenden Fragestellung an: *Wie werden politikrelevante wissenschaftliche Simulationen in politischen Entscheidungsprozessen verarbeitet?* Zur Bearbeitung wird diese Leitfrage in drei Bearbeitungsschritte aufgeteilt: Erstens, welche Erkenntnis- und Kommunikationsfunktionen erfüllen Simulationen beim Wissenstransfer an der Schnittstelle von Wissenschaft und Politik? Zweitens, unter welchen Bedingungen sind wissenschaftliche Simulationen politikrelevant? Drittens, welche simulationsbasierten Perzeptions- und Rezeptionsmuster sowie Bewertungs- und Verwertungsmuster lassen sich bei politisch-gesellschaftlichen Entscheidungsträgern ausmachen?

Die Untersuchung verfolgt damit gleichermaßen eine theoretisch-konzeptionelle wie empirische Zielsetzung. Zum einen soll über eine theoretisch-konzeptionelle Analyse ein besseres und differenzierteres Verständnis von simulationsbasierten Kommunikationsprozessen und deren Wirkung in der Politik erfolgen. Zum anderen sollen systematisch rezeptionsseitige Muster der Informationsaufnahme und -verarbeitung bei politisch-gesellschaftlichen Entscheidungsträgern ermittelt werden. Die theoretisch-konzeptionelle Analyse erfolgt auf Basis kommunikationstheoretischer und politikwissenschaftlicher Ansätze. Die empirische Analyse folgt einem qualitativ-explorativen Fallstudienansatz. Dies ist gerechtfertigt, da m. E. bislang kein systematisches, durch Empirie gestütztes Wissen über simulationsbasierte Informationsverarbeitung vorhanden ist und mit dieser Studie somit Neuland betreten wird. Die explorative Forschungsperspektive erlaubt somit eine erste Strukturierung und Systematisierung dieser Fragestellung auf Basis vertiefender, qualitativer Interviews mit Entscheidungsträgern aus Politik, Wirtschaft und Gesellschaft.

Als Fallstudie für die empirische Untersuchung wurde die Technologie der unterirdischen CO_2-Sequestrierung (engl. Carbon Capture & Storage – CCS) gewählt. Die Technologie ist, obwohl noch nicht im industriellen Maßstab anwendungsfähig, bereits relativ gut hinsichtlich ihrer technischen und politisch-gesellschaftlichen Implikationen erforscht (vgl. z. B. IPCC 2005; WI et al. 2007; IEA 2007; IEA 2008; IEA 2009). CCS gilt Vielen als Erfolg versprechende Brückentechnologie für eine CO_2-arme Nutzung von fossilen Energieträgern und ist damit vornehmlich im Bereich des Energiesektors und der Klimapolitik anzusiedeln. Andererseits hat die CCS-Technologie aber auch mit beträchtlichen Akzeptanzproblemen in der Bevölkerung und bei Umwelt- und Verbraucherverbänden zu kämpfen (Schulz et al. 2010). Die Auswahl der CCS-Technologie erfolgte aus inhaltlichen und forschungspragmatischen Gründen. Zum einen spielen Simulationen im Bereich von CCS bei der derzeit laufenden Technikentwicklung und -bewertung sowie der regulatorischen Einbettung eine herausragende Rolle. Zum anderen wurde die Untersuchung in enger Zusammenarbeit mit dem Lehrstuhl für Hydromechanik und Hydrosystemmodellierung am Institut für Wasser- und Umweltsystemmodellierung der Universität Stuttgart durchgeführt, die dem Autor vertiefende Einblicke in Konzeption und Praxis CCS-bezogener Modellierung erlaubte.

1.4 Aufbau der Arbeit

Die vorliegende Untersuchung gliedert sich in eine konzeptionelle Analyse von Simulationen in Entscheidungsprozessen (Teil 1) und eine empirische Analyse von Simulationen in Entscheidungsprozessen am Beispiel der Carbon Capture and Storage Technologie (Teil 2). Daran anschließend werden in einer Schlussbetrachtung beide Teile zusammengeführt und einige abschließende Überlegungen zum Verhältnis von Simulationen und Politik formuliert.

Im Anschluss an das Einführungskapitel beginnt der konzeptionelle Teil der Untersuchung mit Kapitel 2 über verschiedene theoretische Ansätze zum Wissenstransfer zwischen Wissenschaft und Politik. Dabei werden zunächst Spezifika des ‚sozialen' Untersuchungsgegenstands der Arbeit herausgearbeitet, indem die beiden Systeme Wissenschaft und Politik mit ihren spezifischen Eigenschaften und Austauschbeziehungen aus der Perspektive der Wissenschaftsforschung beleuchtet werden. Die Austauschbeziehung beider Systeme konzentriert sich auf die funktionale Verwertung wissenschaftlicher Expertise durch die Politik, da Simulationen in politischen Entscheidungsprozessen als Beratungsleistungen der Wissenschaft an die Politik interpretiert werden können. Daran anschließend wird diese Wissensvermittlung aus einer kommunikationsprozeduralen und – organisationalen Perspektive betrachtet. Anhand von Kommunikationsmodellen wird die Organisations- und Prozessstruktur des Wissensaustauschs unter Berücksichtigung der daran beteiligten Akteure analysiert. Schließlich wird die Rezeptionsphase im Kommunikationsprozess über verschiedene kommunikationstheoretische Ansätze eingehender untersucht. Es werden verschiedene Kommunikationstheorien vorgestellt, die den Umgang mit neuen Informationen thematisieren. Diese Theorien fokussieren auf die soziale und kognitive Informationsverarbeitung, die Glaubwürdigkeit der Informationsquelle, die Integration von neuen Informationen in bereits vorhandene Wissensbestände sowie die Möglichkeiten der Verständigung zwischen Kommunikator und Rezipient. Abschließend werden Rückschlüsse der theoretischen Ansätze auf die Fragestellung der Untersuchung gezogen.

Kapitel 3 wendet sich dem in dieser Untersuchung im Mittelpunkt stehenden Untersuchungsgegenstand zu. Computersimulationen werden dabei als zentraler Kommunikationsgegenstand beim simulationsbasierten Wissenstransfer an die Politik aufgefasst. In einer ersten Annäherung werden zunächst konstitutive Merkmale von Computersimulationen herausgearbeitet. Daran schließt sich eine Systematisierung und Auswertung des Forschungsstandes über Simulationen in politischen Entscheidungsprozessen an.

In Kapitel 4 erfolgt dann die Entwicklung eines inhaltlichen Analyserahmens für die empirische Untersuchung von Simulationen in Entscheidungsprozessen. Dieser Analyserahmen unterscheidet die Prozessstufen Informationsaufnahme und -verarbeitung und die diese Phasen begleitenden Prozesse der Informationsbewertung und -verwertung. Es werden verschiedene Bewertungs- und Verwertungsdimensionen von Simulationen herausgearbeitet. Bei der Bewertung von Simulationen wird zwischen einer Instrumenten-, einer Prozess- und einer Ergebnisbewertung unterschieden. Bei der Verwertung von Simulationsergebnissen lässt sich zwischen einem instrumentellen, konzeptionellen, strategischen und prozeduralen Gebrauch von Simulationsergebnissen differenzieren. Zum Abschluss der konzeptionellen Analyse werden in einer Zwischenbetrachtung in Kapitel 5 einige zusammenführende Überlegungen dargelegt.

Der zweite Teil der Untersuchung umfasst die empirische Analyse von Simulationen in Entscheidungsprozessen am Beispiel einer Fallstudie zur *Carbon Capture and Storage* Technologie. Kapitel 6 nähert sich dem Thema über die Systematisierung und Differenzierung von CCS-Simulationen. Dies dient dazu, die Bedeutung von Simulationen bei der Technologieentwicklung von CCS einzuschätzen. Im Ergebnis wird zwischen Simulationstypen zur Technologieintegration, zu Technikkomponenten und zu geowissenschaftlichen Technikfolgen unterschieden. In einem zweiten Schritt wird die Politikrelevanz dieser drei CCS-Simulationstypen analysiert. Diese *ex-ante* Bewertung des potentiellen Politikeinflusses von CCS-Simulationen ist eine erste Herangehensweise, um Wirkungsunterschiede zwischen Politikdimensionen und Simulationstypen sichtbar zu machen. Mit Hilfe der erarbeiten Matrix zur Politikrelevanz von Simulationen steht ein einfaches Werkzeug zur Verfügung, dass über begründete Wirkungsvermutungen eine qualitative Abschätzung der Politikrelevanz vornimmt.

Kapitel 7 und Kapitel 8 stellen schließlich die empirischen Ergebnisse über Simulationen in Entscheidungsprozessen auf Basis von 19 qualitativen Interviews mit Entscheidungsträgern aus Politik, Verwaltung, Wirtschaft und Gesellschaft vor. Zunächst wird in Kapitel 7 die methodische Herangehensweise der Empirie dargelegt. Der explorative Empirieansatz stützt sich auf einem Leitfragenkatalog, über den Perzeptions- und Rezeptionsmuster sowie Bewertungs- und Verwertungsmuster von geowissenschaftlichen CCS-Simulationen ermittelt wurden. Im Mittelpunkt der Interviews stand zum einen allgemein die Rezeption von geowissenschaftlichen CCS-Simulationen, die im vorangegangenen Kapitel als sehr politikrelevant ermittelt wurden. Zum anderen wurden die Gesprächspartner zu einer konkreten CCS-Simulationsstudie befragt, die von der Bundesanstalt für Geowissenschaften und Rohstoffe (BGR) zusammen mit der Universität Stuttgart durchgeführt (Schäfer et al 2010) und im April 2010 veröffentlicht wurde. Während Kapitel 7 die Rezeptionsmuster von geowissenschaftlichen CCS-Simulationen allgemein aufzeigt, konzentriert sich Kapitel 8 auf die spezifischen Ergebnisse zur Studie von Frauke Schäfer und ihren Kollegen.

In Kapitel 9 werden die Ergebnisse der konzeptionellen und empirischen Analyse zusammengeführt und diskutiert. In dieser Schlussbetrachtung werden die wichtigsten Ergebnisse zusammengefasst und einer kritischen Würdigung unterzogen. Die Untersuchung endet mit einigen abschließenden Überlegungen zum Verhältnis von Simulationen und Politik in Kapitel 10.

Teil 1: Konzeptionelle Analyse von Simulationen in Entscheidungsprozessen

2 Theoretische Ansätze zum Wissenstransfer zwischen Wissenschaft und Politik

2.1 Wissensvermittlung zwischen Wissenschaft und Politik

2.1.1 Die Schnittstelle von Wissenschaft und Politik

Wissenschaftliche Expertise zur Beratung politischer Entscheidungsträger gehört zum Standard des Politik- und Verwaltungsbetriebs in modernen Demokratien. Nach Wollmann (2001: 376) kann unter wissenschaftlicher Politikberatung dass „Verfügbarmachen von Informationen und Handlungsempfehlungen für politisch Entscheidende und Handelnde durch Wissenschaftler (wissenschaftliche Politikberatung) sowie durch Fachleute aus Wirtschaft und Gesellschaft verstanden werden. Demgegenüber kann von interner P[olitikberatung] gesprochen werden, wenn die politischen Entscheidungsträger von verwaltungseigenen Dienststellen und Fachleuten beraten werden". In einer szientistischen Interpretation steht hinter der wissenschaftlichen Politikberatung die Vorstellung, dass durch wissenschaftliche Expertise politische Entscheidungen informierter, rationaler und evidenzbasierter gestaltet werden können. Wissenschaftliche Expertise konkurriert allerdings auch mit anderen Verfahren und Prozessen der Meinungsbildung und Entscheidungsfindung.

Die Schnittstelle der Wissensvermittlung von der Wissenschaft an politische Entscheidungsträger und Vertreter der Ministerialbürokratie steht im Zentrum empirischer Analysen auf der akteursspezifischen Mikroebene. In mittlerweile etwas älteren Zeitbudgetuntersuchungen wurde festgestellt, dass die von Abgeordneten aufgewendete Zeit zur Rezeption wissenschaftlicher Expertise stetig abgenommen hat. Für die USA wurde nachgewiesen, dass der Zeitaufwand der Abgeordneten für die Rezeption wissenschaftlicher Expertise von einem Tag pro Woche im Jahr 1965 auf 11 Minuten pro Tag im Jahr 1977 gesunken ist (Malbin 1980: 243, zit. n. von Beyme 1997: 160). Ein ähnliches Bild ergibt sich für Deutschlands Abgeordnete, wobei diese noch über deutlich mehr Zeitressourcen zur Rezeption wissenschaftlicher Expertise verfügen. Ihnen stehen nach eigenen Angaben zwischen ca. 4 bis 5 Stunden pro Woche für die Lektüre zur Verfügung. Die Einarbeitung in wissenschaftliche Expertise gehört demnach nicht zu den Haupttätigkeiten von politischen Entscheidungsträgern: „Der Abgeordnete erscheint primär als Sitzungs- und Veranstaltungsteilnehmer, als Kontaktpfleger und Konsensbeschaffer" (Rudzio 1991: 232). Die Informationsaufbereitung wird vielfach von wissenschaftlich geschultem Personal der Abgeordneten geleistet. Nach von Beyme (1997: 156) profitiert die Verwaltungselite am meisten von wissenschaftlicher Beratung. Politische Ressortchefs lesen allerdings allenfalls knappe Zusammenfassungen und Bewertungen, die von den Referatsleitern und ihren Mitarbeitern erarbeitet wurden. Insgesamt lässt sich festhalten, dass die individuelle Rezeption wissenschaftlicher Sachverhalte arbeitsteilig als *bottom-up* Rezeption organisiert ist. Die auf Referentenebene rezipierte wissenschaftliche Expertise wird für die Leitungs- und Entscheidungsebene verdichtet und in mundgerechte Kurzfassungen und Empfehlungen aufbereitet, die von politischen Entscheidungsträgern und Verwaltungseliten aufgrund geringer zeitlicher Ressourcen selektiv rezipiert werden. Die Informationsaufnahme und -verarbeitung ist damit auf höherer Ebene selektiv und von einem persönlichen Verständnis geprägt. Verstehensprozesse sind damit nicht gleichbedeutend mit Lernprozessen.

Zudem konkurriert wissenschaftliche Politikberatung auch mit anderen Informationsquellen und bestimmten Verfahren der Informationsverarbeitung und Urteilsfindung. Politische Entscheidungsträger kommen auf unterschiedliche Art und Weise zu bestimmten Positionen und Entscheidungen, und nicht alles ist dabei für die wissenschaftliche Politikberatung zugänglich. Schließlich dürfte auch für die Politik- und Verwaltungselite gelten, was die Sozialpsychologie für die Entscheidungsfindung herausgearbeitet hat, dass nämlich bestimmte Heuristiken und *Biases* eine große Bedeutung für das individuelle Entscheiden haben (Kahneman et al. 1982).

Neben der Betrachtung akteursspezifischer Ressourcen und Handlungsweisen wurden auch strukturelle und funktionale Eigenheiten des Wissenschafts- und Politiksystems auf der Makroebene herausgestellt. Vielfach wird in der Literatur eine idealtypische Gegenüberstellung der als am wichtigsten beurteilten Charakteristika der beiden Subsysteme Wissenschaft und Politik vorgenommen. Mit Anleihen aus der soziologischen Systemtheorie werden unterschiedliche Funktionsweisen der beiden Systeme Politik und Wissenschaft betont. Dabei dominiert eine funktionstheoretische Sichtweise, die beide Subsysteme aufgrund ihrer Systemeigenschaften und Funktionsweisen eher als gegensätzlich denn als ergänzend begreift.

Bradshaw/Borchers (2000: 2 f.) haben die jeweiligen Systemeigenheiten kontrapunktisch aufgeführt. Demnach akzeptiert die Wissenschaft Wahrscheinlichkeiten, während die Politik nach Sicherheit sucht; zeichnet sich das Wissenssystem durch Flexibilität und Problemorientierung, die Politik hingegen durch

Rigidität und eine Umsetzungsorientierung aus. Hier treffen also unterschiedliche Eigenheiten der gesellschaftlichen Bereiche aufeinander, die zu besonderen Beziehungs- und Austauschverbindungen zwischen Politik und Wissenschaft führen. Die jeweils spezifischen Systemcharakteristika wurden auf idealtypische, dualistische Systemgegensätze zugespitzt. Heinrichs (2005: 44 f.) etwa spricht von: ‚truth vs. power', ‚theory vs. practice', ‚cognition logic vs. action logic', ‚facts vs. values', ‚abstraction vs. concretion', ‚complex language vs. simplifying language', ‚long-term time horizon vs. short-term time horizon', ‚modifiable models vs. non-recurring life circumstances', ‚principles of reproducibility vs. principle of irreproducibility', ‚substantial rationality vs. instrumental rationality'. Mit dieser Gegenüberstellung werden unterschiedliche Funktions- und Handlungslogiken herausgestellt mit Implikationen auf Verstehensprozesse, Sprachgebrauch oder auch Zeithorizonte. Diese Gegenüberstellungen dienen denn auch als Erklärungsansätze für ein eher kompliziertes Verhältnis, bei dem eindeutige und offensichtliche Austauschbeziehungen zwischen beiden Systemen die Ausnahme bilden. Die einfache Vorstellung, dass die Wissenschaft der Politik Wissen bereitstellt, damit politische Entscheidungsträger auf Basis von Objektivität und Fakten rationale und evidenzbasierte Entscheidungen treffen, ist jedenfalls empirisch kaum zu beobachten.

Es wurde aber auch darauf hingewiesen, dass es sich bei beiden Teilbereichen der Gesellschaft nicht um monolithische Blöcke handelt und eine eindeutige und zugespitzte Typisierung vielfach nicht der Realität entspricht. Jasanoff (1995) hat einige Besonderheiten des Wissenschaftssystems herausgestellt, welche die Vorstellung einer konsequenten Orientierung am idealtypischen wissenschaftlichen Funktionsprinzip aufweichen. Zum Beispiel wurde angemerkt, dass die Wissenschaft für gleiche Phänomene nicht immer die gleichen Erklärungsansätze findet. Insgesamt wurde kritisiert, dass die Zuspitzung auf dualistische Gegensätze zu undifferenziert und empirisch so nicht nachweisbar ist (Mayntz 1994).

Empirische und konzeptionelle Arbeiten betonen denn auch in Anlehnung an die vergleichende Politikfeldforschung kulturelle und institutionelle Unterschiede in westlichen Demokratien (Renn 1995), die sich nicht alleine auf systembedingte Unterschiede zurückführen lassen. In der Tradition der vergleichenden Politikfeldforschung wurden länderspezifische bzw. ländergruppenspezifische Austauschbeziehungen mit bestimmten Politikstilen in Verbindung gebracht: So etwa im *Family-of-Nations*-Ansatz, der mit Blick auf die vergleichende Sozial- und Wirtschaftspolitik in Wohlfahrtsstaaten entwickelt wurde und das Zustandekommen unterschiedlicher Politikergebnisse in einzelnen Ländern auf bestimmte unterschiedliche Politikstile zurückführt (vgl. Castles 1993; Esping-Andersen 1990).

Letztlich werden diese kulturellen Determinanten dann auch als Erklärung für spezifische Politikergebnisse in bestimmten Politikfeldern herangezogen. Kulturell determinierte und institutionell verfestigte Politikstile wurden auch für das Zusammenspiel zwischen Wissenschaft und Politik in einzelnen Ländern festgestellt. Damit wurden die Interaktions- und Beziehungsmuster zwischen Wissenschaft und Politik auf Basis kulturell verfestigter, institutioneller Arrangements und Akteursbeziehungen hergeleitet. Renn (1995) beispielsweise unterscheidet die vier Governance-Ansätze ‚adversarial', ‚fiduciary', ‚consensual', und ‚corporatist' als prägende Stilmuster der Interaktion zwischen Wissenschaft und Politik.

Beim adversatorischen Stil ist der Zugang zur politischen Arena durch gesellschaftliche Gruppen relativ offen mit einem erkennbaren Wettbewerb um Einfluss und Macht. Wissenschaftliche Expertise dient hier politischen Entscheidungsträgern zur Legitimierung ihrer Positionen und Handlungen. Diesem Politikstil lassen sich anglo-amerikanische Staaten zuordnen. Der ‚fiduciary style' ist geprägt durch einen eher geschlossenen Zirkel von Entscheidungsträgern, welche treuhänderisch das gesellschaftliche Wohl bestimmen und politische Entscheidungen formulieren. Dabei existieren stark ausgeprägte Zugangssperren für gesellschaftliche Interessenvertreter. Wissenschaftliche Expertise wird selektiv beansprucht und ist an Personen gebunden, die je nach persönlicher Reputation oder institutioneller Einbettung von den Entscheidungsträgern ausgewählt werden. Länderbeispiele dieses Politikstils sind Frankreich oder Japan. Der konsensuale Politikstil bindet die wichtigsten gesellschaftlichen Interessenvertreter in die Politikformulierung und Entscheidung ein; dabei findet diese Aushandlung weitgehend hinter verschlossenen Türen statt. Der korporatistische Stil ist dem konsensualen vergleichbar, allerdings mit dem Unterschied, dass die Verhandlungsmechanismen zwischen den Interessensvertretern und der Politik deutlich formaler ausgestaltet sind. Der korporatistische Politikstil gilt als charakteristisch für Deutschland und wurde vor allem in der deutschen Wirtschafts- und Sozialpolitik ausgemacht (Schmitter/Lehmbruch 1979; von Alemann/Heinze 1979; Scharpf 1987; Weßels 1999). Diese differenzierte Betrachtung historisch gewachsener Beziehungsmuster ist besser geeignet, die empirische Vielfalt von Beziehungsmustern in einzelnen Politik- und Beratungsbereichen zu erklären und ergänzt die Annahme von rein rationalen Austauschbeziehungen um relevante institutionelle, kulturelle und machtpolitische Aspekte.

Aber auch das Wissenschaftssystem befindet sich im Wandel. Sowohl veränderte interne Mechanismen als auch eine neue gesellschaftliche Rolle der Wissenschaft werden konstatiert, indem neue Formen der Wissensproduktion und -kommunikation im Wissenschaftssystem festgestellt werden. Die Veränderung der Wissenschaft wird im Wesentlichen durch zwei Faktoren bestimmt: der Erhöhung der internen Verarbeitungskapazität sowie die Veränderung der externen, gesellschaftlichen Erwartungshaltungen an die Wissenschaft.

In vielen Disziplinen haben die Möglichkeiten zur Integration umfangreicher Datenmengen, zur theoretischen Durchdringung von Problemen auf elementarer wie holistischer Ebene sowie die Möglichkeit zur Simulation komplexer Sachverhalte erheblich zugenommen (Gooding 2002). Interdisziplinäre Kooperationen bei der Behandlung komplexer Problemlagen werden durch die neuen Instrumentarien unterstützt. Zum andern haben sich die gesellschaftlichen Erwartungen an Wissenschaft verändert: Neben und möglicherweise an die Stelle der wissenschaftlich-technologischen Verlässlichkeit treten Kriterien des gesellschaftlichen Nutzens und der sozialen Relevanz von Wissenschaft (Nowotny 1999). Zu diesem neuen Wissenschaftsverständnis finden sich in der Literatur Begrifflichkeiten wie ‚post-normal science' (Funtowicz/Ravetz 1993), ‚mandated science' (Salter 1988) oder ‚Mode 2' (Gibbons et al. 1994).

Gerade letztgenannte Studie hat unter Wissenschaftstheoretikern eine lebhafte Diskussion ausgelöst. Bechmann/Beck (2003: 7) wiesen darauf hin, dass „diese unterschiedlichen Beschreibungen in der grundlegenden Charakterisierung eines Typus von Wissensproduktion übereinstimmen, der sich weder der klassischen Grundlagenforschung noch der Anwendungsforschung zuordnen lässt". Denn gerade durch die Kombination der beiden Faktoren – Komplexitätssteigerung der Forschung und Erwartungsdruck der Nutzer bzw. Öffentlichkeit – ergibt sich eine für die Gesellschaft neuartige Konstellation. Forschung und forschungsbasierte Expertise produzieren neues Wissen für Entscheidungs- und Gestaltungsprozesse, importieren aber zugleich Ungewissheiten und Unsicherheiten des Forschungsprozesses in die Gesellschaft (Turner 2001). Die Erwartungen an Wissenschaft schließen ein, dass der Arbeit und den Ergebnissen der Experten Vertrauen entgegen gebracht werden muss. Dieses Vertrauen wird jedoch ständig durch Gegenexpertise und problematische Prognosen erschüttert (Kusch 2002a, Kusch 2002b). Die Einschätzungen des tatsächlichen Wandels von Wissenschaft sind dabei höchst unterschiedlich: Sie reichen von der Annahme einer Koexistenz ‚alter' und ‚neuer' Formen der Wissenschaft (Weingart 1997, Gläser 2001) bis hin zur Prognose der Auflösung von ‚Mode 1' im größeren System von ‚Mode 2' (Gibbons et al. 1994: 154). In jedem Fall erstrecken sich die Veränderungen auf die Wissensproduktion durch Forschung und forschungsbasierte Expertise, auf die Wissenskommunikation zwischen Produzenten, Anwendern und Betroffenen, und schließlich auf die Lernprozesse, in denen unerwartete Probleme und Ergebnisse wissenschaftlich und politisch verarbeitet werden müssen.

Wesentliche Elemente einer ‚neuen' Wissensproduktion sind die Problemorientierung sowie eine veränderte Forschungsorganisation. Die Definition von

Problemen und Fragestellungen findet hierbei außerhalb des Wissenschaftsbereichs statt (de Bie 1973, zit. n. Bechmann/Beck 2003) und erfordert eine adäquate Übersetzung gesellschaftlicher Probleme in Forschungsfragen. Damit müssen neben wissenschaftlichen auch nicht-wissenschaftliche Ziele verfolgt und in das Wissenschaftssystem integriert werden. Es wäre allerdings verfehlt, von vornherein eine Gemeinwohlorientierung von anwendungs- und problemlösungsorientierter Wissenschaft zu unterstellen. Praxisrelevantes Wissen kann ausgesprochen gemeinwohlschädlich sein; auf der anderen Seite kommt es auch vor, dass nützliches Wissen überhaupt nicht nachgefragt wird (Mayntz 2001: 53 f.).

Im Hinblick auf die Organisation und Koordinierung der Wissensproduktion sind ein Verlust der akademischen Forschungsdominanz und die Zunahme inter- und transdisziplinärer Forschung zu beobachten. Daraus ergeben sich neue Anforderungen und Kriterien hinsichtlich der Qualitätssicherung und der gesellschaftlichen Rechenschaftspflicht. Damit ist auch die Hoffnung verbunden, dass Wissenschaft einen Beitrag zur Lösung gesellschaftlicher Problemlagen liefert. Die Wissenschaft muss sich demnach mit einer gesteigerten und von außen an sie herangetragenen Erwartungshaltung auseinander setzen.

Auch neue Formen der Wissenskommunikation scheinen zu entstehen. Die Produktion und der Transfer von Wissen werden als Einheit verstanden, indem die Wissenschaft Praktiker in die Phase der Wissensgenerierung einbezieht. Im Gegensatz zu der (vereinfacht) einseitigen Sender-Empfänger-Kommunikation des ‚Mode-1'-Verständnisses von Wissenschaft stellt diese nach dem neuen Idealbild einen interaktiven, disziplinenübergreifenden und die Grenzen der Wissenschaft überschreitenden Prozess dar.

Die Transformation der Wissenschaft wird allerdings nicht für alle Forschungsfelder gleichermaßen reklamiert, sondern unterscheidet sich nach den Gegenstandsbereichen und Wissenschaftsdisziplinen. Neue Formen der Wissensentwicklung werden bei Forschung in politiknahen Bereichen beobachtet – also dort, wo Wissen für gesellschaftspolitisch relevante Entscheidungsprozesse generiert wird und wo Schnittstellen zwischen Wissenschaft, Politik und Gesellschaft vorhanden sind (Weingart 1997). Wissenschaftstransformation findet vor allem bei der Umwelt-, Gesundheits-, Energie- und im weiteren Sinn Technologiepolitik statt. In diesen Bereichen der Wissensproduktion sind sowohl die Wissenschaft als auch die Politik mit unterschiedlichen, aber interferierenden Systemrationalitäten konfrontiert. Weingart (1997: 18 ff.) konstatierte für diese politik- und öffentlichkeitsnahen Forschungsfelder eine Verwissenschaftlichung von Politik, eine Politisierung von Wissenschaft sowie die Mediatisierung der Beziehung zwischen beiden Bereichen.

2.1.2 Die Verwertung wissenschaftlicher Expertise durch die Politik

Welchen Beitrag kann nun wissenschaftliche Expertise für die Aufgabenerfüllung des politischen Systems leisten? Zur Beantwortung dieser Frage soll zunächst auf die Kernaufgaben des politischen Systems eingegangen werden. Eine der zentralen Aufgaben des politischen Systems ist es, auf Legitimität beruhende, allgemeinverbindliche Entscheidungen auf einer objektiven und nachvollziehbaren Wissensbasis zu treffen. Dies verweist auf drei grundlegende ‚Politikbedürfnisse': Wissen, Entscheiden, Legitimität. In einer ersten Annäherung kann Wissenschaft demnach einen Beitrag zum Wissen, zum Entscheiden und zur Legitimitätsbasis leisten.

Wissen bezieht sich auf die Wissensbasis von politischen Entscheidungsträgern, bestimmte, allgemeingesellschaftlich relevante Probleme frühzeitig zu erkennen und deren Wirkungszusammenhänge zu verstehen. In Anlehnung an Grunwald (2009a: 80) kann Wissenschaftsberatung einen Beitrag zur Optimierung der Wissensbasis leisten, damit das beste verfügbare Wissen für eine robuste Entscheidungsfindung der Politik nach dem Stand der Forschung vorhanden ist. Darüber hinaus ist die wissenschaftliche Bereitstellung reflexiven Wissens im Sinne von Metawissen wünschenswert, d. h. eine Abschätzung der Wissensbestände hinsichtlich Wissensunsicherheit, Risiken, und zugrundegelegte Prämissen (Grundwald 2009: 80). Entscheidungen herbeizuführen sind das vornehmliche Geschäft der Politik. Dabei meint Entscheidung nicht alleine das Treffen, sondern auch das Vorbereiten von Entscheidungen (Debatte). Folgt man Grunwalds (2009a: 80) Auflistung über externe Beratungsfunktionen, kann wissenschaftliche Expertise zur Versachlichung der Debatte sowie für das Treffen von ‚sozial robusten' Entscheidungen sowie zur informierten Ausgestaltung von Entscheidungen beitragen. Legitimität ist bei der Entscheidungsfindung die zentrale Ressource in modernen, plural verfassten demokratischen Systemen. Politisches Handeln muss ein Mindestmaß an Legitimität besitzen, um allgemeinverbindliche Entscheidungen dauerhaft durchsetzen zu können. Der wissenschaftliche Beitrag zur Stärkung der Legitimität geschieht über die Bereitstellung objektiven und nachvollziehbaren Wissens für politische Meinungsbildung und Entscheidungsfindung. Wissenschaftliche Expertise ist dabei eine Legitimitätsressource aufgrund der ihr zugeschriebenen Objektivität, Unabhängigkeit und Evidenz. Der Wissenschaftsbeitrag führt dann *idealiter* dazu, dass Entscheidungen auf sachlicher Ebene gerechtfertigt und damit besser akzeptiert werden können.

In der Literatur wird die Beziehung zwischen Wissenschaft und Politik überwiegend als Unterstützungsleistung der Wissenschaft diskutiert. D. h. die Wissenschaft stellt Erkenntnisse bereit, welche der Politik als Grundlage für Meinungsbildung und Entscheidungsfindung dienen können. Dieses Wissen umfasst auch Erkenntnisse über die Folgen politischen Handelns – etwas im Bereich der Folgenabschätzung und der Risikoanalyse. Damit werden mögliche Auswirkungen von unterschiedlichen Politikoptionen antizipiert. Zwar wird die Interaktion zwischen Politik und Wissenschaft zunehmend als iterativer und rekursiver Prozess verstanden, bei der keine eindimensionale Austauschbeziehung angenommen wird (Weingart 1999) und die institutionellen und personellen Übergänge fließend sind. Dies zeigt sich bspw. in der institutionellen Ausgestaltung der Forschungslandschaft, wo neben staatlich unabhängigen Forschungseinrichtungen auch Ressortforschung über Bundes- oder Landeseinrichtungen betrieben wird. Das Wissenschaftssystem wird insgesamt aber im Sinne eines Dienstleisters für die Politik begriffen, um essentielle Unterstützung zu leisten für deren Systemaufgaben und -leistungen.

Wie aber können Wissenschaftsdienstleistungen vom politischen System aufgenommen und genutzt werden? Die Literatur zur wissenschaftlichen Politikberatung hat diese Fragestellung ausgiebig diskutiert. Die Unterstützungsleistungen wissenschaftlicher Politikberatung werden überwiegend aus einer funktionstheoretischen Perspektive betrachtet, indem verschiedene Funktionen identifiziert wurden, die von wissenschaftlicher Politikberatung zu erfüllen sind (z. B. Weiss 1979; Nutley et al. 2007; Landfried 1986; Renn 1995; Heinrichs 2005).

Renn (1995) unterscheidet vier grundlegende Funktionen wissenschaftlicher Politikberatung. Zum einen werden wissenschaftlich-objektive Erkenntnisse bereitgestellt, um Probleme zu identifizieren, einzuordnen und zu verstehen. Damit erfüllt wissenschaftliche Expertise eine Erkenntnisfunktion. Zum anderen wird über wissenschaftliche Expertise instrumentelles Wissens generiert, um mögliche Folgen des politischen Handelns abzuschätzen und zu evaluieren (pragmatische bzw. instrumentelle Funktion). Als dritten Typus nennt Renn die Interpretationsfunktion, bei der Wissen in Form von Argumenten, Assoziationen und Kontexten bereitgestellt wird. Dies hilft politischen Entscheidungsträgern, über ihren Entscheidungshintergrund zu reflektieren und ihr Urteilsvermögen zu schärfen und zu verbessern. Der vierte Funktionstypus liefert einen Beitrag für prozedurales Wissen, um die Ausgestaltung von Verfahren der Konfliktlösung und der rationalen Entscheidungsfindung zu unterstützen und zu stärken (Katalysatorfunktion).

In eine ähnliche Richtung gehen Nutley et al. (2007), indem sie die vier Nutzungstypen ‚instrumenteller‘, ‚konzeptioneller‘, ‚strategisch-taktischer‘ und ‚prozeduraler‘ Gebrauch von Wissenschaft differenzieren. Unter instrumentellem Gebrauch ist der direkte Einfluss von Wissenschaft auf politische Entscheidungen zu verstehen, d. h. wie sich Wissenschaftsergebnisse in konkreten Gesetzen und Verordnungen niederschlagen. Hierbei kann der direkte Einfluss wissenschaftlicher Erkenntnisse in konkreten politischen Entscheidungen beobachtet und empirisch nachgewiesen werden. Der konzeptionelle Gebrauch verweist auf den indirekten Einfluss der Wissenschaft auf Wissen, Verständnis und Einstellung von politischen Entscheidungsträgern. Es wird ein Beitrag geliefert zu einer frühzeitigen Problemwahrnehmung, zur Objektivierung von Sachverhalten oder zur grundlegenden Ausrichtung von politischen Handlungsoptionen. In diesem Sinne verändert Wissenschaft eher grundlegende Orientierungen und Wahrnehmungen von Entscheidungsträgern. Dieser Typus ist empirisch damit weitaus schwieriger nachweisbar. Der strategisch-taktische Gebrauch von wissenschaftlichen Ergebnissen bezieht sich darauf, dass diese für spezifische (machtpolitische) Motive instrumentalisiert werden, indem dadurch beispielsweise (Nicht-)Entscheidungen oder bestimmte politische Haltungen legitimiert werden. Wissenschaftsergebnisse können zum einen im Bereich (partei-)politischer Auseinandersetzung genutzt werden, um bestimmte Positionen zu objektivieren oder bestimmte normative Leitbilder zu legitimieren. Über die wissenschaftliche Fundierung können aber auch vorhandene politische Zeitfenster genutzt bzw. Handlungsspielräume über die Gewinnung von Zeit gewonnen werden. Der prozeduraler Gebrauch von Wissenschaft betont hingegen den Prozess der Wissensproduktion. Dabei wird weniger auf die Ergebnisse als auf deren Zustandekommen Wert gelegt, um Lerneffekte, Innovationen und Wettbewerbsfähigkeit zu stärken.

Zwar wird die instrumentelle Funktion eines direkten Einflusses von Wissenschaft auf politische Entscheidungen als wichtigste Funktion gesehen. Nutley et al. (2007: 36 f.) stellen aber fest: „In fact, on the whole it seems that research is much more likely to be used in conceptual than in instrumental ways – changing perceptions and understanding rather than directly influencing policy or practice change". Damit gehen auch methodische Schwierigkeiten der Nachweisbarkeit einher: während der direkte Einfluss leicht empirisch nachweisbar ist, ist dies für den konzeptionellen und strategischen Gebrauch von Wissenschaft weitaus schwieriger der Fall. Mit von Beyme (1997: 155 f.) lässt sich generalisieren, dass der Einfluss der Wissenschaft am größten im Stadium der Vorbereitung von Gesetzen ist und in der nachfolgenden Programmgestaltung, in der es um die Suche nach der Problemlösung geht, schwächer wird. Am schwächsten ist der Einfluss schließlich in der Phase der Programmumsetzung.

2.2 Wissensvermittlung als Kommunikationsprozess

Aus einer kommunikationstheoretischen Perspektive kann die Vermittlung wissenschaftlicher Expertise auch als Kommunikationsprozess betrachtet werden. Die Wissensvermittlung an Akteure im politischen System wird dann als eine absichtsvolle Weitergabe von Informationen an verschiedene Akteure über einen sozialen Interaktionsprozess interpretiert. Die intentionale Informationsübermittlung schließt eine Informationsquelle ein, von der Informationen ausgehen, gegebenenfalls vermittelnde Instanzen, welche Informationen aufnehmen, transformieren und weitergeben, sowie ein Informationsempfänger, der die Information letztendlich aufnimmt, bewertet und interpretiert sowie gegebenenfalls weitergibt. Damit lässt sich an das klassische *Stimulus-Response-Modell* anschließen, das bereits in den 1940er Jahren von Harold Lasswell (1948) entwickelt wurde und noch heute das Gerüst vieler Kommunikationsmodelle bildet. Die drei Komponenten ‚Kommunikator', ‚Stimulus' und ‚Rezipient' sind die Kernelemente dieses Modells und verweisen auf eine richtungsbezogene Bewegung, bei der der Stimulus, im engeren Sinne also die Botschaft, an einen Empfänger transferiert wird. In einer Vielzahl von wissenschaftlichen Definitionen von Kommunikation sind diese drei Elemente zentrale Bestandteile. Eine Literaturübersicht wies beispielsweise nach, dass in 160 aufgefundenen Definitionen von Kommunikation eine deutliche Mehrheit auf diese drei zentralen Bestandteile Bezug nahm (Merten 1977: 37 ff.).

Das von Lasswell entwickelte Modell wurde von Shannon/Weaver (1949) in ein lineares, mathematisches Modell übertragen. Diese Weiterentwicklung war eine Auftragsarbeit für die amerikanische Telefongesellschaft *Bell*. Dieses Modellverständnis ist noch heute aufgrund seiner Einfachheit vielfach Grundlage in der Verhaltens- und Kommunikationswissenschaft. Nach diesem Modell wird eine Botschaft von einem Kommunikator bzw. einer Kommunikationsquelle verfasst und zu einem Transmitter übertragen. Der Transmitter decodiert, dechiffriert und recodiert die Nachricht und sendet sie weiter an den Empfänger. Der Rezipient wiederum dechiffriert die Nachricht und reagiert gegebenenfalls darauf durch eine Kommunikationshandlung, indem er eine Botschaft zurücksendet.

Das statische und einseitige Modell wurde in der Folge (etwa durch Schramm 1954 oder Prakke 1968) ausdifferenziert und zu einem Zwei-Wege-Modell bzw. zu einem Dialog-Modell ausgebaut, indem Rückkopplungen vom Empfänger an den Sender berücksichtigt wurden. In einem Kommunikationsprozess können demzufolge beide Gesprächspartner die Rolle des Senders und Empfängers einnehmen. Merten (1999: 55 f.) fasst die Grundannahmen des Modells folgendermaßen zusammen: Es können sowohl Kommunikator als auch Rezipient als Kommunikanten auftreten (Symmetrie der Rollen) und Inhalte können wechselseitig ausgetauscht werden. Reiz und Reaktion sind tendenziell symmetrisch strukturiert, so dass Feedbackprozesse auch erfasst werden können – d. h. das Modell wird als ‚geschlossen' angenommen. Der Kommunikationsprozess als Ganzes ist eingebettet in das soziokulturelle System. Dem Kommunikator und dem Rezipient steht ein Zeichensystem zur Verfügung, das eine gemeinsame Schnittmenge hat; dies garantiert, dass die verwendeten Zeichen für beide Kommunikanten (Kommunikator, Rezipient) auch die gleiche Bedeutung haben. Im Kommunikationsprozess können Aussagen auch massenmedial durch einen Kanal vermittelt und funktional unterschieden werden. Dabei lassen sich Information, Kommentation und Delekation (Unterhaltung) unterscheiden.

Aus organisationaler und prozeduraler Sicht hat Renn (1992) das Kommunikationsmodell für die Risikokommunikation aufgegriffen, indem er den drei Prozessphasen Quelle, Transmitter und Rezipient entsprechende Akteurstypen sowie korrespondierende Kommunikationsformate zugeordnet hat.

Als Informationsquelle fungieren Akteure der Wissenschaftsgemeinschaft, die Ministerialbürokratie, Behörden oder ‚Augenzeugen'. Als Transmitter agieren Medien, Interessengruppen oder Meinungsführer, während als Nachrichtenempfänger die generelle Öffentlichkeit, bestimmte Zielgruppen oder auch Betroffene in Betracht kommen. Für den Anwendungsfall der Kommunikation von wissenschaftlichen Ergebnissen an Akteure der politischen Entscheidungsfindung muss dieser Ansatz leicht überarbeitet werden, da hier teils andere Akteurstypen und Formate im Mittelpunkt stehen (vgl. Abbildung 1). Im Folgenden wird diese Übertragung und Anpassung für die einzelnen Kommunikationsphasen näher erläutert.

2.2.1 Die Quellen von wissenschaftlichen Informationen

Wissenschaftliche Ergebnisse werden zunächst einmal von den traditionellen universitären und nicht-universitären Wissenschaftsinstitutionen generiert. Damit sind diese Institutionen auch die primäre und wichtigste Quelle bei der Kommunikation wissenschaftlicher Informationen. Forschungsergebnisse basieren entweder auf Forschungsprojekten, die über institutionelle Eigenmittel finanziert und innerhalb der Forschungsinstitution konzipiert wurden. Zum anderen kommen Forschungsergebnisse aber auch über Drittmittelfinanzierung zustande, der eine externe, projektbezogene Finanzierung zugrunde liegt. Inhaltlich kann bei Drittmittelprojekten unterschieden werden zwischen einer Programmförderung (bspw. bei der EU, dem Bundesministerium für Bildung und Forschung, Stiftungen) und Auftragsforschung. Während bei der Programmforschung die Inhalte der Forschung grob als Rahmen festgelegt sind, wird bei der Auftragsforschung in der Regel eine detaillierte Fragestellung und ein konkreter Ablauf des Forschungsprojekts bereits in der Ausschreibung des Auftraggebers vorgegeben. Als Beispiel für Auftragsforschung gilt etwa die Ressortforschung von Ministerien.

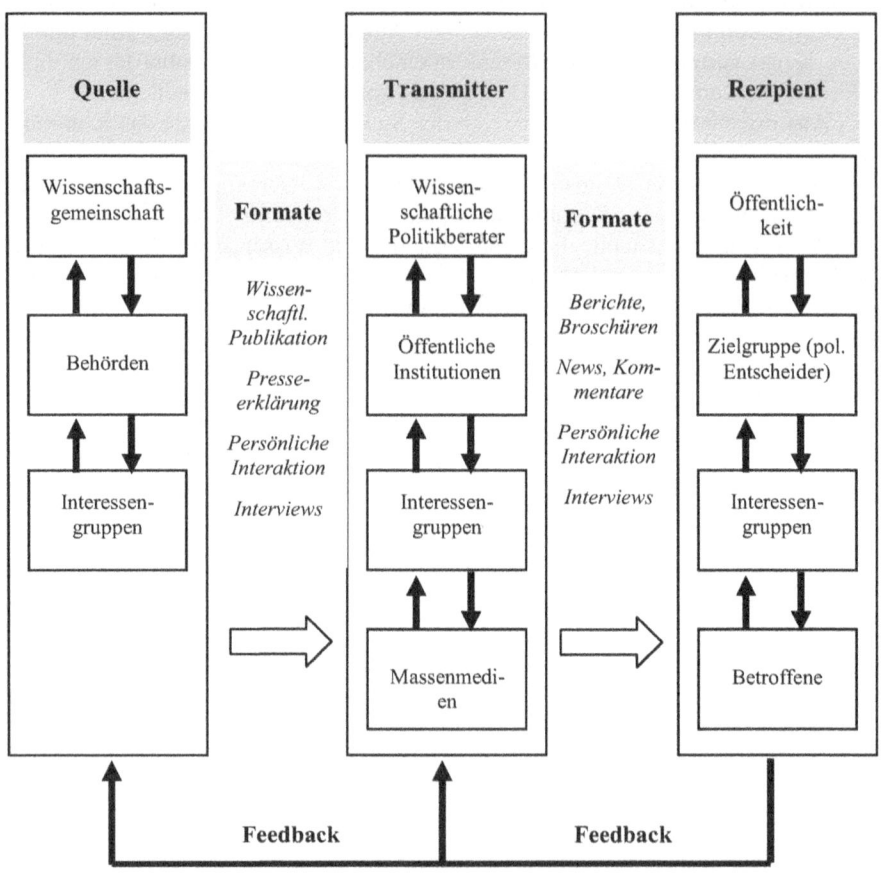

Quelle		Transmitter		Rezipient
Wissenschafts-gemeinschaft	**Formate**	Wissen-schaftliche Politikberater	**Formate**	Öffentlich-keit
Behörden	*Wissenschaftl. Publikation* *Presse-erklärung*	Öffentliche Institutionen	*Berichte, Broschüren* *News, Kommentare*	Zielgruppe (pol. Entscheider)
Interessen-gruppen	*Persönliche Interaktion* *Interviews*	Interessen-gruppen	*Persönliche Interaktion* *Interviews*	Interessen-gruppen
		Massenmedien		Betroffene

Feedback   **Feedback**

Quelle: überarbeitet in Anlehnung an Renn 1992: 470

Abbildung 1:   Organisationsstruktur des wissenschaftlichen Kommunikationsprozesses

Die Landschaft der Wissenschaftsinstitutionen ist in Deutschland sehr vielfältig und kaum überschaubar. Im Zuge einer stetig fortschreitenden Spezialisierung und Ausdifferenzierung ist die Wissenschaft rein quantitativ im Laufe des 20. Jahrhunderts enorm gewachsen. Weingart/Lentsch (2008: 11) schätzen, dass seit

Beginn des vorigen Jahrhunderts das Wissenschaftssystem in den entwickelten Industrienationen um mindestens drei Größenordnungen, im letzten Viertel allein um eine expandiert ist. Neben den traditionellen Forschungseinrichtungen haben sich zudem private, oft gemeinnützig organisierte so genannte advokatorische Think Tanks, unabhängige Consulting-Unternehmen sowie forschungstätige Nichtregierungsorganisationen (NGOs) etabliert. Im naturwissenschaftlich-technischen Bereich sind auch klassische Wirtschaftsunternehmen in der Forschung aktiv und partizipieren an der staatlichen bzw. privaten Forschungsförderung. In der Tendenz werden Forschungsvorhaben zunehmend interdisziplinär und transdisziplinär als Forschungsverbünde durchgeführt. Projektbezogene Forschungsverbünde reichen dabei von überschaubaren Konsortien mit wenigen Partnern bis zu Großverbünden, bei denen mehr als hundert (oder mehrere Hundert) Forschungsinstitutionen in einem Projektzusammenhang aktiv sind.

Entsprechend ist die Fülle vorhandener Wissenschaftsergebnisse. Diese werden traditionellerweise in wissenschaftlichen Publikationsformaten veröffentlicht. Dazu zählen wissenschaftliche Fachzeitschriften mit oder ohne Gutachterverfahren (*peer-review*), Monographien oder Herausgeberbände. Drittmittelfinanzierte Forschung wird darüber hinaus häufig in Berichtsform als so genannte ‚graue‘ Literatur im Internet zugänglich gemacht. Daneben werden Wissenschaftsergebnisse auch über Presseerklärungen, Interviews oder persönliche und informelle Gespräche kommuniziert. Während dem Format der wissenschaftlichen Publikationen mit Abstand die wichtigste Bedeutung zukommt, haben die anderen Formate allerdings eine wichtige zusätzliche Funktion: sie wirken als Selektionsverstärker von Informationen, indem sie ausgewählte Wissenschaftsergebnisse besonders hervorheben und damit in die Aufmerksamkeit bei nachfolgenden Akteuren der Kommunikationskette bringen.

Auf inhaltlicher Ebene zeichnen sich wissenschaftliche Botschaften im Kommunikationsprozess bei traditionellen Formaten wie wissenschaftlichen Publikationen durch den Gebrauch einer allgemein epistemisch als auch disziplinär geprägten Wissenschaftssprache aus. Durch den fachterminologischen Sprachgebrauch kann es zu Missverständnissen zwischen den am Kommunikationsprozess beteiligten Akteuren kommen. Dabei handelt es sich zunächst um ein Verständigungsproblem zwischen den am Kommunikationsprozess beteiligten Akteuren aufgrund unterschiedlicher semantischer Interpretationen der Fachtermini. Die teils stark ausgeprägte Formalisierung und Normierung (bspw. auch in mathematischer Formelsprache) dient dem fachlichen Austausch in wissenschaftlichen Diskursen – sie dient nicht einer intendierten Exklusion von Außenstehenden aus dem Kreis der Wissenschaftselite. Der hermetische, teils erratische Sprachgebrauch führt bei Fachunkundigen mitunter zu Misstrauen und zur Suche nach der ‚hidden message‘. Eine Konsequenz aus dem Missverhältnis zwischen

Intention und Verfügbarkeit ist einerseits der Unwillen von Wissenschaftlern, ihre Informationen mit Nichtwissenschaftlern zu teilen; andererseits das große Misstrauen vieler gesellschaftlicher Gruppen gegenüber der Wissenschaft (Renn 1992; Lipset/Schneider 1983). Eine Umformulierung der primären Wissenschaftsergebnisse in eine andere, auch für Nicht-Experten verständliche Sprache findet auf dieser ersten Stufe des Kommunikationsprozesses bereits bei dem Gebrauch anderer Formate statt. Wenn Wissenschaftsergebnisse in Form von Presseerklärungen, persönlicher Interaktion oder in Interviews kommuniziert werden, werden die Sachverhalte in einer einfacheren, für das Zielpublikum verständlicheren Sprache dargestellt.

Wenn der Sprachgebrauch wissenschaftlicher Expertise eher abschreckend wirkt: was macht Wissenschaftsergebnisse dennoch für Außenstehende attraktiv? Hierbei muss zunächst auf den Begriff des wissenschaftlichen Wissens rekurriert werden. Wissenschaft meint dabei, über eine systematisch strukturierte und methodisch kontrollierte Weise Wissen über die natürliche, technische und soziale Welt zu generieren. Dieses Wissen beansprucht *idealiter* Objektivität im Sinne einer objektiven Gültigkeit (zumindest bis zur Falsifikation) und sollte intersubjektiv nachprüfbar sein. Darüber hinaus ist mit wissenschaftlichem Wissen der Anspruch verbunden, Erklärungen für unterschiedliche Phänomene zu liefern. Allgemeingültigkeit, Notwendigkeit und Begründbarkeit sind damit wesentliche Aspekte wissenschaftlichen Wissens. Damit verbunden ist auch eine Deutungshoheit über die Gültigkeit dieses Wissens und seinen Gegenstandbereich, der von Wissenschaftsexperten vertreten wird. Ihnen alleine wird das Wissen und die Beurteilungskompetenz für die Lösung von Problemen zugeschrieben (Weingart/Lentsch 2008: 26).

Es wurde aber auch auf die Grenzen des wissenschaftlichen Expertenwissens im Beratungsgeschäft hingewiesen. Zum einen überschreiten die politisch oder gesellschaftlich an Wissenschaftler herangetragenen Fragestellungen und Problemlagen deren fachspezifische Kompetenz, so dass Wissenschaftler die Reichweite ihres Fachwissens überschreiten und eigentlich auf den Status eines aufgeklärten „Laien" zurückfallen (Saretzki 2005: 348). Zum anderen kollidiert epistemisches Wissen mit den von außen herangetragenen Anforderungen, gesicherte Aussagen zu treffen. Epistemisches Wissen gilt nach dem Popperschen Wissenschaftsverständnis als vorläufig und unsicher, weil prinzipiell falsizierbar.

2.2.2 Die Transmitter von wissenschaftlichen Informationen

Auf einer Zwischenstufe des Kommunikationsprozesses werden Wissenschaftsinformationen zunächst an Transmitter-Akteure weitergegeben. Diese Akteure nehmen eine Zwitterstellung im Kommunikationsprozess ein, da sie sowohl als Empfänger als auch als Sender fungieren. Sie nehmen Botschaften des primären Kommunikanten auf, verarbeiten sie intern und geben sie dann an das eigentliche Empfängerpublikum weiter.

Zunächst findet beim Transmitter eine Informationsselektion statt, denn nicht alle primären Wissenschaftsbotschaften werden von Transmitter-Akteuren aufgegriffen. Der Selektionsprozess ist teilweise durch die institutionelle Einbettung von wissenschaftlicher Expertise im politischen Raum der parlamentarischen Entscheidungsfindung determiniert. Im formalen Gesetzgebungsprozess werden Experten, Interessensgruppen oder Betroffene über Hearings oder Sachverständigenanhörung eingebunden. Einzelne Wissenschaftler sind damit als Experten direkt in Anhörungen vertreten oder geben Stellungnahmen oder Einreichungen in Ausschüssen ab. Daneben sind Wissenschaftler in Beiräten vertreten, die den Gesetzgebungsprozess begleiten. Der direkte Einfluss der Wissenschaft variiert je nach Politikfeld. Während einzelne Wissenschaftler sich am meisten in der Rechtspolitik engagiert haben (in einer empirischen Untersuchung waren es 42,3 %), war der Einfluss der Wissenschaft über Beiräte in der Umweltpolitik am größten (38, 4 %) (von Beyme 1997: 169).

Direkten Einfluss üben wissenschaftliche Ergebnisse auch bei der Gesetzesformulierung bzw. Re-Formulierung innerhalb der Ministerialbürokratie aus. Dieser Einfluss geht auch auf politisch-rechtliche Vorgaben zurück. Das Bundesverfassungsgericht hat den Gesetzgeber zur Wirkungsforschung verpflichtet, indem er die Auswirkungen von Gesetzesfolgen über die ihm zugänglichen Erkenntnisquellen so gut wie möglich abzuschätzen hat. Die Gesetzesfolgenabschätzung muss also den wissenschaftlichen Erkenntnisstand rezipieren. Als Generalklauseln haben sich in diesem Zusammenhang die Vorgaben nach ‚Stand der Wissenschaft' oder ‚Stand der Technik' in Rechtsnormen vor allem der Umweltpolitik etabliert. Die Verpflichtung zur Wirkungsforschung ist eine wichtige Legitimationsquelle für die ministerielle Ressortforschung.

Der Selektionsprozess wissenschaftlicher Expertise ist im Stadium des vorparlamentarischen Raums dagegen unbestimmter. Zum einen herrscht wenig Klarheit darüber, wie die Themenfindung zur Politikformulierung eigentlich vor sich geht. Die frühere Vorstellung auf Basis eines einfachen *Stimulus-Response*-Schemas, bei dem Probleme entstehen, der Staat darauf mit Programmen und Gesetzesvorhaben reagiert und gegen Widerstände mit Steuerung durchsetzt, wird heute als zu unterkomplex zurückgewiesen (von Beyme 1997: 73). Die Themenfindung für eine Politikformulierung kann nach von Beyme (1997: 73 f.) von außen an politische Entscheidungsträger herangetragen werden („Druck von der Straße"), im europäischen Mehrebenensystem über EU-Rahmenrichtlinien an die nationalen Parlamente delegiert werden, auf Vorschläge von einzelnen Parteien oder der Opposition beruhen oder von einzelnen Interessengruppen oder den Medien auf die politische Agenda gehievt werden. Im Rahmen dieses Agendasettings spielen wissenschaftliche Erkenntnisse und Befunde bereits eine Rolle, da sie helfen, die Problemdimension zu explizieren und damit die Dringlichkeit einer politischen Lösung zu untermauern.

Neben institutionellen und themengebundenen lassen sich auch akteursbezogene Selektionsmechanismen feststellen. Transmitter-Akteure wie Medien, öffentliche Behörden, Interessengruppen oder wissenschaftliche Beratungsinstitutionen besitzen ihre eigene Selektionslogik zur Auswahl und Reformulierung wissenschaftlicher Expertise. Für Medien sind beispielsweise Kriterien wie Nachrichtenwert, Anschaulichkeit und Betroffenheit, Einzigartigkeit und Konflikthaftigkeit oder auch Schuldzuschreibung entscheidend. Bei öffentlichen Behörden sind wissenschaftliche Informationen wichtig, die die Problemlösungsfähigkeit der Behörde unterstreichen und die Befassung mit einer Problemstellung legitimieren, während bei Interessengruppen ein strategischer Gebrauch zugunsten normativen Positionen ein wichtiges Selektionskriterium ist. Die Vielfalt teils auch gegensätzlicher Informationen und Botschaften sind auf unterschiedliche Selektionsmechanismen von Akteuren zurückzuführen: „In most cases – so Renn (1992: 477) – competing messages are not a product of misinformation, manipulation or even lying. Rather, every communicator has a different perspective to the outside world. Fragmentation of information is therefore an inevitable side effect of plural interest articulation".

Der eigentliche Prozess der Informationsaufnahme und -weitergabe beinhaltet also zunächst eine Selektion der Informationssignale nach individuellen, institutionellen und themenbezogenen Charakteristika. Die selektierten Informationen werden in einem weiteren Schritt decodiert, d. h. die sprachlichen Zeichen werden empfängerseitig so entschlüsselt, dass sie mit Bedeutung und Sinn unterlegt werden. In einem nächsten Schritt werden die Wissenschaftsinformationen dann wieder als Botschaft aufbereitet und an den eigentlich adressierten Empfänger weitergegeben. In der Phase zwischen De- und Rekodieren erfolgt bei Transmitter-Akteuren die eigenständige Leistung, nämlich wissenschaftliche Expertise mit den Erfordernissen der Akteure im politischen Raum kompatibel zu machen. Wissenschaftliches Wissen muss in Beratungswissen transformiert werden, d. h. es muss zugleich sachlich richtig und belastbar und es muss politisch nützlich und realisierbar sein (Weingart/Lentsch 2008: 17). Weingart/Lentsch (2008: 50 f.) haben dafür den Begriff der epistemischen und politischen Robustheit geprägt. Dabei bezieht sich epistemische Robustheit auf die Qualität des wissenschaftlichen Wissens mit Anspruch auf universelle Gültigkeit ihrer Aussage. Diese Gültigkeit ist Ergebnis einer kritischen Prüfung von Tatsachenbehauptungen innerhalb der wissenschaftlichen Gemeinschaft. Im

Idealfall – so Weingart/Lentsch (2008: 50) – „haben epistemisch robuste Aussagen die Qualität, dass sie keinen Interpretationsspielraum mehr offen lassen, nicht mittels konkurrierender Belege bestritten werden können und folglich auch gegen missbräuchliche Verwendung geschützt sind". Politische Robustheit meint dagegen die Akzeptabilität und damit die politische Umsetzbarkeit der Empfehlungen in zwei Dimensionen: „zum einen die Inklusion des Wissens und der Präferenzen derjenigen, die als interessierte Gruppen (*stakeholder*) eigene Geltungsansprüche an die Handlungsoptionen stellen, zum anderen die Resonanzfähigkeit der Empfehlungen oder Einschätzungen bei den organisierten und nichtorganisierten Adressaten von Entscheidungen" (Weingart/Lentsch 2008: 51, Hervorhebung im Original, D. S.).

Die Transformation von wissenschaftlichem Wissen in Beratungswissen von Transmitter-Akteuren bezieht sich inhaltlich auf unterschiedliche Punkte. Zum einen wird die Problemdimension betont mit der Eingrenzung des Sachverhalts, dem Explizieren konkreter Wirkungsketten und deren Folgewirkungen. Zum anderen steht die Erarbeitung von konkreten Handlungsempfehlungen mit Zuweisung auf einzelne Akteure im Vordergrund. Dabei werden sowohl wissenschaftlich-universelle Kausalketten und Gesetzmäßigkeiten als auch epistemische Unsicherheitsbeurteilungen vernachlässigt. Daneben spielen weitere Aspekte wie institutionelle Regeln und professionelle Standards, Rollenanforderungen und antizipierte Erwartungen des Empfängers oder persönliche Präferenzen eine Rolle (Renn 1992: 480). Insgesamt besteht die weitergegebene Botschaft dann aus Komponenten der Ursprungsquelle sowie Ergänzungen und Veränderungen durch die beteiligten Transmitter-Akteure.

2.2.3 Perzeption, Selektion und Rezeption von wissenschaftlichen Informationen

Bei der Rezeption von Informationen handelt es sich um einen stufenweisen Prozess der Informationswahrnehmung, -auswahl und -verarbeitung (Fiedler 1996; Renn 2008). Tabelle 1 zeigt die Abfolge einzelner Selektions- und Verarbeitungsschritte. Zunächst werden von einem Kommunikator Aussagen formuliert und als Informationsangebot an potentielle Rezipienten herangetragen. Aufgrund bestimmter organisatorischer Bedingungen erreichen allerdings nicht alle Botschaften den Rezipienten (Merten 1999: 67). In einem ersten Rezeptionsschritt werden die Informationsangebote vom Rezipienten je nach Kapazität und Motivation unterschiedlich gefiltert und selektiert. Die Kapazität ist bestimmt durch den rein physikalischen Zugang zum Informationsangebot, die zur Verfügung stehende Zeit zur Informationsverarbeitung und der Abwesenheit von störenden Ablenkungsfaktoren. Die persönliche Motivation ist gekennzeichnet durch das persönliche Interesse an der Thematik, vorhandene Werte, Präferenzen und Selbstwertgefühl sowie die Verbindung der Botschaft zu persönlichen Interessen und Vorlieben des Rezipienten (Renn 2008: 100).

Stufen	Beschreibung
Auswahl von Informationen über Selektionsfilter	Auswahl und Weiterverarbeitung von Signalen, die aus der Umgebung oder von anderen sozialen Akteuren stammen
Dekodieren der Zeichen	Dechiffrieren der Bedeutung aus den Zeichen (Entschlüsselung der Sachinformationen, der Informationsquelle, der Werturteile und der offensichtlichen und verdeckten Absichten der Quelle und des Transmitters)
Rückschlüsse ziehen	Rückschlüsse über Absichten des Kommunikators oder des Transmitters zur Anwendung intuitiver Heuristiken (‚common-sense reasoning‘), zur Verallgemeinerung der Information und zur Nutzung symbolischer Hinweise, um die Ernsthaftigkeit der Information zu beurteilen
Vergleich der dekodierten Botschaft mit der im Gedächtnis gespeicherten Botschaft	Analyse der Bedeutung der Botschaft mit Botschaften aus anderen Quellen oder vorherigen Einstellungen und Überzeugungen
Bewertung der Botschaft	Bewertung der Wichtigkeit, Überzeugungskraft und der persönlichen Betroffenheit auf Basis der Richtigkeit der Botschaft, des möglichen Einflusses auf das eigene Leben, die wahrgenommene Konsistenz mit vorhandenen Überzeugungen (Vermeidung kognitiver Dissonanz), Urteilen von Bezugsgruppen (Vermeidung sozialer Entfremdung) und persönlichen Wertüberzeugungen
Ausbildung spezifischer Überzeugungen	Generierung oder Veränderung von Überzeugungen über das Thema der Botschaft oder Bestätigung alter Überzeugungen
Ausbildung von Handlungsabsichten	Ausbildung von zukünftigen Handlungsabsichten, welche mit den neu geformten Überzeugungen korrespondieren

Quelle: Renn 2008 101 (eigene Übersetzung)

Tabelle 1: Prozessstufen der Informationsverarbeitung durch den Rezipienten

56

In einem weiteren Schritt werden die ausgewählten Informationen dekodiert, d. h. den über eine Zeichensprache übermittelten Informationen wird bewusst oder unbewusst Sinn und Bedeutung unterlegt. Dieser Verarbeitungsschritt generiert Bedeutung über die Dechiffrierung von Sachinformationen, Werturteilen oder seitens des Kommunikators unterlegten Intentionen. Aus diesen einzelnen Bedeutungen werden dann generalisierende Rückschlüsse und Schlussfolgerungen über die Information insgesamt gezogen hinsichtlich ihrer Glaubwürdigkeit und ihres Aussagegehalts. Der Bedeutungszusammenhang wird dann mit anderen, vergleichbaren Informationen oder eigenen Einstellungen, Präferenzen und dem Wissensstand abgeglichen. Die Informationen werden schließlich bewertet und beurteilt, indem die Wichtigkeit, Überzeugungskraft und die persönliche Betroffenheit auf Basis der Korrektheit der Informationen oder der wahrgenommenen Konsistenz mit persönlichen Überzeugungen abgeschätzt werden. Schließlich werden neue Überzeugungen und Einstellungen zum Informationsgegenstand gebildet oder vorhandene revidiert, aus denen sich ggf. neue Handlungsabsichten ableiten.

Der Prozess der Informationsverarbeitung ist ein dynamischer Prozess, bei dem die einzelnen Stufen wechselseitig voneinander abhängen und sich gegenseitig beeinflussen. In diesem dynamischen Verfahren finden Rückkopplungen zwischen neuen Informationen (*bottom-up*-Prozesse) und bisherigem Wissen (*top-down*-Prozesse) statt, die über Denkprozesse, Urteilsbildung und Entscheidungen eng mit einander verknüpft sind. Urteile entstehen dabei grundsätzlich aus der Interaktion zwischen den neuen Reizen und dem eigenen Wissensstand und werden über Informationswahrnehmung, Kategorisierung sowie Integration und Urteilsbildung organisiert. Der Kategorisierungsprozess beinhaltet eine Komplexitätsreduktion, indem mehrere ähnliche Informationen einer Kategorie zugeordnet werden (Bless et al. 2004).

Bei der Urteilsfindung werden verschiedene, so genannte intuitive Heuristiken angewendet. Heuristik meint vereinfachende, kognitive Regeln und Verfahrensweisen, die unter den Bedingungen von Unsicherheit eine Urteilsbildung erlauben (Groner et al. 1983). Im Sinne von Daumenregeln sind Heuristiken vereinfachende, kapazitätssparende und aus Erfahrung meist Erfolg versprechende Verfahren, um zu einer Problemlösung zu kommen. Aufgrund begrenzter Rationalität und der vereinfachten Vorgehensweise kann es aber auch zu Fehlern bzw. kognitiven Täuschungen kommen. Die bekanntesten Heuristiken sind die so genannte Verfügbarkeits-, die Repräsentativitäts-, die Verankerungs- und die Anpassungsheuristik (Gigerenzer et al. 1999).

2.3 Kommunikationstheoretische Ansätze zur Informationsbewertung und -verarbeitung

Im vorangegangenen Abschnitt wurde der Wissenstransfers als prozeduraler und organisationaler Kommunikationsprozess aufgefasst und in seinen einzelnen Prozessstufen analysiert. Im Vordergrund standen dabei institutionelle und akteursbezogene Aspekte entlang des Kommunikationsprozesses. Die rezipientenseitige Aufnahme und Verarbeitung von Informationen wurde als stufenweiser Prozess der Informationsperzeption, -selektion und -verarbeitung interpretiert. In einem vertiefenden Schritt wird nun die Prozessstufe der Rezeption näher betrachtet. Es wird dabei auf kommunikationstheoretische Ansätze zurückgegriffen, die die inhaltliche Informationsverarbeitung und -bewertung beim Rezipienten in den Mittelpunkt stellen.

Existierende Theorieansätze zur Erklärung der menschlichen Kommunikation sind sehr vielfältig und kaum überschaubar. Die Vielfalt kommunikationstheoretischer Ansätze liegt zum einen an der Komplexität des Untersuchungsgegenstandes selbst; zum anderen aber auch an der Vielzahl von Wissenschaftsdisziplinen, die sich mit der Untersuchung menschlicher Kommunikation beschäftigen. Die Theorieansätze lassen sich auf verschiedene wissenschaftliche Traditionslinien zurückführen: sie können der Semiotik und der Phänomenologie, der Kybernetik oder der kritischen Theorie, der Sozialpsychologie oder auch soziokulturellen Ansätzen zugeordnet werden. Eine umfassende Diskussion der Vielzahl von Theorieansätzen kann hier nicht geleistet werden. Einen guten und systematisch strukturierten Überblick liefern Littlejohn/Foss (2008) und Craig (1999).

Für die vertiefende Analyse des Rezeptionsprozesses wurden exemplarische Theorieansätze ausgewählt, die zum einen die Informationsverarbeitung aus unterschiedlicher Perspektive beleuchten und zum anderen theoretisch anspruchsvoll sind und sich empirisch bewährt haben. Aus der Sozialpsychologie wird für den Prozess der sozialen und kognitiven Informationsverarbeitung auf die von Petty und Cacioppo entwickelte *Elaboration-Likelihood-Theory* zurückgegriffen. Ebenfalls der Sozialpsychologie zuzuordnen ist der *Source-Credibility*-Ansatz, der die Beurteilung der Glaubwürdigkeit einer Information ins Zentrum stellt. Der kybernetischen Tradition verhaftet sind die *Expectancy-Value-Theory* und die *Theory of Reasoned Action* von Icek Ajzen und Martin Fishbein, welche die Integration von Informationen konzeptionalisieren. Der *Shared-Meaning*-Ansatz von Herbert Clark lotet schließlich die Möglichkeiten der Verständigung zwischen verschiedenen, am Kommunikationsprozess beteiligten Akteuren aus. Im Folgenden werden die ausgewählten Kommunikationstheorien kurz vorgestellt und erläutert.

2.3.1 Soziale und kognitive Informationsverarbeitung: Die Elaboration-Likelihood Theory

Perzeption und Rezeption von Informationen unter den Bedingungen knapper zeitlicher Ressourcen wirft die Frage auf, wie Menschen Informationen aufnehmen und verarbeiten. Die von Petty und Cacioppo entworfene Elaboration-Likelihood-Theorie (ELT) bietet dazu Erklärungsansätze (Petty/Cacioppo 1984, Petty/Cacioppo 1986; Petty/Wegener 1999). Die ELT ist eigentlich ein persuasionstheoretischer Ansatz, bei dem einstellungsrelevante Informationen auf kognitive Prozesse bei Individuen wirken und gegebenenfalls zu neuen Einstellungsurteilen führen können. Kernelement der ELT ist die Prognose, wann und wie Individuen von einer Botschaft inhaltlich zu neuen Einstellungsurteilen gelangen, die ggf. auch zu Verhaltensänderungen führen. Im Zentrum der Erklärung stehen unterschiedliche Wege der Informationsverarbeitung und -beurteilung, indem einmal Informationen in einer aufmerksamen, kritischen und elaborierten Weise rezipiert und beurteilt werden. Zum anderen kann die Informationsverarbeitung aber auch auf völlig unkritische und einfache Art und Weise vollzogen werden. Die ‚Elaboration-Likelihood' beschreibt dann die Wahrscheinlichkeit einer intensiven, kognitiven Auseinandersetzung mit Informationen in einem Kommunikationsprozess im Sinne einer Variable, deren Ausprägung hoch oder niedrig sein kann. Die Wahrscheinlichkeit hängt von der Art und Weise der Informationsverarbeitung ab. Es wird davon ausgegangen, dass Personen nur eine begrenzte Verarbeitungskapazität von Informationen haben und vor dem Hintergrund dieser Einschränkung selektiv mit der täglich vorhandenen Informationsflut umgehen.

Die ELT unterscheidet für diese beiden Arten der Informationsverarbeitung und -beurteilung einen zentralen und peripheren Weg. Bei der ‚zentralen Route' werden Informationen und deren Argumente vom Empfänger kritisch und umfassend hinterfragt und mit dem eigenen Wissenstand abgewogen. Einstellungsänderungen basieren auf der Überzeugungskraft der neu gewonnenen inhaltlichen Argumente und sind von relativ langer Dauer. Bei der ‚peripheren Route' werden Informationen eher schnell und oberflächlich rezipiert und evaluiert. Zwar kann es durch externe Reize auch zu Einstellungsänderungen kommen. Diese sind aber eher temporär und von kurzer Dauer, so dass daraus resultierende Verhaltensänderungen eher unwahrscheinlich sind.

Der dichotome ELT-Ansatz basiert nach Petty/Cacioppo auf bestimmten Grundannahmen und Postulaten. Zum einen orientieren sich Personen in Anlehnung an Festingers *Theorie der sozialen Vergleichsprozesse* (Festinger 1950; Festinger 1954) an adäquaten und ihrem persönlichen Umfeld gemäß angemessenen Einstellungen. Zum anderen hängt die Art und Weise der Informationsverarbeitung, d. h. der zentralen oder peripheren Route, entscheidend von der Motivation und den Fähigkeiten der Personen ab. Dabei sind bei der Motivation drei Faktoren zu unterscheiden: Erstens hängt die Motivation von dem Grad der eigenen Beteiligung (‚involvement') bzw. der persönlichen Relevanz der Thematik ab. Ist ein Thema für einen Menschen besonders wichtig, dann wird er darüber auch besonders intensiv und kritisch nachdenken. Der zweite Punkt ist die Diversität und Bandbreite der Argumente und Informationsquellen, die in den neuen Informationen enthalten sind. Menschen tendieren zu einer kritischen Betrachtung von Informationen, wenn diese von unterschiedlichen Informationsquellen stammen, da sie diese als wichtiger und wahrheitsgetreuer interpretieren. Drittens ist die persönliche Prädisposition zu kritischem Denken und zur Reflektion entscheidend. Verfügen Menschen über eine ausgeprägte Fähigkeit zur intensiven Verarbeitung von Informationen, so gebrauchen sie eher den zentralen Weg der Informationsverarbeitung als den peripheren Weg. Ist hingegen die Motivation oder die Fähigkeit zur kognitiven und reflexiven Verarbeitung von Argumenten gering, so werden periphere Hinweisreize wichtiger.

Bei peripheren Verarbeitungsroutinen werden Argumente und Sachverhalte weniger intensiv bearbeitet und Urteile schneller auf Basis von peripheren Hinweisreizen getroffen. Dies sind unter anderem die Länge der Botschaft, die Einschätzung des Verfassers oder die (soziale) Erwünschtheit der Information. Dabei ist die Glaubwürdigkeit der Informationsquelle von besonderer Bedeutung. Wenn die Glaubwürdigkeit der Quelle hoch ist, wird den inhaltlichen Aussagen der Botschaft geglaubt unabhängig von der sachlichen Richtigkeit ihrer Argumentation. Daneben kann auch die reine Anzahl der dargebrachten Argumente oder die Sympathie zum Verfasser für die Akzeptanz der Botschaft ausschlaggebend sein. Eine Reihe externer Hinweisreize kann beim Rezipienten also zur Akzeptanz bzw. Nicht-Akzeptanz einer Botschaft unabhängig von ihrer sachlichen Stringenz und Richtigkeit führen.

2.3.2 Die Glaubwürdigkeit der Information: Der Source Credibility-Ansatz

Die bereits angesprochene Glaubwürdigkeit der Informationsquelle wurde in der Kommunikationswissenschaft bereits früh als wichtige Variable bei der Verarbeitung und Bewertung von Informationen herausgestellt. In den frühen 1950er Jahren hat der Psychologe Carl Hovland aus einer sozialpsychologischen Perspektive die Bedeutung der Informationsquelle aus Sicht des Rezipienten hervorgehoben (Hovland et al. 1951; Hovland et al. 1953). Die auf Hovland zurückgehende kontextorientierte Glaubwürdigkeitsforschung prüft nach Köhnken (1990: 7), „durch welche verhaltensunabhängigen Merkmale des Kommunikators, gegebenenfalls in Verbindung mit Aspekten des Kommunikationskontextes, Rezipienten zu dem Eindruck gelangen, dass eine Information glaubwürdig ist oder nicht". Kontextuelle Faktoren wie die Glaubwürdigkeit der Informationsquelle sind dann wichtig, wenn spezifisches Wissen und Sachkenntnis zum Informationsgegenstand fehlen oder eine nur geringe Verarbeitungsbereitschaft und -fähigkeit für eine inhaltliche Auseinandersetzung mit der Botschaft vorhanden ist. Nicht nur die Inhalte einer Information, sondern auch die Quelle der Information ist für einen Kommunikationsprozess damit von großer Bedeutung. Das Verständnis von Glaubwürdigkeit fassen Hovland et al. (1953: 21) folgendermaßen zusammen: „an individual's tendency to accept a conclusion advocated by a given communicator will depend in part upon how well informed and intelligent he believes the communicator to be". Die Informationsquelle kann dagegen verstanden werden als Ausgangspunkt, auf den der Rezipient Kommunikationsinhalte bzw. eine Botschaft zurückführt. Dies können eine oder mehrere Personen oder auch Institutionen sein.

Die Glaubwürdigkeit der Informationsquelle wurde von Hovland et al. in die zwei Komponenten ‚Sachverstand bzw. Kompetenz' (expertness) und ‚Vertrauenswürdigkeit' (trustworthiness) untergliedert. Sachverstand setzt sich zusammen aus verschiedenen Faktoren wie Alter, wahrgenommene Intelligenz, Autorität und die Fähigkeit zu informieren, während Vertrauenswürdigkeit die vom Kommunikator beabsichtigte Persuasion oder Manipulation umfasst. Sachverstand beinhaltet demnach die der Informationsquelle vom Rezipienten zugeschriebene Sachkenntnis, dass die Informationen auf korrektem Expertenwissen basieren. Vertrauenswürdigkeit beschreibt dagegen die Bereitschaft und den Willen des Senders, die Informationen auch richtig und ohne Manipulationsabsicht wiederzugeben. In empirischen Untersuchungen wurde dieser Ansatz zunehmend ausdifferenziert und in unterschiedlichen *Settings* durchgeführt. Die meisten Studien folgen dabei einem einheitlichen Grundkonzept, indem zwei Probanden-Gruppen eine standardisierte Botschaft bewerten, wobei die Quelle der Botschaft mit unterschiedlichen Glaubwürdigkeits- und/oder Kompetenz-Attributen versehen ist.

Trotz einer Vielzahl an empirischen Überprüfungen wurde die Konzeptionalisierung der beiden Komponenten kritisch hinterfragt. Nawratil (2006: 54) etwa bemängelt die fehlende systematische Operationalisierung der beiden Dimensionen ‚Kompetenz' und ‚Vertrauenswürdigkeit', so dass sich gesicherte Schlussfolgerungen nur in Teilbereichen ziehen lassen. Unklar ist zum Beispiel, ob formelle Titel wie Professor oder Doktor oder die Quellenbezeichnung Experte ausreichend sind, um die Dimension Kompetenz abzudecken. Insgesamt bleibt aber festzuhalten, dass die kontextorientierte Glaubwürdigkeitsforschung einen wichtigen Erklärungsansatz liefert, um zu verstehen, wie Personen Informationen bewerten, wenn Informationsinhalte bei dieser Bewertung nicht im Mittelpunkt stehen.

Die Forschung über die Glaubwürdigkeit von Informationsquellen ist nicht alleine eine Domäne der Kommunikationswissenschaft. Sie wurde insbesondere von der soziologischen Risikoforschung aufgegriffen bei der Frage, wie Menschen (kommunizierte) Risiken wahrnehmen und das institutionelle Risikomanagement beim Umgang mit diesen Risiken einschätzen. Da Risiken zunehmend durch komplexe Technologien hervorgerufen und immer weniger direkt persönlich erfahrbar sind, kommt der Glaubwürdigkeit und dem Vertrauen in Informationsquellen, die über diese Risiken informieren, eine große Bedeutung zu (Barber 1983; Zimmermann 1987; Löfstedt 2003; Löfstedt 2005; Renn 2008). Für die Risikoforschung standen dabei weniger individualisierte Informationsquellen als die Glaubwürdigkeit von Institutionen im Vordergrund. Empirische Forschung zum institutionellen Vertrauen ist sehr vielfältig und hat einige interessante Ergebnisse hervorgebracht (Lipset/Schneider 1983; Earle/Cvetkovich 1994; Siegrist/Cvetkovich 2000). So zeigte sich beispielsweise eine geringe Korrelation zwischen der Wahrnehmung der institutionellen Kompetenz und der Attraktivität der von den Institutionen durchgeführten Aufgaben. Eine hohe Wertschätzung von Institutionen geht also nicht unbedingt mit einer hohen Einschätzung ihrer Kompetenz einher und *vice versa* (Peters et al. 1997; zit. n. Renn 2008: 227). Insgesamt hat die Glaubwürdigkeitsforschung der Risikosoziologie wichtige konzeptionelle und empirische Beiträge geliefert über das Beziehungsgeflecht und die Einflussfaktoren von individueller Glaubwürdigkeit in Verbindung mit Herausforderungen bei gesellschaftlichen Problemlösungen.

2.3.3 Die Integration der Information: Expectancy-Value Theory & Theory of Reasoned Action

Die Verarbeitung und Beurteilung von neuen (wissenschaftlichen) Informationen in einem Kommunikationsprozess beinhalten einen bewussten Abgleich der Informationsinhalte mit bereits vorhandenem Wissen, eigenen Anschauungen und Einstellungen sowie konkurrierenden Informationen. Bestimmte Einstellungen und Verhaltensweisen sind dann ein Resultat in diesem System sich gegenseitig beeinflussender Kräfte. Die in der kybernetischen Tradition stehende *Information-Integration Theory* stellt darauf ab, wie wir neue Informationen über Dinge, Situationen, Objekte usw. akkumulieren und integrieren, und damit unsere Einstellungsmuster und zukünftige Handlungen beeinflussen (Littlejohn/Foss 2008: 75). Dabei geht es um die Vorhersage von Einstellungsänderungen hervorgerufen durch neue Informationen. Zwei Variablen sind von besonderer Bedeutung: Die erste ist die so genannte ‚valence' (Richtung), welche angibt, ob Informationen dem vorhandenen Denkmuster entgegenkommen oder widersprechen. Die zweite Variable misst den Einfluss der Information im Sinne einer Gewichtung. Diese ist eine Funktion der Glaubwürdigkeit. Wird eine Information als glaubwürdig und sehr wahrhaftig beurteilt, wird man sie als wichtiger einstufen als bei einer geringen Glaubwürdigkeit. Je höher die Glaubwürdigkeit einer Information, desto mehr Einfluss hat sie auf vorhandene Denkmuster (Littlejohn/Foss 2008: 76).

Eine der bekanntesten Theorien aus diesem Bereich sind die *Expectancy-Value Theory* und die darauf aufbauende *Theory of Reasoned Action*. Beide wurden von Martin Fishbein und Kollegen im Verlauf der 1970er Jahre entwickelt. Fishbeins *Expectancy-Value* Ansatz ist eine Handlungstheorie, die Verhalten aus Einstellungen ableitet und auf Basis einer begrenzten Zahl von Variablen zu erklären sucht. Der Theorieansatz geht zunächst davon aus, das Menschen rational denken und handeln und für ihr Verhalten alle zur Verfügung stehenden Informationen in Betracht ziehen. Im Zentrum der Theorie steht das Erklären von Einstellungen einer Person gegenüber Objekten. Die Einstellung gegenüber Objekten wird verstanden als „feeling of favorableness or disfavorableness toward the object in question" (Fishbein/Aizen 1975: 11). Die Einstellung einer Person gegenüber einem Objekt geschieht durch so genannte ‚beliefs' (Überzeugungen). Fishbein unterscheidet zwei Arten von ‚beliefs'. Zum einen sind ‚beliefs' Informationen zu einem Objekt im Sinne einer Merkmalszuschreibung. Diese Merkmalszuschreibung gibt Sicherheit, dass das Objekt existiert. Zum anderen beinhalten ‚beliefs' Informationen über ein Objekt, bei der der Merkmalszuschreibung eine gewisse Wahrscheinlichkeit zugeordnet ist (Merkmalsbewertung). Merkmalszuschreibung und Merkmalsbewertung haben reinen informativen Charakter. Demgegenüber sind Einstellungen evaluativ. Einstellungen korrelieren aber mit ‚beliefs' und führen zu einer bestimmten Verhaltensweise gegenüber einem Objekt.

Das spezifische Merkmal der Theorie ist die Aussage, dass Einstellungen eine Funktion einer komplexen Kombination von Merkmalszuschreibungen und Merkmalsbewertungen sind (Littlejohn/Foss 2008: 77). Verhaltensänderungen resultieren letztlich daraus, dass neue Informationen die ‚beliefs' und damit die Einstellungen ändern. Informationen und deren Integration in bestehende Überzeugungen sind damit ein zentrales Element des Ansatzes.

Fishbein/Aizen haben die *Expectancy-Value Theory* zur *Theory of Reasoned Action* erweitert, indem sie die eigenständige Komponente der Intention hinzugenommen haben. Hierbei geht es um die Einstellung gegenüber Verhaltensweisen und nicht um direkte Einstellungen gegenüber Objekten oder Personen. Die Theorie setzt die Variablen, Überzeugungen im Sinne von ‚beliefs', Einstellungen, Verhaltensintention und Verhalten in einen kausalen Zusammenhang. Verhaltensweisen werden dabei direkt von der Verhaltensintention determiniert. Überzeugungen und Einstellungen wiederum determinieren die Verhaltensintention. Intentionen sind also dadurch gekennzeichnet, dass sie über Einstellungen und subjektive Normen zustande gekommen sind. Ein bestimmtes Verhalten wird dann ausgeführt, wenn die Person diese Verhaltensweise für sich positiv bewertet und ihr nahe stehende bzw. für wichtig erachtete Personen dies auch für wünschenswert halten würden. Das Verhältnis von Einstellung und subjektiver Norm kann dabei variieren, je nachdem, wie groß der Einfluss des sozialen Umfelds durch die Wahrnehmungserwartung Anderer ist. Verhalten wird somit durch die Einstellung von Personen zur eigenen Handlungsabsicht und den angenommenen Einstellungen Anderer zu der Handlungsabsicht erklärt.

Die Theorie des geplanten Handelns geht also nicht davon aus, dass alleine Informationen und rationale Argumente Verhalten determinieren. Vielmehr sind subjektiv ausgeprägte Überzeugungen verantwortlich für die Ausprägung von Einstellungen. Bandelow (1999: 47) hat daraus folgende Schlussfolgerung gezogen: „Auch ein umfassender Austausch von Informationen muss nicht dazu führen, dass ein Konsens erreicht wird, da neue Informationen und Argumente von verschiedenen Akteuren auf Grundlage ihrer jeweiligen Überzeugungen verarbeitet werden".

2.3.4 Möglichkeiten der Verständigung: Der Shared-Meaning-Ansatz

Wenn von Rezipienten neu gewonnene Informationen vor dem Hintergrund des eigenen Wissensstands, der Präferenzen und Wertorientierungen bewertet und interpretiert werden, bleibt zunächst unklar, wie es überhaupt zu einem gegenseitigen Verständnis zwischen den Gesprächspartnern kommen kann. Aus dieser Perspektive ist danach zu fragen, wie und in welchem Maße eine inhaltliche Verständigung zwischen den Beteiligten am Kommunikationsprozess überhaupt zustande kommen kann.

Herbert H. Clark hat einen integrativen theoretischen Ansatz vorgelegt, der aus einer psycholinguistischen Perspektive die Möglichkeiten der Verständigung zwischen Beteiligten in einem (verbalen) Kommunikationsprozess konzeptionalisiert (Clark 1996). Nach der Clarkschen Kommunikationstheorie entsteht eine gegenseitige Verständigung von zwei oder mehreren Gesprächspartnern über den Versuch, „zwei individuelle kognitive Bezugsrahmen so weit zur Deckung zu bringen, dass deren Schnittmenge – der so genannte *common ground* – gerade ausreicht, um das jeweils spezifische Ziel der Kommunikation, also zum Beispiel eine *informierte Entscheidung*, zu erreichen" (Bromme et al.

2004: 178; Hervorhebung im Original, D. S.). Abbildung 2 zeigt eine schematische Darstellung der Verständigung in einem Kommunikationsprozesses.

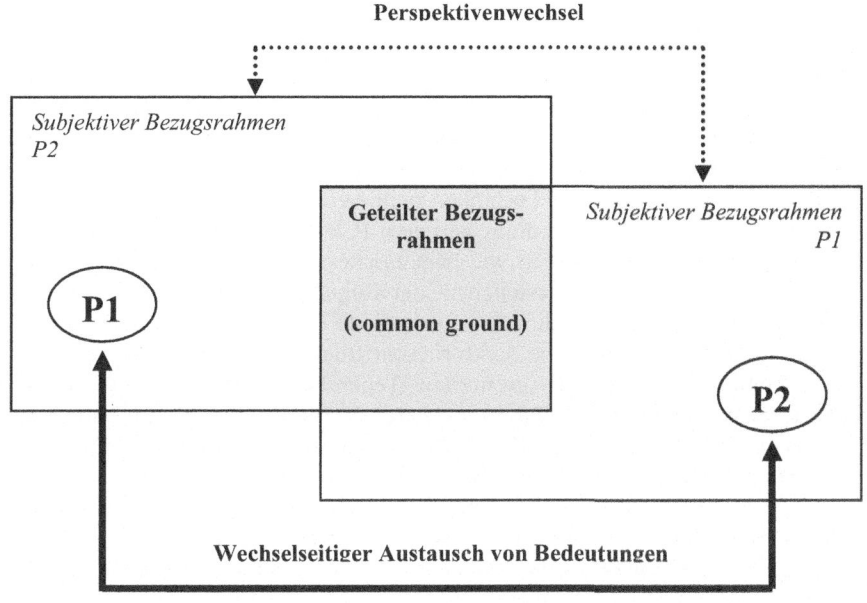

Quelle: nach Bromme 2004: 179

Abbildung 2:   Verständigung als Shared Meaning im
Kommunikationsprozesses

Die jeweiligen individuellen Bezugsrahmen setzen sich zum einen zusammen aus eher statischen Elementen wie Vorwissen, Einstellungen und Überzeugungen. Zum anderen sind darin auch eher labile bzw. dynamische Elemente enthalten wie bspw. die Wahrnehmung der gerade ablaufenden Kommunikationssituation. Während der Kommunikator gemäß dem eigenen Bezugsystem relevante Informationen verschlüsselt und an den Gesprächspartner weitergibt, entschlüsselt der Empfänger die Zeichen so wie er sie versteht. Zwischen den Kommunikationspartnern kommt es dann zu Verständigungsmechanismen, wenn die ein oder andere vermittelte Information innerhalb oder außerhalb des geteilten Bezugsrahmen ('common ground') liegt. Clark hat den Verständigungsprozess über den geteilten Bezugsrahmen als ‚grounding' bezeichnet. In einer verbalen Kommunikationssituation erfolgt die Verständigung bspw. über eine verbale Zustimmung oder Ablehnung, durch Gestiken des (Un-)Verständnisses wie Stirnrunzeln oder Äußerungen, die auf ein Verstehen der Information schließen lassen (Bromme et al. 2004: 179). Im Prozess des ‚grounding' werden von den Beteiligten Perspektivwechsel vorgenommen, indem (meist unbewusst) der Kommunikationsbeitrag des Anderen auf dessen kognitiven Bezugsrahmen abgestimmt wird. Die Rückschlüsse auf den subjektiven Bezugsrahmen des Gegenübers im Vergleich mit dem eigenen dienen der Identifikation des gemeinsamen ‚common grounds', um zu entscheiden, wie weit man sich gegenseitig verstanden hat.

Die jeweils verwendeten Techniken beim ‚grounding' können je nach eingesetztem Kommunikationsmedium variieren (Clark/Brennan 1991). Bei zweiseitigen Kommunikationsmedien wie persönliche *face-to-face*-Gespräche, Telefon oder Videokonferenzen bestehen in der Regel unmittelbare Möglichkeiten der Rückkopplung über verbale bzw. non-verbale Kommunikation. Bei einseitigen Kommunikationsmodi wie Lektüre schriftlich abgefasster Informationen (Buch, Zeitung etc.) müssen ‚grounding'-Techniken ohne Rückgriff auf den eigentlichen Kommunikator angewandt werden, so dass eine Identifikation der gemeinsamen Schnittmenge der Bezugssysteme schwieriger zu realisieren ist.

Während Clark seinen Kommunikationsansatz zunächst allgemein für den Austausch von Informationen in einem Kommunikationsprozess formuliert hat, stellt die Kommunikation wissenschaftlicher Expertise an politische Entscheidungsträger einen Sonderfall dar. Sie kann in einem ersten Schritt als Experten-Laien-Kommunikation verstanden werden. Zwar verfügen politische Entscheidungsträger auch über fundierte Kenntnisse in bestimmten Themenbereichen. Gegenüber Wissenschaftlern sind sie allerdings Laien oder ggf. Semi-Experten. Über die Expertise von Wissenschaftlern, die in ihren Fachgebieten ausgewiesen sind und darin über Jahre eine vertiefende Berufserfahrung angesammelt haben, verfügen Entscheidungsträger nicht.

Charakteristisch für einen solchen Kommunikationsprozess ist zunächst der unverrückbare Expertenstatus des Kommunikators, d. h. des Wissenschaftlers. In der Expertiseforschung wird der Expertenstatus einer Person entweder über das Merkmal der Lieferung von Spitzenleistungen in einem Bereich definiert, oder über das Vorhandensein von professionellem Wissen, welches über eine mehrjährige Berufserfahrung und Spezialisierung in bestimmten Fachgebieten erworben wurde (Bromme et al. 2004: 180). Während diese Merkmale für Experten in bestimmten Fachbereichen (z. B. Ärzte, Lehrer) ausreichen, kommt bei Wissenschaftlern noch ein weiteres Merkmal hinzu. Den Expertenstatus erhalten Wissenschaftler durch Anerkennung im Kollegenkreis über die Veröffentlichung und Publikation ihrer Arbeit. Über die wissenschaftliche Qualitätskontrolle des *peer-*

review-Verfahrens wird die Arbeit eines Wissenschaftlers kontinuierlich begutachtet und bewertet. Im Idealfall sind die Leistungen von Wissenschaftlern damit kontinuierlich bewertbar und vergleichbar, so dass die Reputation im Kollegenkreis und drüber hinaus über einen (Spitzen-)Leistungsnachweis gewonnen wird. Der Bezugsrahmen der Expertenperspektive zeichnet sich nicht alleine durch eine quantitative Zunahme von Wissensbeständen aus. Die Kognitionswissenschaften konnten in empirischen Vergleichen zwischen Experten und Laien zeigen, dass es ab einem bestimmten Level zu komplexen Umstrukturierungen der Wissensbestände kommt, die Aspekte der Repräsentation des Wissens, der Wahrnehmungen und der Problemlösung verändern (Bromme 2004: 181). Experten wissen quantitativ nicht unbedingt mehr als Laien, aber sie sind um ein Vieles effektiver, weil die einzelnen Wissensbestände so aggregiert und routinisiert sind, dass Gedächtniskapazitäten entlastet werden und damit für neue Herausforderungen verfügbar sind.

Neben der Verdichtung von Einzelinformationen wurde auch auf die Problemlösungsorientierung von Expertenwissen hingewiesen (Smith 1992; Bromme et al. 1996). Danach orientiert sich die Wissensstruktur bei Experten auf die Lösung bestimmter Aufgaben. Die pragmatische Ausrichtung der Wissensstruktur beinhaltet eine Kontextualisierung, so dass auf tagtäglich neue Herausforderungen effektiv und effizient reagiert werden kann. Dabei kommt ein Phänomen zum Tragen, das von Schmidt und Boshuizen als ,knowledge encapsulation' bezeichnet wurde (Schmidt/Boshuizen 1992). Danach werden Detailinformationen aus verschiedenen fachlichen Richtungen und Disziplinen unter einigen wenigen allgemeinen Konzepten zusammengeführt und damit auf eine höhere Abstraktionsebene gehoben. Detailreiches Grundlagenwissen wird damit in abstraktere Konzepte eingelagert und nur noch bei Bedarf entpackt. Für die Erklärung bestimmter Probleme oder Phänomene werden dann zunächst nur die abstrakten Konzepte herangezogen. Nach Schmidt/Boshuizen (1992: 267) ist ,eingekapseltes Wissen' „a learning mechanism that can be defined *as the subsumption or packaging of lower-level, detailed propositions, concepts and their interrelations in an associative net, under a smaller number of higher-level propositions with the same explanatory power"*(Hervorhebung im Original, D. S.).

Was ergibt sich nun aus den Spezifika des Expertenwissens für den Kommunikationsprozess zwischen Experten und Laien? Bromme et al. (2004: 182) hat die Konsequenzen folgendermaßen zusammengefasst: „Es liegt auf der Hand, dass Merkmale wie Verdichtung, *encapsulation*, Kontextualisierung und Routinisierung des Wissens dessen Kommunikation nicht unbedingt erleichtern. (…) Das Wissen muss „entpackt" werden, die scheinbar selbstevidente komplexe Situationswahrnehmung muss expliziert werden, damit der Laie sie nachvollziehen kann. Abstrakte Konzepte, die das Denken des Experten strukturieren und einen Lösungsweg schon in sich enthalten, müssen auf eine weniger abstrakte Stufe transformiert und erläutert werden. Mit anderen Worten: Genau diejenigen Eigenschaften des eigenen Wissens, Denkens und der eigenen Wahrnehmung, die sich in der Lösung fachlicher Probleme so sehr bewährt haben, werden nun selber zum Problem" (Hervorhebung im Original, D. S.).

Der subjektive Bezugsrahmen von Laien kann zwar nicht auf die effizienten und effektiven Wissensmechanismen von Experten zurückgreifen, dennoch ist dieser von entscheidender Bedeutung für die gegenseitige Verständigung in einem Kommunikationsprozess. Als Adressat entkodieren sie die Botschaft und bringen dabei ihr Vorwissen sowie Einstellungs- und Wertemuster mit ein. Ihr Bezugsrahmen kann die Informationsbotschaft insofern bereichern, da sie mitunter eigenes Erfahrungswissen zu dem epistemologischen Wissen beisteuern können. Auf der kognitiven Ebene ist das Wissen von Laien allerdings oftmals unsystematisch und punktuell. Zudem interpretieren Laien wissenschaftliche Sachverhalte anhand bestimmter, teils richtiger, teils irreführender theoretischer Einbettungen. In Anlehnung an Furnham (1988) haben Raab et al. (2010: 299 ff.) einige Unterscheidungen zwischen Laien- und Wissenschafts-Theorien herausgearbeitet:

- Im Gegensatz zu Wissenschafts-Theorien sind Laien-Theorien mehr implizit und weniger formalisiert formuliert. Bei ersteren hingegen liegt der Schwerpunkt auf formal-logischer Exaktheit.
- Während Wissenschaft Erkenntnisse über die Methode der Falsifikation gewinnt, und damit über den Irrtum Wissensfortschritt generiert, neigen Laien eher dazu, Erkenntnisse über Verifikation zu gewinnen.
- In Laien-Theorien werden die Kausalbeziehungen oftmals falsch eingeschätzt; es kommt zur Verwechslung von Ursache und Wirkung. Es werden kausale Zusammenhänge interpretiert, weil bspw. zwei Faktoren in der Realität auftauchen, die entweder über einen dritten Faktor zusammenhängen (Scheinkorrelation) oder überhaupt keinen Zusammenhang haben.
- Während Laien eher an einem Zustand interessiert sind, konzentrieren sich Wissenschaftler auf den Prozess des Zustandekommens dieses Zustandes. Sie interessiert vor allem, welche Faktoren bestimmte Zustände hervorbringen und warum ein bestimmter Zustand eingetreten ist.
- Wissenschaft ist an möglichst generalisierbaren Aussagen interessiert, während Laien sich oft mit Theorien zufrieden geben, die einen bestimmten Fall erklären. Damit geben Laien Mini-Theorien ein größeres Gewicht als ihnen zur Erklärung verschiedener Phänomene eigentlich zukommt.

Als Konsequenz führt dies in einem Kommunikationsprozess zwischen Experten und Laien dazu, dass Informationen von Laien nicht richtig verstanden und daher nicht in ihr eigenes Wissen übertragen werden. Die Herstellung eines geteilten Bezugsrahmens (common ground) zwischen Experten und Laien in einem Kommunikationsprozess wird dadurch erschwert. Andererseits kommt es aber auch immer wieder vor, dass mit Hilfe dieser Urteilsmechanismen unter Verwendung von falschen Annahmen richtige Schlussfolgerungen gezogen werden, so dass Kommunikation trotz unterschiedlicher Verarbeitungsmechanismen gelingen kann (Bromme et al. 2004: 183). Strukturelle Wissensdivergenz auf der kognitiven Ebene ist ein grundlegendes Merkmal der Kommunikation zwischen Experten und Laien.

Wie ist nun die Kommunikation zwischen Wissenschaftler und Akteuren in politischen Entscheidungsprozessen einzuschätzen? Anders als in einer exemplarischen Experten-Laien Kommunikation mit einer eindeutigen Rollenaufteilung (z. B. Arzt-Patient oder Lehrer-Schüler) handelt es sich hierbei nicht um eine reine Experten-Laien-Beziehung. Sowohl kognitiv wie sozial sind die Rollenzuweisungen der Gesprächspartner variierend. Der Wissenschaftler ist zwar unbestritten in seinem Fachgebiet ein Experte und verfügt über unvergleichbare kognitive Fähigkeiten, epistemisch gesichert neue Erkenntnisse zu generieren. Mit seiner fachspezifischen Expertise und dem Vermögen, neues Wissen zu produzieren, ist er dem Nicht-Experten gegenüber im Vorteil. Allerdings ist die wissenschaftliche Expertise in der Regel terminologisch, methodisch und seitens der Forschungsperspektive disziplinär geprägt und stößt damit bei komplexen, interdisziplinären Frage- und Problemstellungen an Grenzen.

Akteure im Politikbereich als Partner im Kommunikationsprozess besitzen zwar nicht den sozialen Status von wissenschaftlichen Experten. Gleichwohl sind sie oftmals über Jahre mit der inhaltlichen Thematik über ihren Arbeitskontext vertraut. Über eine langjährige professionelle Tätigkeit beispielsweise als Fachreferent in der Ministerialbürokratie oder in Interessensverbänden verfügen sie ebenfalls über strukturiertes Fach- und Detailwissen in ihren Gebieten. Die professionelle Beschäftigung im gleichen Themengebiet kann aber über einen unterschiedlichen disziplinären Hintergrund variieren. Referenten in Behörden und Ministerien besitzen oftmals einen juristischen Hintergrund. Bei dieser Art von Kommunikation, bei der Kommunikationspartner mit beiderseits professionellem Wissen und Erfahrung zu ähnlichen oder gleichen Themen beteiligt sind, handelt es sich um einen interdisziplinären Kommunikationstypus. Dies kann als Spezialfall der Experten-Laien-Kommunikation aufgefasst werden. Dieser Kommunikationstypus ist dadurch charakterisiert, dass „die Zuschreibung der Experten und der Laienrolle in Abhängigkeit vom jeweiligen Gesprächsgegenstand variiert. Im Verlauf ein und desselben Gesprächs kann der erste Partner zunächst als Experte für den Gegenstand X auftreten und danach als Laie hinsichtlich des Gesprächsgegenstand Y, während der zweite Partner die jeweils komplementäre Rolle einnimmt" (Bromme et al. 2004: 178). Dies verweist auf ein Expertenverständnis, das sich über die beiden Begriffe Wissen und Rolle definiert (Mieg/Näf 2005). Die aus der Psychologie stammende Betonung des Wissens lehnt sich an den Begriff von Kompetenz an, die sich ein Experte zu einem bestimmten Sachverhalt erworben hat, um mit diesen Fertigkeiten Problemstellungen schnell, sachgerecht und zielführend lösen zu können. Mieg/Näf (2005: 6) haben einige zentrale Elemente dieser Sachkompetenz aufgeführt:

- persönliche Fertigkeiten wie Intelligenz, Gedächtnis etc. haben eine geringe Bedeutung für die Expertenleistung,
- die Sachkompetenz ist eng an bestimmte thematische Bereiche geknüpft und lässt sich nicht einfach auf andere Bereiche übertragen,
- die Sachkompetenz wurde über langjährige Erfahrung trainiert und geschult (etwa ab 10 Jahren).

Das aus der soziologischen Tradition kommende Verständnis von Experte orientiert sich stärker an der gesellschaftlichen Funktion und der Rolle, die ein Experte in Aushandlungs- und Entscheidungsprozessen einnimmt. Experten sind in diesem Verständnis Personen, die über ihre spezifische Ausbildung eine gesellschaftlich anerkannte Position einnehmen (z. B. Medizinstudium und Arzt), oder aufgrund ihrer beruflichen Position in einer Institution an gesellschaftlich anerkannten Entscheidungsprozessen beteiligt sind. In dieser konstruktivistischen Interpretation wird der Expertenstatus einer Person gesellschaftlich zugeschrieben. Demzufolge ist „Experte, der gesellschaftlich zum Experten gemacht wird" (Bogner/Menz 2002: 41). Damit sind Experten nicht nur im Bereich der Wissenschaft, sondern auch bei Unternehmen, in staatlichen Behörden oder auch als freie Gutachter und Berater zu finden.

2.4 Rückschlüsse auf die Fragestellung der Untersuchung

Die Theorieansätze zur Wissensvermittlung zwischen Wissenschaft und Politik, die Betrachtung der Wissensvermittlung als Kommunikationsprozess sowie Kommunikationstheorien zur Informationsbewertung und -verwertung erlauben einige Rückschlüsse auf die Fragestellung der Untersuchung, wie politikrelevante wissenschaftliche Simulationen in politischen Entscheidungsprozessen verarbeitet werden.

Zunächst bilden sie das Gerüst für den in Kapitel 4 zu entwickelnden Analyserahmen, mit dessen Hilfe die empirische Untersuchung durchgeführt wird. Die Betrachtung des Wissenstransfers als Kommunikationsprozess unterschied rezeptionsseitig die Phasen der Informationswahrnehmung, -selektion und -rezeption. Diese Phasen werden dem Analyserahmen als Kernprozesse zugrunde gelegt. Die betrachteten Kommunikationstheorien zur Informationsverarbeitung haben unterschiedliche inhaltliche Verarbeitungsperspektiven herausgestellt, während sich aus den Theorieansätzen zur Wissensvermittlung zwischen Wissenschaft und Politik verschiedene Verwertungstypen wissenschaftlicher Expertise deduzieren lassen. Es wird deutlich, dass die Kernprozesse der Informationsverarbeitung begleitet werden durch iterative Prozesse der Informationsbewertung und -verwertung. Die Bewertungs- und Verwertungsdimensionen bilden somit inhaltlich begleitende und flankierende Prozesse der Phasen Perzeption, Selektion und Rezeption.

Darüber hinaus bieten die Theorieansätze erste Hinweise zur möglichen Verarbeitung von Informationsspezifika des Kommunikationsgegenstandes Computersimulation. Die unterschiedlichen Funktionslogiken von Wissenschaft und Politik deuten daraufhin, dass erhebliche Interpretationsspielräume zwischen Informationsquelle und -empfänger vorhanden sind. Die Möglichkeiten der Verständigung zwischen Wissenschaftler und Entscheidungsträger scheinen systembedingt begrenzt. Daneben wird auch deutlich, dass Wissenschaftler eher in Ausnahmefällen direkt mit Entscheidungsträgern kommunizieren. Simulationsmodelle fungieren damit gleichermaßen als Erkenntnis- und Kommunikationsinstrument. Systembedingte inhaltliche Kommunikationsschwierigkeiten und das Fehlen direkter Kommunikation verweisen darauf, dass die Spezifika des Kommunikationsgegenstandes Simulation an Bedeutung gewinnen. Auf der rezipientenseitigen Bewertungsebene tritt damit die Instrumenten-, Prozess- und Ergebnisbewertung von Simulationen in den Vordergrund. Daraus ergibt sich die Notwendigkeit, die Spezifika von Simulationen bei diesen Bewertungsdimensionen konzeptionell herauszuarbeiten und in der empirischen Analyse zu berücksichtigen. Vor diesem Hintergrund wird das erkenntnis- und kommunikationstheoretische Vermögen von Simulationen nachfolgend näher betrachtet, wird die Rolle von Unsicherheiten beim Erkenntnisprozess hinterfragt, und werden die simulationsspezifischen Ergebnisformate Bilder und Zahlen im Anschluss eingehender untersucht. Auf der Verwertungsebene werden dann Erkenntnis- und Kommunikationsfunktionen von Simulationen gegenüber unterschiedlichen Verwertungstypen in der Politik diskutiert und Simulationen im Phasenmodell der Politikgestaltung näher betrachtet.

Die hier vorgestellten Theorieansätze erlauben somit die Entwicklung und inhaltliche Ausgestaltung des Analyserahmens, um Prozesse und Begleitumstände des Wissenstransfers von Simulationen an Entscheidungsträger besser zu strukturieren und potentielle Wirkungen von Simulationen in der Politik zu erklären. Dieses Erklärungspotential wird in der Zusammenführung der konzeptionellen und empirischen Analyse am Ende der Untersuchung kritisch diskutiert.

2.5 Fazit

Die vorgestellten theoretischen Ansätze zum Wissenstransfer zwischen Wissenschaft und Politik identifizierten strukturelle und individuelle Determinanten als Einflussgrößen der wissenschaftlichen Politikberatung. Auf struktureller Ebene sind systembedingte Faktoren aufgrund unterschiedlicher Funktionslogiken der Subsysteme Politik und Wissenschaft relevant. Systembedingte Handlungsrationalitäten, die sich einander ausschließen, verhindern aus Sicht mancher Autoren komplementäre Austauschbeziehungen zwischen Wissenschaft und Politik. Eher empirisch arbeitende, aus der vergleichenden Politikfeldforschung stammende Autoren schränken dagegen diese prinzipielle Unvereinbarkeitsthese ein und verweisen auf empirisch sich verfestigte kulturelle und institutionelle Unterschiede als Erklärung für divergierende Politikergebnisse. Auch in der wissenschaftlichen Politikberatung lassen sich die Interaktionsmuster zwischen Wissenschaft und Politik besser mit unterschiedlichen Politikstilen und Governance-Ansätzen beschreiben.

Neben systembedingten und institutionellen Faktoren sind auch organisationsstrukturelle Aspekte des Kommunikationsprozesses für die wissenschaftliche Politikberatung relevant. Kommunikationsmodelle verweisen auf die prinzipielle Dreigliederung von Sender, Botschaft und Empfänger. Der politische Beratungsprozess ist darüber hinaus noch gekennzeichnet durch eine Transmitterphase, bei der das Expertenwissen als Beratungswissen verarbeitet und für die eigentliche Zielgruppe der politischen Entscheidungsträger aufbereitet wird. Transmitterakteure sind nach diesem Verständnis der eigentliche Kommunikationspartner politisch-gesellschaftlicher Entscheidungsträger.

Der Blick auf rezeptionsseitige Kommunikationstheorien verweist auf die große Bedeutung individueller Determinanten als Einflussgröße der inhaltlichen Informationsverarbeitung und -verwertung. Individuelle Ausprägungen geben Aufschluss darüber, wie neue Informationen sozial und kognitiv verarbeitet werden, welche Rolle die Glaubwürdigkeit der Informationsquelle spielt, wie neue Informationen in alte Denk- und Einstellungsmuster integriert, und wie überhaupt Verständigung zwischen verschiedenen Gesprächspartnern zustande kommen kann.

Das Portfolio an betrachteten Theorieansätzen mit der Betonung von strukturellen, organisationalen und individuellen Aspekten bietet daher wichtige Hinweise für die Analyse und die Erklärung von Simulationen in Entscheidungsprozessen. Im weiteren Verlauf der Untersuchung werden diese Theorieaspekte genutzt, um einen konzeptionellen Analyserahmen für die empirische Untersuchung zu entwickeln sowie übergeordnete Kategorien aus den einzelnen Empirieergebnissen abzuleiten.

3 Simulationen in Entscheidungsprozessen: Definition und Forschungsstand

Im Mittelpunkt der vorliegenden Untersuchung stehen wissenschaftliche Computersimulationen und deren Kommunikation von der Wissenschaft an politische und gesellschaftliche Akteure. Simulationen sind damit Gegenstand eines Kommunikationsprozesses, d. h. genauer gefasst sind sie der eigentliche Kommunikationsgegenstand, über den sich die Kommunikationspartner austauschen. Damit fungieren wissenschaftliche Computersimulationen als Werkzeug in zweierlei Hinsicht: Zum einen liefern sie das methodische Rüstzeug, um neues Wissen und Erkenntnisse in der Wissenschaft zu erarbeiten. Zum anderen wird dieses Simulationswissen auch kommuniziert. Simulationen fungieren somit gleichermaßen als Erkenntnis- und Kommunikationsinstrument.

Es lohnt daher ein tieferer Blick auf die Charakteristika und Implikationen des Kommunikationsgegenstandes Computersimulation. Zu fragen ist also nach den Spezifika von Computersimulationen bezüglich ihrer Erkenntnis- und Kommunikationsfunktion und ihrer Wirkungsweise in Kommunikationsprozessen an der Schnittstelle von Wissenschaft und Politik. Im Folgenden werden daher zunächst konstitutive Merkmale und definitorische Charakteristika von Simulationen betrachtet. Daran anschließend wird der Forschungsstand zu Simulationen in gesellschaftlichen Entscheidungsprozessen systematisiert und analysiert.

3.1 Computersimulationen: Begriff und Definitionen

Die semantische Tradition des Begriffs Simulation reicht weit in die Vergangenheit und lässt sich auf den lateinischen Begriff ‚simulatio' zurückführen, der seinerseits bereits Ergebnis einer Übersetzung griechischer Wortstämme ist. Im heutigen Begriff versammeln sich nach Dotzler (2003: 509) etymologisch mehrere lateinische Wörter wie *imilis* mit der Bedeutung ‚ähnlich', *similacrum* im Sinne von ‚Bild', ‚Abbild', ‚Nachbildung', ‚Götterbild' oder ‚Trugbild', *simulatio* in der Bedeutung von ‚Heuchelei', ‚Schein', ‚Täuschung' oder ‚Verstellung' sowie *simulo*, das als Verb ‚nachahmen', ‚abbilden', ‚ähnlich machen' oder auch ‚verstellen‘ bedeutet. Diesen Wortbedeutungen ist gemein, dass mit Simulation etwas geschaffen wird, was sich an Bestehendem orientiert und zugleich (oder auch zuerst?) etwas Eigenständiges verkörpert. Gleichwohl wird die Gewissheit des Eigenständigen zurückgenommen, denn es bleibt unklar, ob es sich beim Eigenständigen um etwas Materielles, Fassbares oder Dauerhaftes handelt. Dem Begriff ist neben der Nachbildung nämlich auch Schein und Täuschung, Heuchelei und Verstellung inhärent. In der psychopathologischen Bedeutung hat sich etwa der Begriff Simulant für das bewusste Vortäuschen von Symptomen bei nicht vorhandenen Krankheiten verfestigt.

Der dieser Arbeit zugrunde gelegte Simulationsbegriff orientiert sich an der Verwendung von computergestützten Simulationen in der Wissenschaft. Damit lehnt sich der Begriff an den Gebrauch einer bestimmten Technik, nämlich jener des Computers, an. Bestimmte, oben angedeutete mimetische Traditionslinien der über die Wortgeschichte verankerten theologisch-metaphysischen, rhetorischen und moralistischen Aspekte werden in dieser Untersuchung außer Acht gelassen.

Mit der Konzentration auf computerbasierte Simulationen in wissenschaftlichen Anwendungen erfolgt eine Engführung des hier betrachteten Simulationsbegriffs. Trotz dieser Einschränkung sind die in der Literatur aufgeführten Definitionen und Erklärungen über die konstitutiven Merkmale von Computersimulationen sehr vielfältig. Auch herrscht keine Eindeutigkeit bei der Verwendung der Begriffe. Vielfach werden die Begriffe Simulation, Computersimulation, Modell oder ‚computer modelling‘ synomym verwendet – wird von ‚computational model‘ gesprochen und sind Computersimulationen gemeint. Im Folgenden werde ich die aus meiner Sicht wichtigsten Definitionsmerkmale aus den vorgefundenen Erklärungen in der Literatur strukturieren und erläutern.

(1) Simulation als ein spezifischer Modelltyp: Simulationen werden in einer Reihe von Definitionen in den Kontext von Modellen gestellt (NRC 2007; Blilie 2007). Dabei gelten Simulationen als ein spezifischer Modelltypus, als eine Subkategorie von Modellen. Für den US-amerikanischen *National Research Council (NRC)* als operativer Arm der nationalen Wissenschaftsakademie ist ein Modell „a simplification of reality that is constructed to gain insights into select attributes of a particular physical, biological, economic, or social system. Models can be of many different forms. They can be computational. Computational models include those that express the relationships among components of a system using mathematical relationships" (NRC 2007: 31 f.). Modelle können in computerbasierter Form auftreten und nutzen dabei die mathematische Formsprache zur Beschreibung von deterministischen oder stochastischen Wirkungsbeziehungen. Zwar verzichtet der NRC auf den Begriff der Simulation in seiner Beschreibung von Modellen; die computerbasierte Variante kann aber als Simulation identifi-

ziert werden. Bei Computersimulationen handelt es sich letztlich um ein „theoretical model materialised in a computer" (Petersen 2006: 7 f.). Neelamkavil hat die beiden Begriffe ‚computational model' und ‚simulation' in seiner Definition zusammengeführt: „The mathematical/logical models which are not easily amenable to conventional analytic or numeric solutions form a subset of models generally known as simulation models" (Neelamkavil 1987: 1). Analytisch nicht lösbare Modelle, die nur noch mit Hilfe des Computers numerisch gelöst werden können, werden demnach als Computersimulation bezeichnet. Viele nicht-lineare Differentialgleichungen und fast alle partiellen Differentialgleichungen sind analytisch nicht mehr lösbar (Humphreys 1991: 501). Diese mathematischen Modelle sind rein quantitativ in ihrer Wirkungsbeziehungen und produzieren numerische Ergebnisse. Diese Modelle können als ein ‚numerical analogue' aufgefasst werden, dessen mathematische Gleichungen die Beziehungen zwischen Parametern beschreiben, um bestimmte Prozesse zu kontrollieren (Pilkey et al. 2007: 24).

Zu beachten ist aber, dass in Computermodellen mit ihrer quantitativen, mathematischen Formsprache bereits bestimmte subjektive Werte, Urteile und implizites Wissen (‚tacit knowledge') eingegangen ist (NRC 2007: 229). Das numerische Lösungsvermögen von Computern wurde als Alleinstellungsmerkmal von Computersimulationen herausgestellt. Humphreys etwa legt genau diesen Befund seiner Definition zugrunde. Seiner Ansicht nach ist eine Computersimulation „any computer-implemented method for exploring the properties of mathematical models where analytic methods are unavailable" (Humpreys 1991: 501).

(2) Simulation als Imitation und Repräsentation eines Bezugssystems: Simulationen – wie Modelle auch – orientieren sich an einem (außersprachlichen) Bezugssystem, bilden die wichtigsten Eigenschaften nach und generieren damit ein Abbild dieses Bezugssystems. Es können unterschiedliche Bezugssysteme, d. h. realweltliche Prozesse und Systeme abgebildet werden, die auf natürlichen Ereignissen, technischen Wirkungsketten oder menschlichen Handlungsfolgen – bzw. auch auf einer Kombination aller drei – beruhen. Ein Hauptwesensmerkmal von Simulationen ist die Imitation, die Abbildung eines operativen realweltlichen Prozesses oder Systems: eine Simulation „imitates one process by another process" (Hartmann 1996: 83). Dieser Abbildung geht zunächst eine Identifikation und Selektion von Prozessen im Bezugssystem voraus. Es werden meist aus einer funktionalen Perspektive die wichtigen, die systemrelevanten Prozesse betrachtet und zur Nachbildung in der Simulation ausgewählt. Bei der Nachbildung findet also eine Vereinfachung statt, indem nur bestimmte Mechanismen und Wirkungsbeziehungen imitiert werden. Zudem werden diese Wirkungsmechanismen auch auf ihre grundlegenden, das System bestimmende und einzelne

Abläufe beeinflussende Strukturen reduziert. Prozessauswahl und -reduktion lassen die Simulation im Detail anders aussehen als das Bezugssystem, aber gleich funktionieren.

Ein weiteres Charakteristikum von Simulationen ist ihr Fokus auf die Dynamik von Prozessen und auf das Systemverhalten insgesamt (Engel/Möhring 1995: 47; Hartmann 1996: 83; VDI 1996; Banks 1998: 3). Computersimulationen fokussieren auf die zeitlichen Aspekte eines Systems und damit auf die Veränderungen von Zuständen und Beziehungen im Zeitverlauf. Engel/Möhring haben dies in ihrer Simulationsdefinition folgendermaßen gefasst: „Definiert man den Begriff Simulation wie üblich als die Beobachtung von Modellverhalten im Zeitverlauf, so wird hiermit eine Methode zur Modellanalyse bezeichnet, bei der über eine Vielzahl von Zeitpunkten und ausgehend von festgelegten Randbedingungen Zustände von Modellelementen berechnet werden, deren Gesamtheit ein Modellverhalten beschreibt" (Engel/Möhring 1995: 47). Über eine kausal, funktional oder sequentiell aufgebaute Modellierung werden dynamische Abläufe generiert, deren einzelne Zustände bei verschiedenen Zeitpunkten vom Forscher beobachtet und analysiert werden können (Pilkey et al. 2007: 24). Zur Beobachtung von Zuständen oder Verläufen verfügen Simulationen über Visualisierungsmöglichkeiten zur filmischen, bildlichen, graphischen oder tabellarischen Darstellung.

(3) Simulation zwischen Referentialität und Dereferentialität: Simulationen sind Artefakte, die ihre Entstehung einem realweltlichen Bezugssystem verdanken und als Abbildung und Nachahmung eines Referenten bedürfen. Eine funktionsfähige Simulation läuft aber auch eigenständig auf einem Computer, d. h. sie ist selbstreferentiell und braucht für ihre Funktionsfähigkeit keine Rückbindung an das ursprüngliche Bezugssystem. Dies hat zum einem mit der geschaffenen künstlichen Umgebung zu tun. Simulationen sind eingebettet in eine geschlossene, virtuelle und artifizielle Umgebung, in dem die nachgebildeten Prozesse eigenständig ablaufen, wenn deren Wirkungszusammenhänge definiert sind. Jerry Banks (1998: 3) hat dies folgendermaßen beschrieben: „Simulation involves the generation of an artificial history of the system and the observation of that artificial history to draw inferences concerning the operating characteristics of the real system that is represented". Die künstliche Computerumgebung erlaubt eine Autonomie von sequentiellen Prozess- und Systemverläufen, die sich als aufeinander aufbauende und in sich geschlossene Prozesshistorie interpretieren lassen. Computersimulationen sind damit zum einen referentiell (d. h. sie verweisen auf etwas anderes), weil sie das reale Bezugssystem repräsentieren; zum anderen dereferentiell (d. h. sie stehen für sich alleine), weil Simulationen funktional aus sich heraus eigenständige und beobachtbare Ergebnisse gene-

rieren. Diese künstlich generierten Verläufe und Zustände lassen sich dann mit dem realen Bezugssystem in Beziehung setzen.

Um die Qualität von Simulationsergebnissen einschätzen und gewährleisten zu können, müssen in einem iterativen Prozess Einzelergebnisse miteinander sowie gegenüber dem Bezugssystem verglichen und auf Konsistenz geprüft werden. Rückschlüsse von der Simulation auf die Realität können nur dann getroffen werden, wenn sichergestellt ist, dass die Computersimulation das zu untersuchende System auch richtig wiedergibt.

Der Abgleich mit der Realität erfolgt über die so genannte Validierung bzw. Verifizierung von Simulationsmodellen. Beide Verfahren können als Qualitätssicherungsmaßnahmen verstanden werden, über die eine ausreichende Validität bzw. Gültigkeit der Computersimulation gegenüber dem realen Bezugssystem sichergestellt werden soll. Für beide Verfahren gibt es keine standardisierte Vorgehensweise.

Die Modell-Verifikation meint „substantiating that the model is transformed from one form into another, as intended, with sufficient accuracy. Model verification deals with building the model *right*. The accuracy of transforming a problem formulation into a model specification or the accuracy of converting a model representation in a micro flowchart into an executable computer program is evaluated in model verification" (Balci 1998: 335; Hervorhebung im Orginal, D. S.). Die Verifikation setzt also bei der Übertragung des konzeptionellen Modells in ein computersprachenbasiertes Modell an und untersucht, ob das Computermodell gemäß der Intentionen des konzeptionellen Modells funktioniert.

Bei der Modell-Validierung handelt es sich um „substantiating that within its domain of applicability, the model behaves with satisfactory accuracy consistent with the study objectives. Model validation deals with building the *right* model" (Balci 1998: 335; Hervorhebung im Orginal, D. S.). Bei der Validierung von Simulationsmodellen wird also geprüft, ob sich das Modell gemäß dem abzubildenden realen System verhält und dieses so akkurat und exakt wie vertretbar repräsentiert.

(4) Ziel, Zweck und Verwendung – zum Einsatz von Simulationen: Der oben herausgearbeitete Vergleich bzw. Rückbezug von Erkenntnissen aus der Simulation auf das reale Bezugssystem wird von vielen Autoren als wichtiges Definitionsmerkmal genannt. Rückschlüsse auf die Realität sind ein wichtiger epistemischer Mehrwert von Simulationen wie aus der Definition des VDI deutlich wird. Danach handelt es sich bei Simulationen um das "[n]achbilden eines Systems mit seinen dynamischen Prozessen in einem experimentierfähigen Modell, um zu Erkenntnissen zu gelangen, die auf die Wirklichkeit übertragbar sind" (VDI 1996). Simulationen sind demnach ein wichtiges Erkenntnis- und Wissensinstrument. Essentieller Bestandteil von Simulationen als Erkenntnisinstrument ist

dabei der Rückbezug und der Vergleich der Simulationsergebnisse mit der Wirklichkeit. Das Ziel einer Simulation ist es, zu Ergebnissen zu kommen, die mit dem realen Bezugssystem in Verbindung gebracht werden können, während der Zweck einer Simulation Kriterien der Unterscheidung liefert für unterschiedliche Ausrichtungen wie Prognose, Planung, Hypothesenprüfung, Messdateninterpretation oder das Verstehen von Prozessen (Grammelsberger 2004: 5).

Warum werden aber Simulationen bei bestimmten Forschungsfragen eingesetzt und ggf. gegenüber anderen Erkenntnismethoden präferiert? Der Gebrauch von Simulationen als Forschungsmethode lässt sich auf unterschiedliche Gründe zurückführen. Neben erkenntnistheoretischen Motiven lassen sich auch forschungspragmatische Aspekte identifizieren. Köschel hat die wichtigsten Gründe zusammengefasst, warum Simulationen in der Forschungspraxis durchgeführt werden (Köschel o. J.):

- Analytische Nicht-Lösbarkeit einer Problemstellung: Ein Problem oder eine Fragestellung ist mit analytischen Verfahren nicht lösbar, d. h. anders als über eine Simulationsrechnung ist das Erkenntnisobjekt nicht erforschbar.
- Zeitraffer-Effekt: Entwicklungspfade sollen über einen Zeitverlauf abgebildet werden. Die Zeitdauer ist jedoch so lang oder aber in die Zukunft gerichtet, dass sie über ein Experiment nicht abbildbar ist (z. B. Klimasimulationen).
- Kosten-Effekt: Bestimmte betriebs- und volkswirtschaftliche Effekte wie die Kostenentwicklung sind in komplexen Systemen analytisch sehr schwer (wenn überhaupt), mit einem Computer dagegen relativ leicht berechenbar.
- Nichtverfügbarkeit des Realsystems: bestimmte Erkenntnisobjekte stehen für eine experimentelle Untersuchung nicht zur Verfügung, d. h. auf das zu untersuchende Realsystem kann nicht zurückgegriffen werden (bspw. Mondmobil oder Marssonde).
- Versuch führt zur Zerstörung: Über eine Computersimulation kann vergleichbar einem Experiment die *trial and error*-Methode angewendet werden, um zu optimalen Lösungsmöglichkeiten zu gelangen. Simulationen erlauben dabei den Versuch ohne folgenschweren Irrtum, d. h. ohne Schaden (etwa Crash-Untersuchungen).
- Trainings-/Schulungseffekt: Simulationen können als Lerninstrument dienen, um bspw. bestimmte Verhaltensweisen und Handhabungen in bestimmten Situationen zu erlernen (z. B. Flugsimulator).
- Überprüfung von neuen Ideen, Strategien oder Verfahren: In Verbindung mit Versuch und Irrtum werden bestmögliche Problemlösungen über den Test bestimmter Lösungsmöglichkeiten geprüft.

(5) Eine Definition von Computersimulationen: Die aus der Literatur herausgearbeiteten konstitutiven Merkmale von Simulationen können zu einer Definition von Computersimulationen zusammengefasst werden. Simulationen als Methode der Wissenschaft werden im Rahmen dieser Untersuchung damit folgendermaßen definiert:

> Computersimulationen sind ein spezifischer Modelltypus, bei dem realweltliche Prozesse und Systeme abgebildet und deren Elemente über vereinfachte, quantitativ-numerische Wirkungsbeziehungen auf einer Computerumgebung unterlegt sind. Über eigenständige Rechenvorgänge auf dem Computer können dynamische Entwicklungspfade dieser Systeme imitiert und Änderungen der Systemzustände im Zeitverlauf ermittelt und dargestellt werden. Simulationen sind damit zugleich referentiell (d. h. sie verweisen auf etwas anderes) und dereferentiell (d. h. sie stehen für sich alleine) und dienen zugleich als Erkenntnis- und Kommunikationsinstrument, um Erkenntnisse zu generieren und zu kommunizieren, die auf das reale Bezugssystem übertragen werden können.

3.2 Zum Forschungsstand von Simulationen in politischen Entscheidungsprozessen

3.2.1 *Überblick und Systematisierung der Forschungsliteratur*

Die beiden in der Einleitung dargestellten Beispiele haben illustrativ aufgezeigt, dass wissenschaftliche Simulationen für die Politik einen wichtigen, aber auch kontroversen und umkämpften Beitrag leisten können. Es lohnt daher eine tiefergehende Analyse der Rolle von Simulationen in der Politikgestaltung. Im Folgenden wird die Literatur über Simulationen in Entscheidungsprozessen gesichtet, systematisiert und inhaltlich nach ihren Kernaussagen analysiert.

Es wurde festgestellt, dass keine jüngeren und umfassenden Literaturübersichten über den Einfluss und die Wirkung von Simulationen auf Politikentscheidungen vorhanden sind (Thorngate/Tavakoli 2009: 514). Dies ist insofern richtig, als dass keine Synthese der Vielzahl von einzelfallbezogenen und politikfeldspezifischen Untersuchungen derzeit vorliegt. Daneben mangelt es insbesondere an methodisch und empirisch überzeugenden Arbeiten zum Politikeinfluss von Simulationen. Die vorliegende Literatur stützt sich überwiegend auf anekdotische Einzelbeispiele, ohne systematisch den Einfluss auf Meinungsbildungs- und Entscheidungsprozesse zu untersuchen.

Dennoch hat sich in den letzten 15 Jahren ein beachtlicher Forschungsstand über Simulationen in Entscheidungsprozessen entwickelt. Dies ist kaum verwunderlich, zieht man die Vielzahl unterschiedlicher Simulationstypen in Betracht, die alleine im Bereich der Umweltforschung und -politik Anwendung finden: globale Zirkulationsmodelle, Emissionsmodelle, Strömungs- und Transportmodelle, Expositionsmodelle, Integrated Assessment Models, globale Systemdynamik-Modelle, Dosis-Wirkungsmodelle, Energiesystem-Modelle – um nur eine kleine Auswahl zu nennen.

Untersuchungsschwerpunkt	Literatur
Funktionsanalyse	
– Identifikation unterschiedlicher Simulationstypen – Funktionsanalyse in Entscheidungsprozessen	van Daalen 2002; Fisher et al. 2010; Farber 2008; NRC 2007
Wirkungsanalyse	
Simulationsbezogene Defizitanalyse: – Unsicherheiten als Ursache für geringe Wirkung – Komplexität und Undurchsichtigkeit von Modellen – Restriktionen und Limitierungen der Modelle *Kontextbezogene Defizitanalyse:* – Subjektivität des Modellierers – geringer Austausch zwischen Modellierer und Entscheidungsträger – Funktionsweisen von Politik und Wissenschaft	Brugnach et al. 2007; Hellström 1996; Ivanovic/Freer 2009; Oreskes 2000; Petersen 2006; Walker et al. 2003; Pilkey/Piley-Jarvis 2007; Sluijs et al. 2008; Haag/Kaupenhohann 2001; Fine/Owen 2005; King/Kraemer 1993; Thorngate/Tavakoli 2009; Policy Foresight Programme 2008; Wagner et al. 2010; Olsson/Anderson 2007
Wirkungsverbesserung	
– Stärkung der Zusammenarbeit zwischen Modellierern und Entscheidern – Bewertungsinstrumente für richtige Modellauswahl – Transparenz entlang des Modellierungsprozesses	Alcamo et al. 1996; Boulanger/Bréchet 2005; Brenner/Werker 2009; Yücel/van Daalen 2009; Schmollke et al. 2010

Quelle: eigene Darstellung

Tabelle 2: Ausgewählte Forschungsliteratur über Simulationen in Entscheidungsprozessen

Tabelle 2 gibt einen Überblick über ausgewählte Studien zu Simulationen in Entscheidungsprozessen. Ein deutlicher Schwerpunkt der Forschungsliteratur liegt auf der Untersuchung von Modellen und Simulationen in der Umwelt- und Klimapolitik. Dabei kann zwischen verschiedenen Überblicksarbeiten unterschieden werden, welche eine große Bandbreite von Modellen und ihre Bedeutung auf die Politikgestaltung untersuchen. Bei diesen Studien steht die Identifikation und Systematisierung von in politischen Entscheidungsprozessen relevanten Simulationen im Vordergrund. Der empirische Befund relevanter Simulationen dient dann dazu, Funktionsmuster bei der Politikgestaltung ausfindig zu machen. In der Regel werden verschiedene Simulationstypen klassifiziert und unterschiedliche Anwendungskontexte differenziert.

Verschiedene Studien konzentrieren sich auf ausgewählte Aspekte einer Wirkungsanalyse. Dabei kann zwischen simulationsbezogenen und kontextbezogenen Wirkungsanalysen unterschieden werden. Beiden Forschungsrichtungen ist gemeinsam, dass sie eine ungenügende Wirkung von Simulationsergebnissen bei Entscheidungsprozessen konstatieren und nach deren Ursachen suchen. Bei der simulationsbezogenen Wirkungsanalyse wird die (fehlende) Qualität von Simulationen in den Mittelpunkt gestellt. Die Forschung konzentriert sich hier auf verschiedene Aspekte der Unsicherheit bei Modellen. Die Erklärungsansätze für Ursachen der kontextbezogenen Wirkungsdefizite sind dagegen heterogener: erstens wird auf die unterschiedliche Funktionsweise der Systeme Politik und Wissenschaft verwiesen mit Bezug zur ‚post-normal science-Debatte‘; zweitens werden Wissensdefizite bezüglich einer adäquaten Einschätzung und Bewertung von Simulationsergebnissen bei Entscheidungsträgern konstatiert und drittens wird der geringe Austausch zwischen Modellierern und *policy-maker* festgestellt. Ein dritter Forschungszweig konzentriert sich denn auch auf Vorschläge zur Wirkungsverbesserung von Simulationen bei der Politikgestaltung. Schwerpunkte sind Verfahren zur Stärkung der Zusammenarbeit von Modellierern und Entscheidungsträgern, die Entwicklung von Bewertungsinstrumenten für Entscheider zur richtigen Modellauswahl und die Verbesserung der Transparenz entlang des Modellierungsprozesses.

3.2.2 *Diagnose: zu wenig perzipiert – und wenn doch, dann falsch rezipiert!*

Die Literatur über Simulationen in Entscheidungsprozessen diagnostiziert Wahrnehmungs-, Glaubwürdigkeits- und Verständnisprobleme mit daraus resultierenden Defiziten für Politikinhalte. Van der Sluijs (2002) identifiziert eine „credibility crisis of models used in integrated environmental assessments". Happe/Kellermann (2007) suchen nach Auswegen, das Kommunikationsproblem agentenbasierter Modelle in der Politikanalyse zu lösen. Brugnach et al. (2007:

1075) stellen eine fehlende Akzeptanz für Computermodelle bei politischen Entscheidungsträgern fest. Fisher et al (2010: 251) konstatieren, dass „[l]awyers and policy-makers have overlooked models and not engaged critically with them". Wagner et al. machen unter politischen Entscheidungsträgern ein systematisches und grundlegendes Missverstehen aus. Sie haben diesen Befund am pointiertesten festgehalten, wenn sie schreiben: „Computational models are fundamental to environmental regulation, yet their capabilities tend to be misunderstood by policymakers. Rather than rely on models to illuminate dynamic and uncertain relationships in natural settings, policymakers too often use models as 'answer machines'. This fundamental misperception that models can generate decisive facts leads to a perverse negative feedback loop that begins with policymaking itself and radiates into the science of modeling and into regulatory deliberations where participants can exploit the misunderstanding in strategic ways" (Wagner et al. 2010: 293).

Der Befund der Forschungsliteratur ist eindeutig: zugespitzt formuliert werden Computermodelle von Entscheidungsträgern zu wenig perzipiert; und wenn doch – dann falsch rezipiert und damit falsch bei der Politikgestaltung verwertet. Der Kern des Missverständnisses liegt nach Wagner et al. (2010) in der falschen Wahrnehmung von Simulationsergebnissen als ‚truth generators'. Im Sinne von Weingart/Lentsch (2008: 50) werden Simulationen also als Werkzeuge aufgefasst, welche epistemisch robuste Aussagen generieren, d. h. sie lassen keinen Interpretationsspielraum mehr zu, können nicht mittels konkurrierender Belege bestritten werden und sind gegen eine missbräuchliche Verwendung geschützt. Das Vermögen von Simulationen, *sui generis* epistemisch robuste Aussagen zu liefern, wird aus erkenntnistheoretischer Perspektive allerdings von vielen Autoren eingeschränkt.

Demzufolge werden Computersimulationen von Entscheidungsträgern grundlegend fehlinterpretiert. Dies hat Implikationen auf unterschiedlichen Ebenen. Wagner et al. haben idealtypisch ein ‚richtiges' und ein ‚falsches' Verständnis von Modellen kontrapunktisch gegenübergestellt. Während ihrer Ansicht nach ein richtiges Verständnis vor allem unter Modellierern zu finden ist, ist ein falsches Verständnis besonders unter politischen Entscheidungsträgern verbreitet (vgl. Tabelle 3) (Wagner et al. 2010: 326 f.).

Das Missverstehen von Modellen zeichnet sich nach Wagner et al. 2010 dadurch aus, dass Simulationsergebnisse als ‚sound science' interpretiert werden, wobei Unsicherheitsaspekte entlang des Simulationsprozesses bewusst ausgeblendet werden, um die Legitimation des Modells nicht zu gefährden. Modellergebnisse werden im Gesetzgebungsprozess rational-instrumentell verwendet und bilden die Grundlage eines legislativen Mandats. Die Autoren identifizieren dieses grundlegende Missverständnis in einer Vielzahl von Beispielen der US-

Umweltgesetzgebung (z. B. *Clean Water Act, Clean Air Act, Hazardous Waste Contamination, Drinking Water Standards, Licensing Pesticides and Chemicals oder Coastal Zone Management Act*).

	Models properly understood	**Models misunderstood as "Answer Machines"**
Purpose of Model	To assist in problem solving; to spark deliberation	To prove that a regulation is supported by "sound science"
Basis of Model	Analysis; judgment based on experience; assumptions	Scientific analysis, without any policy or related judgments
Scientific uncertainty	Inherent feature that needs to be explained	Undesirable feature that needs to be reduced: uncertainty can undercut the perceived reliability of a model
Model output	Dynamic, iterative process	Static one-time answer
Primary Administrative Purpose	To aid in the process of establishing reasons for regulating	Accurately proving a relationship between source and effect
Relationship to Public Participation	Facilitate deliberation among disparate parties	No relationship: public participation is inappropriate for this "scientific" exercise
Approaches to Public Administration	Deliberative-Constitutive	Rational-Instrumental
Accountability	Through showing that there has been an effective problem-solving process	Through showing accuracy and adherence to the legislative mandate
Means of Assessing the Quality of the Model	Through assessing how it has contributed to problem-solving	Through assessing the model's accuracy

Quelle: Wagner et al. 2010: 326

Tabelle 3: ,Richtiges' und ,falsches' Verständnis von Modellen

Auch wenn diese Zuspitzung in der Forschungsliteratur die Ausnahme bildet, wird in der Literatur einhellig die Einschätzung einer defizitären Wirkung von Simulationen in Entscheidungsprozessen geteilt. Dabei lassen sich in der Wirkungsanalyse zwei Argumentationsrichtungen unterscheiden (vgl. Tabelle 2).

In simulationsbezogenen Defizitanalysen werden vornehmlich Aspekte der Modelle selbst als Erklärungsfaktoren für eine geringe und/oder falsche Wirkung herangezogen. Diese Studien beschäftigen sich mit der Thematik von Unsicherheiten und Limitierungen von Modellen und der daraus resultierenden ungenügenden Reliabilität ihrer Ergebnisse. Als einen weiteren Erklärungsfaktor wird die Komplexität und Undurchsichtigkeit von Modellen angeführt, so dass Entscheidungsträger das Zustandekommen der Ergebnisse nicht verstehen und entsprechend fehlinterpretieren.

Bei kontextbezogenen Defizitanalysen werden dagegen Modelle in den gesellschaftlich-politischen Raum gestellt. Der Blick liegt dann weniger auf den Limitierungen der Simulationsinstrumente als auf Akteuren und Institutionen, die sie erstellen (lassen), kommunizieren oder nutzen. Ein Erklärungsfaktor ist die in Modellen verarbeitete Subjektivität seitens der Modellierer. Dies betrifft die Modellauswahl, die dem Modell zugrundegelegten Annahmen und die Ergebniskommunikation, bei denen jeweils subjektive Einschätzungen des Modellierers Eingang finden. Ein weiterer Aspekt ist die geringe Beteiligung und Integration von Entscheidern und Interessensgruppen in den eigentlichen Modellierungsprozess, was zu einem falschen Verständnis von Modellergebnissen führt. Schließlich wird auch auf die unterschiedlichen Handlungslogiken und Funktionsweisen der Systeme Wissenschaft und Politik als Erklärungsfaktor verwiesen.

Aufbauend auf den Erkenntnissen der Wirkungsanalyse wurde eine Reihe von Vorschlägen für eine Wirkungsverbesserung von Simulationen in Entscheidungsprozessen erarbeitet. Eine gute Zusammenfassung der Literatur findet sich bei Schmollke et al. 2010. Die Schwerpunkte der Empfehlungen für eine gute Modellierungspraxis liegen auf Partizipation, Kommunikation sowie Qualitätssicherung durch Verringerung von Unsicherheiten und Subjektivität (vgl. Tabelle 4).

Element	Description
Inclusion of stake-holders	Ongoing communication between stakeholders and modelers during model building, which is a critical factor for the success or failure of modeling projects.
Formulation of objectives	Definition of objectives at the outset of a modeling project, which includes the assessment of the actual management issue, key variables and processes, data availability, kind of outputs required, and how they will inform decisions.
Conceptual model	Formalization of the assumptions about the system and preliminary understanding of its internal organization and operation.
Choice of model approach	Identification of the most appropriate modeling approach in the context of the goal of the modeling project.
Choice of model complexity	Determination of the optimal complexity level for the problem at hand.
Use of multiple models	Application of multiple models to the same problem, which can decrease the uncertainty about the appropriate model approach and main assumptions.
Parameterization and calibration	Determination of model parameters from empirical data or by means of calibration of the model outputs on the basis of data.
Verification	Assurance that the modeling formalism is correct; i.e., that the model has been implemented correctly.
Sensitivity analysis	Systematic testing of the sensitivity of model results to changes in parameter values.
Quantification of uncertainties	Determination of the confidence limits of the model outputs, which is essential for the judgment of the usefulness of the model and its outputs in the contexts of decisions.
Validation	Comparison of model outputs with independent empirical data sets; i.e., data that have not been used for parameterization or calibration of the model.
Peer review	Quality assessment of a model and its analyses by independent experts.
Documentation and transparency	Accurate communication of models, and transparency of the modeling process, which can be achieved through a clear and complete documentation of the model and its evaluation.

Quelle: Schmollke et al. 480.

Tabelle 4: Aspekte einer guten Modellierungspraxis

3.3 Fazit

In diesem Kapitel wurden verschiedene konstitutive Merkmale von Computersimulationen identifiziert und der Forschungsstand zu Simulationen in politischen Entscheidungsprozessen systematisiert und ausgewertet.

Aus den identifizierten konstitutiven Merkmalen wurde eine umfassende
Definition von Computersimulationen vorgestellt, die die Merkmale spezifischer
Modelltyp, Imitation und Repräsentation eines Bezugssystems, den referentiellen
und dereferentiellen Charakter sowie mit Simulationen verbundene Zielsetzungen beinhaltet.

Computersimulationen sind damit auch für politische Entscheidungsprozesse relevant. Die sozialwissenschaftliche Forschung hat sich der Frage der Wirkung von Simulationen insbesondere in der Umwelt- und Klimapolitik angenommen. Die Auswertung des Forschungsstandes zeigt eindeutige Forschungsschwerpunkte zur Funktions- und Wirkungsanalyse. In der Funktionsanalyse
werden unterschiedliche Simulationstypen und Anwendungskontexte identifiziert. Die Wirkungsanalyse beschäftigt sich mit simulationsbezogenen oder kontextbezogenen Faktoren der Wirkung von Simulationen in Entscheidungsprozessen. Der Befund vieler Wirkungsanalysen ist dabei recht eindeutig: Simulationen
werden in der Politik zu wenig rezipiert, und wenn doch dann falsch rezipiert
und verwertet. Diese defizitäre Wirkung beruht auf einer weitverbreiteten Fehlin-
terpretation von Simulationen bei Entscheidungsträgern als ‚truth generator‘ und
‚sound science generator‘. Aufbauend auf diesen Erkenntnissen wurde eine Reihe von Vorschlägen zur Wirkungsverbesserung entwickelt, die mehr Partizipation, Kommunikation und Qualitätssicherung bei Simulationen in den Mittelpunkt
stellen.

Meine Kritik an den pointierten Befunden der Wirkungsanalysen richtet
sich auf deren methodische Basis, deren Empirie allenfalls anekdotischen Charakter hat. Die defizitäre Wirkung von Simulationen wurde bislang nicht auf
einer breiten empirischen Basis untersucht, bei der Perzeptions- und Rezeptionsmuster sowie Bewertungs- und Verwertungsmuster ermittelt wurden. Insofern bleibt abzuwarten, ob dieser Befund auch bei einer systematisch durchgeführten Fallstudie Bestand hat.

4 Entwicklung eines Analyserahmens für Simulationen in Entscheidungsprozessen

Die Forschungsliteratur hat noch keinen systematischen inhaltlichen Analyserahmen zur Untersuchung von Simulationen in Entscheidungsprozessen hervorgebracht. Es werden zwar unterschiedliche simulationsbasierte und kontextbezogene Erklärungsfaktoren herangezogen. Diese werden aber nicht systematisch entwickelt und als Analyserahmen einer empirischen Untersuchung zugrunde gelegt. Zudem werden Simulationen an der Schnittstelle von Wissenschaft und Politik auch nicht aus einer kommunikationsproeduralen Perspektive betrachtet. Im Folgenden wird daher ein konzeptioneller Analyserahmen entwickelt, der teils auf Ergebnissen der Forschungsliteratur, teils auf Basis eigener Überlegungen beruht. Dieser Aspekt greift somit den *ersten Bearbeitungsschritt der eingangs aufgestellten forschungsleitenden Fragestellung* auf, indem Erkenntnis- und Kommunikationsfunktionen von Simulationen beim Wissenstransfer an der Schnittstelle von Wissenschaft und Politik näher beleuchtet werden.

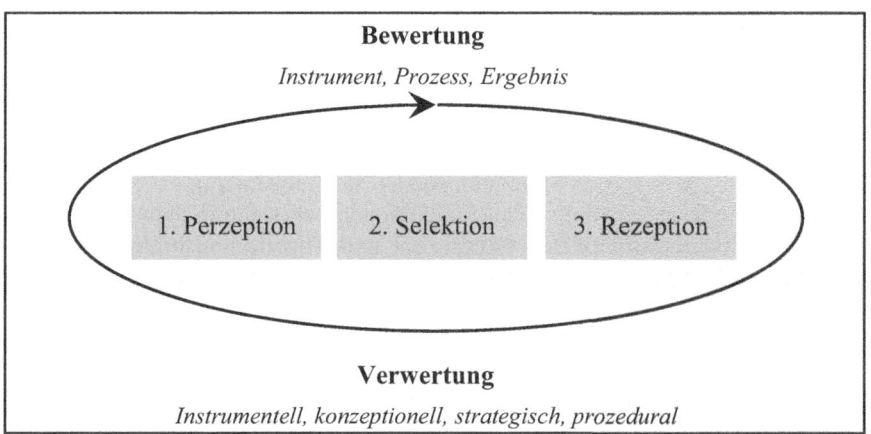

Quelle: eigene Darstellung

Abbildung 3:   Analyserahmen für Simulationen in Entscheidungsprozessen

Simulationen in Entscheidungsprozessen sind eingebettet in einen Kommunikationsprozess. Innerhalb dieses Kommunikationsprozesses lassen sich analytisch unterschiedliche Phasen unterscheiden. Die grundlegenden Phasen des Prozesses unterschieden nach Quelle, Transmitter und Empfänger wurden oben erläutert. Für die Analyse der Wahrnehmungen und Einschätzungen von Simulationen aus Sicht von Entscheidungsträgern ist hier nur die empfängerseitige Verarbeitung und Verwertung von Informationen interessant. Auf der Stufe des Rezipienten lassen sich die ineinandergreifenden Prozessstufen Informationsperzeption, -selektion und -rezeption unterscheiden. Diese Stufen der Informationsaufnahme und -verarbeitung werden über einen iterativen Prozess der Bewertung und Verwertung von Informationen begleitet. (vgl. Abbildung 3).

Eingangs wurden kommunikationstheoretische Ansätze vorgestellt, die unabhängig vom Kommunikationsgegenstand Wege der Informationsverarbeitung aufgezeigt haben. Im Folgenden wird nun der Kommunikationsgegenstand Simulation detaillierter betrachtet. Es werden verschiedene Bewertungs- und Verwertungsdimensionen von Simulationen konzeptionalisiert, die m. E. bei Simulationen in Entscheidungsprozessen von Bedeutung sind. Bei der Bewertung von Simulationen wird zwischen einer Instrumentenbewertung, einer Prozessbewertung und einer Ergebnisbewertung unterschieden. Bei der Verwertung von Simulationen wird eine instrumentelle, konzeptionelle, strategische und prozedurale Verwertung ausdifferenziert.

4.1 Bewertungsdimensionen von Simulationen

4.1.1 Instrumentenbewertung: Simulationen als Erkenntnis- und Kommunikationswerkzeug

In der Wissenschaft werden Simulationen als Erkenntnisinstrument zur Wissensproduktion eingesetzt. Damit treten Simulationen neben die in der Wissenschaft etablierten Erkenntnismethoden Experiment und Theorie und bilden ein neues Verfahren insbesondere in den mathematisierbaren Disziplinen der Natur- und Ingenieurwissenschaften.

Sybille Krämer hat die erkenntnistheoretische Rolle von Simulationen herausgearbeitet (Krämer 2009). Ich lehne mich im Folgenden eng an diese erkenntnistheoretische Interpretation an und lege ihre Argumentationskette paraphrasierend dar.

Ausgehend von einem mechanischen Weltbild, wie es Newton für die Naturwissenschaften geprägt hat, ist bei Bekanntheit der deterministischen Gesetzmäßigkeiten jedes System aus seinem vorherigen Zustand ableitbar. Dabei wird unterstellt, dass bestimmte Ursachen bestimmte Wirkungen hervorbringen. Über das mathematische Werkzeug der Differentialgleichungen können Einzelfälle mit allgemeinen Gesetzmäßigkeiten zusammengeführt werden. Ein System ist so als ein zusammenhängendes Gebilde beschreibbar, dessen funktionale Relationen über Variablen verbunden sind. Werden diese Variablen durch konkrete Zahlen ersetzt, dann kann jeder zukünftige Zustand zu jedem beliebigen Zeit- und Raumpunkt berechnet werden.

Der Traum von einer allumfassenden Berechenbarkeit der Welt stieß aber schnell an Grenzen. Denn Phänomene mit einer bestimmten Komplexität basieren nicht mehr auf Linearität und sind damit auch nicht mehr durch analytische Berechnungen vorhersagbar. Mit der Entdeckung des Chaos durch Henri Poincaré Ende des 19. Jahrhunderts wurde das Prinzip nicht-linearer Systeme entdeckt, für das gilt: „an die Stelle des Prinzips, dass ähnliche Ursachen auch ähnliche Wirkungen entsprechen, tritt nun das nicht-lineare Prinzip, dass ähnliche Ursachen grundverschiedene Lösungen haben können" (Krämer 2009: 10). In der Praxis basieren viele Phänomene auf nicht-linearen Systemen. So etwa der Schmetterlingseffekt oder die Wolkenbildung beim Wetter, Turbulenzen beim Strömungsverhalten oder die Staubildung im Straßenverkehr.

Um nicht-lineare Systeme einer wissenschaftlichen Untersuchung von Systemverhalten zugänglich zu machen, wird auf so genannte numerische Simulation von Gleichungen zurückgegriffen. Simulationen ersetzen damit die analytische Lösung von Gleichungen durch eine numerische Lösung. Was beinhaltet diese numerische Lösung aber genau? Krämer schreibt dazu: „Die bei der analytischen Lösung noch als kontinuierlich angenommene Zeitlinie, wird in der numerischen Behandlung diskretisiert, also in einzelne Zeitpunkte bzw. Zeitabschnitte zerlegt. An die Stelle einer globalen analytischen Berechenbarkeit einer Funktion tritt daher ihre nur noch lokale numerische Berechenbarkeit, die auf genau einen spezifischen Zeitpunkt bezogen und auch begrenzt ist. „Statt der in der Zeit kontinuierlichen Differentialgleichungen betrachtet man die diskrete sogenannte >finite Differenzgleichung<" (Küppers/Lenhard 2005: 313; Winsberg 1999: 278). Und diese numerische Bestimmung einer lokalen Größe muss, um überhaupt als aussagekräftige Darstellung einer Dynamik zu gelten, für jeweils viele Zeitstellen mit je neu eingegebenen Parametern und also mit allergrößtem Rechenaufwand betrieben werden. Errechnet wird dabei eine Wertetabelle für Systemzustände zu vielen verschiedenen Zeitpunkten – welche dann ‚realistisch' visualisiert werden kann" (Krämer 2009: 10).

Bei der Simulation von numerischen Gleichungen wird aber etwas simuliert, das ohne Simulation überhaupt nicht darstellbar ist. Numerische Lösungen sind somit nicht einfach eine konsequente Fortführung von analytischen Lösungen, sondern generieren etwas Neues. Die numerische Simulation bezieht sich alleine auf einen virtuell geschaffenen Gegenstand, bei dem – so Krämer – alleine das Oberflächenverhalten von Phänomenen abgebildet wird, ohne das die Tiefenstruktur Berücksichtigung findet. Über Computersimulationen können dabei die Phänomene klar und deutlich abgebildet und im Zeitverlauf einzelne Systemzustände beschrieben werden. Unklar bleibt allerdings die zugrundeliegende Struktur, die das Phänomen zustande bringt. Simulationen liefern uns Wissen darüber, dass etwas funktioniert, ohne uns Wissen darüber zu vermitteln, wie es funktioniert. Krämer hat diesen Befund mit unserer alltagspraktischen Technikhandhabung in Verbindung gebracht, bei der es darum geht, Technik zu handhaben, ohne im Detail ihre Funktionsweise verstehen zu müssen. Sie zieht daraus den Schluss, „dass das explanatorische Wissen, welches Simulationsmodelle liefern, dem pragmatisch orientierten technischen Wissen ähnelt, bei dem ‚Verstehen' heißt eingreifen und kontrollieren, aber nicht notwendig auch heißt, erklären und begründen zu können" (Krämer 2009: 12). Für Krämer ist dies ein generisches erkenntnistheoretisches Wesensmerkmal von Computersimulationen.

Neben den generischen Wesensmerkmalen ist eine weitere erkenntnistheoretische Differenzierung von Simulationen wünschenswert, die es erlaubt, spezifische Simulationstypen voneinander zu unterscheiden. Im Folgenden werde ich eine solche Differenzierung von Simulationen auf Basis des von Simulationen abgedeckten Erkenntnisinteresses, Erkenntnisobjektes und der damit verbundenen Zwecke entwickeln, welches auf eigenen Überlegungen basiert und keine Entsprechung in der Literatur findet. Dem liegt die These zugrunde, dass Entscheidungsträger und Rezipienten bestimmte Simulationstypen nach Erkenntnisobjekt, Zielsetzung und Erkenntnisinteresse differenzieren.

(1) Erkenntnisinteresse: Ein zentraler Punkt bei einer Simulation ist zunächst das zugrundeliegende Erkenntnisinteresse bzw. die Forschungsperspektive. Es ist dabei interessant, welche Untersuchungsperspektiven für die Simulation verfolgt und welche Entwicklungspfade für die Simulationsprognose betrachtet werden. Es lassen sich eine technische, wirtschaftliche und soziale Untersuchungsperspektive unterscheiden.

Bei Simulationen mit einer vorwiegend technischen Forschungsperspektive stehen Fragen der technischen Machbarkeit im Vordergrund. Es wird untersucht, wie sich bestimmte technische Artefakte unter bestimmen Bedingungen verhalten. Es lassen sich naturwissenschaftliche und ingenieurwissenschaftliche Schwerpunkte unterscheiden. Während beim ersten Schwerpunkt naturgesetzliche Grundlagen von Wirkungszusammenhängen technischer Artefakte in den Vordergrund gestellt werden, fragt die ingenieurwissenschaftliche Perspektive nach Verhalten und Aufbau. Ein typisches Beispiel ist die Simulation des Verhaltens oder des Zustandes von Stoffen oder Materialien bei sich ändernden Bedingungen wie Temperatur oder Druck. Diese technische Dimension beschreibt Sachsysteme.

Werden Simulationen unter dem Gesichtspunkt einer Wirtschaftlichkeitsperspektive durchgeführt, steht eine (meist monetär erfassbare) Kosten-Nutzen Abwägung im Vordergrund. Simulationsgegenstände können entweder technische Artefakte oder menschliche Verhaltensweisen sein, welche in Bezug auf Kosten-Nutzen-Rationalität untersucht werden. Die Simulation untersucht dann die optimale Ressourcenallokation unter Vorgabe bestimmter Randbedingungen wie etwa staatliche Regulierungsmaßnahmen, Marktmechanismen oder Verhaltensweisen von Marktteilnehmern. Ein typisches Simulationsbeispiel ist die Abschätzung der Kostenentwicklung einer bestimmten Technologie. Die wirtschaftliche Dimension beschreibt Sachsysteme unter dem Einfluss menschlicher, auf Nutzenmaximierung ausgerichtete Handlungen.

Zum dritten können soziale Entwicklungspfade im Vordergrund stehen, bei denen individuelle oder kollektive Entscheidungen über Simulationen prognostiziert werden. Die Simulationsperspektive ist damit auf die Prognose zukünftiger Entwicklung oder der Erklärung vorhandener Phänomene als Folge bestimmter sozialer Entscheidungen ausgerichtet. Simulationstechnisch kann dies über Multi-Agenten-Systeme umgesetzt werden, wobei dann die Auswirkungen unterschiedlicher Handlungsoptionen von Akteuren betrachtet werden.

Schließlich können potentielle Auswirkungen einer Technik auf Mensch und Natur im Rahmen von simulationsbasierten Technikfolgenabschätzungen untersucht werden. Simulation als ein prospektives Verfahren kann dabei helfen, Technikfolgen auf soziale oder natürliche Systeme zu erkennen und anschaulich zu machen, um als Grundlage für eine gesellschaftliche Bewertung und Einordnung der Technologie zu dienen. Im Rahmen einer Technologieentwicklung können Ergebnisse aus der Technikfolgenforschung für die Gestaltung von spezifischen Techniksystemen herangezogen werden. Allerdings steht die Technikfolgenabschätzung dabei vor einem Informations- und Kontrolldilemma bzw. vor dem so genannten Collingridge-Dilemma (Collingridge 1980). Dies besagt: Das Wissen um Technikfolgen ist umso sicherer, je weiter die Technik entwickelt bzw. umgesetzt ist. Je weiter die Technik aber entwickelt ist, desto weniger Gestaltungsraum verbleibt, um nicht erwünschten Technikfolgen entgegen zu wirken (Grunwald 2010: 165).

(2) Zielsetzungen: Mit der Durchführung von wissenschaftlichen Simulationen sind bestimmte epistemische Zielsetzungen verbunden. Epistemisches Ziel von Simulationen ist es, Wissen entweder als Erklärung für ein Phänomen oder Ereignis, oder eine Prognose im Sinne der Vorhersage einer zukünftigen Ent-

wicklung zu geben. Mit einer wissenschaftlichen Erklärung ist der Anspruch verbunden, Phänomene verstehbar zu machen, indem ihr Zustandekommen mit überzeugenden Argumenten meist unter Bezug auf kausale Ursache-Wirkungszusammenhänge dargelegt wird. Die Kausalität wird über einen bekannten gesetzmäßigen Zusammenhang begründet. Erklärungen können neben dem Verständnis einzelner Phänomene auch einen Beitrag zur generellen Theoriebildung einer Wissenschaftsdisziplin leisten.

Bei einer Prognose wird ein Ereignis oder ein Phänomen vorhergesagt, was empirisch noch nicht stattgefunden hat. Die Prognose richtet sich daher meist in die Zukunft, um ein Ereignis unter Angabe einer bestimmten Wahrscheinlichkeit abzuleiten. Neben der Vorhersage eines Phänomens oder Ereignisses können Prognosen auch zur Gestaltung benutzt werden. Bei der Gestaltung soll ein bestimmtes Phänomen herbeigeführt werden; dabei werden die Anfangsbedingungen oder verursachenden Variablen geändert und mehrere Prognosen durchgeführt und miteinander verglichen, um das gewünschte Ereignis zu erhalten.

Bei Erklärung und Prognose handelt es sich jeweils um ein logisches Schließverfahren. Bei der Prognose müssen die Randbedingungen und ein allgemeines Gesetz über die Wirkungszusammenhänge gegeben sein; bei der Erklärung eines Phänomens hingegen sind der Tatbestand und die allgemeinen Wirkungszusammenhänge (Gesetz) bekannt, um dann die Randbedingungen zu erklären.

(3) Erkenntnisobjekt: Erkenntnisinteresse und Zielsetzung stehen auch in Verbindung mit dem Simulationsgegenstand. Das Erkenntnisobjekt einer Simulation kann auf natürliche Ereignisse, technische Wirkungsketten oder menschliche Handlungsfolgen zurückgeführt werden.

Die Erklärung oder Prognose von natürlichen Ereignissen findet überwiegend in naturwissenschaftlichen Simulationen statt. Natürliche Ereignisse sind Ereignisse, die ohne direktes Zutun menschlicher Handlungen stattfinden. Zwar können die Voraussetzungen für den Ablauf natürlicher Ereignisse anthropogen verursacht sein, der daran anschließende Ablauf des Prozesses ist aber in gewisser Weise vom Menschen unabhängig. Beispiele für natürliche Ereignisse sind Naturkatastrophen, geomechanische, -chemische und -physikalische Prozesse bei Schadstoffen, oder die Reaktionen von Klimagasen in der Atmosphäre. Ziel einer Simulation ist dann die Erklärung oder Prognose dieser natürlichen Ereignisse mithilfe der dem Phänomen zugrunde liegenden Regeln und Gesetzmäßigkeiten wie sie die Naturwissenschaften erarbeitet haben. Diese sind in der Regel deterministisch, auch wenn bspw. in Bereichen wie Teilchen- und Quantenphysik eher stochastische Erklärungen weiterhelfen. Damit stellen Simulationen Grundlagenwissen bereit, das zum Verständnis von diesen Ereignissen beiträgt.

Bei der Erklärung oder Prognose von technischen Wirkungsketten geht es ähnlich wie bei natürlichen Ereignissen um die Erklärung auf Basis zugrundeliegender Regeln und Gesetzmäßigkeiten meist aus den Naturwissenschaften. Anders als bei natürlichen Ereignissen, basieren technische Wirkungsketten aber auf Randbedingungen, die vom Menschen bewusst eingerichtet worden sind. Dieser Simulationsvorgang ist einem Experiment vergleichbar, das über die Simulation virtualisiert wurde. Die Randbedingungen können dabei aus technischer und ingenieurwissenschaftlicher Sicht geändert werden. In der Regel können diese technischen Wirkungsketten auch in einem Realexperiment durchgeführt werden. Simulationen bzw. deren Ergebnisse können damit relativ leicht über Experimente validiert bzw. verifiziert werden. Das über Simulationen generierte Wissen kann als anwendungsorientiertes Wissen bezeichnet werden, das in Bezug auf Aspekte der generellen und/oder spezifischen Machbarkeit bei der Entwicklung und Umsetzung von Technologien benötigt wird.

Bei der Prognose oder Erklärung von menschlichen Handlungsfolgen handelt es sich hingegen überwiegend um Voraussagen im Bereich des Sozialen. Untersuchungsobjekt sind Entscheidungen, die von Menschen getroffen werden. Bei sozialen Entscheidungen muss zwischen zwei Formen unterschieden werden. Zum einen kollektive Entscheidungen auf Meso- und Makroebene, die sich zu institutionellen Arrangements verdichten und damit für bestimmte Zeitperioden zu festen, deterministischen Randbedingungen führen. Beispiele sind etwa die Festlegung bestimmter politischer Rahmenbedingungen durch Gesetze und Verordnungen. Diese Randbedingungen können zwar im Zeitverlauf variieren, zu einem bestimmten Zeitpunkt wirken sie aber deterministisch.

Zum anderen individuelle Entscheidungen oder Reaktionsmuster auf der Mikroebene (z. B. Kauf-, Wahl- oder Protestverhalten). Dieses Entscheidungsverhalten ist prinzipiell stochastisch aufgebaut. Bei stochastischen Erklärungsansätzen können aufgrund von Verteilungsmehrheiten plausible Gründe für einen Wirkungszusammenhang ausgemacht werden. Es lässt sich daraus aber keine singuläre Wirkung prognostizieren. Vielmehr liegt auf Basis der stochastischen Verteilung immer eine Wirkungsbandbreite vor, bei der mehrere unterschiedliche Ereignisse mit unterschiedlichen Wahrscheinlichkeiten vorhanden sind.

Bei der Prognose/Erklärung von menschlichen Handlungsfolgen ergeben sich daher Unbestimmtheiten und Ungenauigkeiten bezüglich ihrer Validität. Kurz: eine definitive Aussage über das Eintreten einer Prognose kann nicht geleistet werden. Simulationsergebnisse über stochastisch aufgebaute menschliche Handlungsfolgen können als Orientierungswissen aufgefasst werden, welches hilft, die Zukunft bzw. Zukünfte zu strukturieren, ohne sie zu determinieren bzw. eindeutig voraussagen zu können.

Es soll noch einmal betont werden, dass mit allen Simulationen bei Prognosen über zukünftige Systemzustände Unsicherheiten über das Eintreten verbunden sind. Dies gilt sowohl für naturwissenschaftliche Prognosen ab einer gewissen Systemkomplexität, wenn deren Ausgangs- und Randbedingungen, Parameter und Wirkungszusammenhänge nicht vollständig bekannt sind (Stichwort Wettervorhersage). Im Besonderen gilt dies aber gerade für Voraussagen über Ereignisse in der sozialen Welt aufgrund spezifischer Eigenheiten dieses Erkenntnisobjektes. Wolfgang Streeck (2009: 9 ff.) hat unlängst noch einmal mit aller Deutlichkeit darauf hingewiesen: „Jede Betrachtung gesellschaftlicher Prozesse hat es mit Fallzahlen zu tun, die niedriger sind als die Zahl der Faktoren, die als Erklärung infrage kommen. Damit aber gibt es für jeden *gegenwärtigen* Zustand unvermeidlich mehr als eine gültige Erklärung, und jeder *zukünftige* Zustand erscheint als einmaliges Resultat eines einmaligen Zusammenwirkens einer Vielzahl von Faktoren, als Unikat, für das es keine Normalverteilung gibt und dessen Besonderheiten deshalb nicht auf allgemeine Gesetzmäßigkeiten reduziert werden können." (Hervorhebungen im Original, D. S.). Multikausalität und eine geringe Fallzahl sind die wichtigsten Gründe, warum in den Sozialwissenschaften nur eine geringe bzw. eingeschränkte Prognosefähigkeit vorhanden ist (Mayntz 2009: 22).

4.1.2 Prozessbewertung: Zur Rolle von Unsicherheiten

Das von Simulationen generierte Wissen ist nicht nur ein spezifischer Typus epistemischen Wissens. Dieses Wissen ist auch relativer Natur aufgrund von verschiedenen Arten von Unsicherheiten, die entlang des Simulationsprozesses von Bedeutung sind. Unsicherheit ist gewissermaßen der natürliche Gegenspieler von Wissen. Da wo Unsicherheit vorhanden ist, ist das Wissen nicht vollkommen und es ergeben sich Interpretationsspielräume. Unsicherheit kann dabei definiert werden als „a lack of precise knowledge as to what the truth is, whether qualitative or quantitative" (NRC 1996: 161).

Die wissenschaftliche Beschäftigung mit dem Unsicherheitsbegriff ist vielfältig und über verschiedene Disziplinen verteilt. Unsicherheitsaspekte werden in den Naturwissenschaften, in der Statistik, der Philosophie und der Ökonomie, der Psychologie und Soziologie oder den Ingenieurwissenschaften behandelt. Grundlegend kann zwischen aleatorischer und epistemischer Unsicherheit unterschieden werden (Rosa 2008, Renn 2008). Aleatorische Unsicherheit umfasst zufällige Variationen bei bekannten und beobachtbaren Einflussgrößen. Aleatorische Unsicherheit bezieht sich auf die Variationsbreite, Messfehler und Extrapolation bei stochastischen Beziehungsmustern. Epistemische Unsicherheit bezieht sich dagegen auf grundlegende Wissenslücken und Unkenntnis. Die Festlegung von Systemgrenzen und generelle Ahnungslosigkeit sind Faktoren der epistemischen Unsicherheit.

Aus der Vielzahl vorhandener Ansätze zur Unsicherheit möchte ich einen Ansatz herausgreifen, den Arthur Petersen entwickelt hat. Der Vorteil dieses Ansatzes ist, dass er die verschiedenen Spielarten von Unsicherheit mit Computersimulationen in Verbindung bringt. Die umfassende Berücksichtigung unterschiedlicher Arten von Unsicherheit wird also direkt auf die Methode Computersimulation bezogen. Im Folgenden werde ich die Unsicherheits-Matrix in enger Anlehnung an Petersen (2006) teils paraphrasierend vorstellen.

Die von Petersen entwickelte Unsicherheits-Matrix identifiziert fünf grundlegende Unsicherheitstypen, welche den einzelnen Phasen des Simulationsprozesses gegenübergestellt werden können. Damit lassen sich folgende Aspekte von Unsicherheit lokalisieren (vgl. auch Abbildung 4):

Sorts of uncertainty

UNCERTAINTY MATRIX — Location/source of uncertainty ⬇	Nature of uncertainty		Range of uncertainty		Recognised ignorance	Methodological unreliability	Value diversity
	Epistemic	Ontic	Statistical	Scenario			
Conceptual model							
Mathematical model — Model structure							
Mathematical model — Model parameter							
Model inputs							
Technical model implementation							
Processed output data / interpretation							

Quelle: nach Petersen : 2006: 50

Abbildung 4: Typologie von Unsicherheit bei Computersimulationen

97

- Lokalität bzw. Quelle von Unsicherheit (location/source of uncertainty)
- Art der Unsicherheit (nature of uncertainty)
- Unsicherheitsbereiche (range of uncertainty)
- Bekanntes Nichtwissen (recognized ignorance)
- Methodische Unzuverlässigkeit (methodological unreliability)
- Wertedifferenzen (value diversity)

(1) Lokalität bzw. Quelle von Unsicherheit: Die Lokalität bzw. Quelle von Unsicherheit lässt sich den verschiedenen Phasen eines Simulationsprozesses zuordnen. In der Phase der Konzeptualisierung des Modells wird zunächst das realweltliche System vereinfachend in seinen grundlegenden Systembeziehungen abgebildet. Im Kern geht es darum, die realweltlichen Beziehungen verschiedener Systemelemente zu analysieren und ihre Beziehungsmuster in einem Modellablauf abzubilden. Zum einen muss die Art der Beziehung zwischen den Elementen festgestellt werden; diese könne linearer oder diskreter Natur sein. Zum anderen müssen verschiedene Beziehungsmuster gegeneinander gewichtet werden entsprechend den in der Realwelt unterstellten Abhängigkeitsstrukturen. Als Ergebnis erhält man eine Art Ablaufschema, welches die grundlegenden Funktionsprinzipen und Leistungen des abzubildenden Systems beinhaltet.

Bei der Konzeptualisierung müssen grundlegende Annahmen und Entscheidungen über die realweltlichen Funktionsprinzipien, modellhafte Abbildungsmöglichkeiten und das Übertragungspotential in mathematische Codes und Formeln getroffen werden. Weitere Unsicherheitslokalitäten bestehen bei der Übertragung und Umsetzung des Ablaufmodells in eine mathematische Formsprache sowie die Übertragung in eine Computersprache und technische Simulationsumgebung. Dabei kann das vorhandene Datenmaterial von ungenügender Qualität sein. Entlang der einzelnen Simulationsphasen können somit unterschiedliche Fehler auftreten. Vereinfachungsfehler treten auf, wenn das reale System zu vereinfachend abstrahiert und seine Komplexität auf mathematisch einfache Wirkungszusammenhänge reduziert wird. Verfahrensfehler spielen im operativen Simulationsprozess eine Rolle, wenn ungenaue Rechenverfahren angewendet werden müssen, weil für die im Modell verwendeten Differentialgleichungen keine exakten Lösungen existieren. Rechenfehler können aufgrund begrenzter Computerressourcen und damit verbundenen Rundungsfehlern auftreten. Neben modellbezogenen Fehlerquellen kann auch der Simulierer Ursache von Unsicherheit sein, indem er bspw. ungenügende Kenntnisse zur Durchführung einer Simulation besitzt.

(2) Art der Unsicherheit: Unter Art der Unsicherheit fasst Petersen zum einen Aspekte epistemischer Unsicherheit. Dabei handelt es sich um unvollständiges oder partielles Wissen. Bei Simulationen kann epistemische Unsicherheit

bspw. durch die beschränkte Auflösung der Modelle oder beim Prozess der Parametrisierung auftreten. Gegenüber der epistemischen Unsicherheit ist die ontische Unsicherheit abzugrenzen, welche auf der inhärenten Unbestimmtheit oder auch Varianz des Untersuchungsgegenstandes basiert. Bei der epistemischen Unsicherheit ist nicht genügend Wissen um die Wirkungszusammenhänge innerhalb des Systems vorhanden; bei der ontischen Unsicherheit sind die Wirkungszusammenhänge zwar bekannt, aufgrund ihrer stochastischen, nicht-deterministischen Natur ist aber eine Vorhersage nicht möglich. Ein chaotisches, auf nicht-linearen Wirkungszusammenhängen basierendes Systemverhalten ist ontischer Natur; deren zukünftige Systemzustände sind damit nur über Wahrscheinlichkeiten prognostizierbar. Die Unterscheidung zwischen epistemischer und ontischer Unsicherheit ist hinsichtlich der Schlussfolgerungen für mögliche Unsicherheitsreduktionen relevant: während viele epistemische Unsicherheiten prinzipiell reduzierbar sind, kann es sich bei der ontischen Unsicherheit auch um ein Nicht-Wissen-Können handeln.

(3) Unsicherheitsbereiche: Zur Reduktion epistemischer Unsicherheit werden wissenschaftliche Simulationsergebnisse oft mit einem Unsicherheitsbereich oder einem Unsicherheitsraum hinterlegt. Die Gültigkeit der Ergebnisse wird eingeschränkt bzw. relativiert. Unsicherheitsbereiche können zum einen unterschieden werden in quantitativ statistische Unsicherheitsbereiche, die mit Wahrscheinlichkeitsaussagen belegt werden können. Dabei sind ein frequentistischer und ein bayesianischer Ansatz zu unterscheiden. Beim frequentistischen Ansatz wird der Unsicherheitsspielraum als objektive Wahrscheinlichkeit betrachtet, d. h. ein Ereignis wird als relative Häufigkeit auf Basis einer bestimmten Anzahl von Zufallsexperimenten angegeben. Bei der bayesianischen Wahrscheinlichkeit handelt es sich hingegen um einen subjektiven Wahrscheinlichkeitsbegriff, der auf einer persönlichen (Experten-)Einschätzung hinsichtlich des Eintretens von Ereignissen beruht. Eine Wahrscheinlichkeitsangabe ist dann abhängig vom Grad der Sicherheit in der persönlichen Einschätzung eines Ereigniseintritts oder eines Sachverhalts.

Neben statistisch erfassbarer Unsicherheit existieren jedoch vielfach Problemstellungen, die nicht mehr quantitativ erfasst werden können. Petersen fasst diese unter Szenario-Unsicherheiten zusammen. Diese Ereignisse können nicht in Form unterschiedlicher Wahrscheinlichkeit beschrieben werden, da die Wirkungszusammenhänge und ursächlichen Faktoren für das Eintreten eines Ereignisses nicht bekannt sind. Szenario-Unsicherheit wird in der Regel als „wenn-dann" Aussage formuliert. Es werden keine Wahrscheinlichkeiten für den Eintritt eines Ereignisses angegeben, sondern der Eintritt wird als gegeben angenommen.

(4) Bekanntes Nichtwissen: Als einen weiteren Typus von Unsicherheit benennt Petersen den Bereich des bekannten Nichtwissens. Dabei handelt es sich

um Unsicherheiten entlang des Simulationsprozesses, die dem Forscher bekannt und vertraut sind, ohne dass er in der Lage ist, diese Unsicherheiten genau zu lokalisieren. Ein Beispiel dafür ist das Wissen um die Existenz von Programmierfehlern in einer umfangreichen Simulationssoftware. Zwar weiß ein Simulationsexperte, dass mit einer bestimmten Wahrscheinlichkeit bei der Programmierung Fehler (z. B. Tippfehler durch die Programmierer) eingeflossen sind, die Fehler lassen sich aber nicht ohne Weiteres lokalisieren und beheben. Die Simulation wird in der Regel mit dem Wissen um diese Programmierfehler durchgeführt, wenn deren Wirkung auf das Ergebnis als vertretbar und der Aufwand für eine Kontrolle der einzelnen Programmierzeilen als zu hoch eingeschätzt wird.

Als Maßangabe für die Abschätzung von bekanntem Nichtwissen führt Petersen das Gütekriterium ‚Offenheit' ein (Petersen 2006: 56). Offenheit bezieht sich auf die explizite Reflexion über den Einfluss von bekanntem Nichtwissen auf Simulationsergebnisse. Damit wird die inhaltliche Aussage des Simulationsergebnisses um eine Einschätzung ihrer Gültigkeit ergänzt. Eine offene Kommunikation möglicher, aber nicht eindeutig zu lokalisierender Fehlerquellen kann bspw. über die Angabe einer subjektiven Wahrscheinlichkeitsaussage zur Gültigkeit des Ergebnisses gemacht werden. Offen artikulierte Einschätzungen der Fehlerhaftigkeit schränken die Gültigkeit von Simulationsergebnissen von vornherein ein und verweisen explizit darauf, dass das wissenschaftliche Simulationsergebnis falsch sein kann. Wird hingegen auf eine explizite Reflexion verzichtet, wird eine Sicherheit bzw. Gültigkeit des Simulationsergebnisses suggeriert.

(5) Methodische Unzuverlässigkeit: Unter dem Typus der methodischen Unzuverlässigkeit lassen sich Unsicherheiten subsumieren, welche durch wissenschaftsmethodische Aspekte hervorgerufen werden. Für die Abschätzung der methodischen Qualität von Simulationen wird ihre Zuverlässigkeit (‚reliability') als Gütekriterium herangezogen. Petersen definiert methodische Reliabilität folgendermaßen (Petersen 2006: 58): „the reliability of a simulation is the extent to which the simulation has methodological quality. The methodological quality of a simulation derives from the methodological quality of the different elements in simulation practice". Aspekte der methodischen (Un-)Zuverlässigkeit können entlang des gesamten Simulationsprozesses eine Rolle spielen.

Es lassen sich theoretische, empirische, gutachterliche sowie auf Reproduzierbarkeit basierende methodische Aspekte unterscheiden. Die theoretische Reliabilität ist umso höher, wie die dem Simulationsmodell zugrunde gelegten Gesetzmäßigkeiten über die Wirkungsbeziehungen im System valide sind. Je enger das konzeptionelle und mathematische Modell auf anerkannten und als valide betrachteten wissenschaftlichen Gesetzen basiert, desto zuverlässiger ist eine Simulation einzuschätzen. Der methodische Aspekt der empirischen Zuverlässigkeit umfasst, inwiefern Simulationen auf empirisch abgesicherten Daten und Ergebnissen basieren. Die Güte von Simulationen ist umso besser, je stärker ihre empirische Basis ist. Gutachterliche Aspekte beziehen sich hingegen auf allgemeine Qualitätssicherheitsverfahren der Wissenschaft wie beispielsweise das unabhängige Gutachterverfahren des *peer review*. Die Qualität von Simulationsergebnissen ist dabei höher, wenn mehrere Gutachter zu einem positiven und einheitlichen Urteil kommen. Allerdings stellt sich bei der gutachterlichen Bewertung von Simulationen oftmals das Problem, dass der Simulationscode nicht offen liegt und somit von den Gutachtern auch nicht bewertet werden kann. Die Reproduzierbarkeit von Wissenschaftsergebnissen ist ein grundlegendes Desiderat der Wissenschaftstheorie. Zur Qualitätssicherung bei Simulationen haben sich entsprechende Verfahren etabliert. Beim Benchmarking-Verfahren werden bspw. Simulationsergebnisse aus unterschiedlichen Simulationsrechnungen miteinander verglichen, um die Güte der einzelnen Simulationsmodelle beurteilen zu können.

(6) Wertedifferenzen: Der letzte Typus betrachtet Unsicherheiten resultierend aus Wertedifferenzen. Wertedifferenzen werden von anderen Autoren als Ambiguität bezeichnet und von Unsicherheiten abgegrenzt (Renn 2008). Zu unterscheiden sind zum einen epistemische Wertedifferenzen, welche sich weiter ausdifferenzieren in allgemeine epistemische sowie disziplinbezogene Wertedifferenzen. Zudem spielen auch nicht-wissenschaftliche Wertedifferenzen im Sinne gesellschaftspolitischer und praxisorientierter Werte eine Rolle. Von besonderer Bedeutung sind Wertedifferenzen bei den zu treffenden Grundannahmen im Rahmen eines Simulationsmodells. Die Wahl entsprechender Annahmen zur Konstruktion eines konzeptionellen oder mathematischen Modells wird aus einer subjektiven Entscheidungsposition des Modellierers getroffen vor dem Hintergrund seiner epistemischen und nicht-epistemischen Wertvorstellungen.

4.1.3 Ergebnisbewertung: Formate und Aussagen von Simulationsergebnissen

Wissenschaftliche Simulationsergebnisse sind inhaltliche Aussagen, die Erkenntnisse und Wissen in einer bestimmten Form transportieren und kommunizieren. Diese Aussagen können in ihrer Darstellungsweise und ihrer inhaltlichen Aussagekraft variieren. Während die Darstellungsweise auf der semiotischen Ebene bei unterschiedlichen Zeichensystemen angesiedelt werden kann, lassen sich bei der inhaltlichen Darstellung auf einer semantischen Ebene Art und Bandbreite von Aussagen unterscheiden. Im Folgenden möchte ich näher auf die Darstellungsweise sowie auf die Art und Bandbreite von Simulationsergebnissen eingehen.

(1) Darstellung von simulationsbasierten Aussagen: Eine computerbasierte Simulation ist ein quantitativer Rechenvorgang. Das durch die Simulation abzubildende realweltliche System wird in Zahlen übersetzt, d. h. Systemelemente werden über Zahlen und Zahlenwerte, deren Wirkungszusammenhänge über bestimmte Berechnungsvorschriften definiert und festgelegt. Auch die Einflussgrößen bzw. Parameter für die Veränderung von Wirkungszusammenhängen sind als Zahl definiert. Ein numerisch ausgeführter Rechenvorgang am Computer drückt dann eine Zustandsänderung des Systems in Zahlen aus. Ein Simulationslauf errechnet an verschiedenen Stellen innerhalb eines Gitters Zahlenwerte für bestimmte Zeitschritte aus, die in der Summe den neuen Systemzustand darstellen. Je nach verwendetem Simulationswerkzeug variieren dabei die Berechnungspunkte innerhalb des Gitters. Während manche Simulationstools mit Zellen arbeiten und die Wirkung der Parameter dem Schwerpunkt der Zelle zugeordnet wird, arbeiten andere Werkzeuge mit Knoten- oder Kreuzungspunkten des Gitters. Jeder Zahlenwert ist Ergebnis eines Berechnungsvorgangs an einem bestimmten räumlichen Gitterpunkt. Jedem räumlichen Gitterpunkt werden über die unterschiedlichen Zeitpunkte auch eigenständige Zahlenwerte zugewiesen. Simulationsergebnisse sind auf dieser ersten Stufe somit zunächst riesige Zahlenmengen, die als Rohdaten vorliegen.

Die in dieser Form vorhandenen Daten sind nicht direkt auswertbar und interpretierbar, sondern müssen in einem weiteren Schritt in ein aussagekräftiges Simulationsergebnis transformiert werden. Dies geschieht in einem so genannten ‚post-processing‘, bei dem die Datenmengen mit Hilfe statistischer oder bildgebender Verfahren aufbereitet werden.

Bei der statistischen Aufbereitung findet zum einen eine Aggregation der Zahlenmenge auf bestimmte Kenngrößen statt, so dass für bestimmte Zustände der Simulation konkrete Zahlenwerte ausgegeben werden können. Bei geowissenschaftlichen Simulationen zum Druckverhalten im Untergrund wird bspw. die Druckausbreitung in bar auf unterschiedlichen Raumpunkten zu unterschiedlichen Zeitpunkten angegeben. Die Angabe des Druckes X bei einer bestimmten Entfernung Y ist dann bereits ein aggregierter Zahlenwert aus einer statistischen Berechnung mit Hilfe von Mittelwerten oder Konfidenzintervallen, bei der die berechneten Werte der um diesen Entfernungspunkt liegenden Zellen eingeflossen sind. Da bei dynamischen Simulationen Systemzustände über den Zeitverlauf berechnet werden, werden statistisch aufbereitete Simulationsergebnisse oft in Tabellen oder Diagrammen ausgegeben, die die Zustandsveränderungen des Systems anhand bestimmter, aus Forschersicht interessanter Kenngrößen über die Zeit abtragen. Mit Hilfe von Diagrammdarstellungen lässt sich der dynamische, zeitabhängige Verlauf der Simulation verständlich und nachvollziehbar explizieren.

Für die Aufbereitung und Auswertung müssen nach Ritzschke/Wiedemann (1998: 287) zunächst die Rohdaten konvertiert und mathematisch bzw. statistisch aufbereitet werden. In einem zweiten Schritt werden die Einzelwerte zu Trendkurven und statistisch relevanten Aussagen verdichtet und schließlich Korrelationen und Abhängigkeiten zwischen einzelnen Werten und dem Modellobjekt ermittelt. In der Praxis ist das statistische ‚post-processing' in der Regel in das Simulationswerkzeug integriert, so dass über Standardeinstellungen die gewünschten Diagramme generiert werden können. Dies ist für einfache Darstellungen wie Zeitreihendarstellungen oder Trendfunktionen ausreichend. Um umfangreichere und kompliziertere statistische Auswertungen zu generieren, wird die Datenaufbereitung aber auch vollständig vom Simulationswerkzeug getrennt und über ein eigenes Auswertungstool durchgeführt.

Bildgebende Verfahren sind eine weitere, sehr wichtige Form der Datenaufbereitung bei Simulationen. Während die statistische Auswertung ein übergreifendes, auch bei experimenteller Forschung verwendetes Verfahren zur Datenauswertung ist, sind computergenerierte Visualisierungen von Forschungsergebnissen ein spezifisches Charakteristikum von Simulationen. Denkt man an Computersimulationen, denkt man an visualisierte Ergebnisse in Form von Bildern. Vergleichbar der statistischen Bearbeitung besteht auch die Bildbearbeitung zunächst aus der Transformation und Übersetzung der Rohdaten in bildhafte Darstellungen.

Philine Warnke hat die Entstehung des Simulationsbildes und des damit transportierten Weltverständnisses eingehend analysiert, an die ich mich im Folgenden eng und teils paraphrasierend anlehne (2002: 186-215). In ihrem Verständnis sind Simulationsvisualisierungen sozio-technische Konstrukte, bei denen Simulationszahlen anschaulich präsentiert werden und damit gleichermaßen ein bestimmtes Weltbild transportiert wird. Zum einen werden die produzierten Zahlenmengen in anschauliche Bilder übersetzt. Mit der bildhaften Visualisierung von Simulationsergebnissen soll eine bessere Anschaulichkeit und Verständlichkeit der Ergebnisse erreicht werden. Zum anderen werden mit dieser Übersetzung aber auch zusätzlich kulturell geprägte Bedeutungen aufgenommen wie bestimmte Seh- und Denkgewohnheiten (z. B. bestimmte Konzeptionen von Raum und Zeit oder Assoziationen zwischen Farben und Objekteigenschaften), die die Rezeption und Interpretation von Simulationsergebnissen kanalisieren (Warnke 2002: 186).

Die technische Bildproduktion erfolgt über ausgefeilte Visualisierungswerkzeuge, die die berechneten Rohdatenmengen eines Simulationslaufs in anschauliche Bilder übersetzen, um sie überhaupt dem Verständnis und einer Interpretation zugänglich zu machen. Dabei können auf der Grundlage einer Rohdatenmenge einer Simulation viele verschiedene Bilder produziert werden, die in Größe, Ausschnitt, Farbgebung usw. variieren (Warnke 2002: 189). Bildgebende Verfahren bieten unterschiedliche Übersetzungsleistungen. Zunächst erzeugen Visualisierungen einen Bühnenraum über eine perspektivisch zwei- oder dreidimensionale Darstellung. Viele technik- und ingenieurwissenschaftliche Simulationen untersuchen Fragestellungen in einem räumlichen, dreidimensionalen Computermodell. Der Untersuchungsraum wird über ein Gittergerüst in den drei Raumdimensionen geometrisch abgebildet. Bei dynamischen Simulationen kommt als vierte Dimension noch die Zeit hinzu. Die zu untersuchenden Phänomene ergeben sich als Simulationseffekte in Raum und Zeit. Die visualisierte Ergebnisdarstellung erfolgt dann als ein dreidimensionales Abbild des Untersuchungsraumes, das perspektivisch auf einem zweidimensionalen Medium (Bildschirm, Papierdruck) erzeugt werden muss. In diese Darstellung des Untersuchungsraumes sind dann die eigentlichen Simulationsergebnisse abzubilden.

Die Abbildung der Simulationsergebnisse wird häufig mittels einer Farbcodierung dargestellt, bei der auf eine klar konturierbare Farbskala (z. B. Regenbogen-Farbskala) zurückgegriffen wird. Diese Farbskalen dienen der visuellen Unterscheidbarkeit unterschiedlicher Simulationsergebnisse. Dabei muss definiert werden, welcher Farbwert welchem Simulationswert entsprechen soll. Die Farbzuweisung, -intensität und -schattierung sind nicht determiniert durch die Zahlenwerte der Simulation, sondern sind eine eigenständige Festlegung im Rahmen der Visualisierungstechnologie, die sich ggf. an bestimmten Konventionen orientiert (z. B. rot für kritische Bereiche, die über einem Grenzwert liegen). Farbübergänge müssen dabei an bestimmte Zahlenwerte gebunden sein, d. h. es müssen Grenzwerte oder Grenzbereiche bei den Simulationsdaten festgelegt werden, denen dann Farbübergänge in der bildlichen Darstellung entsprechen. Eine weitere Besonderheit der Farbcodierung ist die Zuweisung von Farbwerten zu Punkten im Bühnenraum, zu denen eigentlich keine Rechenergebnisse vorliegen. Die Rohdatenmenge einer Simulationsrechnung ergibt immer nur Rechenwerte zu bestimmten, diskreten Punkten innerhalb eines Gitters. Zwischen diesen Punkten liegen keine Simulationsergebnisse vor, so dass zwischen den Ergebnispunkten interpoliert werden muss. Auch die Farbzuweisung wird interpoliert, so dass der gesamte Raum einer Abbildung farblich eingefärbt wird: „der Eindruck entsteht, es liege eine lückenlose Menge an Lösungswerten vor" (Warnke 2002: 190). Insgesamt lässt sich festhalten, dass die bildliche Darstellung von Simulationsergebnissen über Farbwerte und die sich daraus ergebenden Formen, Strukturen und semantischen Assoziationen nicht Resultat der eigentlichen Simulationsrechnung ist, sondern ein davon abgekoppelter Akt bei der Bildproduktion.

Simulationsergebnisse können auch in Form mehrerer Bilder dargestellt werden. Bei der Darstellung in Bildreihen wird versucht, den dynamischen Ablauf einer Simulation in Szene zu setzen. Bilddarstellungen sind zunächst statische Abbildungen, die einen bestimmten Zustand eines Sachverhalts oder Ereignisses zu einem ganz bestimmten Zeitpunkt erfassen. Diese Momentaufnahme ist dann dauerhaft, wenn sich ein System in einer längeren Ruhephase befindet, so dass die Darstellung auch zu verschiedenen Zeitpunkten aussagekräftig ist. Interessanter sind bei Simulationsverläufen aber gerade die Systemänderung und die dazugehörigen Zeitpunkte. Wie entwickeln sich bspw. physikalische Eigenschaften in Abhängigkeit von der Zeit und bei welchen Zeitpunkten treten entscheidende Veränderungen auf? Um diese Botschaften zu transportieren, werden Bildreihen oder auch Videosequenzen verwendet, die stationäre Zustände in sequentieller zeitlicher Abfolge darstellen. Dafür werden meist zwei bis drei Einzelbilder in Reihe gesetzt. Die für die Darstellung ausgewählten Bilder sind vom dem Forscher prinzipiell frei wählbar, denn sie ergeben sich nicht zwangsläufig aus den einzelnen Berechnungen der Simulation an den diskreten Gitterpunkten. Es obliegt damit der Interpretation des Forschers, welche Momentaufnahme er für darstellungswürdig hält. Dem Forscher sollte aber bei seiner Auswahl bewusst sein, dass der Betrachter mit dieser Bildreihe bestimmte Aussagen und Interpretationen verbindet. Eine Bildreihe suggeriert dem Betrachter, dass es sich bei den ausgewählten, bildlich dargestellten Systemzuständen um besonders relevante, für die Systementwicklung entscheidende Zustände handelt. Gleichfalls sagt die Darstellung nichts über die Zeitdauer des abgebildeten Zustandes aus. Es bleibt vom Bild unbeantwortet, ob sich der Systemzustand im nächsten Zeitschritt bereits radikal ändert oder für eine lange Zeitdauer so bestehen bleibt. Diese Information muss vom Verfasser textlich hinzugefügt werden. Ansonsten ist zu vermuten, dass der Betrachter den Systemzustand eher als dauerhaft denn als flüchtig wahrnimmt. Die dargestellten Bilder in einer Bildreihe dienen denn auch meist der Illustration von Systemveränderungen, ohne den genauen quantitativen Verlauf einzelner Systemeigenschaften in den Blick zu nehmen. Für eine genaue Analyse einzelner Systemeigenschaften über den Zeitverlauf eignen sich statistische Diagrammdarstellungen besser.

Es wird darüber hinaus noch eine Reihe von weiteren Bildelementen bei der Übersetzung von Rechenergebnissen in Bilder eingesetzt. Zum einen werden verschiedene Decodierungshilfen zur Verfügung gestellt. Bei der Anwendung von Farbcodierungen wird häufig eine Farbskala ergänzt, die die Farbwerte mit numerischen Werten unterlegt, so dass in dem Bild die Farben auch (in Grenzen) quantitativ interpretierbar werden. Sehr häufig wird das abgebildete Simulationsobjekt mit einem Rechengitter hinterlegt. Dieses Gitter entspricht in der Regel dem Raumgitter, dass der Simulationsrechnung zugrunde gelegt ist. An den

Knotenpunkten sind dann die errechneten Werte der Simulation aufgetragen. So können aus dem Bild ggf. quantitative Simulationswerte herausgelesen werden. Als Nebeneffekt verstärkt die Gitterdarstellung auch den räumlichen, dreidimensionalen Charakter des Bildes. Weitere verwendete Bildelemente deuten den dynamischen Charakter einer Systemveränderung an. So lassen sich mit Hilfe von Stromlinien Bewegungsabläufe veranschaulichen, die über den Istzustand hinausweisen. Mit Hilfe von Glyphen können Bewegungsrichtungen im Zeitverlauf angedeutet werden, ohne ihnen einen eindeutigen numerischen Wert zuordnen zu müssen. Beispielsweise werden bei Wetterdarstellungen häufig Windbewegungen über Pfeilrichtungen angegeben.

Simulationsergebnisse im Diagramm- und Bildformat haben bestimmte Charakteristika mit Implikationen auf Verstehensprozesse beim Rezipienten. Bei Diagrammen handelt es sich um so genannte ‚logische Bilder‘. Dies sind bildhafte Darstellungen, bei denen qualitative und quantitative Zusammenhänge über geometrische Formen kommuniziert werden, um abstrakte Sachverhalte zu vermitteln, ohne dass eine Ähnlichkeit mit dem Gemeinten existiert (Schnotz 2003: 577). Die inhaltliche Verbindung zum Sachverhalt wird über eine Analogierelation hergestellt, die vom Rezipienten erkannt werden muss. Da keine unmittelbare Verbindung zum Sachverhalt besteht, muss der Rezipient auf kognitiv-erlernte Verstehens- und Interpretationshilfen zurückgreifen, um Informationen aus Diagrammen zu decodieren. Nach Schnotz (2003: 582) werden Diagramme „um so besser verstanden, je besser die vom Lernenden präattentiv wahrgenommene grafische Konfiguration mit der Struktur des darzustellenden Sachverhalts übereinstimmt und je besser der Lernende in der Lage ist, diese Übereinstimmung durch Aktivierung geeigneter kognitiver Schemata zu erkennen."

Bildformate sind hingegen so genannte ‚realistische Bilder‘. Der auf realistischen Bildern dargestellte Gegenstand stimmt strukturell mehr oder weniger mit dem repräsentierten Gegenstand überein. Es handelt sich dabei um ein mehr oder weniger konkretes oder abstraktes Abbild, um eine Imitation des Repräsentierten. Die Informationsverarbeitung von realistischen Bildern geschieht über mehrere Wahrnehmungs- und Verstehensebenen (Rasch 2006: 187 ff.). Zunächst müssen verschiedene Bildelemente entdeckt und deren räumliche Dimensionen zugeordnet werden. Dabei kann auf Wahrnehmungsroutinen des Alltags zurückgegriffen werden. In weiteren Schritten müssen dann Ablese- und Inspektionsprozesse vorgenommen werden, um semantische Verstehensprozesse zu gewährleisten: „Ein solches Ablesen führt zu propositional enkodierten Informationen, die der propositionalen mentalen Repräsentation hinzugefügt werden. Diese Prozesse laufen seriell ab, sind sowohl daten- als auch konzeptgeleitet – d. h. verlaufen sowohl bottom-up als auch top-down – und werden sowohl vom Vorwissen als auch von den Zielsetzungen des Individuums beeinflusst" (Schnotz

2003: 581). Nach Benammar (1993: 80, zit. n. Petersen 35) sind Bilder besonders relevant für das Verständnis von räumlichen Relationen und für komplexe Muster, die auf mehr als zwei Zahlenbeziehungen beruhen: „In a graph, only one relationship between numbers is plotted; the advantage of three-dimensional, color graphics is that they make it possible to discern several patterns. The fact that the human brain can process three-dimensional color animations with some facility is a result of both the structure of our image-processing apparatus and our cultural understanding of the representational properties of an image".

Auch das Zahlenformat hat bestimmte Implikationen auf die Verstehensprozesse. In seinem bekannten Buch ‚Trust in Numbers' hat Theodore Porter (1995) die Auffassung vertreten, dass Zahlen zu allererst als Kommunikationsmedium dienen, ihre inhaltlichen Aussagen mit Objektivität und Universalität versehen, und gerade dann im Kommunikationsprozess wichtig sind, wenn andere Verfahren der Konsensbildung nicht mehr greifen. Quantitative Aussagen im Sinne von Zahlen sind ein Verfahren zur Komplexitätsreduktion mit einem zugleich hohen Potential der Konsens- und Akzeptanzfindung. Die Zurechnung von Objektivität an Zahlen ist – wie Heintz (2007) gezeigt hat – ein Objektivierungsverfahren der Wissenschaft, welches über normierte Beobachtung bei Experimenten und normierte Kommunikation stattfindet. Das heißt, die Wissenschaft hat über Disziplinierungsanstrengungen bspw. der Formalisierungsfähigkeit in der Mathematik erreicht, dass Zahlen als objektiv wahrgenommen werden. Heintz führt dazu aus (Heintz 2007: 72): „Während Sprache immer eine Ja- und eine Nein-Fassung bereitstellt und insofern ein Satz seine Negationsmöglichkeit bereits in sich trägt, muss Negation im Falle von Zahlen aktiv erzeugt werden. Um numerische Aussagen zu relativieren, braucht es m. a. W. alternative Zahlen resp. ein Wissen darüber, auf welche Weise sie zustande kamen".

(2) Art und Bandbreite von Simulationsergebnissen: Wissenschaftliche Aussagen sind Aussagen mit einem Wahrheitsanspruch, d. h. die Aussage vertritt einen Sachverhalt, dessen Wahrheitsgehalt geprüft ist und interpersonal nachträglich geprüft werden kann. Unter den wahrheitsfähigen Aussagen lassen sich logische und empirische Aussagen unterscheiden. Während sich der Wahrheitsgehalt von logischen Aussagen über ihre logische Konsistenz erschließt, können empirische Aussagen über den Abgleich mit der realen Welt geprüft werden.

Simulationsergebnisse können in diesem Verständnis den empirischen Aussagen zugeordnet werden, wenn sie auf einem realweltlichen Bezugssystem basieren, dessen Wirkungszusammenhänge abbilden und bestimmte Aussagen über Verläufe und Zustände dieses Systems treffen. Unter empirischen Aussagen sind nach Kornmeier (2007: 45 ff.) deskriptive und explikative Aussagen zu fassen. Bei ersteren werden einzelne Sachverhalte mit einem konkreten Raum- und Zeitbezug als singuläres Ereignis beschrieben. Explikative Aussagen hingegen erklären und begründen einen Sachverhalt ohne konkreten Raum-Zeit-Bezug. Sie bieten gewissermaßen allgemeingültige Erklärungen als Gesetzesaussage.

Explikative Aussagen lassen sich in weitere Aussagetypen differenzieren (Kornmeier 2007: 53 ff.). Zum einen deterministische bzw. nomologische Aussagen, die behaupten, dass bestimmte Ereignisse oder Wirkungen immer auftreten, wenn bestimmte Voraussetzungen oder Ursachen (Randbedingungen) vorhanden sind. Zum anderen stochastische Aussagen im Sinne von Wahrscheinlichkeitsaussagen, die das Eintreten eines bestimmten Ereignisses nur unter Zuhilfenahme eines konkreten Wahrscheinlichkeitswertes angeben, da die Wirkungsbeziehungen auf stochastischen Gesetzmäßigkeiten beruhen. Es können auch kausale Aussagen unterschieden werden, die in Form einer ‚je-desto'-Aussage vorkommen. Diese Aussagen unterstellen kausale Beziehungen und können deren Richtung aufzeigen, ohne aber die quantiativen Abstände anzugeben. Schließlich können explikative Aussagen auch in Form von Tendenzaussagen bestimmte Ereignisse oder Sachverhalte behaupten, ohne eine eindeutige Ursache-Wirkungs-Beziehung oder eine genaue Wahrscheinlichkeitsangabe zu machen. Tendenzaussagen sind Extrapolationen aus der Vergangenheit, die nicht kausal überprüft sind. Sie sind nur so lange geltend, wie die Begleitumstände sich nicht ändern und die Zahl der Beobachtungen nahezu unendlich groß ist.

Schließlich lassen sich neben deterministischen und explikativen noch technologische Aussagen unterscheiden. Dies sind Ziel-Mittel-Aussagen, welche erklären, mit welchen Mitteln bestimmte Ziele erreicht werden können. Technologische Aussagen beinhalten meist einen normativen und erklärenden Teil und sind konkreter als allgemeingültige Gesetzesaussagen (Blotevogel 1997: 23).

Simulationsergebnisse können je nach Untersuchungsdesign und Problemstellung als deterministische, explikative oder technologische Aussage interpretiert werden. Schwieriger kann mitunter allerdings die empirische Prüfung sein. Zwar sollten Simulationsergebnisse generell mit ihrem realen Bezugssystem abgeglichen werden; eine konkrete Prüfung kann allerdings dann schwierig werden, wenn keine empirischen Daten erhebbar oder die zur Verfügung stehenden Daten von minderer Qualität sind. Simulationsergebnisse lassen sich dann bestenfalls als quasi-empirische Aussage bezeichnen, deren empirische Überprüfung an Grenzen stößt. Der Wahrheitsgehalt und die Belastbarkeit der Aussagen sind dann eingeschränkt.

Die Bandbreite von Simulationsergebnissen bezieht sich darauf, ob genau eine oder mehrere Aussagen geliefert werden. Simulationsstudien können sich danach unterscheiden, ob sie genau eine oder aber mehrere Varianten einer Prognose liefern. Wird genau eine Prognose berechnet, dann wird genau ein Ereignis oder ein Systemzustand für einen konkreten Zeit- und Raumpunkt vorhergesagt. Häufig werden aber auch mehrere Simulationsrechnungen für leicht veränderte Simulationsumgebungen berechnet, indem die Anfangsbedingungen, die Randbedingungen oder auch die Parameterwerte verändert werden. Damit werden mögliche Varianten eines abzubildenden Systems berücksichtigt. Im Ergebnis erhält man dann ein Bündel unterschiedlicher Prognosen, die jeweils für ihre spezifische Modellumgebung Gültigkeit beanspruchen. Unter der Brücksichtigung der veränderten Modellumgebung können die einzelnen Prognosen auch miteinander verglichen werden. Mit der Bandbreite von Simulationsergebnissen wird auch indirekt eine Aussage über die Validität der Simulationsumgebung kommuniziert. Wird nur eine Prognose geliefert, dann beansprucht die damit einhergehende unveränderte Modellumgebung, das reale Bezugssystem bestmöglich wiederzugeben. Damit wird ggf. auch kommuniziert, dass das Wissen um die Funktionsweise des realen Sachverhalts und dessen Umsetzung in eine Simulationsumgebung hoch sind, so dass Varianten nicht betrachtet werden müssen. Werden hingegen mehrere Prognosen auf der Basis veränderter Modelle gerechnet, dann berücksichtigt der Forscher aufgrund von Wissenslücken mehrere Möglichkeiten, wie etwas sein könnte. Eine Prognose liefert ein eindeutiges Ergebnis. Daraus kann ggf. eine hohe Gültigkeit des Systemmodells abgeleitet werden. Mehrere Prognosen hingegen bringen eine Ergebnisvielfalt, woraus evt. auch Wissensdefizite für das Systemmodell abgeleitet werden können.

4.2 Verwertungsdimensionen von Simulationen

4.2.1 Verwertungstypen beim Gebrauch von Simulationsergebnissen

In der Literatur wird eine Vielzahl unterschiedlicher Funktionen diskutiert, die wissenschaftliche Simulationen im politisch-gesellschaftlichen Raum einnehmen können. Simulationen bringen dabei gleichermaßen ihre Erkenntnis- und Kommunikationsfunktion in die Politikgestaltung mit ein; sie sind zugleich Wissensinstrument und Kommunikationsinstrument. In Anlehnung an Nutley et al. (2007) werden die vier Verwertungstypen ‚instrumentell', ‚konzeptionell', ‚strategisch' und ‚prozedural' aufgegriffen und um die spezifischen Funktionen und Aufgaben ergänzt, die Simulationen bei Entscheidungsprozessen einnehmen (können). In Tabelle 5 werden die Ergebnisse stichwortartig zusammengefasst.

	Erkenntnisfunktionen	Kommunikationsfunktionen
Instrumentell	– Identifikation und Bewertung von Handlungsoptionen – Ausgestaltung und Umsetzung von Entscheidungen – Wirkungsforschung	
Konzeptionell	– Problemwahrnehmung und -verständnis – Interpretationshilfe für Ursache-Wirkungszusammenhänge – Exploratives Instrument zur Identifikation des Nichtwissens – Kodiertes Wissensarchiv	– Frühwarnsystem – Agenda-Setting
Strategisch		– Legitimitätsbasis für normative Positionen – Fassade für Interessen und Werturteile – Modell-Delegitimation für (Nicht-) Entscheidungen
Prozedural		– Wissenskommunikation an Laien – Konfliktvermeidung, Konsensherstellung – Akteursintegration und -vernetzung

Quelle: eigene Darstellung

Tabelle 5: Funktionen von Simulationen im politisch-gesellschaftlichen Raum

(1) Die instrumentelle Verwertung von Simulationen: Wurde von politischen Entscheidern ein Problem identifiziert und Handlungsbedarf ausgemacht, können Simulationen einen wichtigen Beitrag für die Auslotung von Handlungsalternativen und Politikoptionen liefern. Modelle helfen dabei, Optionen zu identifizieren, zu konkretisieren und deren Wirkungen *ex-ante* abzuschätzen. Damit liefern

sie Entscheidungsträgern Wissen, welche Optionen mit welchen Bedingungen zur Verfügung stehen und welches Ergebnis mit welchem Aufwand damit zu erreichen ist. Für die Auslotung von möglichen Optionen wird in der Praxis oftmals mit Szenario-Simulationen gearbeitet. Szenarien beschreiben mögliche zukünftige Entwicklungen, die durch unterschiedliche Annahmen und Rahmenbedingungen determiniert sind. Diese können zielorientiert oder explorativ sein (SRU 2011: 53). Bei einem Zielszenario wird ein klar definiertes Ziel vorgegeben. Die Simulation zeigt dann, wie und unter welchen Bedingungen dieses Ziel erreicht wird. Ein Beispiel für ein solches Szenario ist das Sondergutachten des Sachverständigenrates für Umweltfragen für eine 100%-Stromversorgung durch erneuerbare Energien in Deutschland im Jahr 2050 (SRU 2011). Bei explorativen Szenarien werden hingegen die Auswirkungen unterschiedlicher Maßnahmen im Vergleich zu einem Referenzfall untersucht; daraus ergeben sich dann unterschiedliche Zielzustände.

Für eine konkrete Ausgestaltung und Bewertung von Optionen werden in der Praxis häufig so genannte Entscheidungsunterstützungssysteme (‚decision support system') genutzt. Dies ist eine Kombination von großen Datenbanken, einem Simulationsmodell und einer einfachen, nutzerfreundlichen Oberfläche. Häufige Anwendung finden diese Instrumente beim Ressourcenmanagement (Hochwasser, Fischerei etc.) und bei der Risikoanalyse.

Ist eine politische Entscheidung umgesetzt, sind Simulationen vielfach Bestandteil von Gesetzen und Verordnungen. Sie werden eingesetzt zur Kontrolle und zum Monitoring, damit fortlaufend im Abgleich mit empirischen Daten Zustände und deren Entwicklungspfade angezeigt werden können. Sie sind aber auch Bestandteil von Genehmigungs- und Lizensierungsverfahren, um die Erfüllung der Genehmigungsanforderungen anzuzeigen. Ein Beispiel für eine solche Verankerung von Simulationen in der Gesetzgebung ist die EU-Richtlinie zur unterirdischen Einlagerung von Kohlendioxid (EU 2009).

Der Gesetzgeber ist zudem vom Verfassungsgericht zur Wirkungsforschung angehalten worden. Dies umfasst die Ermittlung des wissenschaftlichen Erkenntnisstandes und dem Nachkommen von Prognose- und Nachbesserungspflichten (von Beyme 1997: 170). In diesem Zusammenhang sind politische Entscheidungen und Gesetze auf ihre Wirkung zu überprüfen. Zur ex-post Wirkungsanalyse werden auch Simulationen eingesetzt. Dabei werden die Effekte und Auswirkungen der bestehenden Gesetzgebung als Ausgangssituation für die Prognose zukünftiger Entwicklungspfade zugrunde gelegt. Ein Beispiel für eine solche Anwendung ist die Analyse von Rahmenbedingungen für die Integration erneuerbarer Energien in die Strommärkte auf Basis agentenbasierter Simulation (Krewitt et al. 2011).

Bei den einzelnen Spielarten des instrumentellen Gebrauchs von Simulationen dominiert die Erkenntnisfunktion, indem simulationsbasiertes Wissen über politische Handlungs- und Umsetzungsmöglichkeiten sowie mögliche und tatsächliche Folgewirkungen gewonnen wird. Zwar wird dieses Wissen auch über Simulationen kommuniziert (sonst wüsste keiner davon). Die Kommunikationsfunktion ist hierbei aber eine Unterstützungsleistung, ohne eine eigenständige Rolle einzunehmen.

(2) Die konzeptionelle Verwertung von Simulationen: Beim konzeptionellen Gebrauch dienen Simulationen als ‚eye opener' (van Daalen et al. 2002: 225) für Problemwahrnehmung und -verständnis. Neben dem Bereitstellen von Wissen fungieren Simulationen auf kommunikativer Ebene auch als Frühwarnsystem und Instrument des Agendasettings. In dieser Vorphase politischer Entscheidung konkurrieren unterschiedliche Akteure mit ihren jeweiligen Interessen um die Strukturierung und Priorisierung von Themen, für die politische Handlungsnotwendigkeit reklamiert wird. Die Entstehung und Strukturierung politischer Themen sowie deren Selektion für die Politikgestaltung, also die Prozesse des Agendasettings, gelten noch als weithin unerforscht (von Beyme 1997: 73). Wissenschaftliche Simulationen sind dabei nur ein Baustein in einem Geflecht vielfältiger Einflussfaktoren.

Gerade in der Umwelt- und Klimapolitik haben Simulationen aber wichtige Impulse für Problemwahrnehmung und -verständnis liefern können. Das World3 Modell, das der berühmten Analyse *The Limits of Growth* von Dennis Meadows et al. (1972) zugrunde lag, ist ein gutes Beispiel dafür. Mit der systemdynamischen Simulation von Wechselwirkungen zwischen Bevölkerung, Wachstum, Nahrungsmitteln und Ökosystemgrenzen hatte der Bericht großen Einfluss auf die Problemwahrnehmung von Politikelite und Öffentlichkeit gleichermaßen, indem er aufzeigte, dass ein exponentielles Wachstum insbesondere der Bevölkerung unweigerlich an Grenzen stößt (van Daalen et al. 2002: 225). World3 diente damit als Frühwarnsystem für sich abzeichnende Umweltprobleme und half dabei, Umweltthemen auf die politische Agenda zu setzen. Das World3-Modell stellte Erkenntnisse über Erklärungen und Interpretationshilfen für Ursache-Wirkungszusammenhänge bereit, indem es die Komplexität von Wechselwirkungen rechnen und die Ergebnisse darstellen konnte. Gleichzeitig diente das Modell als Wissensträger und kodiertes Wissensarchiv.

(3) Die strategische Verwertung von Simulationen: Anders als beim instrumentellen und konzeptionellen stehen beim strategisch-taktischen Gebrauch von Simulationsergebnissen die kommunikationsbezogenen Aspekte im Vordergrund. Wissenschaftliche Ergebnisse werden nicht der Erkenntnis wegen, sondern ihrer Reputation wegen zur Legitimation eigener Positionen, Anschauungen und Zielvorstellungen herangezogen. Deswegen werden Simulationsergebnisse

kommuniziert und in die gesellschaftliche Auseinandersetzung eingebracht. Nicht das eigene Wissen um die simulationsbasierte Erkenntnis ist entscheidend, sondern das Wissen des Anderen darum. Der politische bzw. gesellschaftliche ‚Gegenspieler' soll wissen, dass diese objektiven Wissenschaftsergebnisse existieren und die eigene Position stützen und legitimieren. Sie werden als wichtige Legitimationsbasis herangezogen. Politische Entscheidungen sind auf diese Legitimation angewiesen.

Im Meinungsstreit im Vorfeld politischer Entscheidungen können Simulationen aber auch als Fassade objektiven Wissens für eigene Interessen, Standpunkte und Handlungsrationalitäten von Institutionen benutzt werden. Wagner et al. (2010: 336 ff.) haben den strategisch-taktischen Gebrauch von Simulationen in dieser negativen Interpretation weiter ausgeführt. Danach lassen sich drei Strategien unterscheiden, wie Simulationsergebnisse von politischen Entscheidungsträgern strategisch vereinnahmt werden können. Erstens nutzen sie die falsche Erwartungshaltung aus, dass Modelle objektive, unbestreitbare und ‚harte' Fakten liefern. Mit dem Verweis auf die objektiven Fakten von Simulationen und „the model made me do it" (Wagner et al. 2010: 337) können sie von eigener Verantwortlichkeit und Rechenschaftspflicht ablenken. Diese Strategie schützt sie vor unerwünschter Kontrolle und Überprüfung durch andere staatliche Institutionen. „In the areas of risk assessment, public land management, and even economic modeling, the propensity of agencies to use models as facades for underlying value choices is well established" (Wagner et al. 2010: 337). Zweitens werden bei Modellen mit 'unerwünschten' Ergebnissen Strategien der Modell-Delegitimierung angewendet. Das Ziel ist dabei nicht das Blockieren des Modells selbst, sondern die dahinter stehende, darauf aufbauende, aber unerwünschte Politikentscheidung. Gängige Vorgehensweisen sind beispielsweise die Forderung nach einem wissenschaftlich unerreichbaren Grad an empirischer Validierung des Modells. Rufe nach der Perfektionierung von Modellen verdecken dabei die eigentliche Motivation – das Modell und damit die politische Entscheidung zu Fall zu bringen: "Words like uncertainty, systematic biases, and important deficiencies are music to the ears of cross-examiners" (Farber 2008: 1675). Drittens können auch technische Tricksereien angewandt werden, um bestimmte Simulationsergebnisse zu erhalten. Steht das Modell unter der eigenen Verfügungsgewalt, so können ausgehend von einem gewünschten Simulationsergebnis Annahmen und Datengrundlagen so verändert werden, bis das Modell die eigene Position unterstützt. Entscheider können auch Modelle (bzw. Modellierer bei Auftragsforschung) nach den Modellergebnissen auswählen und nicht nach der Adäquatheit des Modells für die eigentliche Problemstellung.

(4) Die prozedurale Verwertung von Simulationen: Der prozedurale Gebrauch betont das konstruktive Vermögen von Simulationen bei der Politikge-

staltung. Auch hier ist die Kommunikationsfunktion von Bedeutung. Simulationen dienen zum einen der Wissenskommunikation an Nicht-Experten und Laien, indem sie komplexe Wirkungszusammenhänge veranschaulichen und deren Ergebnisse in Zahlen und Bildern abbilden können (NRC 2007: 25). Zum anderen können Simulationen als Vehikel zur Konfliktvermeidung und Herstellung von Konsens beitragen. Van Daalen et al. (2002) nennen als positives Beispiel das RAINS-Modell (*Regional Acidification Information and Simulation*), das von politischen Entscheidungsträgern zur Bewertung von Politikoptionen zur Reduktion des sauren Regens herangezogen wurde. Das von allen europäischen Regierungen akzeptierte Modell spielte eine wichtige Rolle beim Zustandekommen der Genfer Luftreinhaltekonvention.

Simulationen können auch eingesetzt werden, um Akteure zu integrieren und miteinander zu vernetzten, um zu einem gemeinsamen Verständnis und einer gemeinsamen Wissensbasis unter den Beteiligten zu gelangen. Die Grundidee dieser so genannten partizipativen Modellierung ist es, Laien jenes Wissen zugänglich zu machen, das bislang ausschließlich Simulationsexperten vorbehalten war, sowie Wissensbestände und Bewertungen von Laien in die Simulation einzubinden (Pahl-Wostl 2002; Prell et al. 2007; Fischer et al. 2010). Partizipative Modellbildungstechniken werden zunehmend als ein möglicher Weg hin zu der Entwicklung transparenter Verfahren für die Herstellung und Nutzung von Wissen in verschiedenen Bereichen diskutiert. Beim Wasser- und Fischereimanagement wird diese Methode bereits erfolgreich eingesetzt, um zusätzlich auch das Wissen der Interessenvertreter mit einzubeziehen und ein gemeinsames Verständnis bezüglich der Natur des Ressourcenproblems und angemessener Managementstrategien zu fördern (Dreyer/Renn 2011a).

4.2.2 Simulationen im Phasenmodell des policy-making

Die oben getroffene analytische Unterscheidung der vier Funktionen zum Gebrauch simulationsbasierter Expertise in der Politik differenziert idealtypisch unterschiedliche Verwertungskontexte. Damit soll nicht der Eindruck entstehen, dass diese Verwertungstypen in der politisch-gesellschaftlichen Praxis immer klar trennbar und isoliert voneinander bestehen. Die funktions-analytische Differenzierung dient alleine dazu, Verwendungszwecke identifizierbar, unterscheidbar und beschreibbar zu machen. In der Praxis kommen die unterschiedlichen Verwendungszwecke mal mehr und mal weniger, mal nebeneinander, ineinander und nacheinander vor. Die konkrete Ausprägung kann dabei nur anhand spezifischer Fallstudienuntersuchungen analysiert werden.

Die analytische Typologie verdeckt insbesondere den sequentiellen und zyklischen Charakter der Politikgestaltung. Politikprozesse werden häufig als

Phasenmodelle beschrieben, bei denen einzelne Stadien im Gesetzgebungsprozess unterschieden werden (von Beyme 1997; Jann/Wegrich 2003). Politikinhalte resultieren aus einem Prozess, bei dem „lösungsbedürftige Probleme artikuliert, politische Ziele formuliert, alternative Handlungsmöglichkeiten entwickelt und schließlich als verbindliche Festlegungen gewählt werden" (Scharpf 1973: 15). Den einzelnen Phasen im Politikzyklus werden jeweils relevante Akteure und Institutionen zugeordnet. Durch diese Heuristik kann die hohe Komplexität und Dynamik abgebildet werden, die bei der Politikgestaltung vorhanden ist. In Anlehnung an von Beyme (1997: 12) lassen sich die Phasen Politikformulierung, Entscheidungsstadium, Kontrollstadium und die Phase der Reformulierung unterscheiden. Holzschnittartig können die vier Verwertungstypen diesen Phasen zugeordnet werden (vgl. Abbildung 5).

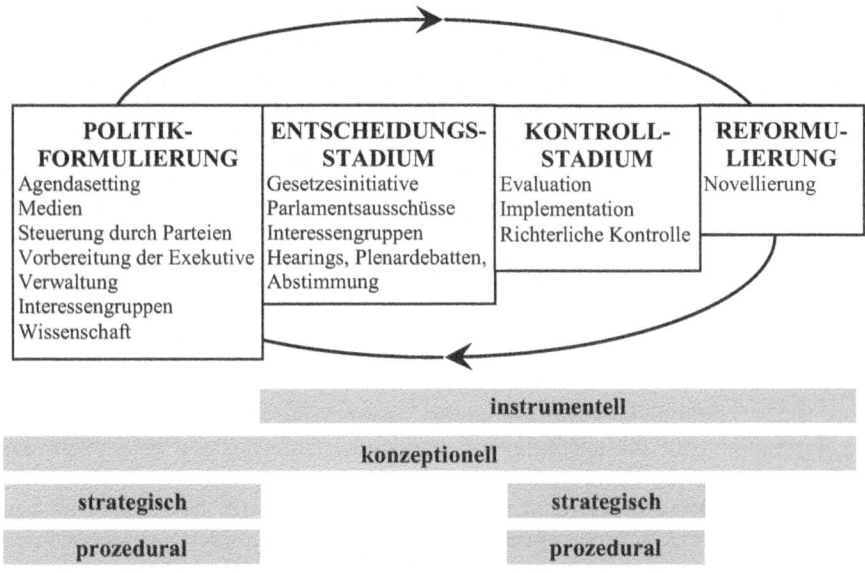

Quelle: in Anlehnung an von Beyme 1997: 12

Abbildung 5: Verwertungsfunktionen von Simulationen im Politikzyklus

Der instrumentelle Gebrauch dominiert die Phasen konkreter Politikentscheidungen. Im Entscheidungs- und Reformulierungsstadium ist dieser Verwertungstypus von Expertise von Bedeutung, da verschiedene identifizierte Politikoptionen in zur Verfügung stehende Politikinstrumente ‚gegossen' werden. Der konzeptionelle Gebrauch erstreckt sich auf die Vorphasen von Politikentscheidungen, wo Wissen und Verständnis über Problemstellungen und erfolgversprechende Lösungsansätze gesammelt werden. Dies sind die Stadien der Politikformulierung und der Kontrolle. In diesen Phasen ist die konzeptionelle Verwendung von Expertise relevant zur Bewertung der Frage, ob die avisierten Instrumente zu Lösungen des identifizierten Problems führen. Simulationen helfen dabei, "how regulatory decision-makers can proceed from uncertain information to a hypothetical view of the physical world to a rational, regulatory decision" (Wagner etal 2010: 297). In der Phase der Politikformulierung und des Kontrollstadiums wird von den beteiligten Akteuren auch strategisch gehandelt und es werden eigene Interessen und Wertvorstellungen eingebracht. Dabei können Simulationen Verwendung finden, um eine interessengerichtete Positionierung innerhalb der Debatte zu stützen und zu objektivieren. Immer wichtiger wird in der Phase der Politikformulierung auch der prozedurale Gebrauch von Expertise, da Konsensfindungsprozesse im Zuge der Diskussion um Governance und Netzwerke zunehmend in den vorparlamentarischen Raum expandieren und nicht mehr exklusiv dem formalen Gesetzgebungsprozess im Parlament obliegen (Benz et al. 2007; Marin/Mayntz 1991; Scheer/Rubik 2006, Scheer 2006). Wiederum ist allerdings zu betonen, dass auch die sequentiellen Prozesse in der Phasenheuristik und die Einordnung der Verwendungstypen von Expertise realiter nicht immer so eindeutig zu beobachten sind, wie sie hier graphisch dargestellt wurde.

4.3 Fazit

Aus einer kommunikationsprozeduralen Perspektive wurde ein explorativer Analyserahmen für die nachfolgende empirische Untersuchung entwickelt, der rezipientenseitig die Prozesse der Informationsaufnahme und -verarbeitung ausdifferenziert. Der Analyserahmen ist eine Phasenheuristik bestehend aus den Phasen der Informationsperzeption, -selektion und -rezeption. Diese Kernstufen der Informationsverarbeitung werden begleitet durch iterative Prozesse der inhaltlichen Bewertung und Verwertung. Die Bewertungs- und Verwertungsdimensionen standen im Mittelpunkt des Kapitels mit dem Ziel, unterschiedliche Schwerpunkte für den spezifischen Kommunikationsgegenstand Simulationen auf Basis der Forschungsliteratur und eigenen Überlegungen zu diskutieren.

Die Bewertung von simulationsbasierten Informationen kann in eine Instrumenten-, Prozess- und Ergebnisbewertung unterteilt werden. Bei der Instrumentenbewertung steht das Erkenntnisvermögen von Simulationen im Vordergrund. Sybille Krämer folgend liefern Simulationen Wissen darüber, dass etwas funktioniert, ohne zu vermitteln, wie es funktioniert. Zur Differenzierung von Simulationstypen aus kommunikationstheoretischer Sicht habe ich Unterscheidungsmerkmale herausgearbeitet, die Simulationen auf Basis ihres Erkenntnisinteresses, Erkenntnisobjektes und den damit verbundenen Zielsetzungen voneinander abgrenzen. Entscheidungsträger bewerten Simulationen – so meine Argumentation – nicht danach wie (technisch) simuliert wird, sondern danach, was mit welcher Zielsetzung simuliert wird. Die Prozessbewertung stellt die Rolle von Unsicherheiten entlang des Simulationsprozesses in den Vordergrund. Mit der Unsicherheitsmatrix von Arthur Petersen werden vielfältige Möglichkeiten von Unsicherheiten bei Simulationen identifiziert. Unsicherheiten schränken die epistemische Robustheit von Simulationsergebnissen durch die Verringerung ihrer Universalität und Objektivität ein. Die Ergebnisbewertung stellt die Darstellungsweise sowie Art und Bandbreite von Simulationsergebnissen in den Vordergrund. Zum einen wurden die Formate Bilder und Zahlen näher betrachtet und zum anderen verschiedene Aussagentypen diskutiert.

Bei der Verwertungsdimension wird ein instrumenteller, konzeptioneller, strategischer und prozeduraler Verwertungstypus unterschieden. Während bei den ersten beiden Typen die Erkenntnisfunktion von Simulationen bedeutsam ist, dominiert beim strategischen und prozeduralen Gebrauch die Kommunikationsfunktion von Simulationen. Die vier Verwertungsdimensionen treten in unterschiedlichen Phasen der Politikgestaltung auf. So ist ein strategischer Gebrauch von Simulationen in der Vorphase konkreter Politikentscheidungen relevant, während Simulationsergebnisse instrumentell in konkreten Politikentscheidungen wie Gesetzen und Verordnungen verwendet werden.

5 Zwischenbetrachtung: Erkenntnis- und Kommunikationsmodi von Simulationen

Die konzeptionelle Analyse hat gezeigt, dass wissenschaftlichen Computersimulationen gleichermaßen eine Erkenntnis- und Kommunikationsfunktion zugeschrieben werden kann. Daran schließt sich die Frage an, welche unterschiedlichen Modi Simulationen an der Schnittstelle von Wissenschaft und Politik leisten können. Die angestellten Überlegungen zu unterschiedlichen Kommunikations- und Erkenntnismodi sind bislang in der Wirkungsforschung von Simulationen im politisch-gesellschaftlichen Raum m. E. weder konzeptionell noch empirisch berücksichtigt worden. Es handelt sich hierbei um erste explorative und konzeptionelle Überlegungen, welche funktionale Rolle Simulationen hinsichtlich von Erkenntnis und Kommunikation spielen können. Die im Folgenden skizzierten unterschiedlichen Kommunikations- und Erkenntnismodi werden in Abbildung 6 zusammenfassend dargestellt.

Quelle: eigene Darstellung

Abbildung 6: Erkenntnis- und Kommunikationsmodi von Simulationen

Als Erkenntnisinstrument zur Wissensproduktion treten Simulationen neben die in der Wissenschaft bereits etablierten Methoden ‚Theorie' und ‚Experiment'. Insbesondere in der Wissenschaftstheorie und Philosophie wurden die epistemischen Merkmale von Simulationen intensiv und kontrovers diskutiert. Allerdings herrscht bislang keine Einigkeit darüber, ob Simulationen nur die numerische Fortführung mathematischer Modelle sind oder ob sie als dritte Methode neben Theorie und Experiment einen eigenständigen erkenntnistheoretischen Stellenwert besitzen (Küppers/Lehnard 2005: 308). Unstrittig ist hingegen, dass Simulationen Ergebnisse generieren, die wissenschaftliche Erkenntnisse beinhalten und damit einen bestimmten Beitrag zu Wissensbeständen leisten. Aber welchen Beitrag genau können Simulationen dabei leisten?

Die soziologische Wissenschaftstheorie hat unterschiedliche wissenschaftliche Wissenstypen herausgearbeitet (z. B. Wehling 2006). Es kann zwischen den idealtypischen Formen ‚gesichertes Wissen‘ ‚unsicheres Wissen‘ sowie ‚erkanntes Nichtwissen‘ und ‚unbekanntes Nichtwissen‘ unterschieden werden. Während letzterer Typus einer wissenschaftlichen – und sonstigen – Annäherung unzugänglich ist, da es eben nicht bekannt ist, sind die ersten drei Wissens- bzw. Nichtwissensformen über wissenschaftliche Methoden spezifizierbar.

(1) ‚Sicheres Wissen‘ ist im modernen Wissenschaftsverständnis immer temporärer Natur und gilt so lange, wie es nicht durch wiederholte Geltungsprüfung falsifiziert ist. Wissenschaftlich gesichertes Wissen im Sinne des Popperschen Rationalitätsverständnisses nähert sich, je länger es Bestand hat, zwar einer objektiven Wahrheit an, kann das Ideal des absolut sicheren Wissens aber nicht erreichen. Gesichertes Wissen ist relativer Natur.

Simulationsergebnisse tragen dann zu einem sicheren Wissen bei, wenn die unterschiedlichen Typen von Unsicherheit in ihrem Entstehungsprozess so gering wie möglich sind und ihre Validität gegenüber dem realweltlichen Bezugssystem sichergestellt ist. Im Idealfall sind dann Anfangs- und Randbedingungen sowie Ursache-Wirkungszusammenhänge des Bezugssystems bekannt und können in einer virtuellen Realität deckungsgleich abgebildet werden. Dies trifft insbesondere auf technologische Simulationen zu, bei denen Wirkungszusammenhänge einfachen deterministischen Gesetzmäßigkeiten unterliegen und Anfangsbedingungen und Systemgrenzen eindeutig definiert werden können. Über experimentelle Geltungsprüfungen können Simulationsergebnisse im Nachhinein dann auch relativ einfach validiert und verifiziert werden.

(2) ‚Unsicheres Wissen‘ umfasst den großen Bereich, bei dem zwar Wissen generiert, deren Ergebnisse aber häufig mit (quantifizierbaren) Unsicherheitsspielräumen behaftet sind. Die Gültigkeit der Ergebnisse wird mit bestimmten Unsicherheitsbereichen oder -räumen hinterlegt. Gängige Techniken sind bspw. statistisch eindeutig beschriebene Wahrscheinlichkeitsaussagen über quantifizierbare Konfidenzintervalle. Modellierer und Simulationsexperten konzentrieren sich insbesondere auf den Bereich der Spezifizierung von Unsicherheitsspielräumen. Es kann dabei zwischen einer objektiven und subjektiven Spezifizierung

von Unsicherheiten unterschieden werden. Die objektive Spezifizierung quantifiziert Unsicherheitsräume über einen frequentistischen Ansatz; bei der subjektiven Spezifizierung werden mittels der Bayesianischen Statistik Wahrscheinlichkeitsaussagen gemacht. Anstrengungen zur Spezifizierung von Unsicherheitsspielräumen bei Simulationen werden bei sehr komplexen Untersuchungsgegenständen unternommen, bei denen Unsicherheiten an unterschiedlichen Stellen im Simulationsprozess vorkommen (z. B. bei Klimamodellen).

(3) ‚Erkanntes Nichtwissen': Simulationsergebnisse können auch einen Beitrag zum ‚erkannten Nichtwissen' liefern, indem sie auf bestehende Wissensdefizite und Risiken hinweisen und damit vorhandenes Nichtwissen aufzeigen. Damit erfüllen sie für die Politik die wichtige Funktion eines Frühwarnsystems, um Probleme und Risiken frühzeitig zu identifizieren und politische Handlungsfolgen abzuschätzen. Allerdings ist ihr Potential in diesem Bereich insofern begrenzt, da sie keine grundsätzlich neuen Phänomene prognostizieren oder erklären können, die nicht bereits im Computermodell angelegt sind. Simulationsergebnisse können Phänomene spezifizieren, d. h. eine konkrete Konfiguration eines Systemzustandes in der Zukunft ausweisen; sie können aber nicht auf Phänomene verweisen, die außerhalb ihres konzeptionellen Rahmens liegen. Damit unterscheiden sich Simulationen von empirischen Experimenten, deren Ergebnisse auf Phänomene verweisen, die nicht notwendigerweise durch das experimentelle Setting begrenzt sind.

Wissenschaftliche Simulationen können auch aus einer Perspektive des Kommunikationsprozesses betrachtet werden. Es lassen sich verschiedene Kommunikationsmodi unterscheiden. Dabei stehen nicht die kommunizierten Inhalte im Vordergrund, sondern die Implikationen von Simulationen auf den Kommunikationsprozess selbst. Unterschieden werden kann zwischen der Ermöglichung, der Förderung und der Rückwirkung von Simulationen auf den Kommunikationsprozess.

(4) Simulationen ermöglichen Kommunikation, indem sie über ihre Prognosefähigkeit Zukünfte explizieren. Mit der Konkretisierung von Zukunftswissen ermöglichen Simulationen einen Diskurs über unterschiedliche Optionen der Zukunftsgestaltung. Damit sind sie anschlussfähig für Aufgaben der politischen Steuerung und Gestaltung. Politische Gestaltung in pluralen Gesellschaften setzt immer Kommunikation über mögliche Handlungsalternativen voraus; politische Steuerung als Entscheidung ist Ergebnis eines Kommunikationsprozesses. Simulationen ermöglichen Kommunikation, indem sie eine methodische und thematische Schnittstelle für Kommunikationsakteure bieten, um Botschaften und Themen einzurahmen, einzugrenzen und zu fokussieren. Da Zukunft

nicht der Empirie zugänglich ist (weil noch nicht geschehen), sind Simulationen ein wichtiges Instrument der ‚Zukunftskonstruktion' (Grunwald 2009b) und als sprachliche Aufbereitung in Simulationsstudien ein wichtiger Kommunikationsgegenstand, um aus der Gegenwart über zukünftige Entwicklung nachzudenken und zu kommunizieren.

(5) Die Förderung von Kommunikation: Simulationen als Kommunikationsgegenstand haben ihrerseits Rückwirkungen auf Kommunikationsprozesse. So verstärkt sich bspw. über die Institutionalisierung und Vernetzung einer Simulations-Community auch deren Kommunikationspotential. Werden bestimmte Themen über Simulationen abgedeckt, ermöglichen sie eine Dialog- und Kommunikationsplattform und animieren Akteure, darüber zu kommunizieren. Im Wettbewerb mit konkurrierenden Kommunikationsarenen und deren Themen, bei denen im politisch-gesellschaftlichen Raum um politische Aufmerksamkeit geworben wird, kann simulationsbasierte Kommunikation eine weitere wichtige Ressource zur Aufrechterhaltung und Förderung von Kommunikation darstellen. Das eigentliche Kommunikationsthema (bspw. die CCS-Technologie), über das mittels Simulationen kommuniziert wird, erhält damit ggf. einen größeren Stellenwert gegenüber konkurrierenden Themen. Simulationen können damit einen Beitrag zum Agenda-Setting leisten, indem sie Aufmerksamkeit für bestimmte Themen generieren, den Stellenwert in Konkurrenz zu anderen Themen verstärken und erhöhen und als Selektionsmechanismus für die Themenwahl fungieren.

(6) Rückwirkung auf Kommunikatoren: Simulationen können auch auf Denkmuster und Vorstellungswelt von Kommunikationsakteuren rückwirken und damit Einfluss auf unsere Vorstellung von bestimmten Sachverhalten haben. Inwiefern prägt der Kommunikationsgegenstand Simulation mit seinen Ergebnissen in Zahlen und Bildern Verstehen und Einstellungen von Kommunikatoren und welche Rückwirkungen haben Simulationen auf deren mentale Modelle? Für Warnke (2002: 208) ist offensichtlich, dass „mit der zunehmenden Bedeutung von Computersimulation als Methode technikwissenschaftlicher Wissensgenerierung und der damit verbundenen Notwendigkeit der Auswertung von Simulationsvisualisierungen eine neue visuelle Komponente in das ingenieurwissenschaftliche Denken hineingetragen" wird. Über die Dominanz visueller Ergebnisdarstellungen bei Simulationen werden demnach Rückwirkungen auf innere Verstehens- und Vorstellungsprozesse geschlossen. Gleichwohl ist die Rückwirkung auf Kommunikatoren weder konzeptionell noch empirisch systematisch erforscht.

Teil 2: **Empirische Analyse von Simulationen in Entscheidungsprozessen: Das Fallbeispiel Carbon Capture and Storage**

6 CCS-Simulationen: Systematisierung und Politikrelevanz

In der konzeptionellen Analyse von Simulationen in Entscheidungsprozessen wurden Erkenntnis- und Kommunikationsaspekte von Simulationen diskutiert und ein explorativer Analyserahmen für die empirische Untersuchung entwickelt. In dem nun folgenden ersten empirischen Teil der Untersuchung werden Simulationen im Anwendungsbereich der CCS-Technologie identifiziert und systematisiert sowie deren Bedeutung für politische Entscheidungsprozesse analysiert. Dies dient in einer ersten Annäherung dazu, die Bedeutung von Simulationen bei der Technologieentwicklung von CCS ein- und deren Politikrelevanz bei der Technikregulierung von CCS abzuschätzen, um den Rahmen für die daran anschließende empirische Untersuchung zu setzen. Dieser Aspekt greift somit den *zweiten Bearbeitungsschritt der eingangs aufgestellten forschungsleitenden Fragestellung* auf, indem Bedingungen der Politikrelevanz von CCS-Simulationen sondiert werden. Zunächst wird die CCS-Technologie kurz skizziert; daran schließen sich die Systematisierung von CCS-Simulationen sowie die Analyse ihrer Politikrelevanz an.

6.1 Kurzdarstellung der Carbon Capture and Storage Technologie

Die Abscheidung und Speicherung von CO_2 ist ein Technologieinstrument für den Klimaschutz und wird vornehmlich für eine Anwendung im Bereich der Energiewirtschaft und energieintensiver Industrien diskutiert. Bis zur Etablierung einer nachhaltigen Energiewirtschaft basierend überwiegend auf erneuerbaren Energien bilden fossile Energieträger (Kohle, Öl, Gas) weiterhin den Schwerpunkt der Energieversorgung in bestimmten Industrie- und Schwellenländern (z. B Deutschland, USA, Australien, China, Indien). Vor diesem Hintergrund werden Kohlendioxid reduzierende bzw. arme Technologien als Beitrag zum globalen Klimaschutz als eine Übergangslösung für einen umweltfreundlichen Einsatz fossiler Energieträger diskutiert.

Die CCS-Technologie gilt als eine möglicherweise Erfolg versprechende Technologie für eine CO_2-arme Nutzung fossiler Energieträger. Der Kerngedanke von CCS ist die Abscheidung von CO_2 beim Prozess der fossilen Energie- bzw. Stromgewinnung sowie einer anschließend dauerhaften, unterirdischen Einlagerung von CO_2, um das Klimagas von der Atmosphäre zu isolieren. Diese Technologie kommt für punktuelle Emissionsquellen in Betracht, bei denen große Mengen an CO_2 emittieren. Dazu zählen in erster Linie Kraftwerke zur Stromerzeugung (vor allem Kohlekraftwerke) sowie Punktemissionen in einzel- nen energieintensiven Industriebereichen wie der Zementindustrie, der Alumini- umproduktion oder auch Ölraffinerien, bei denen CO_2 in konzentrierter Form derzeit in die Atmosphäre entlassen wird. Die derzeitige Entwicklung von CCS konzentriert sich schwerpunktmäßig auf die Stromproduktion in der Energiewirt- schaft.

Die CCS-Technologiekette besteht aus den drei grundlegenden Prozess- schritten der Abscheidung, des Transports und der Einlagerung von CO_2. Die Abtrennung von CO_2 im Prozess der Stromgewinnung kann technisch über drei Abscheidestrategien durchgeführt werden. CO_2 kann nach der Verbrennung aus den Abgasen herausgefiltert (*Post-Combustion*), vor der Verbrennung aus dem Energieträger gelöst (*Pre-Combustion*), oder mit Hilfe der Verbrennung von Sauerstoff (*Oxyfuel*-Verfahren) abgetrennt werden. Ein entscheidendes Kriterium in den Abtrennungsverfahren ist der Grad der Reinheit des abgeschiedenen CO_2. Das CO_2 sollte in möglichst reiner Form abgetrennt werden, um bei den nachfol- genden Prozessschritten Transport und Lagerung die technische Machbarkeit zu erleichtern und das ökologische Risiko zu minimieren. Der zweite Prozessschritt in der CCS-Technologiekette ist der Transport des abgetrennten CO_2 von der Emissionsquelle zur Speicherstätte. In den meisten Fällen ist davon auszugehen, dass die Abtrennung und die Lagerung von CO_2 räumlich getrennt sind. Der Transport kann über Pipelines, Schiffe, LKW oder per Bahn erfolgen. Die jewei- lige Auswahl des geeignetsten Transportmittels richtet sich nach der zu transpor- tierenden Menge und den damit verbundenen Transportkosten. Aufgrund der großen Menge an zu speicherndem CO_2 werden vor allem Pipelinenetze disku- tiert. Der dritte wesentliche Schritt der CCS-Technologiekette ist die dauerhafte, unterirdische Einlagerung von CO_2 als Beitrag zur Verringerung der Treibhaus- gaskonzentration in der Atmosphäre. Die CO_2-Lagerung ist für einen dauerhaften Zeitraum vorgesehen. Als eigentliche Zielbestimmung ist die Einlagerung der wichtigste Prozessschritt der Technologiekette. Mögliche Lagerstätten für CO_2 sind entleerte bzw. noch nicht vollständig ausgeförderte Öl- und Gasfelder, nichtabbaubare Kohleflöze sowie saline Aquifere. Saline Aquifere sind unterirdi- sche Sedimentgesteine, deren Poren mit stark salzhaltigem Wasser gefüllt sind.

Die CCS-Technologie steckt derzeit noch in den Anfängen. Es bestehen große Herausforderungen hinsichtlich der (großtechnischen) Machbarkeit, der ökonomischen Wettbewerbsfähigkeit und der kurz- und langfristigen Risikoabsicherung gegen mögliche Schäden für Mensch und Umwelt (Wassermann et al. 2011; Scheer et al. 2013). Der Stand der derzeitigen Technikentwicklung befindet sich im Übergang von Pilotvorhaben zu großtechnischen Demonstrationsprojekten. Die Einrichtung von industriellen Demonstrationsvorhaben in Europa geht allerdings sehr schleppend voran (Schulz et al. 2010; Scheer et al. 2012). Experten prognostizieren unter sehr günstigen Voraussetzungen eine industrielle Anwendung dieser Technologie frühestens ab ca. 2020 (IEA 2008).

6.2 Systematisierung und Differenzierung von CCS-Simulationen

Welche Rolle spielen Simulationen bei den derzeit weltweit in erheblichem Umfang unternommenen Forschungs- und Entwicklungsarbeiten zur CCS-Technologie und welche Relevanz haben diese für politische Entscheidungsträger? Um diese Fragen zu beantworten werden zunächst CCS-Simulationen im Bereich der Forschung und Entwicklung zur CCS-Technologie identifiziert und anhand ihrer inhaltlichen Schwerpunktsetzung systematisiert. In einem zweiten Schritt werden dann die unterschiedlichen Simulationstypen hinsichtlich ihrer Politikrelevanz diskutiert.

Grundlage zur Identifikation von CCS-Simulationen bilden die Veröffentlichungen im Rahmen der derzeit weltweit wichtigsten CCS-Konferenzreihe „International Conference on Green House Gas Control Technologies (GHGT)". Die Konferenzreihe wurde 1997 gegründet und findet zweijährig in einem Mitgliedsland des *IEA Greenhouse Gas R&D Programm (IEAGHG)* statt. Die GHGT-Konferenzen spiegeln am umfassendsten die weltweiten Anstrengungen zur Forschung und Technologieentwicklung bei CCS wider. Die seit 2008 in der Zeitschrift *Energy Procedia* im Internet veröffentlichten und verfügbaren Konferenz-Proceedings umfassen mehrere Tausend Seiten.

Für eine grobe quantitative Einschätzung der Bedeutung von CCS-Simulationsstudien wird exemplarisch auf die im Jahr 2008 in Washington D. C. stattgefundene neunte Konferenz (GHGT-9) zurückgegriffen, deren Vorträge und Studien als Tagungsbericht in der ersten Ausgabe der Zeitschrift Energy Procedia (2009) im Februar 2009 veröffentlicht worden sind. In der Konferenzdokumentation sind 639 Beiträge enthalten mit einer Länge von jeweils ca. sechs Seiten. Die gesamte Ausgabe der Proceedings zur GHGT-9-Konferenz umfasst knapp 5000 Seiten. Die Bedeutung von CCS-Simulationen im Rahmen der Konferenzbeiträge wurde zunächst quantitativ über die Häufigkeit ermittelt. Alle Beitragstitel des GHGT-9 Tagungsbandes wurden mit den Suchbegriffen ,simulation', ,model' und ,numerical' mit folgenden Ergebnissen durchsucht:

- Der Begriff ‚modelling' ist in 364 Beiträgen vertreten; damit kommt der Begriff in knapp 57% aller Beiträge vor.
- Der Begriff ‚simulation' ist in 314 Artikeln des Tagungsbandes enthalten. Das entspricht einem Anteil von ca. 49%.
- Der Begriff ‚numerical' ist in 159 Beiträgen enthalten, was einem Anteil von knapp 25% aller Artikel entspricht.

Die Begriffe werden entweder in der Überschrift, der Zusammenfassung oder dem Text des Beitrags verwendet. Zwar bedeuten die ermittelten Häufigkeiten nicht, dass jeder Beitrag über ein simulationsbasiertes Forschungsdesign verfügt, da die Begriffe auch als Referenz für Ergebnisse bspw. einer experimentellen Untersuchung herangezogen werden konnten. Stichprobenartige Recherchen in einzelnen Beiträgen haben aber ergeben, dass eine Vielzahl der Beiträge mit den entsprechenden Suchbegriffen sich auch schwerpunktmäßig mit Computersimulationen befasst. Rein quantitativ lässt sich daraus schlussfolgern, dass das Erkenntnisinstrument Simulation in der CCS-Forschung von sehr großer Bedeutung ist.

In einem weiteren Schritt wurden die Themenschwerpunkte von simulationsbasierten Beiträgen im Tagungsband ermittelt. Dazu wurden die einzelnen Beiträge inhaltlich sondiert und zu einzelnen Themenschwerpunkten zusammengefasst. Die Themenzuordnung kann bei der Vielfalt und Fülle des Materials zwar nur holzschnittartig erfolgen. Es lassen sich aber markante Unterschiede bei CCS-Simulationen feststellen.

Im Ergebnis lassen sich technologieintegrative, technikkomponentenbezogene sowie technikfolgenbezogene Simulationsstudien unterscheiden. Simulationen zur Technologieintegration beinhalten Studien mit einem ökosystem-, energiesystem- oder CCS-kettenbezogenen Forschungsansatz, d. h. einer integrativen, auf Wechselwirkungen mit Mensch, Natur- oder Techniksystem ausgerichteten Forschungsperspektive. Im Vordergrund steht nicht die technische Machbarkeit von CCS (diese wird quasi vorausgesetzt), sondern deren Bedingungen und Folgen bei Einführung und Diffusion der Technologie. Exemplarische Anwendungsbereiche sind etwa die Simulation von CCS unter Marktbedingungen oder ein möglicher Anteil von CCS an der Reduktion von CO_2-Emissionen. Beispielhafte Simulationen sind Strommodelle, Energiesystemmodelle und Energiewirtschaftsmodelle. An diesen Simulationsstudien beteiligt sind vor allem die Wirtschafts-, Umwelt- und Sozialwissenschaften.

Technikkomponentenbezogene Simulationen umfassen die Prozessoptimierung von Teiltechniken oder einzelnen Technikkomponenten unter einer vornehmlich technisch-ingenieurwissenschaftlichen Perspektive. Diese Teiltechniken lassen sich eindeutig einer Prozessstufe der CCS-Technologie zuordnen und werden insbesondere bei der CO_2-Abscheidung und der Transportinfrastruktur durchgeführt. Über Strömungs- und Transportmodelle wird etwa der Verbrennungsvorgang bei der Stromerzeugung simuliert, um eine Verbesserung der Wirkungseffizienz zu erreichen. Der Fokus liegt dabei auf der Optimierung der technischen Machbarkeit unter technischen und ökonomischen Gesichtspunkten. Beteiligt sind daran vor allem ingenieurwissenschaftliche Disziplinen.

| | Simulationstypen | | |
	Technologie-integration	Technik-komponenten	Geologische Technikfolgen
Beispiele von Simulationen	– Strommodelle – Energiesystemmodelle – Energiewirtschaftsmodelle	– Strömungs- und Transportmodelle für Verbrennungsprozesse	– Strömungs- und Transportmodelle für Untergrund
Fokus	– Integration der Technologie in Mensch/Natursystem	– Technische Machbarkeit – Optimierung von Teiltechniken	– Auswirkungen der Technologie im Untergrund
Themen- und Anwendungsbereiche	– Beitrag CCS zu CO_2-Reduktion – Anteil CCS im zukünftigen Energiemix – CCS- Diffusion unter Marktbedingungen	– Verbesserung Wirkungseffizienz – CO_2 Verhalten in Pipeline	– Standortauswahl – Injektionsprozess – CO_2 Verhalten – Risiken (z. B. Leckagen)
Beteiligte Disziplinen	– Ökonomie – Umweltwissenschaften – Sozialwissenschaften	– Ingenieurwissenschaften	– Geowissenschaften

Quelle: eigene Darstellung

Tabelle 6: Charakterisierung und Systematisierung von CCS-Simulationen

Technikfolgenbezogene Simulationen umfassen geowissenschaftliche Untersuchungen zur unterirdischen CO_2-Einlagerung mit Schwerpunkten zur Standortauswahl, zur CO_2-Injektion und zum Verhalten von CO_2 im Untergrund. Exemplarische Simulationsmodelle sind etwa gekoppelte Strömungs- und Transportmodelle für Mehrphasensysteme mit dem Fokus, die Auswirkungen von CO_2 im Untergrund aus unterschiedlicher Perspektive zu beleuchten. Dieses Feld bearbeiten die Geowissenschaften, etwa Hydrogeologie oder Geophysik. Tabelle 6 fasst einzelne Aspekte zur Charakterisierung und Systematisierung von CCS-Simulationsstudien zusammen.

Die oben vorgestellte Charakterisierung und Systematisierung von CCS-Simulationen soll nun detaillierter anhand einiger ausgewählter Beiträge zur GHGT-9-Konferenz dargestellt werden.

Technologieintegration als erster Themenschwerpunkt von CCS-Simulationen war bei der GHGT-9-Konferenz relativ wenig vertreten. Unter den vorhandenen Studien lässt sich dennoch eine unterschiedliche thematische Ausrichtung beobachten. Zunächst können Simulationsstudien unterschieden werden, die sich integrativ mit der gesamten CCS-Kette befassen. Faltinson/Gunter (2009) haben bspw. ein integriertes Kostenmodell entwickelt, um die Kostenentwicklung von CCS-Projekten besser abschätzen zu können. Simulationsstudien zum Schwerpunkt der CCS-Kette fokussieren auf technische und wirtschaftliche Aspekte entlang der einzelnen CCS-Prozessstufen. Die Untersuchungsgenstände umfassen alle Komponenten der CCS-Kette (Abspaltung, Transport, Lagerung), gehen aber nicht darüber hinaus. Der Einfluss anderer Faktoren im Energiesystem wie Interdependenzen mit anderen Energietechnologien, Nachfrageverhalten usw. wird nicht betrachtet. Es werden nicht gleichermaßen technische, wirtschaftliche und soziale Entwicklungspfade untersucht, sondern es steht eine Dimension (meist die Wirtschaftlichkeit) für die gesamte CCS-Kette im Vordergrund. Die Zielsetzung ist bei den technisch ausgerichteten Studien die Klärung von technischen Wirkungsketten unter Berücksichtigung ökonomischer, meist angebotsseitiger Aspekte. Damit liefern die Simulationen Wissen zum besseren Verständnis von technischen Wirkungszusammenhängen und geben Orientierungswissen für Investitionsentscheidungen.

Einige wenige Simulationsstudien haben sich mit der infrastrukturellen Prozessoptimierung am Beispiel des Pipelinenetzes auf der Prozessstufe Transport beschäftigt. Während Essandoh-Yeddu et al. (2009) die Kosteneffizienz beim Pipelinenetz unter Berücksichtigung von Wegerechten und Umweltgesichtspunkten simulieren, untersuchen Middleton/Bielicki (2009) die räumliche Optimierung des Pipelinenetzes. Simulationsstudien zur infrastrukturellen Prozessoptimierung stellen zwar auch die Prozessoptimierung auf Basis von Kosteneffizienz unter Berücksichtigung der Raumplanung in den Vordergrund. Ziel von infrastrukturellen Simulationsstudien ist der größtmögliche Nutzen aus ökonomischer und räumlich logistischer Perspektive. Zwar werden vereinzelt Randbedingungen wie ökologisch sensible Gebiete oder Eigentumsrechte vorgeben, Rückwirkungen auf andere Bereiche werden aber nicht systematisch mit in die Untersuchungen aufgenommen.

Dagegen befassen sich Energiemodelle und Energiewirtschaftsmodelle mit der Einbettung von CCS in die Klima- und Energiepolitik. Bennaceur/Gielen (2009) haben drei Szenarien mit unterschiedlichen CO_2-Emissionszielen bis zum Jahr 2050 entwickelt. Jegarl et al. (2009) haben mit Hilfe des MAKRAL-Modells (*Market Allocation Model*, vgl. Fishbone 1981) basierend auf verschiedenen Szenarien die zukünftige Stromnachfrage sowie den Energiemix im Strommarkt von Korea untersucht. Sirikitputtisak et al. (2009) haben für die Region Ontario/Kanada ein optimiertes Energieplanungsprogramm basierend auf Simulationen entwickelt. Gurba/Lowe (2009) haben zwar keine eigene Simulation durchgeführt, aber einen Anforderungskatalog für Energiesystemmodelle für den australischen Kontext erstellt.

Kurz- und langfristige Energiemodelle sind das Kerngebiet systemanalytischer Betrachtungen im Bereich Energie. Bei den im Rahmen der CCS-Studien identifizierten langfristigen Energiemodellen handelt es sich in der Regel um so genannte *bottom-up* Modelle[1]. Dies sind Partialmodelle, bei denen technologische Anpassungsprozesse eines Systems gegenüber exogen vorgegebenen Randbedingungen (z. B. politische Vorgaben einer CO_2-Reduktion, die Preisentwicklung von Energieträgern) simuliert werden. Gegenstand langfristiger Energiemodelle ist damit die technologische Abbildung des gesamten Energiesystems von der Primär- über die Nutzenergie und dem Einbezug von Energiedienstleistungen. Dabei erfolgt eine detaillierte anlagenbezogene bzw. technisch-ökonomische Abbildung über Stoff- und Energieflussmodelle, so dass Veränderungsprozesse im Energiesystem ermittelt werden können. Häufige Fragestellungen sind die zukünftige Entwicklung des Energiemixes. Dabei steht die Prognose technologischer und ökonomischer Entwicklungspfade im Vordergrund. Die Zielsetzung von Energiemodellen ist die Minimierung der Systemausgaben, d. h. die Ermittlung des unter gegebenen Randbedingungen optimalen Versorgungssystems. Strategisches Verhalten der Akteure findet in diesen Modellen in der Regel allerdings keine Berücksichtigung (Möst/Fichtner 2009). Im Kern geht es um die Prognose von menschlichen Handlungsfolgen auf Basis rational-

---

1 Gängige Modelle langfristiger Energiesystemanalyse sind MARKAL (*Market Allocation Model*), EFOM (*Energy Flow Opitmisation Model*), MESSAGE (*Model for Energy Supply System Alternatives and their General Environmental Impact*), CEEM (*Cogeneration in European Electricity Markets*), TIMES (*The Integrated MARKAL EFOM System*) sowie PERSEUS (*Programme Package for Emission Reduction Strategies in Energy Use and Supply*) (Möst/Fichtner (2009: 19 f.).

ökonomischer Entscheidungen. Die den Modellen zugrundeliegenden Verhaltensannahmen orientieren sich damit am klassischen Menschenbild des *homo oeconomicus*.

Der zweite Themenschwerpunkt von CCS-Simulationen fokussiert auf die Erforschung von einzelnen Technikkomponenten oder auch ‚Teiltechniken', die als einzelne Bestandteile im Gesamtsystem der CCS-Technologie eine Rolle spielen. Die Summe dieser Teiltechniken bildet erst die vollständige Technologie aus. Diese technikbezogenen Simulationsstudien umfassen Forschungen zu den technisch-ökonomischen Voraussetzungen und Einführungsbedingungen der CCS-Technologie in einer möglichst optimalen Konfiguration vornehmlich auf einer Prozessstufe der CCS-Kette.

Bei der technischen Prozessoptimierung liegt der Schwerpunkt auf der Verbesserung der Wirkungseffizienz von CO_2-Abscheidetechnologien. Dabei handelt es sich um Optimierungsmodelle mit dem Ziel, die bestmöglichste Konfiguration der technischen Apparaturen unter Berücksichtigung von den Abscheideprozess beeinflussende Parametern wie Temperatur oder Druck zu ermitteln (Dugas et al. 2009; Plaza et al. 2009; Luo et al. 2009). Daneben wurden Simulationen auch für die Prozessoptimierung für innovative Abscheidestrategien durchgeführt – etwa für die Membrantechnologie (He et al. 2009) oder das so genannte *chemical looping*-Verfahren (Abad et al. 2009). Simulationsstudien zur technischen Prozessoptimierung haben schwerpunktmäßig den technischen Prozess der CO_2-Abtrennung im Visier. Der Gegenstand ist damit eine rein technische Fragestellung mit dem Ziel, die Abtrennungsprozesse mit einer bestmöglichen Konfiguration und optimalen Abstimmung zwischen den einzelnen Parametern zu ermitteln, um daraus ingenieurwissenschaftliche Anforderungen für die Technikgestaltung abzuleiten. Im Kern geht es um die Verbesserung technischer Wirkungsketten im Rahmen eines simulierten Quasi-Experiments. Der technische Vorgang, der auch als Experiment durchgeführt werden könnte (bzw. zur Validierung der Simulation auch wird), wird als Modell virtuell abgebildet.

Der dritte Themenschwerpunkt von CCS-Simulationen umfasst die Untersuchung von geologischen Technikfolgen bei der Einlagerung von CO_2 im Untergrund. Diese in der Regel geowissenschaftlich ausgerichteten Simulationsstudien untersuchen Umsetzungsbedingungen und mögliche Folgewirkungen für Mensch und Natur auf der Prozessstufe der CO_2-Einlagerung. Anders als Studien zur Technologieintegration, welche Technikfolgen wie CO_2-Emissionen auf überregionaler bis globaler Ebene in aggregierter Form untersuchen, orientiert sich die geologische Technikfolgenforschung auf regionale bzw. lokale Bedingungen, um standortbezogene und/oder generische Erkenntnisse über potentielle Technikfolgen zu gewinnen. Die vorwiegend aus einer risikoanalytischen Perspektive durchgeführten Simulationen verbinden Aspekte der technischen Machbarkeit mit der Berücksichtigung von potentiellen Nebenfolgen für Mensch und Umwelt. Die thematische Bandbreite umfasst die Charakterisierung von Standorten, die Phase der CO_2-Injektion sowie das Verhalten von CO_2 im Untergrund mit damit einhergehenden potentiellen Risiken wie mögliche Leckagen, Salzwasserverdrängung oder Freisetzung von Schwermetallen.

Die Standortcharakterisierung untersucht die Lagerungstauglichkeit konkreter Standorte unter Berücksichtigung der CO_2-Lagerkapazität und der geologischen Bedingungen. Szulczewski/Juanes (2009) haben für einen Standort in den USA eine Kapazitätsschätzung auf Basis einer Simulation durchgeführt. Für Dänemark haben Frykman et al. (2009) einen Standort hinsichtlich des Fließverhaltens von CO_2 modelliert, um Erkenntnisse über die Lagerungstauglichkeit zu gewinnen.

Für ein konkretes CCS-Projekt ist die Standortcharakterisierung und -auswahl für die CO_2-Speicherung einer der ersten und wichtigsten zu treffenden Entscheidungen. Standorte müssen über eine ausreichende Kapazität und langfristige Sicherheit durch geeignete geologische Formationen für die CO_2-Einlagerung verfügen. Darüber hinaus sollte der Standort möglichst nah an der CO_2-Quelle liegen. Damit ist die Auswahl des Standortes eine der zentralen Entscheidungen für ein CCS-Vorhaben. Zur Abschätzung der Kapazität existieren derzeit keine einheitlichen Verfahren und Definitionen (Bachu et al. 2007). Ein Ansatz ist der so genannte *Reserve-Resource-Pyramid*-Ansatz, der verschiedene Aspekte der CO_2-Speicherung wie z. B. prozessabhängige Zeitskalen, räumliche Bewertungsskalen und Speichermöglichkeiten berücksichtigt (Kopp 2009). Simulationen spielen bei dieser Kapazitätsabschätzung eine zentrale Rolle, indem über Simulation (z. B. über *basin models* oder *reservoir models*) der Speicherkoeffizient und die z effektiv einzulagernde Menge CO_2 mit Hilfe numerischer 1-D und 3-D Simulationen berechnet werden.

Bei Simulationen zur CO_2-Injektion stehen Fragen zu Einflussfaktoren wie Druck, Temperatur sowie Materialanforderungen bei der Injektion im Vordergrund (Gapillou et al. 2009). Daraus werden Anforderungen für ein optimales Injektionsmanagement abgeleitet. Bacon et al. (2009) haben Simulationen zur CO_2-Injektion mit Monitoring-Daten aus Bohrlöchern validiert, um Injektionsparameter zu bestimmen.

Weiter ist entscheidend, wie sich das in den Erdspeicher eingebrachte CO_2 im Rahmen der Nachinjektionsphase verhält und wie Wahrscheinlichkeiten und Auswirkungen von möglichen Leckagen (d. h. CO_2-Austritt aus dem Speicher) einzuschätzen sind. Bei Untersuchungen zum CO_2-Verhalten im Untergrund dominieren zum einen Studien zur technischen Machbarkeit, welche bspw. den Einfluss von CO_2-Verunreinigungen abschätzen. Zum anderen liegt der Fokus auf dem besseren Verständnis der unterirdisch ablaufenden Prozesse in der Nachinjektionsphase. Dies betrifft etwa das Ausbreitungsverhalten von CO_2 im Untergrund unter Berücksichtigung von Strömungs- und Fließprozessen und dem Druckverhalten sowie das Lösungsverhalten von CO_2 oder die Permeabilität der Sedimente.

Die Forschungsschwerpunkte liegen dabei auf der Prognose von Strömungs- und Transportprozessen von CO_2 im Untergrund mit der Untersuchung des CO_2-Ausbreitungsverhaltens, welches nur im Zusammenspiel von experimenteller Forschung und Simulation gemacht werden kann. Bei der Einbringung und Lagerung von CO_2 im Erdspeicher finden komplexe geomechanische, -physikalische und -chemische Prozesse in einem hochkomplexen Mehrphasensystem statt, deren Fluideigenschaften je nach Tiefe sehr stark variieren können. Darüber hinaus sind in der Regel die genauen geologischen Strukturen des Speichers und die prozessrelevanten physikalischen Parameter nur an wenigen Stellen bekannt (Helmig et al. 2003). Modelle auf Basis numerischer Simulation, welche diese Mehrphasenprozesse abbilden können, werden erst seit kurzer Zeit entwickelt. Allerdings kann auf Erfahrungen aus dem Bereich von Schadstoffen im Untergrund sowie auf Simulationswissen aus der Erdöl- und Erdgasindustrie zurückgegriffen werden.

Fasst man die Ergebnisse der drei identifizierten CCS-Simulationsschwerpunkte zusammen, so lassen sich verschiedene Aspekte unterscheiden. In Anlehnung an die Diskussion über die Differenzierung von Simulationen in Kapitel 4 zeigt Tabelle 7 die unterschiedlichen Charakteristika von CCS-Simulationen in Bezug auf Erkenntnisinteresse, -objekt und Zielsetzung auf. Dabei handelt es sich zugegebenermaßen um eine grobe, holzschnittartige Bewertung, welche die unterschiedlichen Schwerpunkte bei CCS-Simulationen zu kontrastieren sucht.

Simulationen zur Technologieintegration fokussieren vornehmlich auf Aspekte der Wirtschaftlichkeit und der Integrierbarkeit der Technologie in Verläufe sozialer Entwicklungspfade. Energiemodelle bspw. blicken in die Zukunft, indem sie unter bestimmten Annahmen die wahrscheinlichsten Zustände als Vorhersage liefern. Erkenntnisobjekt sind technische Wirkungsketten im Zusammenspiel mit menschlichen Handlungsfolgen.

Der Fokus von Simulationen zu einzelnen Technikkomponenten liegt insbesondere auf der technischen Machbarkeit und der Prozessoptimierung unter Berücksichtigung der ökonomischen Effizienz. Im Vordergrund stehen Aspekte der Funktionsfähigkeit, Zuverlässigkeit und ingenieurtechnischen Gestaltbarkeit von einzelnen Teiltechniken. Das Erkenntnisobjekt dieser Simulationen umfasst technische Wirkungsketten mit der technisch-ökonomischen Erklärung bzw. Prognose von einzelnen Sachsystemen.

Simulationen zu geologischen Technikfolgen untersuchen Aspekte der technischen Machbarkeit und Wirtschaftlichkeit vor dem Hintergrund der damit einhergehenden Technikfolgen. Ihr Erkenntnisobjekt sind die Folgewirkungen von technischen Wirkungsketten im Untergrund. Damit wird der Einfluss von Technik auf natürliche Ereignisse betrachtet, um über Erklärungen oder Vorhersagen mögliche Technikfolgen zu spezifizieren.

	Technologie-integration	Technik-komponenten	Geologische Technikfolgen
Erkenntnisinteresse			
– Technische Machbarkeit		x	x
– Wirtschaftlichkeit	x	x	x
– Soziale Entwicklungs-pfade	x		
– Technikfolgen			x
Erkenntnisobjekt			
– Natürliche Ereignisse			x
– Technische Wirkungsket-ten	x	x	x
– Soziale Handlungsfolgen	x		x
Zielsetzung			
– Erklärung		x	x
– Vorhersage	x	x	x
– Theoriebildung			

Quelle: eigene Darstellung

Tabelle 7: Charakteristika von CCS-Simulationen

6.3 Zur Politikrelevanz von CCS-Simulationen

Wie lassen sich nun die identifizierten CCS-Simulationen hinsichtlich ihrer potentiellen Relevanz für die Politik einschätzen? In Anlehnung an die in Kapitel 4 vorgestellten Verwertungsdimensionen werden die drei identifizierten Bereiche von CCS-Simulationen nun hinsichtlich ihrer potentiellen Bedeutung in politischen Entscheidungsprozessen diskutiert. Damit soll eine qualitative Bewertung und differenzierte Betrachtung der Politikrelevanz von CCS-Simulationen geleistet werden. Wiederum handelt es sich hierbei um eine grobe, holzschnittartige Abschätzung der Verwertung von Simulationsergebnissen in Entscheidungsprozessen.

Als Analyserahmen dient eine Matrix zur Politikrelevanz von Simulationen, bei der die unterschiedlichen CCS-Simulationen den einzelnen Verwertungsdimensionen der Politik gegenübergestellt werden. Die Matrix dient dabei als Heuristik, um Einflüsse von Simulationsergebnissen auf politisch-gesellschaftliche Kommunikations- und Entscheidungsprozesse explorativ zu systematisieren und Wirkungsunterschiede zwischen Politikdimensionen und Simulationstypen sichtbar zu machen. Es handelt sich dabei um ein einfaches Werkzeug, das über begründete Mutmaßungen eine qualitative Abschätzung der Politikrelevanz von CCS-Simulationen vornimmt. Dies ist als einfache Herangehensweise gerechtfertigt, da der Einfluss von Simulationsergebnissen auf politisch-gesellschaftliche Kommunikations- und Entscheidungsprozesse bislang nicht systematisch erforscht ist. Zunächst werden dazu kurz die vier Verwertungsdimensionen ‚instrumentell', ‚konzeptionell', ‚strategisch' und ‚prozedural' in Bezug auf Technologien und Simulationen diskutiert.

Die instrumentelle Verwertung in der Politik geschieht über Gesetze und Verordnungen. Simulationsergebnisse können hier vielfach in das politische Instrumentarium einfließen. Sie können in die Festlegung politischer Rahmenbedingungen zur Technikförderung, zur Technikregulierung oder für den Bereich der politischen Folgenabschätzung (Evaluation und Kontrolle) einen Beitrag leisten.

Die konzeptionelle Verwertung betont den Einfluss auf Verständnis und Einstellung von politischen Entscheidungsträgern. Technologiebezogene Simulationen können hierbei einen Beitrag zur frühzeitigen Problemwahrnehmung, zur Objektivierung von Sachverhalten oder zur grundlegenden Ausrichtung von Innovationspfaden leisten. Von besonderer Bedeutung ist dabei die prognostische Fähigkeit von Simulationen, indem sie unterschiedliche Zukünfte entwerfen und damit Korridore für verschiedene Politikoptionen aufzeigen können.

Der taktisch-strategische Gebrauch von Simulationsergebnissen kann zum einen für den Bereich (partei-)politischer Auseinandersetzung genutzt werden. Zum anderen können vorhandene politische Zeitfenster genutzt bzw. Handlungsspielräume über die Gewinnung von Zeit gewonnen werden. Zudem können Simulationsergebnisse zur Legitimierung normativer Leitbilder Für oder Wider von Technologien herangezogen werden.

Der prozedurale Gebrauch von wissenschaftlichen Simulationen kann der staatlich geförderten Technikentwicklung und -umsetzung und der Schaffung von Technikakzeptanz dienen. Dies betrifft etwa die staatliche Vorgabe von Technik- und Entwicklungszielen oder die Realisierung großtechnischer Vorhaben (z. B. Infrastrukturprojekte, radioaktive Endlagerung radioaktiver Stoffe) unter Beteiligung von Öffentlichkeit und Expertenkreisen.

Betrachtet man die drei identifizierten CCS-Simulationstypen, so lassen sich verschiedene Schwerpunkte bei den einzelnen Verwertungsdimensionen ableiten. Tabelle 8 fasst die Ergebnisse zusammen.

	Technologie-integration	Technik-komponenten	Geologische Technikfolgen
Instrumentell			
– Technikförderung		x	x
– Technikregulierung		x	x
– Evaluation/Kontrolle	x	x	x
Konzeptionell			
– Problemwahrnehmung	x		x
– Verständnis Sachverhalte	x		x
– Sondierung Politikoptionen	x		
Taktisch-strategisch			
– Politikwettbewerb	x		x
– Zeitfenster/Zeitgewinn	x		x
– Legitimität Leitbilder	x		x
Prozedural			
– Technikentwicklung		x	
– Technikakzeptanz	x		

Quelle: eigene Darstellung

Tabelle 8: Abschätzung der Politikrelevanz von CCS-Simulationstypen

Bei Energiemodellen als Beispiel für technologieintegrative Simulationen ist das zielgenaue Eintreten von Prognosen aufgrund der großen Komplexität des Ge-

137

genstandes (Energiesektor), des Ausblendens bedeutender Einflussfaktoren (intersektorale Interdependenzen übriger Sektoren der Volkswirtschaft) sowie der Nichtberücksichtigung von dynamischen, sich ändernden Entscheidungen oder Einmalereignissen verbunden mit ihrer Langfristausrichtung als wenig realistisch einzuschätzen. Hier geht es vielmehr darum, grundlegende Orientierungshilfen für heutige Entscheidungen über die Bereitstellung von Zukunftswissen zu liefern. Für konkrete instrumentelle Umsetzungen ist ihre Relevanz daher eher gering. Allerdings sind Energiemodelle Bestandteil der Wirkungsforschung und leisten einen Beitrag zur Evaluation und Kontrolle, indem sie in Szenarien gegenwärtige Bedingungen als Ausgangspunkt nehmen (Baseline-Szenario) und die gegenwärtige Situation in die Zukunft extrapolieren. Konzeptionell dienen Energiemodelle hingegen als Frühwarnsystem und können zukünftige Problemlagen und unterschiedliche Lösungsvarianten anzeigen – gerade dies ist auch der Mehrwert einer zukunftsgerichteten Prognostik. Damit können Energiesystemmodelle einen Beitrag zur Problemorientierung, einen Beitrag zum besseren Verständnis von Sachverhalten und insbesondere zum Aufzeigen unterschiedlicher Politikoptionen leisten. Strategisch sind Energiemodelle von immenser Bedeutung, da sie ein detailliertes energiepolitisches Zukunftsbild entwerfen – auch wenn dies so mit großer Wahrscheinlichkeit nicht eintreten wird. Damit sind sie ein probates Mittel konkurrierender Interessen im gesellschaftlichen Diskurs über die Ausgestaltung einer zukünftigen Energiepolitik. Dies zeigt sich bspw. dadurch, dass Energiemodelle nicht nur von der Wissenschaft, sondern auch von Wirtschaft- und Politikakteuren in Auftrag gegeben, manchmal sogar selbst erarbeitet werden. Energiemodelle können auch einen prozeduralen Beitrag zur Technikakzeptanz leisten, wenn Grundannahmen und Rahmenbedingungen für unterschiedliche Szenarioverläufe partizipativ mit Vertretern von Interessensgruppen erarbeitet werden.

Auch Simulationen zur infrastrukturellen Prozessoptimierung sind politikrelevant. Simulationen zu einem möglichen Pipelinestreckenverlaufs berühren implizit eine Reihe von sozialen, technischen und wirtschaftlichen Bereichen. Darunter fallen etwa die Frage von Eigentumsrechten, mögliche Kompensationsleistungen für Betroffene, Zielkonflikte mit anderen Infrastrukturvorhaben (Straße, Schiene), Landnutzung, Städtebau und vieles mehr. Ihr konzeptioneller Beitrag liegt insbesondere im Aufzeigen unterschiedlicher Politikoptionen als Grundlage für konkrete instrumentelle Politikentscheidungen. Immens dürfte auch ihre strategische Relevanz im gesellschaftlichen Diskurs widerstreitender Interessen sein, da durch die Konkretisierung verschiedener Politikoptionen deren Implikationen auf die bereits erwähnten anderen Bereiche aufgezeigt und verdeutlicht werden.

Technikkomponentenbezogene Simulationen mit ihrem Fokus auf die technische Prozessoptimierung sind für konkrete Aspekte der technischen Machbarkeit und der damit zusammenhängenden Kostenrechnung für Investitionsentscheidungen interessant. Daneben werden optimierte Verfahren auch im Zuge von Standardisierungs- bzw. Normierungsverfahren instrumentelle Verwertung finden. Damit können Simulationsergebnisse zur technischen Prozessoptimierung in instrumentelle Politikmaßnahmen für Technikförderung und -regulierung eingehen sowie konkrete Beiträge zur Ausgestaltung der Technikforschung leisten. Von zentraler Bedeutung sind diese Simulationen im Bereich der konkreten Technikentwicklung, indem vielversprechende Technikkomponenten über staatliche Forschungspolitik gezielt gefördert werden. Aufgrund ihrer spezifischen technischen Ausrichtung, welche von Ingenieuren und Anlagenbauern nachgefragt wird, ist die konzeptionelle und strategische Relevanz unter politischen Entscheidungsträgern als eher gering einzuschätzen.

Simulationen zu geologischen Technikfolgen mit dem Fokus auf die Standortcharakterisierung und die Prognose von CO_2-Verhalten im Untergrund sind für die Politik von höchstem Interesse, da sie unterschiedliche, von politischen Entscheidungsträgern zu beachtende Fragestellungen berühren: etwa das Potential von CCS für eine klimaverträgliche Energiepolitik, eine standortbezogene Risikoabschätzung und damit verbundenen Eigentums- und Haftungsfragen, die Ausgestaltung einer risikoarmen Technikkontrolle, die regionale wirtschafts- und strukturpolitische Bedeutung, mögliche Nutzungskonkurrenzen zu anderen Technologien (z. B. Geothermie), das Niveau der Technikakzeptanz von regional und lokal Betroffenen – um nur einige Politikimplikationen zu nennen. Viele dieser Bereiche müssen politisch über die Festlegung von Rahmenbedingungen instrumentell geregelt werden – dies hat der deutsche CCS-Gesetzesentwurf mit Festlegungen bspw. zur Haftung gezeigt. Darüber hinaus sind Grundsatzfragen zur Risikobereitschaft und Technikakzeptanz aufgeworfen. Damit haben Simulationen zu geologischen Technikfolgen instrumentell wie konzeptionell eine große Bedeutung.

Darüber hinaus kommt ihnen auch eine große taktisch-strategische Bedeutung zu, da ihre Ergebnisse leicht für bestimmte Positionen herangezogen werden können. So können die Ergebnisse leicht für Sicherheits- oder Unsicherheitsbewertungen der CCS-Technologie genutzt werden, ohne dass diese Ergebnisse empirisch zeitnah zu verifizieren oder falsifizieren sind. Zudem behandeln sie Fragestellungen hinsichtlich der grundsätzlichen Problematik der Technologie (Sicherheit, Beitrag zum Klimaschutz) und können damit auch für die Legitimierung normativer Leitbilder zur generellen Ausrichtung der Energiepolitik herangezogen werden. Ihre prozedurale Relevanz wird dagegen als eher gering eingeschätzt, da sie nur am Rande Beiträge zur Technikentwicklung liefern und geowissenschaftliche Modellierung in der Regel nicht partizipativ ausgerichtet ist und somit wenig zur Technikakzeptanz beisteuert.

6.4 Fazit

In diesem ersten Schritt der empirischen Analyse wurden Simulationen im Anwendungsbereich der CCS-Technologie identifiziert und deren Bedeutung für politische Entscheidungsprozesse analysiert. Dies dient in einer ersten Annäherung dazu, die Bedeutung unterschiedlicher Simulationstypen bei der Technologieentwicklung von CCS ein- und deren Politikrelevanz abzuschätzen. Die Differenzierung von CCS-Simulationstypen basiert auf den in Kapitel 4 vorgeschlagenen Differenzierungskriterien (Erkenntnisinteresse, Erkenntnisobjekt und Zielsetzung). Anhand der Beiträge zur Konferenz „International Conference on Green House Gas Control Technologies (GHGT)" in Washington D. C. im Jahr 2008 wurden die Simulationstypen ,Technologieintegration', ,Technikkomponenten' und ,geologische Technikfolgen' unterschieden. Die Abschätzung der potentiellen Politikrelevanz zeigt, dass insbesondere Simulationen zu geologischen Technikfolgen und zur Technologieintegration für politische Entscheidungsträger in den verschiedenen Verwertungsdimensionen relevant sind. Die nachfolgende empirische Untersuchung stützt sich daher schwerpunktmäßig auf Simulationen zu geologischen Technikfolgen.

7 Die Rezeption von CCS-Simulationen bei Entscheidungsträgern

Im Zentrum der empirischen Analyse steht die Fragestellung, welche simulationsbasierten Perzeptions- und Rezeptionsmuster sowie Bewertungs- und Verwertungsmuster sich bei politisch-gesellschaftlichen Entscheidungsträgern eruieren lassen. Dieser Aspekt greift den *dritten Bearbeitungsschritt der eingangs formulierten forschungsleitenden Fragestellung* auf, wie politikrelevante wissenschaftliche Simulationen in politischen Entscheidungsprozessen verarbeitet werden. Damit soll ein Betrag geleistet werden für ein empirisch abgesichertes und differenzierteres Verständnis von simulationsbasierter Kommunikation in politischen Entscheidungsprozessen.

Im vorangegangenen Kapitel wurden Simulationen zu geologischen Technikfolgen als potentiell sehr politikrelevant identifiziert. Dieses Ergebnis aufgreifend werden in der folgenden empirischen Untersuchung zu simulationsbasierten Rezeptionsmustern geowissenschaftliche Simulationen in den Mittelpunkt gestellt. Technologieintegrative und technikkomponentenbezogene Simulationen als die beiden anderen CCS-Simulationsschwerpunkte werden dabei nur am Rande berücksichtigt.

Zunächst wird in diesem Kapitel die methodische Konzeption und Durchführung der Empirie erläutert. Daran schließt sich die Darstellung der empirischen Ergebnisse an. In Anlehnung an den im ersten Teil der Arbeit entwickelten Analyserahmen greift die Ergebnisdarstellung zunächst die Phasen der Informationsaufnahme und -verarbeitung auf, indem Perzeptions-, Selektions- und Rezeptionsmuster dargestellt und analysiert werden. Daran anschließend werden zum einen die Ergebnisse zur Bewertungsdimension über Aspekte der Instrumenten-, Prozess- und Ergebnisbewertung von Simulationen dargestellt. Zum anderen wird die Verwertung von geowissenschaftlichen Simulationen in Entscheidungsprozessen beleuchtet.

7.1 Methodische Konzeption und Durchführung der Untersuchung

Da Rezeption und Wirkung von Simulation im politisch-gesellschaftlichen Raum bislang noch kaum systematisch untersucht worden sind, wurde ein exploratives Forschungsdesign gewählt. Explorative Forschung ist dann zielführend, wenn ein Forschungsgegenstand noch unterbeleuchtet und wenig Wissen über Zusammenhänge und Wirkungsweisen vorhanden ist. In den Sozialwissenschaften wird über ein exploratives Forschungsdesign Grundlagenwissen erarbeitet, das eine Strukturierung und Systematisierung des Forschungsgegenstandes vor dem Hintergrund des leitenden Forschungsinteresses erlaubt und damit erste Erkenntnisse für die Bildung von Hypothesen liefert. Hypothesen testende Verfahren sind dagegen nicht mehr Bestandteil einer explorativen Untersuchung.

Der hier verwendete explorative Ansatz arbeitet mit einem qualitativen Forschungsdesign, bei dem mit Hilfe von leitfragengestützten Interviews mit einer relativ geringen Anzahl von Schlüsselakteuren bzw. Experten im untersuchten Forschungsfeld deren Wissen, Wahrnehmungen und Bewertungen über Rezeption und Wirkung von Simulationen erhoben und ausgewertet wurden. Die Durchführung eines qualitativen Befragungsansatzes ist bei der forschungsleitenden Fragestellung über die Verarbeitung von politikrelevanten wissenschaftliche Simulationen in politischen Entscheidungsprozessen insofern angebracht, da auf keine systematische Forschungsliteratur zu dieser Fragestellung zurückgegriffen werden kann, aus denen sich Hypothesen für eine quantitative Überprüfung ableiten lassen. Eine explorative Erschließung des Forschungsgegenstandes lässt sich nur über einen qualitativen Ansatz verfolgen, da nur über qualitative Interviews eine Vielfalt an Daten gewonnen werden kann, um das Themenfeld zu erschließen und zu strukturieren. Während ein quantitativer Ansatz die Komplexität eines Forschungsgegenstandes bereits bei der Konzeption eines standardisierten Fragebogens auf wenige Kenngrößen reduziert, erzeugt ein qualitativer Ansatz zunächst eine Vielfalt von Informationen und Daten, die erst bei der Datenaufbereitung und -analyse verdichtet und reduziert werden. Dadurch lassen sich sowohl ein Themenfeld in seiner Komplexität erschließen als auch Strukturmuster und Einflussgrößen als relevante Kenngrößen identifizieren (Helfferich 2009). Unter Schlüsselakteur oder Experte sind in diesem Zusammenhang Personen zu verstehen, die zentrale Positionen im politisch-gesellschaftlichen Meinungs- und Entscheidungsprozess zur CCS-Technologieentwicklung besetzen. Im Vordergrund standen demnach nicht Akteure, die sich vornehmlich mit der technischen Machbarkeit von CCS beschäftigen (bspw. in der Industrie). Wichtiger war die Rekrutierung von Gesprächspartnern, die im Bereich der politisch-gesellschaftlichen Auseinandersetzung über einen möglichen Einsatz der CCS-

Technologie sowie deren Einbettung in politische Rahmenbedingungen und die Ausgestaltung einer CCS-Technikregulierung arbeiten. Die hier verwendete Methode des Experteninterviews versteht den Gesprächspartner als Funktionsträger, als Experte in einem bestimmten Themenbereich und als Repräsentant der durch ihn vertretenen institutionellen Organisation. Damit verbunden ist die Erwartung, dass der Gesprächspartner in seiner Rolle als Experte über bestimmtes, spezifisches Wissen verfügt sowie in einer verantwortlichen Entscheidungsposition im betrachteten Themenfeld steht.

Bereich	Anzahl und Zuordnung[2] der Expertengespräche
Politik	*13*
– Parlament	2 (PP)
– Ministerium	6 (PM)
– nachgelagerte Behörde	4 (PB)
– Aufsichtsbehörde	1 (PA)
Gesellschaft	*4*
– NGOs	3 (GN)
– Bürgerinitiative	1 (GB)
Wirtschaft	*2*
– Interessenverband	2 (WI)
GESAMT	*19*

Quelle: eigene Darstellung

Tabelle 9: Differenzierung der Experten nach ihrem institutionellen Hintergrund

2 Auf Wunsch mehrerer Interviewpartner wurden die Daten aus der Befragung in der Ergebnisdarstellung und Auswertung anonymisiert, so dass keine Rückschlüsse auf bestimmte Personen gezogen werden können. Um dennoch eine Rückführung auf den institutionellen Hintergrund zu gewährleisten, werden darauf verweisende Abkürzungen verwendet. PP steht demnach für Politik/Parlament; PM für Politik/Ministerium; PB für Politik/Behörde usw. Innerhalb dieser Kategorien wurden die Interviews durchgezählt. Inhaltliche Bezüge und Zitate werden demzufolge bspw. mit PP-1, PB-3; GN-2 usw. dargestellt.

Die Empirie stützt sich auf insgesamt neunzehn durchgeführte Expertengespräche. Es wurden Gespräche mit insgesamt dreizehn Vertretern aus dem Bereich der Politik und der Verwaltung geführt, darunter Interviews mit zwei Mitgliedern von Parlamenten, sechs Vertretern von Bundes- und Landesministerien, vier Experten aus nachgelagerten Behörden sowie ein Gespräch mit einem Repräsentant einer Aufsichtsbehörde (vgl. Tabelle 9). Aus dem Bereich zivilgesellschaftlicher Akteure wurden Gespräche mit drei Personen von unterschiedlichen Umweltverbänden sowie mit einem Vertreter einer Bürgerinitiative geführt. Schließlich wurden zwei Gespräche mit Wirtschaftsvertretern geführt. Die rekrutierten Experten arbeiteten in der Regel an leitenden Positionen (Geschäftsführer, Präsident, Abteilungs- oder Gruppenleiter) in ihren jeweiligen Institutionen oder waren ausgewiesene und langjährige Experten und Fachkräfte in ihren Arbeitsbereichen.

Die inhaltliche Konzeption der Expertengespräche orientierte sich an der Untersuchung von Rezeption und Wirkung technikfolgenbasierter Simulationen. Der Fokus auf geowissenschaftliche CCS-Simulationen als Untersuchungsgegenstand erfolgte auf zwei unterschiedlichen Wegen:

- Zum einen stand eine konkrete Simulationsstudie im Vordergrund, die von der Bundesanstalt für Geowissenschaften und Rohstoffe (BGR) zusammen mit der Universität Stuttgart durchgeführt und im April 2010 im Internet veröffentlicht wurde. Die Studie „Projekt CO_2-Drucksimulation: Regionale Druckentwicklung bei der Injektion von CO_2 in salinare Aquifere" (Schäfer et al. 2010)[3] sollte dann im Mittelpunkt des Interviews stehen, wenn die Studie den Gesprächspartnern bekannt war. Im Vorfeld der Interviews unterrichteten die Autoren der Studie den Verfasser, an wen die Studie versandt wurde. Der Verfasser hatte demzufolge gute Kenntnisse, wer von den Experten über die Existenz der Studie informiert war. Die Ergebnisse der drucksimulationsspezifischen Empirie werden im nachfolgenden Kapitel 8 präsentiert.
- War den Gesprächspartnern die Studie unbekannt oder wenig vertraut, so wurden allgemein geowissenschaftliche Simulationsstudien zur CO_2-Einlagerung thematisiert, die im Arbeitskontext der Gesprächspartner von Bedeutung sind. Dabei sollte es sich um Simulationen handeln, die unterschiedliche Aspekte bei der CO_2-Einlagerung abdecken, etwa Fragen zur Speicherkapazität, zum CO_2-Verhalten im Untergrund oder zur Risikoabschätzung von Leckagen usw. Hierbei wurde oftmals allgemein auf Simulationen Bezug genommen, ohne dies an bestimmten Simulationsstudien zu

---

3 Im Folgenden wird die Studie der Einfachheit halber als „BGR-Druckstudie" bezeichnet.

spezifizieren. Die Ergebnisse der allgemeinen Simulationsstudien mit Bezug zur CO_2-Sequestrierung werden im Anschluss in diesem Kapitel 7 präsentiert.

Zur Durchführung der Expertengespräche wurde ein Leifragenkatalog entwickelt, der verschiedene inhaltliche Aspekte über Rezeption und Wirkung von Simulationen abfragte. Die Leitfragen dienten lediglich als Ausgangspunkt für das Gespräch; der Gesprächsverlauf sollte dabei flexibel sein, um den explorativen Charakter der Untersuchung zu gewährleisten. Es war wichtig, die Sicht, das Wissen und die Empfehlungen der Gesprächspartner über die Kommunikation von Simulationen bei politischen Meinungsbildungs- und Entscheidungsprozessen zu erfahren. Die Konzeption des Leitfragenkatalogs und die flexible Durchführung der Interviews griffen den in der konzeptionellen Analyse entwickelten Analyserahmen auf, indem Aspekte der Informationsaufnahme und -verarbeitung über die Prozessstufen der Perzeption, Selektion und Rezeption strukturiert wurden. Zudem wurden die unterschiedlichen Bewertungsdimensionen mit Aspekten wie Simulationsfokus, Unsicherheit und Belastbarkeit thematisiert sowie die unterschiedlichen Verwertungsdimensionen in Betracht gezogen. Tabelle 10 zeigt den bei den Expertengesprächen verwendeten Leitfragenkatalog.

Einleitung

| 1. | Bitte erläutern Sie kurz ihr eigenes Aufgabengebiet bzw. Ihre Arbeitsschwerpunkte? |
| 2. | Welche Bedeutung hat die CCS-Technologie dabei? Welche Haltung haben Sie zu CCS? |

Rezeption

3.	Warum sind Simulationen für Ihr Aufgabengebiet relevant? Können Sie Beispiele für relevante Simulationsstudien nennen?
4.	Bitte erläutern Sie, wie Sie wissenschaftliche Simulationsstudien in der Regel rezipieren?
5.	Welche Rolle spielen Simulationsergebnisse in der Politik? Was sind Vor- und Nachteile?

Simulationsfokus

Erklärung: Simulationen sind immer ein verkürztes Abbild der Realität, d.h. eine Simulationsstudie simuliert einen Ausschnitt, aber nicht alles.

| 6. | Ist dieses Spannungsverhältnis zwischen Simuliertem und Nicht-Simuliertem für Sie relevant, und – wenn ja – wie gehen Sie damit um? |

Interpretationen

Erklärung: *Simulationsergebnisse lassen sich unterschiedlich interpretieren mit unterschiedlichen Schlussfolgerungen über Machbarkeit, Sicherheitsfragen, Finanzierbarkeit etc.*

7. Können Sie Beispiele für unterschiedliche Ergebnisinterpretationen bei Simulationen nennen?

8. Welche Rolle spielen Interpretationsunterschiede bei politischen Entscheidungsprozessen?

9. Was begünstigt/verhindert aus Ihrer Sicht unterschiedliche Interpretationen von Simulationen?

Unsicherheiten

Erklärung: *Mit Simulationen sind verschiedene Unsicherheiten verbunden, die bspw. im Modell selbst liegen oder auf fehlenden Daten beruhen.*

10. Wie schätzen Sie mögliche Unsicherheiten bei Simulationen (etwa bei Modell, Daten, Parameter, Algorithmus) ein? Wie gehen Sie ggf. mit diesen um?

11. Was können Modellierer tun, um diese Unsicherheiten besser zu kommunizieren?

Belastbarkeit

12. Woran messen Sie die „Qualität" von Simulationsergebnissen? Wann sind diese für Sie wissenschaftlich belastbare Ergebnisse?

13. Wie schätzen Sie die Belastbarkeit von Simulationsergebnissen gegenüber anderen Erkenntnisinstrumenten der Wissenschaft - etwa „Experiment" oder „Theorie" – ein?

Empfehlungen

14. Was wäre aus Ihrer Sicht hilfreich und empfehlenswert, um Simulationsergebnisse besser in die Politik zu kommunizieren? Welche Anforderungen haben Sie an Modellierer?

Quelle: eigene Darstellung

Tabelle 10: Verwendeter Leitfragenkatalog für die Expertengespräche

Zur Auswertung der Interviews wurde zunächst das Datenmaterial aufbereitet, indem alle Gespräche wortwörtlich transkribiert wurden. Die Auswertung selbst erfolgte nach dem Auswertungsmodell von Meuser/Nagel (1991) mit Hilfe des Computerprogramms MAXQDA. In einem ersten Schritt wurden die Aussagen paraphrasiert und Inhalte zu gleichen Themen und Fragestellungen markiert. Dann wurden Aussagen zu übergeordneten Themen zusammengestellt. Dabei wurde streng zwischen spezifischen Aussagen zu der BGR-Druckstudie und allgemeinen Aussagen zu Simulationen getrennt, so dass die Ergebnisdarstellung separat erfolgen konnte. In einem dritten Schritt wurden die Ergebnisse unter Berücksichtigung des institutionellen Hintergrunds der Akteure miteinander verglichen und Gemeinsamkeiten und Differenzen der Aussagen herausgestellt. Für die im Folgenden dargestellten Ergebnisse der qualitativen Auswertung wurden die Aussagen vom Originalton des Gesprächspartners gelöst und in eine wissenschaftliche Sprache übertragen. Eine Ausnahme bilden allerdings wörtliche Zitate von Interviewpartnern, die zur Veranschaulichung immer wieder in die Ergebnisdarstellung und -analyse eingeflossen sind. Darüber hinaus wurden auch andere Wissensbestände und wissenschaftliche Befunde zur Kontextualisierung der Ergebnisse verwendet. Die Aussagekraft der empirischen Ergebnisse ist auf das vorhandene empirische Material und die damit verbundene Fallstudie beschränkt.

Die Ergebnisdarstellung erfolgt für beide Untersuchungsbereiche. Zunächst werden in diesem Kapitel Ergebnisse mit allgemeinen Bezügen zu CCS-Simulationsstudien dargestellt. Im darauffolgenden Kapitel 8 werden dann die Ergebnisse mit einem konkreten Bezug zur BGR-Druckstudie präsentiert. Gemäß dem allgemeinen Analyserahmen gliedert sich die Darstellung zunächst an den Prozessstufen der Perzeption, Selektion und Rezeption, um daran anschließend inhaltliche Aspekte der Bewertung und Verwertung von Simulationsergebnissen aufzuzeigen. Perzeption bezieht sich dabei auf die Wahrnehmung von Simulationsstudien bei den Befragten. Dabei geht es um die Frage der bloßen Kenntnis von technikfolgenbasierten Simulationsstudien im Bereich der CO_2-Einlagerung. Selektion umfasst die Stufe der Auswahl von bestimmten Simulationen für den nachfolgenden Schritt einer vollständigen oder partiellen inhaltlichen Rezeption. Die Bewertung von Simulationen stellt unterschiedliche Aspekte zur Instrumenten-, Prozess- und Ergebnisbewertung dar, während die Verwertung von Simulationen unterschiedliche Einfluss- und Wirkungskontexte thematisiert.

7.2 Perzeption, Selektion und Rezeption von CCS-Simulationen

7.2.1 Perzeption: Wahrnehmungsmuster und Kommunikationswege

Werden Simulationsstudien als spezifische wissenschaftliche Forschungsmethode bei den Befragten wahrgenommen und über welche Kommunikationswege werden Simulationen perzipiert?

(1) Wahrnehmungsmuster von Simulationen: Die Ergebnisse der Experten-gespräche zeichnen ein differenziertes Bild der Wahrnehmungsmuster von Simu-lationen. Je nach institutioneller Einbettung und Grad der Fachexpertise der Befragten variieren die Wahrnehmungsmuster zwischen nicht vorhandener und expliziter Wahrnehmung.

Politische Entscheidungsträger und Vertreter von gesellschaftlichen und wirtschaftlichen Interessengruppen, die nicht ausschließlich zu CCS arbeiten, nehmen Simulationen nicht als einen spezifischen methodischen Zugang der Wissenschaft wahr. Akteure mit einem institutionellen Hintergrund im Bereich gesellschaftlicher Anspruchsgruppen (Interessensvertreter) und der konkreten Entscheidungsfindung (Parlamentsmitglieder) unterscheiden nicht zwischen Simulationen und anderen Wissenschaftsmethoden, wenn sie wissenschaftliche Informationen und Expertise perzipieren und rezipieren. Parlamentsvertreter konstatierten etwa: „Wir unterscheiden nicht zwischen Studien und Simulatio-nen, wenn wir hier wissenschaftlich arbeiten" (PP-2) und „ich muss ehrlich sa-gen, es ist mir jetzt keine Simulation wirklich bekannt" (PP-2). Dies deckt sich auch mit der Einschätzung fachlicher Experten aus Behörden, die die Wahrneh-mung und Kenntnis von Simulationsstudien bei Vertretern aus Politik und ge-sellschaftlichen Gruppen als eher gering einschätzen (PB-3).

Für diesen Befund einer Nicht-Wahrnehmung werden unterschiedliche Be-gründungen geliefert. Zum einen orientiert sich die Perzeption von wissenschaft-lichen Studien an der Verwendbarkeit ihrer Ergebnisse für die Legitimation der eigenen Position, d. h. wissenschaftliche Expertise dient der Unterstützung einer bestimmten Argumentationslinie und Positionierung. Hier kann von einem tak-tisch-strategischen Gebrauch wissenschaftlicher Expertise gesprochen werden, denn: „wir bauen ja eine Argumentation auf und suchen dann nach Möglichkeit belastbare Quellen" (PP-2). Dafür entscheidend ist die prinzipielle Konformität wissenschaftlicher Ergebnisse in Bezug auf die Positionierung des Rezipienten im Meinungsstreit Für oder Wider eines politischen Themas – in der hier be-trachteten Fallstudie etwa der grundlegenden positiven oder negativen Einstel-lung zur CCS-Technologie. Die Art und Weise, mit welcher wissenschaftlichen Methode diese Wissenschaftsergebnisse generiert wurden, ist zweitrangig. Die-ser taktisch-strategische Gebrauch wissenschaftlicher Expertise beinhaltet aber auch eine aktive Suche und Recherche nach konformen Wissenschaftsprodukten.

Damit verbunden ist auch, dass Simulationen keine besondere Aufmerk-samkeit seitens der Rezipienten auf sich ziehen. In den Worten eines Parla-mentsvertreters: „[Simulation ist] so anerkannt, dass man es gar nicht hinterfragt, welche Art von wissenschaftlichem Nachweis da eigentlich erbracht wird" (PP-1). Zum andern wurde auch auf die überbordende Menge, Vielfalt und Unüber-sichtlichkeit des Standes der Wissenschaft hingewiesen (PM-1; PP-1; WI-2). Die

Fülle des Materials, denen sich Entscheidungsträger ausgesetzt sehen, lässt keine tiefgehende und systematische Rezeption zu. Damit wird auch eine spezifische Wahrnehmung von Simulationen als Wissenschaftsmethode erschwert. Auf der anderen Seite lässt sich aber auch eine explizite Perzeption von Simulationen unter den Befragten feststellen. Dabei kann zwischen einer partiellen und einer umfassenden Wahrnehmung unterschieden werden. Wenn Simulationsstudien explizit aber dennoch partiell wahrgenommen werden, dann handelt es sich um die Perzeption von Simulationen aus dem Bereich des Klimaschutzes (PB-1; PM-5; GN-3; WI-2). Die zur Kenntnis genommenen Simulationsstudien beinhalteten eine ganze Bandbreite unterschiedlicher Anwendungen und Untersuchungsgegenstände wie beispielsweise die Einordnung von CCS als Klimaschutzmaßnahme, die Entwicklung neuer Energiestrategien oder die Abschätzung des zukünftigen CO_2-Ausstoßes. Im Rückgriff auf die oben ausdifferenzierten CCS-Simulationen handelt es sich also um Simulationen zur Technologieintegration, die Bedingungen und Folgen bei Einführung und Diffusion der Technologie thematisieren. Die partielle Wahrnehmung der technologieintegrativen Simulationen wurde von Parlaments- und Interessensvertretern hervorgehoben.

Die partielle Wahrnehmung wissenschaftlicher (Simulations-)Studien zeigt sich auch in der exponierten Stellung, die singuläre Studien in der Wahrnehmung bei einzelnen Gesprächspartnern haben. Mehrfach wurden bei den Expertengesprächen einzelne Studien erwähnt und deren Bedeutung für die eigene Orientierung im Themenfeld hervorgehoben. Offenbar dienen bestimmte Studien als kognitiver Anker, um ein Grundgerüst und Anhaltspunkt an wissenschaftlicher Expertise zu liefern. Wenn explizit Studien seitens der Befragten genannt wurden, dann wurde in der Regel nur auf eine – in Ausnahmefällen auf sehr wenige – Studien verwiesen und deren Bedeutung als Ausgangspunkt für die eigene Orientierung im Themenfeld hervorgehoben.

Charakteristisch für diese individuellen Referenzstudien ist zum einen ihr grundlegender Ansatz der breiten thematischen Aufbereitung. In diesen Bereich fallen folgende von den Befragten genannten Studien:

- der TAB-Arbeitsbericht (Grünwald 2008) verfasst vom Büro für Technikfolgen-Abschätzung beim Deutschen Bundestag,
- die im Auftrag des Bundesumweltministeriums vom Wuppertal Institut durchgeführte so genannte ‚RECCS-Studie' (WI et al. 2007),
- sowie die vom Forschungszentrum Jülich und anderen verfasste so genannte ‚Akzeptanzstudie' (WI et al. 2008).

Gemeinsames Merkmal dieser Studien ist, dass sie die Technologie CCS aus einer integrativen, d. h. technischen, ökonomischen, politischen und gesellschaftlichen Perspektive beleuchten und damit ein umfassendes Bild über Entwicklung und Implementation der Technologie zeichnen. Zudem sind alle Studien frei im Internet zugänglich. Bei den beiden letztgenannten handelt es sich um Forschungsarbeiten im Auftrag eines Ministeriums (Auftragsforschung).

Zum anderen wurde mit der so genannten ‚GRS-Studie' (Mönig/Kröhn 2009) aber auch ein thematisch sehr spezifisches Gutachten genannt. Der Wert dieses Gutachtens liegt vor allem darin, in Deutschland erstmals die Thematik des Druckverhaltens bei der Injektion von CO_2 aufgegriffen und mögliche Implikationen auf die Ausgestaltung und Umsetzung der CCS-Technologien aufgezeigt zu haben. Die in dieser Untersuchung im Mittelpunkt stehende BGR-Druckstudie schließt an die GRS-Studie mit einer detaillierteren und konkreteren Fragestellung zum Druckverhalten an. Einem NGO-Experten diente die GRS-Studie als wichtige Expertise zur Verdeutlichung und Sensibilisierung der mit der CCS-Technologie verbundenen Problemdimension der Druckausbreitung.

Insgesamt lässt sich festhalten, dass einzelne Studien bei manchen Experten als Referenzpunkt dienen und eine zentrale Stellung in der Wahrnehmung einnehmen. Merkmal dieser Studien ist ihr generalisierender und multi-disziplinärer Ansatz. Werden dagegen thematisch spezialisierte Studien perzipiert, dann werden sie aufgrund ihres thematischen Alleinstellungsmerkmals ausgewählt. Auffallend ist auch, dass der methodische Zugang zur Computersimulation bei den erwähnten Referenzstudien keine große Bedeutung hat und es sich bei den erwähnten Studien ausschließlich um deutschsprachige und im Internet verfügbare Publikationen handelt.

Eine umfassende Wahrnehmung von geowissenschaftlichen Simulationsstudien wurde bei Experten festgestellt, die schwerpunktmäßig zum Themengebiet CCS arbeiten und vornehmlich in nachgelagerten Behörden auf Bundes- oder Landesebene tätig sind. Hier werden geowissenschaftliche CCS-Simulationsstudien aktiv recherchiert. Die fachspezifische Nähe und das Profil des eigenen Aufgabengebietes sind die wichtigsten Erklärungsfaktoren für eine breite Perzeption von CCS-Simulationen bei diesen Befragten.

Insgesamt wurde der Bedeutung von Simulationen in der Politik in der Breite aber dennoch ein geringer Stellenwert beigemessen. Nach Ansicht vieler Gesprächspartner gehe ein Großteil der Studien an der Politik vorbei. Allenfalls in bestimmten Einzelfällen rutschen Simulationsstudien in den Mittelpunkt des (medialen) Interesses. Dies kann dann passieren, wenn Wissenschaftsergebnisse die politisch relevante Fragestellung berühren, ob eine Technologie als sicher oder nicht sicher einzuschätzen ist (PM-1). Als illustratives Beispiel wurde auf die Ereignisse im kanadischen Weyburn[4] verwiesen, bei der eine Studie (dabei

---

4 Vgl. für nähere Erläuterungen zu den Ereignissen in Weyburn (Kanada) vgl. Box 1.

handelte es sich aber nicht um eine Simulationsstudie) im Auftrag des betroffenen Farmerehepaares in den Blickpunkt medialen Interesses gerückt ist.

Box 1: CO_2 Austritt in Weyburn / Kanada

In der kanadischen Presse sind Berichte über ein Gutachten aufgetaucht, nach denen auf einer Privatfarm über dem Speicherhorizont des Weyburn-Midale-Projektes CO_2-Austritte aufgetreten sein sollen. In den Zeitungsberichten werden die Besitzer der Farm zitiert, die von mysteriös verendeten Tieren, sprudelndem Wasser und geräuschvollen Erdausbrüchen berichten, die in dem daraufhin beauftragten Gutachten auf austretendes CO_2 zurückgeführt werden.

In einer ersten Stellungnahme betont das Petroleum Technology Report Centre (PTRC), das seit Jahren das Weyburn-Projekt wissenschaftlich begleitet, dass im Rahmen der seit nunmehr zehn Jahren gemeinsam mit unabhängigen Forschungsinstituten durchgeführten Monitoringmaßnahmen kein CO2-Austritt im Rahmen der CO2-Speicherung „Weyburn-Midale CO2 Monitoring and Storage Project" festgestellt worden sei. Im Rahmen der Forschungsarbeiten des Projekts haben unter anderem der britische, der französische und der italienische geologische Dienst Untersuchungen durchgeführt. Das vom Ehepaar beauftragte und von der kanadischen Umweltorganisation Ecojustice unterstützte Gutachten wird derzeit von der PTRC geprüft.

Quelle: IZ-Klima vom 20.1.2011 (http://www.iz-klima.de/aktuelles/archiv/news-2011/januar/news-20012011/)

---

(2) Kommunikationswege: Der Befund einer partiellen sowie umfassenden Wahrnehmung von Simulationsstudien unter den Befragten führt zu der Frage nach den Kommunikationswegen, über die Simulationen perzipiert werden. Welche Kommunikationswege lassen sich bei den Experten ausmachen, über die wissenschaftliche (Simulations-)Studien zur Kenntnis genommen werden?

Ein erster Kommunikationspfad verweist auf die ausgiebige Nutzung moderner Informations- und Kommunikationstechnologien mit dem Schwerpunkt auf dem Internet. Die berufsbedingte Beschäftigung und Einarbeitung in die CCS-Thematik ist für einige Experten ausschlaggebend für Wahrnehmung und Kenntnis von Simulationsstudien. Die Einarbeitung erfolgt schwerpunktmäßig über Internetrecherche, bei der frei zugängliche Studien zur CCS-Thematik aufgefunden werden. Darin können dann auch simulationsbasierte Studien enthalten sein, ohne dass diese in der Regel gezielt recherchiert werden (PM-2; NG-1). Die Kenntnis von Studien ist selektiv, da sie von der freien Verfügbarkeit im Internet abhängt. Dadurch wird implizit eine Vorauswahl getroffen, so dass nicht der aktuelle und vollständige Stand der Forschung rezipiert wird. Frei verfügbare Wissenschaftsdokumente im Internet sind Abschlussberichte aus Auftragsforschungsarbeit, welche vornehmlich von nicht-universitären Forschungseinrichtungen zur Verfügung gestellt werden. Dies deckt sich mit dem oben dargestellten Ergebnis der großen Bedeutung von einzelnen Referenzstudien. Die oben genannten Studien wurden alle im öffentlichen Auftrag von nicht-universitären Forschungseinrichtungen bearbeitet und stehen im Internet zur Verfügung.

Daneben sind gegebenenfalls einzelne Wissenschaftsartikel frei verfügbar, die von Wissenschaftlern ins Netz gestellt werden. Diese fokussieren meist auf sehr spezifische Forschungsfragen. Nicht frei verfügbar sind in der Regel Aufsätze in wissenschaftlichen Fachzeitschriften oder in Fachbüchern. Zwar kann über Internet deren Existenz recherchiert werden, die Beschaffung ist aber kostenpflichtig und ggf. zeitaufwendig. Die Herangehensweise einer nicht systematisierten Internetrecherche determiniert insofern eine Selektion wissenschaftlicher Publikationen, da nicht systematisch wissenschaftliche Datenbanken recherchiert und auf Basis inhaltlicher Überlegungen wissenschaftliche Literatur beschafft wird. Der Fundus an Studien impliziert dann auch einen weiteren Kommunikationspfad, indem in den Studien genannte Verweise und Referenzen auf weitere Studien und Autoren für die tiefere thematische Einarbeitung über einen iterativen Suchprozess genutzt werden (PM-2; PP-2).

Ein zweiter Kommunikationspfad läuft über persönliche und institutionelle Kontakte, Arbeitsbeziehungen und Netzwerke, indem Informationen zur Existenz und Relevanz bestimmter Studien zwischen verschiedenen Akteuren kommuniziert und weitergegeben werden. Zum einen betrifft dies Netzwerke, bei denen einzelne Personen mittelbar oder unmittelbar in die Produktion einzelner Studien eingebunden sind und in der Folge Informationen über diese Studien in ihren Netzwerken weitergeben (PM-6; PB-1). Hierbei handelt es sich um Experten, die direkt oder indirekt in die Produktion wissenschaftlicher Ergebnisse eingebunden sind. Charakteristisch für diesen Typus ist, dass Informationen bereits in der Entstehungsphase der Forschung kommuniziert werden, ohne dass die endgültigen Wissenschaftsergebnisse bereits vorliegen. Akteure, die in diesen Netzwerken vertreten sind, werden so bereits in der Phase der Wissenschaftsproduktion informiert. Das Beispiel der als Auftragsforschung durchgeführten BGR-Druckstudie zeigt, dass insbesondere Akteure in Fachabteilungen staatlicher Institutionen in diese Netzwerke eingebunden sind. Diese Netzwerke können als Produktionsnetzwerke bezeichnet werden.

Zum anderen werden aber auch in der Disseminationsphase Forschungsergebnisse formell oder informell an Personen in eigenen Netzwerken weitergegeben. Dieser Kommunikationspfad wurde von politischen Entscheidungsträgern sowie wirtschaftlichen und gesellschaftlichen Interessensvertretern gleichermaßen betont (PP-2; GN-2; GB-1; WI-1). Akteure dieser Netzwerke sind nicht unmittelbar in den wissenschaftlichen Produktionsprozess und damit in Produktionsnetzwerke eingebunden und erfahren erst nach Fertigstellung der Expertise von diesen Wissenschaftsergebnissen. Diese können als Rezeptionsnetzwerke bezeichnet werden. Meist sind es fachlich hochgradig spezialisierte Experten, welche neueste Wissenschaftsergebnisse über routinisierte und regelmäßige Recherche in ihrem Fachgebiet in Erfahrung bringen und an andere Netzwerkteilnehmer weitergeben. Darüber hinaus geschieht die Informationsweitergabe auch über formalisierte Distributionswege, indem über eine etablierte Vernetzung ‚automatisiert' Informationen weitergegeben werden. Beispiele für eine solche Informationsweitergabe ist der Versand von Email-Newslettern oder von Postsendungen (WI-2). Dies setzt allerdings voraus, dass einzelne Personen oder Institutionen mindestens für eine gewisse Dauer in Verteiler-Datenbanken integriert sind.

Ein dritter Kommunikationspfad zur Weitergabe von Wissenschaftsergebnissen wird über politische Entscheidungs- und Implementationsprozesse stimuliert. Werden konkrete Pläne über ein politisches Vorhaben bekannt, besteht für unmittelbar Betroffene die Notwendigkeit, sich umfassend mit dem Vorhaben auseinander zu setzen. Das heißt auch, sich über den Stand der Wissenschaft zu informieren. Interessensvertreter und politische Entscheidungsträger informieren sich dann aktiv über den Stand politischer Planungen und deren gesellschaftliche Implikationen und der damit verbundenen wissenschaftlichen Sachlage. Mit dem Bekanntwerden der ersten Pläne für eine von der Landespolitik befürwortete CO_2-Einlagerung in Ost-Brandenburg haben sich lokal betroffene politische Entscheidungsträger umfassend zur CCS-Technologie informiert. Dabei wurden Informationsmaterialien seitens staatlicher Behörden, des Betreibers, Zeitungsmeldungen oder international vergleichbaren Vorhaben von Umweltverbänden und Bürgerinitiativen als Informationsquelle herangezogen.

Aber auch die in den konkreten politischen Planungs- und Umsetzungsprozess eingebundenen Experten der Verwaltung sind in Kommunikationsaufgaben eingebunden. Dadurch werden auch Behördenvertreter mit externen Kommunikationsaufgaben betraut und sind mit interessierten Bürgern und der Öffentlichkeit im Gespräch. Sind Behörden aktiv in eine Kommunikationsaufgabe eingebunden und fungieren als direkte Ansprechpartner für die interessierte Öffentlichkeit, dann werden sie unter Umständen auch durch Bürgeranfragen auf spezielle wissenschaftliche Studien aufmerksam gemacht (PM-2). Bürger kennen diese speziellen Studien aus anderen Kommunikationszusammenhängen und berufen sich dann ihrerseits wiederum bei Gesprächen mit Behördenvertretern darauf.

7.2.2 Selektion und Rezeption: Motivationen, Gegenstände, Mechanismen

Selektion- und Rezeption sind iterative Prozesse der Auswahl und der Verarbeitung von Informationen beim Rezipienten. Dabei findet eine inhaltliche Bewertung, Deutung und Einordnung der Informationen statt. Diese inhaltlichen Verarbeitungsleistungen beruhen zunächst einmal darauf, dass Informationen im Sinne einer Handlung aufgenommen werden müssen. Diese Handlung der Informationsaufnahme steht im Vordergrund der hier untersuchten Aspekte der Rezeptionsprozesse und verweist auf Motivation, Gegenstände und Mechanismen der Rezeption.

(1) Motivationen – warum wird rezipiert?: Bei der Motivation zur Rezeption von wissenschaftlichen (Simulations-)Studien lassen sich aus den Expertengesprächen vier Motivationstypen unterscheiden. Zunächst ist die Arbeits- bzw. Berufsanforderung, in die ein Experte eingebettet ist, entscheidend als Motivationsgrundlage. Die beruflich institutionelle Einbettung formt auch die Perspektive, mit der rezipiert wird. Dominiert eine forschungsorientierte Einbettung, wie sie in Fachreferaten von Ministerien und nachgelagerten Behörden vorhanden ist, dann wird hinsichtlich eines vertiefenden Problemverständnisses rezipiert. Dies kann als Erkenntnismotivation bezeichnet werden (PM-6; PB-4).

Stehen umwelt- und sicherheitsbezogene Aspekte im Vordergrund der institutionellen Einbettung, dann wird im Hinblick auf Maßnahmen des Risikomanagements besonders auf Hinweise zu möglichen Risiken und Gefährdungen rezipiert Das kann als Gefahrenabwehrmotivation bezeichnet werden.

Bei Akteuren im politischen Meinungsbildungsprozess lässt sich auch eine strategische Motivation feststellen. Hierbei handelt es sich um eine Instrumentalisierungsmotivation, indem Studien ausgewählt werden, die der eigenen Position entsprechen: „Wir suchen die [Studien] natürlich im Hinblick auf unsere Argumentation hin aus. Wir nutzen die in erster Linie, die für unsere Position sprechen" (PP-2). Mit dieser strategischen Ausrichtung soll die eigene Position im politisch-gesellschaftlichen Diskurs objektiviert und bestärkt werden.

Es lässt sich aber auch ein Motivationstypus feststellen, der die Rezeption von Simulationsstudien verhindert. Eine Nicht-Rezeption ist durch fehlende Kompetenz und Kenntnis beim Rezipienten bedingt. Diese Unverständnismotivation im Sinne eines kognitiven Nicht-Verstehen-Könnens bildet eine mentale Hemmschwelle, sich auf die Rezeption einzulassen. Studien, die als fachfremd, sehr kompliziert und schwer nachvollziehbar eingeschätzt werden, werden auch nicht eigenständig gelesen. Ist eine Rezeption dieser Studien aber dennoch notwendig aufgrund bspw. der beruflichen Anforderungen, so haben sich in diesen Fällen arbeitsteilige Rezeptionsmuster herausgebildet.

(2) Gegenstände – was wird rezipiert?: Was rezipieren die Befragten nun im Detail, wenn sie sich mit wissenschaftlichen Studien oder auch Simulationsstudien befassen? Zur Frage nach den Rezeptionsgegenständen machte der überwiegende Teil der Befragten deutlich, dass in der Regel nur Zusammenfassungen und gegebenenfalls noch Ergebnisteile und Schlussfolgerungen von wissenschaftlichen Berichten rezipiert werden (PM-2; PM-1; PP-2; GN-3; GN-2). Eine vollständige Rezeption der Berichte und Studien findet selten statt. Der Befund einer Teilrezeption von wissenschaftlichen Studien wurde über den gesamten Akteurssample festgestellt, d. h. sowohl bei Behördenvertreter, politischen Entscheidungsträgern als auch wirtschaftlichen und gesellschaftlichen Experten. Ausschlaggebend für die Teilrezeption sind disziplinäre Grenzen bei den Befragten. So konstatierte ein Ministeriumsmitarbeiter: „Diese geologischen oder geowissenschaftlichen Simulationen habe ich nicht gelesen, die verstehe ich nicht" (PM-1). Auch knappe zeitliche Ressourcen sind ausschlaggebend für eine partielle Rezeption ausgesuchter Studienbestandteile (GN-3).

Die disziplinäre und berufliche Nähe zum Untersuchungsgegenstand einer Studie begünstigt allerdings eine tiefergehende und umfassendere Rezeption, die über die Lektüre von Zusammenfassungen hinausgeht. Am Beispiel der BGR-Druckstudie zeigte sich, dass Experten mit einem geowissenschaftlichen Hintergrund und einem fachvertiefenden Arbeitskontext zum Themenfeld CCS die Studie vollständig gelesen haben (PM-6; PB-1; GN-1). Eine Vollrezeption wissenschaftlicher Studien ist besonders bei Fachexperten in nachgelagerten Behörden sowie (externen) Fachberatern von Interessensgruppen zu finden. Befragte in übergeordneten Behörden wie Bundes- und Landesministerien (PM-2; PM-3; PM-4) oder auch Vertreter von Interessensgruppen haben die BGR-Druckstudie dagegen nur ausschnittsweise und partiell gelesen (GN-2; GB-1).

Von herausragender Bedeutung bei politischen Entscheidungsträgern sind darüber hinaus direkte Gespräche mit Personen aus Wissenschaft, Wirtschaft, Politik und Gesellschaft. Formen der verbalen und direkten Kommunikation dienen als zentrale Informationsquelle und gelten im Selbstverständnis der Befragten als deutlich wichtiger im Vergleich zur (Teil-)Lektüre wissenschaftlicher Literatur. Im Selbstverständnis politischer Entscheidungsträger wird das Zustandebringen und Organisieren der Kommunikation möglichst unterschiedlicher gesellschaftlicher Akteure als Hauptaufgabe verstanden. Einen Dialog zwischen Wissenschaftlern, Wirtschaftsakteuren und gesellschaftlich Betroffenen herzustellen, betrachten politische Entscheidungsträger als ihre zentrale Aufgabe. Dabei findet dann auch eine Sekundärrezeption wissenschaftlicher Expertise statt. Der wissenschaftliche Sachstand wird dann über persönliche Gespräche rezipiert, wobei auf eine ausgewogene und repräsentative Verteilung der Informationsquellen geachtet wird. In den Worten eines Parlamentsvertreters: „Insofern gucken wir uns gar nicht so genau an, warum es funktioniert bzw. warum nicht. Man lässt sich das im Groben erklären und da ist man eigentlich ganz gut beraten, das sich sehr oft von verschiedenen Seiten erklären zu lassen" (PP-1).

(3) Mechanismen – wie wird rezipiert?: Rezeptionsmechanismen beinhalten zum einen die Art und Weise, wie wissenschaftliche Ergebnisse vom physischen Ablauf im Sinne einer konkreten Handlung vom Rezipienten durchgeführt werden. Dies bezieht sich auf die konkrete Herangehensweise, wie die Rezeption wissenschaftlicher Ergebnisse als Handlung vollzogen wird (Rezeption als Handlung). Zum anderen umfassen Rezeptionsmechanismen aber auch der kognitive und affektive Umgang mit Informationen und deren inhaltliche Verarbeitung, d. h. in welcher Form diese neuen Informationen inhaltlich verarbeitet werden (Rezeption als inhaltliche Verarbeitung).

Die Expertengespräche haben gezeigt, dass die Organisation der Rezeption als Handlung auf zweierlei Art ausgeprägt ist. Bei Experten mit großer fachlicher Nähe zum Studieninhalt ist die Rezeption individualisiert, d. h. diese Personen lesen wissenschaftliche Gutachten eigenständig und je nach Interessenlage meist auch vollständig. Dabei versuchen sie, möglichst alle inhaltlichen Details zu erfassen und bezüglich ihrer Sinnhaftigkeit und Nachvollziehbarkeit zu bewerten. Voraussetzung für diese Rezeptionsweise ist ein bestimmter Grad an fachlicher Expertise und Kompetenz seitens der Rezipienten. Bei der hier betrachteten Fallstudie zur CCS-Technologie war dies ein geowissenschaftlicher Hintergrund gepaart mit möglichst eigener Simulationserfahrung beim Rezipienten.

Ist die fachliche Nähe zum Studiengegenstand bei den Rezipienten nicht in dem Maße gegeben, lässt sich eine arbeitsteilige Organisation der Rezeptionshandlung feststellen. Vertreter von Institutionen, deren Beschäftigung mit dem Themenfeld entweder interessengeleitet (z. B. wirtschaftliche oder gesellschaftliche Interessensvertreter) oder weisungsgeleitet (z. B. bei Behörden aufgrund von Delegation hoheitlicher Aufgaben) und damit zu einem gewissen Grad verpflichtend ist, haben sich organisatorisch arbeitsteilige Rezeptionsmechanismen ausgebildet.

Die konkrete Ausgestaltung dieser arbeitsteiligen Rezeptionsorganisation wird anhand zweier Fallbeispiele aus den Expertengesprächen veranschaulicht. Das erste Beispiel ist innerhalb einer staatlichen Behörde angesiedelt und zeigt eine formalisierte Arbeitsteilung zwischen verschiedenen Fachbehörden. Während Ministerien politische Grundsatzentscheidungen zu treffen haben und damit den politischen Rahmen zur CCS-Technologie verantworten, beschäftigen sich nachgelagerte Behörden (z. B. Umweltbundesamt, BGR oder Landesbergämter) mit spezifischen Fachfragen zur technischen Machbarkeit oder der konkreten Technikumsetzung in Genehmigungsverfahren. Dieses spezifische Wissen und die Beantwortung von Fachfragen werden seitens der Ministerien an nachgelagerte Behörden delegiert (PM-2). Die Rezeption fachspezifischer Gutachten geschieht dann durch die Mitarbeiter der Fachbehörden. Betreffen die Gutachtenergebnisse auch übergeordnete Belange der von Ministerien zu verantwortenden politischen Grundsatzentscheidung, wird diese Fachexpertise in zusammenfassender Form an das Mutterhaus von den Fachbehörden zurückgegeben. Auf Ebene der Fachreferenten existieren darüber hinaus auch interne und teils informelle Formen der Arbeitsteilung, die aufgrund von disziplinären Grenzen zustande kommen. So wurde bei der Erarbeitung des CCS-Gesetzentwurfs dem federführend verantwortlichen Juristen eine geowissenschaftlich ausgebildete Fachkraft zu Seite gestellt, um spezielle geowissenschaftliche Fachfragen wissenschaftlich aufzubereiten und zu bewerten. Inhaltliche Schwerpunkte dieser Arbeitsteilung bezüglich der CCS-Technologie waren etwa Fragen zu Langzeitsicherheit und Haftung, zum Trinkwasserschutz, zu Anforderungen an das Monitoringkonzept oder das Sicherheitskonzept bei einem konkreten Lagerstandort. Die Kommunikation dieser Arbeitsteilung erfolgte informell über Email-Verkehr, bei dem Kommentare und Stellungnahmen ausgetauscht wurden. Die geowissenschaftliche Beratungsleistung geschah meist ad-hoc durch Aufforderung seitens der Leitungsebene, durch Eigeninitiative oder aufgrund eines medienwirksamen Anlasses, wenn wissenschaftliche Studien in den Medien zitiert und diskutiert wurden (z. B. Weyburn-Studie, die RECCS-Studie, das BUND[5]-Gutachten) (PM-1; PM-6).

Das zweite Fallbeispiel einer organisatorischen Arbeitsteilung von Rezeptionshandlungen zeigte sich bei einer Institution einer wirtschaftlichen Interessensvertretung. Innerhalb dieser Institution wurde eine Struktur von Fachgremien bzw. Arbeitskreisen eingerichtet bestehend aus Fachleuten der Mitgliedsunternehmen. Die Unternehmensvertreter in den Arbeitskreisen sind vornehmlich Ingenieure. Es existieren Fachgremien zu CO_2-Abscheide-Technologien, zum Transport von CCS, zur CO_2-Speicherung oder Aspekten der politischen Kommunikation. In diesen Gremien werden Fachfragen inhaltlich diskutiert und eine gemeinsame Sprachregelung getroffen, um nach außen eine klare und einheitliche inhaltliche Position zu kommunizieren. Dies verdeutlicht noch einmal, dass generell Netzwerke mit vielfältigen Fachgesprächen zur Rückkopplung und Absicherung bestimmter Wissensbestände sowohl innerhalb von Behörden als auch bei Institutionen von Interessensgruppen eine wichtige Rolle spielen (WI-1).

---

5 Vgl. Krupp 2010.

Rezeptionsmechanismen im Verständnis einer inhaltlichen Informationsverarbeitung fokussieren auf die Art und Weise, wie die neuen Inhalte der Wissenschaftsergebnisse aufgenommen und weiterverarbeitet werden. Nach den Befunden der Expertengespräche lassen sich zwei Verarbeitungsstrategien bei der Rezeption wissenschaftlicher Ergebnisse unterscheiden: zum einen die Strategie des Abgleichs von Informationen mit dem eigenen Wissensstand bzw. der eigenen Erwartungshaltung; zum anderen die Strategie der Angleichung an die eigene Position der Technikbewertung. Während ersteres vornehmlich auf die individuell-subjektive Ebene des Wissens und der Erfahrungen Bezug nimmt, schließt der Prozess der Positionsangleichung explizit auch die vermittelte und ggf. auch eingeforderte Wertepositionierung der hinter dem Rezipienten stehenden Institution und Organisation mit ein. Bei einem politisierten und derzeit hoch emotionalisierten Thema, wie es sich bei der CCS-Technologie derzeit darstellt, heißt dies, dass die Rezeption wissenschaftlicher Ergebnisse nicht zuletzt vor dem Hintergrund der Positionierung für oder wider der Technologie geschieht. Es handelt sich bei den beiden hier vorgestellten Verarbeitungsstrategien allerdings um analytische Trennungen, die in der Praxis auch bei dem ein und demselben Rezipienten eng miteinander verknüpft sein können.

Zunächst möchte ich näher auf die Verarbeitungsstrategie des Abgleichs mit dem eigenem Wissensstand bzw. der Erwartungshaltung eingehen. Mehrere Experten betonten einen dualistischen bzw. bipolaren Verarbeitungsprozess. Danach werden wissenschaftliche (Simulations-)Ergebnisse implizit in ein Bewertungsschema eingeordnet, dessen konträre Ausprägungen bezeichnet wurden als: „nicht das Wahre vs. ist interessant", „nicht interessant vs. interessant", „kann stimmen vs. kann nicht stimmen", „das passt schon vs. es fehlt etwas" (PM-6; PM-2; PM-4; GN-3; PB-4; PP-1). Dieses Bewertungsschema dient der Komplexitätsreduktion und gewährleistet eine schnelle und einfache Einordnung der neuen Informationen gegenüber dem eigenen Wissensstand und der eigenen Erwartungshaltung. Ein politischer Entscheidungsträger hat dies folgendermaßen zusammengefasst: „Wenn sich Ergebnisse irgendwie bestätigen, nimmt man die als weitere Bestätigung zur Kenntnis und denkt sich: Okay, da war ich bisher also nicht falsch gelegen. Eine bestimmte Bandbreite gibt es immer; das ist dann ein Detailproblem für Experten, da muss man sich nicht weiter mit auseinandersetzen. Damit ist auch für die Politik das Thema dann beendet" (PP-1). Wie genau dieser Anpassungsprozess kognitiv vonstattengeht und von welchen Faktoren die Zuordnung in die eine oder andere Kategorie abhängt, sind interessante Fragestellungen, die mit dem hier verwendeten Forschungsdesign nicht beantwortet werden konnten. Dafür ist ein experimentell-sozialpsychologisches oder quantitatives Untersuchungsdesign notwendig.

Es lassen sich aus den Expertengesprächen drei weitere Untertypen dieser Verarbeitungsstrategie identifizieren: Erstens versuchen simulationstechnisch versierte Experten abhängig von ihrer Motivation und den zur Verfügung stehenden Zeitressourcen die detaillierten Einzelschritte einer Simulation nachzuvollziehen und zu verstehen. Dieser Verstehensprozess beinhaltet *idealiter* das Nachvollziehen und die Beurteilung aller Komponenten des Simulationsprozesses angefangen von der Problemformulierung mit den getroffenen Grundannahmen über die Modellkonzeption und die Modellumsetzung mit Parameterwahl und -werten bis hin zum eigentlichen Rechenmodell und den Simulationsverläufen.

Rezipienten mit einem geringeren Grad an simulationsbasiertem Fachwissen fokussieren zweitens auf die Beurteilung der Grundannahmen und der Simulationsergebnisse. Weitere Prozessschritte bei einer Simulation wie die Umsetzung in eine mathematische und eine computerbasierte Formsprache, die Parameterauswahl oder die zur Verfügung stehende Datengrundlage werden hingegen nicht bei der Bewertung berücksichtigt. Ein Ministeriumsvertreter fasste dies folgendermaßen zusammen: „Ich muss nachvollziehen können, warum haben die diese Annahmen getroffen. Wenn ich das nachvollziehen kann, dann kann ich das auch akzeptieren. Ich muss jetzt nicht wissen, ob der einzelne Wert stimmt (…) mit welchen Formeln usw., das ist eigentlich relativ uninteressant" (PM-2). Es ist interessant zu beobachten, dass selbst bei Nicht-Simulationsexperten die große Bedeutung der getroffenen Grundannahmen bei einer Simulation für die Reliabilität der Ergebnisse hervorgehoben und als sehr wichtig für die Bewertung der Ergebnisse betrachtet wird. Dies zeigt, dass ein Grundverständnis über Zusammensetzung und Ablauf von Simulationsrechnungen bei den Befragten vorhanden war.

Drittens verwenden manche Rezipienten Analogien als Mittel des Verstehens. Dies beinhaltet die Transformation und Übersetzung des zunächst ‚fachfremden‘ und wenig verständlichen Sachverhalts in eine eigene, und damit nachvollziehbare Erklärungswelt. Es findet ein Analogieschluss statt, der die Funktionsweise einer konkreten Technologie aus ihren spezifischen, technischen Kontextbedingungen herauslöst und auf einen Funktionsmechanismus einer anderen Technologie oder eines anderen Sachverhalts überträgt. Der Vergleich der Funktionsweise zweier unterschiedlicher Technologien ist für sich genommen nicht problematisch. Problematisch ist es aber, wenn aus diesem Vergleich auch Rückschlüsse hinsichtlich der Reliabilität der Ergebnisse und daraus resultierender Schlussfolgerungen gezogen werden.

Den Mechanismus des Analogieschlusses möchte ich an einem Beispiel aus den Expertengesprächen verdeutlichen. Bei der Erkundung von CO_2-Speicherstätten wird mit Hilfe von Seismik in Verbindung mit Computersimulationen die Speicherformation abgebildet. Die Funktionsweise der 2D und 3D-Seismik wurde von einem Gesprächspartner mit der Funktionsweise der Computertomographie verglichen wie sie in der Medizin Verwendung findet. Beide technische Verfahren sind insofern vergleichbar, da sie über verschiedene bildgebende Verfahren die innere räumliche Struktur eines Gegenstandes darstellen können. Bei der Seismik werden Gesteinsformationen abgebildet; bei der Computertomographie wird der menschliche Körper abgebildet. Beide Technologien haben aber Grenzen bei der bildlichen Darstellung, indem sie Strukturen erst ab einer gewissen Größe darstellen können. Diese Strukturen sind für die Beurteilung der Technologie aber von entscheidender Bedeutung. Bei der CO_2-Einlagerung ist dies insofern relevant, da mögliche Störungen und Brüche im Gestein potentiell als Leckagewege für CO_2 dienen können. Die seismische Methode kann Brüche oder Störungen aber erst ab einer bestimmten Größe (z. B. 1 m) identifizieren, während die Computertomographie in der humanmedizinischen Anwendung eine Auflösung von bis zu 0,5 mm besitzt. Daran hat sich zwischen geowissenschaftlichen und nicht-geowissenschaftlichen Experten eine Kontroverse entwickelt: einerseits wurde von einem Nicht-Geologen argumentiert, dass die 3D-Seismik aufgrund ihrer Begrenzung zur Darstellung kleiner Risse nicht geeignet sei, die sichere Nutzung von Speicherformationen zu garantieren. Dabei wurde auf die Bedeutung kleinster Strukturen bei menschlichen oder tierischen Lebewesen als Analogieschluss verwiesen, welche mit Hilfe der Computertomographie nachgewiesen wurden (GB-1). Andererseits wurde von einem Geologen argumentiert, dass kleine Risse und Brüche insofern unbedeutend sind, da darüber „noch 800 Meter Berg liegen" (PA-1). Der Analogieschluss führte dazu, dass nicht nur die Funktionsweisen, sondern auch die Kontextbedingungen verglichen und übertragen wurden mit dem Schluss, dass die Seismik als technisches Verfahren ungeeignet für die Risikobewertung sei. Die zentrale Frage in diesem Zusammenhang, inwiefern kleine Brüche und Risse unabhängig von den Möglichkeiten ihrer Auffindbarkeit und Detektierbarkeit über die Seismik in einer Tiefe ab 800 Meter sicherheitsrelevant sind, stand hingegen nicht im Mittelpunkt der Kontroverse.

Der zweite kognitive Verarbeitungsmechanismus bezieht sich auf die Angleichung von Studienergebnissen an die persönlich oder institutionell vermittelte Haltung zur Technologie. Im Fall von CCS-basierten Simulationsstudien werden diese vor dem Hintergrund einer bereits getroffenen prinzipiellen Technikbewertung von CCS verarbeitet. Berühren Studien gesellschaftlich kontroverse Themen, bei denen unterschiedliche Gruppen bereits feste Positionen eingenommen haben, dann werden diese Studien vor dem Hintergrund dieser übergeordneten Positionierungen rezipiert. Die Rezeption beinhaltet auch eine Bewertung der Ergebnisse hinsichtlich ihres Wahrheitsgehalts. Unterstützen Studienergebnisse und deren Schlussfolgerungen inhaltlich den eigenen Standpunkt der Technikbewertung, werden sie als wahr und richtig eingestuft; widersprechen sie dem Standpunkt, werden ihr Wahrheitsgehalt und ihre Glaubwürdigkeit in Frage gestellt: „Es kommt auf den Betrachter an. Leute, die dem Projekt an sich kritisch gegenüber eingestellt sind, glauben es nicht, (...) die Befürworter sehen es positiv, ohne es unter Umständen von den Details her beurteilen zu können" (GN-1).

Damit geht auch eine Erwartungshaltung an die Wissenschaft einher, Ergebnisse zu produzieren, die die eigene Haltung zur Technik unterstützen. Bezogen auf geo-chemische Prozesse bei der Einlagerung von CO_2 äußerte sich ein Gesprächspartner folgendermaßen: „Es wird sich sicher [sic!] auch an den Studien, die durchgeführt werden, zeigen; die Chemiker werden das hoffentlich [sic!] auch darstellen, dass sich diese Stoffe, die man dort einlagert, irgendwie mineralisierend verfestigen" (WI-2). Wissenschaft wird damit nicht mehr als unabhängig und ergebnisoffen betrachtet, sondern als Dienstleister für die Generierung positionskonformer, objektiver Erkenntnisse verstanden.

Der Abgleich neuer Wissenschaftsergebnisse mit der eigenen Werthaltung zur Technologie hat neben der passiven Einordnung noch eine aktive Dimension, indem wissenschaftliche Expertise vorab selektiert wird. Zur argumentativen Unterfütterung der eigenen Position werden im politisch-gesellschaftlichen Meinungsstreit wissenschaftliche Studien strategisch-taktisch ausgewählt. Insbesondere Interessensvertreter führen nach Aussage eines Behördenvertreters gerne Simulationsmodelle an, um die eigene Position zu unterstützen (PM-5). Werden beispielsweise Simulationen durchgeführt, um das Risiko von Störungen und Brüchen im Untergrund zu untersuchen, so werden diese Ergebnisse gerne von CCS-kritischen Vertretern herangezogen und als sehr realitätsnah und legitim eingestuft.

Die Erkenntnismethode Computersimulation scheint dabei für Legitimierungs- oder Diskreditierungsstrategien besonders geeignet zu sein aufgrund ihres inhärenten Spannungsverhältnisses zwischen Virtualität und Realität. Ein Charakteristikum von Simulationen ist es, dass sie relativ weit entfernt sein können von der Realität, wenn sie von minderer Qualität sind. Bei exzellenter Qualität hingegen sind sie in der Lage, reale Sachverhalte und Prozesse sehr gut nachbilden und prognostizieren können. Eine Beurteilung der Güte ist aber einzelfallabhängig und muss für jede Simulationsstudie immer wieder neu getroffen werden. Dies bildet ein Einfallstor für einen taktisch-strategischen Gebrauch von Simulationen. Werden Simulationsergebnisse als konform betrachtet, wird der Realitätsbezug der Modelle betont, um den Wahrheitsgehalt und die Objektivität der Ergebnisse zu untermauern. Werden Simulationsergebnisse als nicht konform eingeschätzt, wird der Realitätsbezug in Frage gestellt, um die Ergebnisse zu delegitimieren.

Betrachtet man die unterschiedlichen Akeurstypen hinsichtlich der identifizierten Rezeptionsmechanismen, so zeigt sich beim Verarbeitungstypus des Abgleichs mit der Technikbewertung eine klare Trennlinie zwischen Wissenschaft und Politik/Gesellschaft. Bei eher wissenschaftlich ausgerichteten Fachvertretern in nachgelagerten Behörden war das Rezeptionsmuster der Angleichung an die eigene Position kaum vertreten. Bei politischen Entscheidungsträgern sowie Ministeriums- und Interessensvertreter war die Strategie der Angleichung dagegen deutlich stärker ausgeprägt.

7.3 Die Bewertung von CCS-Simulationen

Die oben dargelegten Befunde zeigen, dass wissenschaftliche Simulationen in der hier betrachteten Fallstudie auf unterschiedliche Art und Weise perzipiert, selektiert und rezipiert werden. Diese Phasen der Informationsauswahl und -verarbeitung werden begleitet durch iterative Bewertungsprozesse. Unter Bewertung sind die persönlichen Einstellungen, Einschätzungen und Beurteilungen der Rezipienten zu unterschiedlichen Aspekten der Methode Computersimulation zu verstehen. Im Folgenden werden die Ergebnisse der Expertengespräche zur Bewertung von Simulationen dargestellt. Die Ergebnisse umfassen Aspekte der Instrumentenbewertung, der Prozessbewertung sowie der Ergebnisbewertung. Zunächst werden Simulationen als epistemisches Erkenntnisinstrument betrachtet. Dabei steht eine Gesamtbewertung der Methode auch im Vergleich mit anderen wissenschaftlichen Erkenntnisinstrumenten im Vordergrund. In einem zweiten Schritt wird ein vertiefender Blick auf einzelne Arbeitsschritte und Komponenten im Simulationsprozess geworfen. Schließlich werden Bewertungsaspekte zu Simulationsergebnissen in den Blick genommen.

7.3.1 Instrumentenbewertung: Die Beurteilung von Simulationswerkzeugen

(1) Simulation als Erkenntnisinstrument: Bei der Bewertung von Simulationen als Instrument der Wissenschaft wurden von den Befragten drei unterschiedliche Ebenen angesprochen. Besonders geowissenschaftliche Gesprächspartner verwiesen auf die Bedeutung des Untersuchungsgegenstandes für die Bewertung von Simulationen als Erkenntnisinstrument. Bei geowissenschaftlichen Simulationen besitzt der Untersuchungsgegenstand ‚Untergrund' einige Charakteristika, welche die Einsatzmöglichkeiten herkömmlicher, experimenteller Erkenntnismethoden strukturell beschränken. Empirische Untersuchungen im Feld oder im

Labor sind auf Bohrproben angewiesen, die nur punktuell genommen werden können. Sie sind zum einen sehr kostenintensiv (etwa bei Bohrlöchern in großer Tiefe); zum anderen lassen sich nicht beliebig viele Bohrlöcher abteufen, da dadurch die Dichtheit des Speichers für eine geplante CO_2-Einlagerung beeinträchtigt wird. Auch können Bohrkerne aus punktuellen Bohrproben keine letztendliche Gewissheit über die genaue Struktur im Untergrund geben, da sie die Heterogenität im Boden nicht flächendeckend widerspiegeln und abbilden. Hier bleibt in der Regel nur der Weg des Interpolierens auf Basis der aus Bohrkernen gewonnen Informationen. Neben diesen statischen Informationen zur Zusammensetzung der Bodenformation ist aber auch der Erkenntnisgewinn über dynamische, im Boden ablaufende Prozesse von größtem Interesse. Auch hier stoßen Experimente schnell an ihre Grenzen. Geo-mechanische, geo-chemische und geo-physikalische Prozesse laufen oft sehr langsam und über eine große Zeitdauer ab, so dass sie experimentell nicht nachgebildet werden können. Methodisch gesehen wird von Geologen deshalb oft auf so genannte Analogiemodelle ausgewichen. Bei Analogiemodellen werden vermutete, aber noch nicht erwiesene Zusammenhänge in einem bestimmten Bereich durch bereits bekannte und bewiesene Zusammenhänge in einem anderen Bereich erklärt und veranschaulicht.

Vor dem Hintergrund der kurz skizzierten Charakteristika des Untersuchungsgegenstandes ‚Untergrund' werden Computersimulationen in den Geowissenschaften als unverzichtbar angesehen: „in vielen Fällen der Geologie ist Simulation alternativlos" (PB-3). Für das Fallbeispiel CCS sind „Simulationen zentral, da wir nicht in den Untergrund schauen können – hier sind wir angewiesen auf Simulationen als Informationslieferant" (PM-6).

Die große Bedeutung von Simulationen in den Geowissenschaften hat darüber hinaus auch einen methodischen Aspekt. Es wurde darauf hingewiesen, dass die zur Abbildung geowissenschaftlicher Prozesse notwendigen mathematischen Differentialgleichungen aufgrund ihrer Komplexität analytisch nicht mehr lösbar sind und nur numerische Verfahren weiter helfen können, bei denen auf Simulation zurückgegriffen werden muss (PM-5). Simulationen sind in der Regel mit naturwissenschaftlichen Gesetzmäßigkeiten hinterlegt, die für homogene Untersuchungsgegenstände (bspw. Materialien) noch sehr gut bekannt sind. Bei inhomogenen Materialien wie einer heterogenen Bodenbeschaffenheit ist eine naturgesetzmäßige Beschreibung der stattfindenden Prozesse dagegen oftmals schwierig aufgrund der hohen Komplexität der Geometrie und der von Temperatur, Druck oder Konzentrationsverhältnissen abhängigen Wechselwirkungen. Bei der Einlagerung von CO_2 haben wir es beispielsweise mit Mehrphasensystemen (Wasser, CO_2, Gestein) zu tun, bei denen unterschiedliche Prozesse auf unterschiedlichen Skalenniveaus ablaufen. Diese Transportprozesse und ihre Wechselwirkungen sind im Prinzip nur über eine Prozessmodellierung fassbar. Bei der geologischen Sequestrierung handelt es sich um Multi-Phasen, Multi-Skalen und Multi-Temperatur abhängige Systeme, bei denen gekoppelte Strömungs-, Transport- und geo-mechanische Prozesse stattfinden. Numerische Verfahren über Computersimulationen sind als approximative Methode zur Lösung dieser Gleichungen deshalb unverzichtbar (PB-3).

Schließlich wurde sowohl von geowissenschaftlichen wie nicht-geowissenschaftlichen Befragten der deutliche Mehrwert von Simulationen zur Gewinnung von neuen Erkenntnissen betont. Demnach gelten Simulationen in den Naturwissenschaften als Werkzeug, um allgemein Prozesse besser beschreiben und verstehen zu können. Simulationen eigenen sich daher auch gut, um neue Technologien im Voraus abschätzen zu können (PM-3). Für einen anderen Experten liegt der Mehrwert von Simulationen in einer „Abschätzung der Dimension (...) Dass das einer der ersten Schritte ist, um überhaupt etwas aussagen, um überhaupt eine Einschätzung geben zu können" (GN-2). Simulationsergebnisse sind Ergebnisse „relativ guter, wissenschaftsgesteuerter, objektivierter Verfahren" (WI-1). Der zentrale Mehrwert von Simulationen liegt damit in ihrem Vermögen, ansonsten schwere bzw. nicht zugängliche Prozesse beschreibbar, darstellbar und vermittelbar zu machen.

(2) Die Differenzierung von Simulationstypen: Die Befragten haben grundlegend zwischen zwei Simulationstypen differenziert. Als Unterscheidungsmerkmal dieser Simulationstypen wurde auf die ‚Realitätsnähe' rekurriert, die eine Simulation aufweist. Dabei wurden naturwissenschaftlichen Simulationen jene Simulationen gegenübergestellt, die soziale Prozesse simulieren.

Bei Simulationen auf naturwissenschaftlicher Basis wurden die darin zugrunde gelegten Grundannahmen und Einflussfaktoren als sehr realitätsnah bewertet. Es wurde auf eine hohe Belastbarkeit der daraus resultierenden Simulationsergebnisse geschlossen. Ein entscheidender Aspekt bei dieser Beurteilung ist die Unveränderlichkeit des Untersuchungsgegenstandes. Am Beispiel der BGR-Druckstudie etwa wurde betont, dass das Gestein als Untersuchungsgegenstand konstant sei und in einer gewissen Bandbreite immer dieselben Ergebnisse liefert: „Hier ist die Studie ja aufgebaut auf realen Annahmen, da wissen ja die Geologen und die Wissenschaftler im Prinzip, wie das Gestein aussieht, das kann ich also dann schon als belastbares Ergebnis darstellen. (...) Das Gestein wird sich nicht irgendwie ändern. Ich kann als Geologe und Wissenschaftler herausfinden, wie ein Gestein sich verhält, wie kompressibel ist es, wie ist die Durchlässigkeit. Solche Rahmenbedingungen, die kann ich nachvollziehen, die sind auch in zehn Jahren und bei 50 verschiedenen Studien immer wieder die gleichen Werte. Insofern ist das Ergebnis viel belastbarer" (PM-2). Ein Vertreter einer gesellschaftlichen Interessensvertretung drückte sich folgendermaßen aus: „So eine Druckstudie, würde ich sagen ist deutlich wissenschaftlich. Es werden dabei

Parameter geändert und dann kommen da verschiedene Ergebnisse heraus" (GN-3).

Demgegenüber gelten Simulationsergebnisse als weniger belastbar, wenn sie auf unsicher bewerteten Grundannahmen basieren. Als exemplarisch für diesen Typus von Simulationen wurden Energieszenarien und monetäre Gleichgewichtsmodelle genannt. Bei diesen Simulationen sind die Grundannahmen, die einzubeziehenden Parameter sowie der lange Simulationszeitraum nach Einschätzung einiger Befragten mit solch großer Unsicherheit behaftet, dass die Simulationsergebnisse als wenig belastbar angesehen werden. Ein Befragter hat dies für das Beispiel langfristige Energieszenarien folgendermaßen formuliert: „Denn es gibt ja andere Simulationsstudien, da wird ja wirklich nur irgendetwas angenommen, ob das nun demographische Entwicklungen sind oder sonst etwas, die sind für meine Begriffe wesentlich weniger belastbar oder dann gehen sie auch noch über 30, 40 Jahre und sollen irgendwie aussagen, unsere Energieversorgung im Jahr 2050 sieht so und so aus" (PM-2). Als ein weiteres Beispiel für einen Simulationstypus mit geringer Realitätsnähe wurden auch „neoklassische Modelle" angeführt, die als ein monetär lineares Gleichgewichtsmodell aufgefasst wurden. Ein entscheidendes Manko dieser Modelle sei, dass sie große Sprünge im Sinne einer grundlegenden politischen, wirtschaftlichen oder gesellschaftlichen Veränderung nicht abbilden und daher auch nicht prognostizieren können.

(3) Unterschiedliche Erkenntnisinstrumente im Vergleich: Die Methode Computersimulation ist ein wissenschaftliches Erkenntnisinstrument, das sich neben den klassischen wissenschaftstheoretischen Instrumenten ‚Theorie' und ‚Experiment' herausgebildet hat. Unter Wissenschaftstheoretikern hat sich entsprechend eine intensive und lebhafte Debatte um die Positionierung der Methode Simulation im Vergleich zu Theorie und Experiment entfaltet, auf die in der Einleitung dieser Untersuchung kurz verwiesen wurde. Ungeachtet der wissenschaftstheoretischen Diskussion um die erkenntnistheoretische Einordnung von Simulationen ist hier die Beurteilung der Entscheidungsträger zu dieser Fragestellung von Interesse. Dabei zeigen die Befunde aus den Expertengesprächen unterschiedliche Schwerpunkte. Auffallend ist zunächst, dass Simulationen vor allem gegenüber Experimenten thematisiert wurden. Ein Vergleich mit dem Erkenntnisinstrument Theorie blieb weitgehend die Ausnahme.

Beim Vergleich von Computersimulationen mit Experimenten wurde auf bestimmte Differenzen hingewiesen. Zunächst wurde festgestellt, dass Experimente auf einer empirischen Basis arbeiten, d. h. wir haben es mit beobachtbaren und den Natur- und gesellschaftlichen Gesetzmäßigkeiten unterworfenen Untersuchungsgegenständen zu tun. Dies führt nach Einschätzung einiger Experten zu genaueren, nachvollziehbaren und glaubhafteren Ergebnissen, da man „das Produkt des Experiments in der Hand hat" (PM-6). Die direkte Beobachtung und die sinnliche Erfahrbarkeit sind zentrale Merkmale dieses Empirieverständnisses, das Simulationen von Experimenten unterscheidet.

Zudem wurde betont, dass ein Experiment eine empirische Überprüfung von Prognosen zu dem experimentellen Verlauf durchführt, welche bereits im Vorfeld auf Basis von Modellen oder Formeln aufgestellt worden sind. In einem Experiment wird der Versuchsablauf also hypothetisch vorausgesagt, um ihn dann im Verlauf des Experiments zu verifizieren oder falsifizieren. An den Ergebnissen lassen sich dann die Modelle oder Formeln überprüfen (PM-6). Eine Simulation hingegen ist nicht aus sich heraus überprüfbar, da die für eine Simulation getroffenen Annahmen einen großen Einfluss auf das Ergebnis haben, während bei einem Experiment die Annahmen unabhängig vom Verlauf des Experiments sind. Es wurde konstatiert, dass sich Simulationen nicht aus sich heraus verifizieren lassen, sondern immer nur mit der Realität auf Basis von Experimentalergebnissen geprüft werden können (PM-6).

Dies wurde an einem Beispiel zur Druckausübung auf eine Gesteinsprobe verdeutlicht (PM-2). Wenn die Druckausübung experimentell durchgeführt wird, dann ergibt sich ein genauer Druckwert bei der Gesteinsprobe, ab wann das Gestein reißt. Dieses Gestein ist – da aus der Natur entnommen – charakteristisch und damit in einer gewissen Bandbreite repräsentativ für vergleichbare, natürliche Gesteinsvorkommen mit all seiner Heterogenität, welche dem Forscher bekannt oder auch unbekannt ist. Auch wenn die Druckergebnisse des Experiments in einer gewissen Bandbreite abhängig vom Grad der Heterogenität der Probe und natürlichen Vorkommen sind, so sind diese doch übertragbar auf in situ-Situationen. Wird hingegen die Druckausübung simuliert, geschieht dies nicht anhand eines empirischen Forschungsgegenstands, sondern dieser Forschungsgegenstand wurde virtuell gestaltet. Bei dieser Gestaltung muss immer von einem Ideal ausgegangen und damit mit Vereinfachungen operiert werden, bei der nicht alle bekannten oder auch nicht bekannten Aspekte des empirischen Gegenstandes berücksichtigt werden können. Ein Experte hat dies folgendermaßen in Worte gefasst: „Sie haben aber trotzdem nicht das Gestein. Sie können nur ein Ideal annehmen, ein ideales Gestein können Sie nachvollziehen, können Sie modellieren. Aber Sie haben nicht das natürliche Gestein. Sie sagen dann, okay, ich habe SiO_2 in so und so viel Prozent, ich habe Kalkstein in so und so viel Prozenten in dem Gestein drin und es müsste dann so und so passieren. Sie haben aber keine Spurenelemente, die unter Umständen was verändern, berücksichtigt, sie haben unter Umständen nicht irgendwelche Bindemittel" (PM-2). Es kann geschlussfolgert werden, dass Ergebnisse aus Experimenten vor diesem Hintergrund einen Glaubwürdigkeitsvorsprung gegenüber Simulationsergebnissen haben.

Allerdings wurde auch darauf verwiesen, dass es sich bei heutigen Experimenten oftmals um hochkomplexe und vielfach mit Fehlern behaftete Prozesse handelt, so dass auch bei Experimenten eine direkte Beobachtung und sinnliche Erfahrbarkeit selten gegeben ist. Bei Experimenten muss bspw. oftmals indirekt gemessen werden, so dass ein unmittelbarer Rückschluss auf Ursache und Wirkung im Rahmen des Experiments nicht geleistet werden kann. Zudem ist die Übertragbarkeit von experimentellen Ergebnissen auf Gegenstandsbereiche, die außerhalb des Experiments liegen, schwierig. Die Komplexität und Unsicherheit, mit denen Experimente behaftet sind, werden von Außenstehenden allerdings kaum wahrgenommen. Nicht-Wissenschaftler nehmen in der Regel experimentelle Ergebnisse als glaubwürdiger wahr im Vergleich zu Wissenschaftsergebnissen aus Simulationen.

Die methodischen Grenzen sind in der Forschungspraxis allerdings fließend. Es wurde darauf hingewiesen, dass bedingt durch die oben dargelegten Charakteristika des Forschungsgegenstandes ‚Untergrund‘ die drei Erkenntniswerkzeuge Simulation, Experiment und Theorie komplementär zur Anwendung kommen müssen (PB-1). Simulationen werden in den Bereichen eingesetzt, wo die beiden anderen Erkenntnismethoden nicht weiterführen. Zum Einsatz von Simulation in bestimmten Anwendungsfeldern gäbe es schlichtweg keine Alternative, da beispielsweise geowissenschaftliche Verhaltens- oder Ausbreitungsprognosen nur mit Hilfe von Simulationen machbar sind (PB-1).

Insgesamt hat sich gezeigt, dass eine detaillierte Bewertung der drei hier zugrunde gelegten Erkenntnisinstrumente von Experten vorgenommen wurde, die eine große Nähe zu geowissenschaftlichen und simulationsbasierten Themen haben. Nicht-Modellierer waren in ihrer Einschätzung sehr viel indifferenter. Sie gaben an, eigentlich nicht zwischen diesen unterschiedlichen Werkzeugen zu unterscheiden und auch Simulationen nicht als ein eigenständiges Instrument wahrzunehmen. Es werden wissenschaftliche Ergebnisse wahrgenommen und rezipiert, auf welche Weise diese methodisch zu Stande gekommen sind, wird nicht beachtet. Tabelle 11 fasst die wichtigsten Ergebnisse zum Vergleich der drei wissenschaftlichen Erkenntnisinstrumente zusammen.

Experiment
- Reproduzierbarkeit führt zu genaueren, nachvollziehbaren und glaubhafteren Ergebnissen
- Ergebnisse sind greifbar und beobachtbar
- komplexe und fehlerhafte Methode vergleichbar zu Simulationen
- Abgleich mit Ausgangsüberlegungen (Modell/Formeln) möglich
- Messbarkeit, d.h. Veränderungen sind messbar
- geringe Repräsentativität von Experimenten für die Realität (in situ vs. in vitro)

Theorie
- Wenn mathematisch-physikalisch abgeleitet, sind theoretische Ergebnisse die genauste Methode

Simulation
- Idealisierender Ansatz basierend auf bestimmten Wahrscheinlichkeiten
- Wichtiges Erkenntniswerkzeug für Bereiche, wo andere Methoden nicht einsetzbar sind
- Vergleich der Ergebnisse mit der Realität notwendig
- Simulationen sind aus sich heraus nicht überprüfbar; nur über Verifizierung mit Natur/Experiment
- Modellergebnisse sind nicht mit Experimentergebnissen vergleichbar
- Methode ist alternativlos bei bestimmten Anwendungsgebieten

Vergleich von Simulation, Experiment und Theorie
Wahrnehmung (besonders bei Nicht-Modellieren):
- keine Unterscheidung zwischen Simulation, Theorie, Experiment
- Simulation wird nicht als besonderes Erkenntnisinstrument wahrgenommen
Belastbarkeit:
- Ranking hinsichtlich der Belastbarkeit von Ergebnissen: 1) Theorie, 2) Experiment 3) Simulation
- Messungen und Experiment sind am glaubwürdigsten
- Simulationsergebnisse müssen über Experiment/Demonstration verifiziert werden
Anwendungen:
- Anwendungszwecke sind nicht vergleichbar
- einfache Phänomene sind mit allen drei Methoden, komplexe Phänomene nur mit bestimmten machbar
- Experiment und Simulation sollen parallel und komplementär laufen (interdisziplinäre Zusammenarbeit)
- Experimente haben oft kleinen Fragenhorizont; Simulationen beschreiben oft komplexere Prozesse
- Einzelfallbetrachtung notwendig; keine generelle Aussagen möglich
- Skalierbarkeit bei Experiment und Simulation wichtig

Quelle: eigene Darstellung

Tabelle 11: Bewertung der Instrumente Simulation, Experiment und Theorie

7.3.2 Prozessbewertung: Die Beurteilung von Unsicherheiten

Wie im ersten Teil der Untersuchung gezeigt, kann der Simulationsprozess mit einer Vielzahl von potentiellen Unsicherheiten behaftet sein mit Auswirkungen auf die Genauigkeit und die Gültigkeit von Simulationsergebnissen. Werden diese Unsicherheitsfaktoren von Entscheidungsträgern wahrgenommen und wie gehen sie gegebenenfalls damit um? Die Expertengespräche zu Wahrnehmung und Umgang mit Unsicherheiten im Simulationsprozess ergaben drei unterschiedliche Bewertungsmuster, welche sich nach den simulations- und fachspezifischen Kompetenzen der Befragten differenzieren lassen.

Zunächst lassen sich jene Experten zusammenfassen, welche sowohl einen geowissenschaftlichen Hintergrund als auch eine eigenständige Simulationserfahrung aufweisen. Insbesondere die Expertise, Computersimulationen einmal selbst aufgesetzt und durchgeführt zu haben, ist ein wichtiges Kriterium für eine aktive, eigenständige und umfassend reflektierende Bewertung von Unsicherheiten im Simulationsprozess. Ein zweites Bewertungsmuster zeigt sich bei Experten mit einem geowissenschaftlichen Hintergrund jedoch ohne eigene Simulationserfahrung. Die Mehrzahl dieser meist als Fachreferenten in staatlichen Behörden tätigen Experten besitzt einen differenzierten Blick auf die Vielzahl möglicher Unsicherheiten im Simulationsprozess. Eine umfassende eigenständige Bewertung von Unsicherheitsfaktoren bei einer konkreten Simulation wird aber in der Regel nicht geleistet. Schließlich können in einer dritten Gruppe Experten zusammengefasst werden, die weder einen geowissenschaftlichen noch einen simulationsbezogenen Hintergrund besitzen. Deren Bewertung von Unsicherheiten geschieht dabei sehr selektiv bezogen auf einzelne, herausgehobene Unsicherheitsaspekte. Die den drei identifizierten Gruppen zugehörigen Bewertungen von Unsicherheiten können als aktive, reaktive und selektive Bewertungsmuster bezeichnet werden.

(1) Aktive Bewertung von Unsicherheitsfaktoren: Experten mit eigenständiger Simulationserfahrung zeigten eine umfassende und sehr detaillierte Kenntnis möglicher Unsicherheiten im Simulationsprozess sowie deren Implikationen auf die Belastbarkeit der Ergebnisse. Mögliche Unsicherheiten werden bei verschiedenen Komponenten von Simulationen wie Daten, Parameter, Modell, Algorithmus etc. identifiziert.

Ein hohes Maß an Unsicherheit betrifft zunächst die in der Simulation berücksichtigten empirischen Datensätze. Die Primärdaten können lückenhaft bzw. von schlechter Qualität sein, was insbesondere bei geowissenschaftlichen Simulationen häufig der Fall ist (PB-4). Lückenhafte Datensätze werden dann im Simulationsprozess interpoliert, um eine flächendeckende Datengrundlage beim Berechnungsvorgang zur Verfügung zu haben. Diese Interpolation kann linear oder exponentiell geschehen. Dafür stehen in der Modellierungssoftware oftmals Standardeinstellungen zur Verfügung. Bei geochemischen Transport- und Ausbreitungsmodellen wurde darauf hingewiesen, dass spezifische Stoffdaten von einer Vielzahl von Feststoffen für die Simulation notwendig sind, deren Datensätze oftmals lückenhaft und von unterschiedlicher Qualität sind (GN-1). In geochemischen Gleichgewichtsmodellen müssen etwa thermodynamische und kinetische Stoffkonstanten für alle in der Simulation enthaltenen Stoffe für jede Phase berücksichtigt werden, um den Ablauf natürlicher Prozesse adäquat abbilden und prognostizieren zu können. Dies ist allerdings bis heute nicht gewährleistet. So wurde konstatiert, dass z. B. eine ganze Reihe von Magnesium-Hydroxy-Verbindungen in Datenbanken nicht vorhanden ist. Es wurde betont, dass sich Modellierer stets bewusst sein sollten, dass bei der Betrachtung eines Mehrphasensystems alle Stoffe berücksichtigt werden müssen und für jede Phase das Stoffverhalten im Datensatz vorhanden sein muss. Ist dies nicht der Fall, laufen zwar die Rechnungen formal korrekt ab, trotzdem werden falsche Ergebnisse generiert, da nicht berücksichtigt wurde, dass sich ein Mineral unter bestimmten Bedingungen instabil verhält (GN-1).

Ein weiterer Unsicherheitsfaktor stellt die Parameterauswahl, die Festlegung der Parameterwerte sowie deren Einfluss auf die Simulationsergebnisse dar. Auch dies wurde von geowissenschaftlichen Simulationsexperten als mögliche Fehlerquelle herausgestellt. Hierbei sei zum einen zu prüfen, ob die entscheidenden Parameter, die für den Ablauf natürlicher Prozesse verantwortlich sind, berücksichtigt wurden. Zum anderen ist zu prüfen, ob die zugrundegelegten Parameterwerte auch adäquat die Realität abbilden können. Bei der Simulation von CO_2-Verhalten im Untergrund betrifft dies beispielsweise Gesteinsparameter mit der Festlegung spezifischer Werte für Porosität, Permeabilität und Kompressibilität. Die Bewertung der adäquaten Berücksichtigung einzelner Parameter und ihrer Werte in einer Simulation kann unter Umständen auch von geowissenschaftlichen Experten ohne Simulationserfahrung geleistet werden.

Modellbezogene Unsicherheiten beziehen sich zunächst auf die Festlegung der Modellgrenzen auf Basis der getroffenen Grundannahmen. Die Grundannahmen definieren Ausschnitt und Funktionsweise (im Sinne von Wirkungszusammenhängen) der Wirklichkeit, wie sie im Modell abgebildet werden. Dabei werden Vereinfachungen vorgenommen, die die natürlichen Wirkungszusammenhänge idealisieren und System- bzw. Modellgrenzen des Untersuchungsfalls inhaltsbezogen definieren. Grundannahmen und Systemgrenzen werden aber auch vor dem Hintergrund ihrer Übersetzbarkeit in mathematische und computerbasierte Formsprachen getroffen. In den Worten eines Experten „folgt die Natur nicht unbedingt mathematischen Funktionen; sie kann wirklich sehr heterogen sein (...) Die Natur ist meistens nicht Schwarz oder Weiß, sondern Grau" (PB-4).

Dies hat Implikationen für einen weiteren modellbezogenen Unsicherheitsaspekt, nämlich die Festlegung der Bedingungen an den Rändern einer Simulationszelle. Der Modellierer muss für jeden Rand einer Zelle die Randeigenschaften festlegen, indem die Randeigenschaften als durchlässig, undurchlässig oder als exakt zu definierender Zwischenwert festgelegt werden muss. Von einem Experten wurde dies als großes Problem dargestellt, da seiner Meinung nach bei der Festlegung der Randbedingungen seitens des Modellierers „gezielt manipuliert werden kann – und wird" (GN-1). Die angeführten Beispiele für diese Aussage bezogen sich allerdings nicht auf Simulationsstudien seitens der Wissenschaft, sondern auf Simulationen, wie sie von Wirtschaftsunternehmen getätigt werden.

Ein weiterer Unsicherheitsaspekt betrifft die richtige und vollständige Erfassung der naturgesetzlichen Wirkungszusammenhänge und deren Erfassung im Differentialgleichungssystem bzw. im Algorithmus. Es macht – so ein Experte – einen großen Unterschied, ob ich im Zusammenhang mit Fluidtransporten in einem porösen Medium eine Gas- oder nur eine Flüssigkeitsphase betrachte. Bei den unterschiedlichen Phasen ist die Kompressibilität eine ganz andere, so dass sehr unterschiedliche physikalische Phänomene auftreten. Eine zentrale Frage bei der Unsicherheitsbewertung ist demnach, ob „die Physik – nach dem was wir wissen – vollständig in den Differentialgleichungen erfasst worden ist" (PB-3).

Insgesamt hat sich bei geowissenschaftlichen Simulationsexperten gezeigt, dass sowohl ein sehr differenziertes Wissen über Unsicherheitsaspekte im Verlauf des Simulationsprozesses vorhanden ist als auch die Expertise, diese einzelnen Aspekte bei einer konkreten Simulationsstudie eigenständig bewerten zu können und aktiv zu bewerten. Dies setzt allerdings auch voraus, dass diese Aspekte einer Bewertung zugänglich sind, etwa durch Transparenz und Offenlegung von Annahmen, Datensätzen oder des Computer-Codes.

(2) Reaktive Bewertung von Unsicherheitsfaktoren: Anders verhält es sich bei geowissenschaftlichen Experten ohne eigene Simulationserfahrung. Zwar ist auch hier ein ausgeprägtes Wissen um die verschiedenen Unsicherheitsaspekte bei Simulationsrechnungen vorhanden. Die Bewertungsperspektive zielt allerdings eher darauf ab, dass die simulationsbezogenen Unsicherheitsaspekte über eine detaillierte Fehlerdiskussion seitens der Modellierer aufbereitet und kommuniziert werden sollten. Im Gegensatz zu Anforderungen von Rezipienten mit Simulationserfahrung reicht es hierbei nicht aus, Unsicherheitsaspekte offenzulegen, sondern diese Aspekte sollen durch die Modellierer selbst in ihrer Bedeutung für die Belastbarkeit der Ergebnisse diskutiert, bewertet und kommuniziert werden. Die Simulationsergebnisse „müssen mit Fehlerangaben versehen wer-

den, um einschätzen zu können, wie die Ergebnisse in Abhängigkeit bspw. von dem Modell zustande kamen" (PM-4). Wichtig ist eine „saubere Darstellung der Annahmen, Vergleich mit anderen Simulationen, der Verweis auf Programmbibliotheken und die Darstellung der verwendeten Gleichungen. Dabei gilt: je umfangreicher, desto vertrauenswürdiger" (PM-4).

Es wird deutlich, dass geowissenschaftliche Experten ohne eigene Simulationserfahrung auf Hilfestellungen hinsichtlich der Einschätzung und Kontextualisierung von Unsicherheitsfaktoren angewiesen sind. Eine eigenständige Bewertung der Unsicherheitsfaktoren wird in der Regel nicht geleistet. Ist eine intensive Fehlerdiskussion bei der Präsentation von Simulationsergebnissen nicht gegeben, sind zumindest die getroffenen Grundannahmen offen und transparent darzulegen. Dies ist insofern wichtig, da die Rezipienten dann den Austausch und das Gespräch mit Fachkollegen und Wissenschaftlern suchen können, um eine unabhängige Bewertung des Fehlerausmaßes machen zu können. Die Rückversicherung durch Fachkollegen sowie die Beobachtung des Wissenschaftsdiskurses – wie positioniert sich ein bestimmter Wissenschaftler bezüglich einer konkreten Studie – sind gängige Bewertungsstrategien zum Umgang mit Unsicherheit bei Simulationsprozessen.

(3) Selektive Bewertung von Unsicherheitsfaktoren: Eine detaillierte Kenntnis über spezifische Unsicherheitsaspekte ist bei nicht-geowissenschaftlichen Experten nicht vorhanden. Zwar ist generell bekannt, dass Simulationen mit Unsicherheiten behaftet sind, eine genaue Benennung und Auflistung einzelner Unsicherheitsaspekte wird von diesen aber nicht geleistet. Dennoch spielen einige ausgewählte Unsicherheitsaspekte auch in der Wahrnehmung von nicht-geowissenschaftlichen Experten eine wichtige Rolle.

Während Rezipienten mit Simulationserfahrung ein sehr differenziertes Bild von möglichen Unsicherheiten entlang der einzelnen Prozessschritte einer Simulation haben, konzentrieren sich Nicht-Simulationsexperten auf einige wenige, ausgewählte Aspekte. Im Vordergrund stehen dabei die getroffenen Grundannahmen, die Modellgrenzen sowie die Parameter. Andere Aspekte wie Qualität der Daten, Festlegung der Randbedingungen, Berücksichtigung der naturwissenschaftlichen Wirkungszusammenhänge im Algorithmus oder Umsetzungsfehler im Code werden dagegen nicht wahrgenommen. Der Aufmerksamkeitsschwerpunkt liegt demnach auf den Ausgangs- bzw. Startbedingungen des Modells und weniger auf dem nachfolgenden Verlauf der Prozesse. Die Nachbildung des Ausgangzustandes eines Prozessverlaufs werden in einer Simulation durch die getroffenen Grundannahmen, die Modellgrenzen sowie der für die Prozesse verantwortlichen Einflussfaktoren (Parameter) geleistet. Offenbar interessiert Nicht-Simulationsexperten, wie adäquat und wahrheitsgetreu die Anfangsbedingungen im Abgleich mit der Wirklichkeit in einer Simulation umgesetzt werden.

Die selektive Bewertung ausgesuchter Unsicherheitsaspekte tritt bei nicht-geowissenschaftlichen Experten noch deutlicher zu Tage. Bei den hier befragten Akteuren sind dies politische Entscheidungsträger sowie zivilgesellschaftliche und wirtschaftliche Interessensvertreter. Die zentrale Fragestellung ist hier eindeutig: Inwiefern bildet der simulierte Wirklichkeitsausschnitt adäquat und realistisch die empirischen Ausgangsbedingungen ab? Vereinfachungen in der simulierten Abbildung, welche von Simulationsexperten als zwangsläufig und notwendig erachtet werden, werden von Nicht-Simulationsexperten besonders kritisch hinterfragt. Mehrfach wurde darauf verwiesen, dass das der Simulation zugrunde gelegte Modell so nicht eins zu eins der Wirklichkeit entspricht und möglicherweise entscheidende Einzelheiten und Details in der Natur im Modell nicht auftauchen (PP-2; GN-2). Der notwendigen Homogenität einer Simulation wird die Heterogenität der Natur gegenübergestellt.

7.3.3 Ergebnisbewertung: Die Beurteilung von Formaten und Belastbarkeit

In der Kommunikation wissenschaftlicher Expertise an politische und gesellschaftliche Entscheidungsträger steht die Ergebnisdarstellung im Vordergrund. Schriftliche wie mündliche Wissenschaftskommunikation thematisiert die zentralen wissenschaftlichen Ergebnisse. Wie verhält es sich nun mit der Rezeption von Simulationsergebnissen? Existieren simulationsspezifische Charakteristika bezüglich der Ergebnisdarstellung, -wahrnehmung und -verarbeitung? In welcher Form werden typischerweise Simulationsergebnisse dargestellt und welche Implikationen hat dies auf die Informationsverarbeitung? Diese Fragestellungen werden in diesem Abschnitt anhand der Befunde der Expertengespräche diskutiert, indem zunächst das Format von Simulationsergebnissen und dessen Implikationen auf die Informationsverarbeitung thematisiert wird. Daran anschließend wird die Frage der Belastbarkeitsbewertung von Simulationsergebnissen diskutiert.

(1) Simulationsergebnisse in Bildern und Zahlen: Ergebnisse von Computersimulationen sind in der Regel Zahlen, Bilder oder Filme (als sequentielle Abfolge aufeinander aufbauender Bilder). Das Grundgerüst dieser unterschiedlichen Ergebnisformate sind mithin immer Zahlen. Bei den hier betrachteten Simulationen im Bereich CCS wurden beispielsweise konkrete Zahlenergebnisse bei der Druckerhöhungen durch die Injektion von CO_2 errechnet, Bilder über das Ausbreitungsverhalten der CO_2-Wolke im Untergrund an verschiedenen Zeitpunkten generiert oder – im Rahmen von verbalen Präsentationen – Filmsequenzen über die prinzipielle Funktionsweise von CCS oder auch über geologische Prozesse zur Fixierung von CO_2 im Untergrund (so genannte *trapping mechanisms*) präsentiert.

Simulationsergebnisse in Zahlen, Bildern und Filmen – so wurde konstatiert – entsprechen einem Zeitgeist, der in den unterschiedlichsten Bereichen durch einen deutlichen Visualisierungstrend gekennzeichnet ist (WI-1). Kommunikation findet zunehmend mit Unterstützung von Bildern und Visualisierung statt – auch und gerade in der Wissenschaft. Bei einer wissenschaftlichen Vortragskultur im Übergang vom alleine gesprochenen Wort zum Bildvortrag mit Redebegleitung treffen Simulationsergebnisse im Zahlen- und Bildformat auf die Erwartungshaltung der Rezipienten. Die Vermittlung komplexer Sachverhalte profitiert allerdings auch von der ‚Powerpointisierung‘, denn „CCS ohne Powerpoint ist nicht zu erklären" (WI-1). Allerdings muss hier differenziert werden zwischen der Vermittlung einer technologischen Funktionsweise und der Darstellung virtueller Simulationsergebnisse als Abbild real existierender, konkreter Prozesse. Während ersteres dem prinzipiellen Technologieverständnis dient, ist letzteres relevant für die Technikeinschätzung und -bewertung. Im Folgenden steht deshalb letzteres im Vordergrund der Diskussion.

Es wurde mehrfach betont, dass Ergebnisse in Zahlen eine sehr große Genauigkeit vermitteln. Diese Genauigkeit spiegelt die in der realen Wirklichkeit ablaufenden Prozesse allerdings – so die Einschätzung einiger Experten – nur bedingt wieder. Zieht man die Vielfalt oben diskutierter Unsicherheitsaspekte einer Simulation in Betracht, können Zahlen mitunter eine Scheingenauigkeit suggerieren. Zahlenergebnisse sind für sich genommen zunächst abstrakte Aussagen, die ihre inhaltliche Aussage mit Objektivität und Universalität versehen. Zahlen vermitteln damit einen wissenschaftlichen Anspruch auf Neutralität, Objektivität und Exaktheit – und besitzen so eine große Überzeugungskraft.

Mit Bildern verhält es sich etwas anders. Bildhafte Simulationsergebnisse sind immer Vereinfachung und Idealisierung des ursprünglichen Phänomens. Anders als Ergebnisse in Zahlen, deren konkrete Werte aus Rechenvorgängen aus dem Simulationsprozess resultieren, werden Simulationsbilder in einem eigenständigen Visualisierungsprozess auf Basis der errechneten Zahlen generiert. In diesem Schritt werden beim Prozess der Bildbearbeitung Genauigkeiten hinzugefügt, welche die Simulationsrechnung eigentlich nicht hergibt. Mit den Worten eines Experten: „Numerische Modelle haben eine gewisse Auflösung, aber durch das graphische Postprocessing wird oft eine Detailgenauigkeit vorgetäuscht, welche die Simulationsergebnisse eigentlich nicht hergeben" (GN-1).

Abbildung 7 entnommen aus Chadwick et al. 2008 (zit. n. Krupp 2010) zeigt am Beispiel des Sleipner CCS-Projektes die Modellierung der Auflösung von CO_2 im Formationswasser als vertikalen Schnitt. Die bildliche Aufbereitung vermittelt den Eindruck eines photographischen Abbildes der Realität, bei dem die Auflösungsprozesse detailgenau abgebildet sind – und verdeckt dabei, dass das Bild virtuell konstruiert wurde.

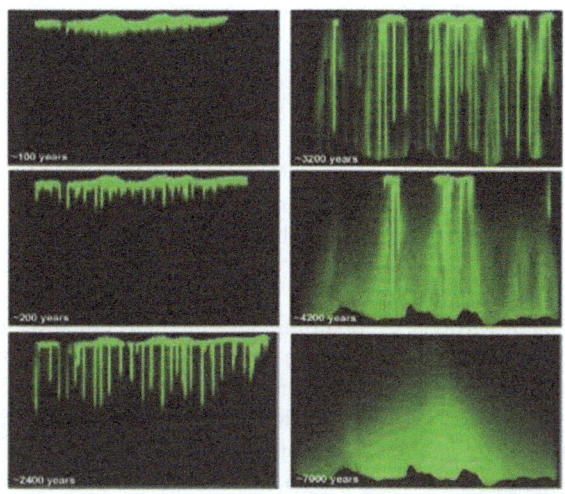

Quelle: Chadwick et al. 2008: 230, zit. n. Krupp 2010: 44

Abbildung 7:   Sleipner CCS-Projekt: Beispiel einer Modellierung der
Auflösung von CO_2 im Formationswasser als vertikaler Schnitt

Welche Implikationen haben die Ergebnisformate Bilder und Zahlen für die Informationsverarbeitung? Die Einschätzungen der Simulationsexperten unter den Befragten sind recht eindeutig:

- „[Simulationsergebnisse] sollte man nicht für bare Münze nehmen, was natürlich sehr verlockend ist, denn da werden bunte Bildchen generiert, Animationen, die einem etwas vorgaukeln, etwas sehr Schönes, was man dann auch geneigt ist, als Realität anzuerkennen und sich darauf dann zu verlassen" (PM-6).
- „Generell, würde ich vermuten, werden Simulationsergebnisse überschätzt. (…) Das ist dann aufgekommen, als wir leistungsfähige Rechner hatten und die Simulationsergebnisse grafisch sehr gut aufarbeiten konnten. Die machten tolle, bunte Bilder oder eventuell sogar Trickfilme. Das wird dann sehr leicht geglaubt und als bare Münze genommen" (PB-4).
- „Ich würde mal annehmen, dass Nicht-Geowissenschaftler sich eher von Simulationsergebnissen überzeugen lassen als Fachleute. (…) Aber ein Computerprogramm ist ja immer nur so gut, wie die Algorithmen, die da drin stecken. Und am Ende kriegen sie schöne bunte Bilder, die sind nicht

175

umsonst wahrscheinlich so vereinfachte Situationen. Und mit so was können sie Nichtfachleute eher überzeugen als Experten" (PB-2).

- „Je bildhafter die Modellergebnisse dargestellt werden, für desto glaubwürdiger werden sie gehalten" (PB-1)

Bilder und Zahlen vermitteln demnach eine Genauigkeit und Realitätsnähe und wirken auf Rezipienten damit glaubwürdiger, obwohl die Ergebnisse von ihrer inhaltlichen Aussagekraft dies eigentlich nicht hergeben.

Die hier dargelegten Aussagen wurden alle von Geowissenschaftlern mit eigener Simulationserfahrung getätigt. Insofern muss hier weiter differenziert werden. Der Glaubwürdigkeitsvorsprung basierend auf objektivierten und detailgenauen Zahlen und Bildern kann sich nämlich auch ins Gegenteil kehren und Modellergebnisse delegitimieren. Wenn ein Modell versucht, eine falsche Genauigkeit vorzuspiegeln, kratzt das jedenfalls an der Glaubwürdigkeit des Modells insgesamt (PB-1). Letztlich hängt die Glaubwürdigkeit der Bilder vom Betrachter ab: „Leute, die dem Projekt an sich kritisch gegenüber eingestellt sind, glauben es nicht und sehen darin den Versuch, sie über den Tisch zu ziehen mit schönen Bildchen. Und die Befürworter sehen es positiv, ohne es unter Umständen vom Detail her beurteilen zu können. D. h. es hängt sehr stark an der Einstellung des einzelnen Beobachters" (GN-1). So wurde berichtet, dass sich Vertreter von Umweltverbänden, welche der CCS-Technologie eher kritisch gegenüberstehen, über Simulationsbilder lustig machen. Zusammenfassend kann dies als Verstärkereffekt von Simulationen bezeichnet werden: Simulationsbilder und -zahlen verstärken je nach Standpunkt des Rezipienten die Glaubwürdigkeit oder das Misstrauen gegenüber der Simulation.

(2) Belastbarkeit und Qualität von Simulationsergebnissen: Die Bewertung der Belastbarkeit wissenschaftlicher Simulationsergebnisse durch Rezipienten ist von großer Bedeutung. Werden Simulationsergebnisse als sehr belastbar und valide angesehen, so können sie einen wichtigen Beitrag zur Objektivierung von Sachverhalten leisten und als Referenzpunkt für gesellschaftspolitische Diskurse über Technologiebewertungen (Machbarkeit, Wünschbarkeit, Notwendigkeit) dienen. Von zentraler Bedeutung ist daher die Fragestellung, wie die Belastbarkeit und Qualität von Simulationsergebnissen seitens politischer und gesellschaftlicher Entscheidungsträger eingeschätzt wird und welche unterschiedlichen Bewertungsstrategien sich ausfindig machen lassen. Im Folgenden werden die Befunde der Expertenbefragung zur Bewertung der Belastbarkeit und Qualität von Simulationsergebnissen dargestellt. In einem Satz lassen sie sich auf folgenden Nenner bringen: „Es ist immer die Frage, wer es macht, wer beteiligt war, wie die Methodik war und ob alle Fakten berücksichtigt worden sind, die derzeit bekannt sind für die Grundlegung der Simulation" (WI-1).

Die identifizierten Bewertungsaspekte lassen sich recht eindeutig zwei grundsätzlichen Bewertungsbereichen zuordnen: zum einen erfolgt die Bewertung vornehmlich anhand von Modell-inhärenten Aspekten. Hierbei stehen simulationstechnische und -prozessbezogene Aspekte der Qualitätssicherung im Vordergrund, welche insbesondere von geowissenschaftlichen Experten (mit und ohne eigene Simulationserfahrung) zur Bewertung der Belastbarkeit herangezogen werden. Auf der anderen Seite bewerten Experten ohne geowissenschaftlichen und simulationstechnischen Hintergrund Simulationsergebnisse auf Basis Modell-kontextueller Aspekte. Dabei wird die Beurteilung der Belastbarkeit von wissenschaftlichen Ergebnissen über die Einschätzung bspw. des Rezeptionsdiskurses, der Vertrauenswürdigkeit der Urheberschaft oder der partizipativen Einbindung von Stakeholdern in den Simulationsprozess geleistet. Die folgende Betrachtung beider Bewertungsstrategien erläutert die einzelnen Aspekte.

Bei der Modell-inhärenten Bewertungsstrategie erfolgt die Belastbarkeitsbewertung aus der Binnenperspektive einer Simulation, indem simulationstechnische Aspekte und Komponenten in den Blick genommen werden. Zunächst wurde konstatiert, dass der Stand der geowissenschaftlichen Simulatoren derzeit sehr gut sei, während die Problematik vor allem in der Qualität der Daten liege. Kurz gefasst: In den Geowissenschaften arbeitet man mit sehr guten Simulatoren, aber mit schlechten Daten (PB-4). Trotz dieser generellen Einschätzung wurde aber deutlich darauf hingewiesen, dass die Qualität von Simulationsergebnissen immer von einer Einzelfallbetrachtung konkreter Simulationsstudien abhängt, bei der unterschiedliche Aspekte betrachtet werden müssen (PB-4). Die Belastbarkeit und Robustheit von Simulationsergebnissen ist desto höher, je geringer die simulationsspezifischen Unsicherheiten und Fehlerquellen sind und je genauer diese abgeschätzt werden können. Die Belastbarkeitsbewertung orientiert sich dementsprechend an den oben identifizierten Unsicherheitsaspekten entlang des Simulationsprozesses. Im Einzelnen wurde eine ganze Reihe von Qualitätsaspekten genannt, die in Tabelle 12 zusammengefasst werden (PM-6; PB-4; GN-1; PB-1).

Von hoher Robustheit und Belastbarkeit bei Simulationsergebnissen kann gesprochen werden, wenn die notwendigen empirischen Daten vorhanden und deren (möglichst geringe) Fehlerbandbreite abgeschätzt werden kann. Die Randbedingungen sollten adäquat definiert und beschrieben sein. Ähnlich verhält es sich mit den getroffenen Grundannahmen: sie sollten trotz ihrer Vereinfachung und Idealisierung die Kernfunktionen des abgebildeten System adäquat erfassen und ausführlich und transparent beschrieben sein. Die Parameter als Einflussfaktoren der ablaufenden Prozesse sollten in Bezug auf das Ergebnis getestet sein, so dass nur jene mit starkem Einfluss Berücksichtigung finden.

Modell-inhärente Aspekte	sehr belastbar / glaubwürdig	wenig belastbar / unglaubwürdig
Daten	– Notwendige Daten vorhanden – Genaue Kenntnis der Daten mit Wissen um Fehlerbandbreite	– Lückenhafte und fehlerhafte Daten
Randbedingungen	– Randbedingungen adäquat – Zuverlässige Festlegung der Randbedingungen	– Keine klare Definition und Beschreibung der Randbedingungen
Annahmen	– Annahmen ausführlich und transparent beschrieben	– Implizite und nicht beschriebene Annahmen
Parameter	– Test der Parameter auf Ergebnisse	– Keine Kenntnis über Einfluss der Parameter auf Ergebnisse
Modell	– Einfaches und gut gebautes Modell, das nicht in Konflikt mit der Wirklichkeit steht – Validierung der Software (keine Programmierfehler) – Werkzeug angemessen für Aufgabe	– Komplexe Modelle mit Konflikten zwischen Modellsoftware oder Zwischendateien – Keine Kenntnis und Zugang zum Progammcode
Ursache-Wirkungs-Zusammenhang	– Genaues Verständnis naturwissenschaftlicher Prozesse und deren Übertragbarkeit in mathematische Formeln	– Dreidimensionale Phänomene werden oft nur zweidimensional berechnet, ohne dass Konsequenzen klar sind
Abgleich Modell vs. Realität	– Modell gibt Realität adäquat wieder	– Modell gibt Realität nicht adäquat wieder

Quelle: eigene Darstellung

Tabelle 12: Bewertungskriterien für die Belastbarkeit von Simulationsergebnissen

Das Modell selbst sollte für eine bessere Nachvollziehbarkeit durch die Rezipienten eher einfach sein, ohne in Konflikt mit der Wirklichkeit zu stehen, d. h. das

Modell sollte als Werkzeug für die Aufgabenstellung gut geeignet sein. Beim Computercode sollte über eine Validierung der Software sichergestellt sein, dass möglichst keine Programmierfehler enthalten sind. Darüber hinaus muss sichergestellt sein, dass Funktion und Ablauf des abzubildenden Systems gut verstanden und über naturwissenschaftliche Gesetzmäßigkeiten und Theoreme vollständig erfasst ist sowie adäquat in mathematische Formeln und Computersprache übertragen werden kann.

Ein letzter Aspekt verdient besondere Erwähnung, da er von den Befragten als zentrales Bewertungskriterium eingestuft wurde. Danach bemisst sich die Belastbarkeit von Simulationsergebnissen im Abgleich mit der Realität. Die empirische Validierung eines Modells anhand von Mess- und Beobachtungspunkten ist der zentrale Bewertungsmaßstab, um Simulationsergebnisse bezüglich ihrer epistemischen Robustheit einzuschätzen (PM-4; PM-5; PB-4; WI-1; PM-6; PB-3). Mit den Worten eines Experten: „Belastbar sind Simulationsergebnisse nur im Vergleich mit der Realität. Ein Modell ohne Abgleich mit der Realität ist ein Trickfilm. Ein Rechenmodell beschreibt bestimmtes Verhalten. Und genau dieses Verhalten müsste in der Realität gemessen werden, durch echte Beobachtungspunkte, durch echte Messungen" (PB-1). Simulationen, die nicht ausreichend mit der Realität abgeglichen sind, können zu Ergebnissen führen, die der Wirklichkeit aus derzeitiger Sicht widersprechen – wie der Fall Dawsonit zeigt (PB-4) (vgl. Box 2).

Box 2: Der Fall Dawsonit

Bei der Speicherung von CO_2 finden bei einem ausreichend langen Zeitraum geochemische Prozesse statt, die das CO_2 im Untergrund fixieren (so genannte Mineralisierung). Das CO_2 reagiert mit Mineralien und bildet Carbonate in fester Form aus. Viele geochemische Simulationsrechnungen haben nun ergeben, dass bei diesen Mineralisierungsprozessen das Mineral Dawsonit gebildet wird. Das Problem: In der Realität kommt dieses Mineral äußerst selten und nur an sehr wenigen Orten der Erde vor. Experten glauben vor diesem Hintergrund nicht, dass Dawsonit vermehrt als Karbonat bei der CO_2-Speicherung ausfällt. Die Problematik scheint nach heutigem Stand eher daher zu rühren, dass das Mineral in thermodynamischen Datenbanken enthalten ist, mit denen Simulationen rechnen. Hier handelt es sich aller Voraussicht nach um ein Problem unvollständiger Daten mit der Folge, dass ein Simulationsergebnis ausgewiesen wird, welches diametral zu Befunden aus der Wirklichkeit steht.

Quelle: ausgeführt nach PB-4

Die Validierung insbesondere in den Geowissenschaften stößt bei der praktischen Umsetzung allerdings auf vielfältige Probleme. Oftmals sind keine ausreichenden empirischen Daten für eine Überprüfung des Modells vorhanden. Anfangsbedingungen des zu untersuchenden Phänomens sind in der Realität nicht eindeutig definierbar, da die natürlichen Prozesse über einen sehr großen Zeitraum ablaufen und die Ausgangsbedingungen daher weit in der Vergangenheit liegen. Handelt es sich bei den Prozessen um nicht-lineare Ursache-Wirkungsmechanismen, ist das ein weiteres Problem, da die Wirkungszusammenhänge nicht eindeutig definiert werden können. Im konkreten Fall einer deutschen CCS-Speicherung existiert derzeit beispielsweise noch kein Speichervorhaben, aus denen empirische Mess- und Beobachtungspunkte gewonnen werden können.

Diese oben dargelegten Aspekte sollten *idealiter* bei einer Simulationsstudie von simulationserfahrenen Rezipienten geprüft werden. Die Sicherstellung der Qualität liegt dabei in der Verantwortung des Modellierers, der mittels unterschiedlicher methodischer Testverfahren Robustheit und Qualität sicherstellen und die Testergebnisse im Rahmen der Simulationsstudie kommunizieren sollte. Der Rezipient kann dann anhand der Durchführung und Ergebnisse der Testverfahren die Robustheit der Simulationsergebnisse bewerten.

Die Befragten nannten eine ganze Reihe unterschiedlicher Testverfahren und Qualitätsanforderungen, welche für die Bewertung von Simulationsergebnissen notwendig sind. Diese lassen sich den Bereichen methodische Qualitätstests, Transparenz sowie Wissensaustausch und Modellwettbewerb zuordnen.

Bei methodischen Qualitätstests steht eine Reihe von Testverfahren zur Verfügung; beispielhaft genannt wurden Sensitivitätsanalysen, Ringversuche, Benchmarking-Vergleiche usw. Der Modellierer sollte dabei eine Vielzahl einfacher Optimierungsregeln als elementares Handwerkszeug beachten. Dies wurde am Beispiel der Netzverdichtung folgendermaßen illustriert: „Man muss z. B. zeigen, dass durch eine Netzverdichtung sich am Ergebnis nichts mehr ändert. Wenn man ein sehr grobes Netz hat und das Netz verkleinert, tut sich da eine Menge. Da sieht man, dass die Anzahl der Stützstellen eine bestimmte Dichte haben muss. Erst wenn man nachgewiesen hat, dass an allen Stellen des Modells eine Netzverdichtung nichts mehr bringt, ist das Vertrauen in die Netzdichte so groß, dass das jedenfalls stimmt. (…) Wenn Modellierer so etwas für ihre Modelle nicht überprüft haben, dann sind sie in jeder Weise unqualifiziert" (PB-3).

Transparenz, Wissensaustausch und Modellwettbewerb sind weitere essentielle Elemente einer Qualitätssicherung von Simulationsergebnissen. Bezogen auf Simulationsstudien zum Speicherverhalten bei der CO_2-Sequestrierung wurde bemängelt, dass die derzeit vorliegenden Untersuchungen (bei den derzeit vorhandenen internationalen Speicherprojekten) nicht transparent genug sind, um das Speicherverhalten über den Zeitverlauf objektiv beurteilen zu können (PM-5). In dem Zusammenhang konkreter Speichervorhaben wurden auch Modellwettbewerb und die Institutionalisierung eines Wissensaustausches eingefordert. Die derzeitige Praxis der Simulation mit Hilfe eines kommerziellen Standardverfahrens gilt als nicht ausreichend für eine ausgewogene und objektive Beurteilung der Sachlage: „Einfach gesagt, da gibt es eine kommerzielle Software von Schlumberger, die wird eingesetzt und damit wird modelliert. Das – glaube ich – ist zu wenig. (…) Ich denke, dass es zumindest so eine Entwicklung geben wird, dass man sagt, so eine Simulation muss den und den Anforderungen genügen" (PM-5). Diese Anforderung wurde auch im derzeit vorliegenden deutschen CCS-Gesetzentwurf aufgenommen, indem in § 40 der Wissensaustausch zwischen Betreibern sowie regulatorischen und wissenschaftlichen Einrichtungen eingefordert wird. In Paragraf 40 Absatz (1) heißt es dazu: „Betreiber von Anlagen zur Abscheidung von Kohlendioxid und von Kohlendioxidleitungen, die jeweils bis zum 31. Dezember 2017 zugelassen worden sind, sowie von Kohlendioxidspeichern führen mit anderen Betreibern solcher Anlagen, den zuständigen Behörden, der Bundesanstalt für Geowissenschaften und Rohstoffe, dem Umweltbundesamt sowie den wissenschaftlichen Einrichtungen, die mit der Erforschung, Entwicklung und Erprobung der Technologien zur Abscheidung, zum Transport und zur dauerhaften Speicherung von Kohlendioxid befasst sind, einen Wissensaustausch durch" (Drucksache 17/5750: 23).

Bei der Modell-kontextuellen Bewertungsstrategie beurteilen Rezipienten die Belastbarkeit von Ergebnissen nicht anhand methodisch-inhaltlicher Qualitätskriterien im Simulationsprozess selbst. Es werden vielmehr kontextuelle Faktoren wie Urheberschaft der Simulationen oder der Verlauf des Rezeptionsdiskurses in den Blick genommen, um dann auf die Güte der Simulationsergebnisse zu schließen. Hier findet ein interpretatorisches Schließverfahren statt, welches die Qualität von Ergebnissen nicht aus ihrem eigenen, objektiven, rationalen und kausalen Entstehungsprozess ableitet, sondern aus Umfeldfaktoren überträgt. Der Hauptgrund für diese Bewertungsstrategie ist die fehlende simulationstechnische Expertise der Rezipienten, die ein methodisches Nachvollziehen und Beurteilen des Simulationsprozesses verhindert. Dementsprechend sind es Experten ohne geowissenschaftlichen und simulationstechnischen Hintergrund, welche die Modell-kontextuelle Bewertungsstrategie zur Beurteilung von Simulationsergebnissen verwenden. Die Expertengespräche haben insgesamt fünf unterschiedliche kontextuelle Bewertungskriterien ergeben, die zur Bewertung herangezogen werden.

Erstens ist die weitaus wichtigste Beurteilungskategorie die Einschätzung des oder der Urheber von Simulationen. Vertrauenswürdigkeit, Reputation, Unabhängigkeit und Neutralität der verantwortlichen Personen oder Institutionen sind zentrale Bewertungsmaßstäbe, die betrachtet werden. Auch gegenüber der Wissenschaft wird Neutralität nicht per se angenommen. Zwar genießt die Wissenschaft ein hohes Maß an Vertrauenswürdigkeit (entsprechend werden wissenschaftliche Simulationen deutlich vertrauenswürdiger eingeschätzt als Simulationen von Unternehmen oder staatlichen Stellen), dennoch wird auch hier im Einzelfall die Reputation und Neutralität beurteilt: „Ist das ein Professor, der schon mal als Wirtschaftsminister beim politischen Gegner gehandelt wurde oder nicht, dann wäre man bei einem politisch-kontroversen Thema nicht gerade geneigt den zu nehmen" (PP-1).

Von großer Bedeutung ist daher, „wer es macht" (WI-1), und es werden dann die Ergebnisse übernommen und für belastbar beurteilt, „die uns glaubwürdig sind" (GN-3). Die Beurteilung von wissenschaftlichen Ergebnissen geht also fast immer einher mit der Einordnung der Urheber, den dahinter stehenden Institutionen oder der Art der Ergebnisveröffentlichung. So wird von Fachvertretern etwa auf bestimmte Publikationsorgane wie renommierte Fachzeitschriften und auf die Reputation der Autoren oder der Institution geachtet (PM-2; PM-4; PB-2; PB-3; PP-2). Für die Argumentationskette der eigenen Positionierung wird darauf geachtet, angesehene Wissenschaftsquellen heranzuziehen (PP-2). Die Vertrauenswürdigkeit der Quelle ersetzt somit eine tiefergehende inhaltliche Auseinandersetzung mit wissenschaftlichen Studien: „Man hat irgendwo eine Quelle, das sind seriöse Institute oder Wissenschaftler. Es wird hinterfragt, ob sie im Ruf stehen, Gefälligkeitsergebnisse zu erzielen oder nicht. Aber auf welche Art und Weise etwas simuliert wird, das wird gar nicht hinterfragt, insofern ist das als Methode kein Thema" (PP-1). Vertrauen in die verantwortlichen Personen und Institutionen ist damit eine der wichtigsten Kategorien bei einer Modellkontextuellen Bewertungsstrategie.

Zweitens erfolgt eine Ergebnisbewertung über die Beurteilung des Rezeptionsdiskurses. Dabei wird verfolgt, wie sich Experten und Wissenschaftler zu bestimmten Simulationsergebnissen positionieren, welche inhaltliche Kritik daran geübt wird und worin Konsens bzw. Dissens besteht (WI-2). Wird kaum Widerspruch im (wissenschaftlichen) Rezeptionsdiskurs wahrgenommen, so gelten die Ergebnisse als belastbar (PP-2).

Drittens wird auf inhaltlicher Ebene auch die Ergebnisbandbreite vergleichbarer wissenschaftlicher Gutachten geprüft. Simulationen orientieren sich zunächst an bekannten und gut verstandenen Phänomenen auf Basis gesicherter Erkenntnisse und extrapolieren dann in die Zukunft, um den Fortgang dieser Prozesse zu prognostizieren. Dabei werden zunächst bekannte Entwicklungen im

Modell abgebildet. Existieren nun verschiedene Modelle zum gleichen Sachverhalt, und kommen zu gleichen oder ähnlichen Ergebnissen, dann gelten diese Ergebnisse als robust; sind die Ergebnisse sehr unterschiedlich, dann ist die Ergebnisaussage weniger belastbar (GN-3).

In eine ähnliche Richtung geht viertens die Bewertung von Simulationsergebnissen anhand der Abschätzung eines gesicherten bzw. ungesicherten Wissensstandes in einer Forschungsdisziplin oder zu einem bestimmten Forschungsthema. Ist ein Untersuchungsgegenstand vielfach erforscht und verfügt die bearbeitende Wissenschaftsdisziplin in diesem Bereich über einen umfassenden und gesicherten Wissensstand, dann werden auch neue Ergebnisse in diesem Bereich für sehr belastbar gehalten. Umgekehrt: liegen bislang wenige Untersuchungen zu einer Forschungsfrage vor, dann werden Wissenschaftsergebnisse weitaus skeptischer betrachtet (GN-3). Dies wurde an folgendem Beispiel illustriert: wenn die Materialwissenschaft bei der Erforschung von Akkumulatoren zur Stromspeicherung für die Anwendung in Elektro-Fahrzeugen zu neuen und überraschenden Erkenntnissen kommt, dann ist dies aufgrund des relativ neuen Forschungsbereiches von Rezipienten schwer einzuschätzen und man ist unsicher ob der Belastbarkeit von Ergebnissen. Werden neue und überraschende Ergebnisse bei dem Untersuchungsgegenstand ‚normaler Verbrennungsmotor' präsentiert, so geht man weitaus skeptischer mit diesen Ergebnissen um, da nichts überraschendes zu erwarten ist aufgrund einer ca. 100-jährigen Forschungserfahrung (GN-3).

Die fünfte Bewertungskategorie betrifft die Einbindung von Experten und Interessensvertretern in den eigentlichen Simulationsprozess. Wenn Simulationsergebnisse als Basis für regulatorische oder investive Entscheidungen dienen, dann muss gesichert sein, dass die Simulation richtig und zuverlässig ist und das Modell „auf Herz und Nieren geprüft ist – auch von kritischen Beobachtern" (GN-1). Die partizipative Einbindung von kritischen Beobachtern und Interessensvertretern in den Prozess der Wissensproduktion wird als wichtige Legitimationsquelle für die Robustheit der Ergebnisse gesehen. Denn: „Sie können die schönsten Modelle und Simulationsstudien vorlegen, die auch richtig sind. Aber solange sie nicht von der Gegenseite geprüft und verstanden werden, wird immer Misstrauen bleiben" (GN-1).

7.4 Die Verwertung von CCS-Simulationen

Die bislang dargestellten Ergebnisse zur Rezeption und Bewertung von Computersimulationen bei Entscheidungsträgern stellten Aspekte der Wahrnehmung und Bewertung des Instruments in den Vordergrund. Damit wurde die Dimension der Verwendung und des Nutzens von Simulationen in außerwissenschaftlichen Kontexten ausgespart. Während Rezeption und Bewertung von Simulationen bei Nicht-Simulationsexperten in der Literatur noch kaum thematisiert wurden, existieren mittlerweile einige Studien, die Gebrauch und Verwendung von Simulationen in politisch-gesellschaftlichen Bereichen untersucht haben (z. B. Petersen 2006; NRC 2007; Fisher et al. 2010; Wagner et al. 2010). Im Kern konzentrieren sich diese Studien darauf, Verwendungstypologien von Simulationen zu generieren sowie unterschiedliche Anwendungskontexte hinsichtlich eines richtigen bzw. falschen Umgangs mit Simulationen zu analysieren.

Im Folgenden werden die Ergebnisse der Experteninterviews in Bezug auf Verwertung und Wirkung von Simulationen im politisch-gesellschaftlichen Kontext dargestellt. Dabei stehen wieder geowissenschaftliche Simulationen zur CCS-Technologie im Vordergrund. Die Verwertung von Simulationen lässt sich drei grundlegenden Bereichen zuordnen. Zunächst dem Wissensbereich, in dem Simulationen als Erkenntnisinstrument dienen, um Wissen zu generieren und politischen und gesellschaftlichen Entscheidungsträgern bereitzustellen (konzeptionelle Verwertung). Zweitens spielen Simulationen auch eine Rolle in politischen Aushandlungsprozessen, bei denen Entscheidungen intensiv zwischen gesellschaftlichen Gruppen debattiert und vorbereitet werden (prozedurale und strategische Verwertung). Simulationen sind darin als Kommunikationsgegenstand eingebettet und dienen inhaltlich als Bezugspunkt in Kommunikationsprozessen. Drittens können Simulationen auch in unterschiedlicher Form in konkrete Politikentscheidungen (instrumentelle Verwertung) eingebettet sein.

7.4.1 Konzeptionelle Verwertung in Verstehensprozessen

Die wissenschaftliche Erkenntnisdimension von Computersimulationen zeigte sich in den Expertengesprächen in drei Bereichen: zum einen wurden Simulationen als ein genuines bzw. singuläres Wissensinstrument eingestuft; zum anderen wurden bestimmte Spezifika des über Simulationen gewonnenen Wissens herausgestellt. Schließlich wurde auf die Bedeutung der Ergebnisse als Wissensgrundlage verwiesen.

(1) Simulationen als singuläres Wissensinstrument: Zunächst wurden Simulationen als eigenständiges bzw. singuläres Wissensinstrument eingestuft. In geowissenschaftlichen Anwendungen, wie sie bei der CCS-Technologie Verwendung finden, sind Simulationen oftmals die einzige Möglichkeit, überhaupt neues Wissen zu produzieren. Es wurde herausgestellt, dass es schlichtweg keine Alternative zur geowissenschaftlichen Simulation gibt (PM-2; PM-6; PB-3; PB-1). Verhaltens- und Ausbreitungsprognosen im Untergrund sind nur über Rechenmodelle durchführbar, d. h. in vielen Fällen sind geowissenschaftliche Prob-

lemstellungen nur mit Hilfe von Simulationen zu bearbeiten. Diese Problemstellungen sind für die Wissensinstrumente Experiment und Theorie nicht (oder nur mit einem immensen Aufwand) zugänglich.

Simulationen schließen dabei an frühere Arbeiten mit Analogmodellen an. In der Erforschung des Ausbreitungsverhaltens von Grundwasser oder auch von Schadstoffen wurde früher in der Geologie die Durchlässigkeit mittels elektrischen Widerständen und Schaltkreisen experimentell nachgestellt. Mit diesen Verfahren konnte das Ausbreitungsverhalten in kleinem Maßstab abgebildet werden. An diese Tradition knüpfen heutige geowissenschaftliche Simulationen an, indem sie das Ausbreitungsverhalten digital mit einem sehr viel größeren Werkzeugkasten nachmachen, als dies die früheren Analogmodelle erlaubten (PB-3).

Die Bedeutung von Simulationen als singuläres Wissensinstrument im CCS-Bereich rührt noch aus einer anderen Richtung her. Erste Anwendungen von CO_2-Injektionen im Untergrund gehen auf die Öl- und Gas-Exploration der siebziger Jahre zurück. Bei dieser Fördertechnik wird CO_2 in Öl- und Gas-Felder eingepumpt, um über die damit verbundene Druckerhöhung ein Mehr an Gas oder Öl explorieren zu können. Diese Fördertechnik wird auch als *enhanced oil recovery (EOR)* bzw. *enhanced gas recovery (EGR)* bezeichnet. Die Anfänge von CCS basieren somit auf bestehenden Techniken der Öl- und Gasförderung. In der Öl- und Gasförderung wird traditionell mit Lagerstättensimulatoren gearbeitet. Zwar war die Übertragung der Erfahrungen aus diesen EOR/EGR-Projekten auf allgemeine Speicherkonzepte zunächst einmal Neuland. Man hat sich aber eben dieser Werkzeuge bedient, um das Ausbreitungsverhalten von CO_2 in Reservoiren, die Verdrängungslagerstättenfluide oder den Druckaufbau in den Lagerstätten zu untersuchen. Die Nähe der CCS-Entwicklung zur Öl- und Gas-Wirtschaft zeigt sich auch daran, dass bei den kommerziellen Software-Werkzeugen die weltweit führenden Programme von Schlumberger (Programm Eclipse), welche ursprünglich für die Gas- und Ölproduktion entwickelt wurden, auch bei der unternehmensbezogenen CCS-Forschung führend sind (PB-4).

(2) Spezifika des Simulationswissens: Desweiteren wurden verschiedene Spezifika des Simulationswissens genannt, welche charakteristisch für die Methode Simulation sind. So sind Simulationsmodelle als Werkzeuge zu betrachten, welche komplexe Prozesse beschreiben und deren Zustände zu unterschiedlichen Zeitpunkten orts- und zeitaufgelöst abbilden können (GN-1). Simulationen sind in der Lage, diese komplexen Prozesse abzubilden und die Prozessverläufe basierend auf bekannten Gesetzmäßigkeiten durchzuspielen. Diese komplexen, auf naturwissenschaftlichen Gesetzmäßigkeiten basierenden natürlichen Prozesse sind mit anderen Methoden in der Regel nicht darstellbar und nachvollziehbar. Damit generieren sie Wissen für ein besseres Verständnis der Prozesse. Ein wei-

teres Spezifikum von Simulationen ist es, zukünftige Zustände von betrachteten Systemen zu berechnen und darstellen zu können. Durch den virtuellen Charakter der Analyse ist dieser Zukunftszustand zeitlich relativ frei wählbar und kann damit durch simulationsunabhängige Aspekte bestimmt werden. Dadurch kann Wissen für unterschiedliche Szenarien und Optionen generiert und es können vergleichende Betrachtungen zwischen diesen Optionen durchgeführt werden. Simulationen helfen somit dabei, zukünftige Entwicklungsoptionen darzustellen und ihre Wirkungen und Implikationen gegeneinander abzuwägen.

Dies verweist auf ein weiteres Spezifikum des Simulationswissens, nämlich das Vermögen, eine Vielzahl vergleichbarer, aber im Detail unterschiedlicher Szenarien berechnen und deren jeweilige Zukunftszustände darstellen zu können. Gerade für politische Entscheidungsträger, welche Entscheidungen aus einer Auswahl von verschiedenen Optionen zu treffen haben, ist dieses Vermögen von Simulationen ein wichtiger Mehrwert. Insgesamt tragen die Spezifika des Simulationswissens zu einer Optimierung der Wissensbasis bei, indem sie Wissen in Bereichen generieren, zu denen andere Methoden keinen bzw. nur einen eingeschränkten Zugang haben.

(3) Simulationsergebnisse als Wissensgrundlage: Schließlich wurde herausgestellt, dass Simulationsergebnisse als Wissensgrundlage in unterschiedlichen Bereichen dienen. Von besonderer Bedeutung sind Simulationsergebnisse bei der Entwicklung bzw. Optimierung von Technologien. Simulationen leisten einen wichtigen Beitrag, um bei einer neuen Technologie bestimmte Aspekte vorab abschätzen zu können, bevor Technologien in einem Pilot- oder Demonstrationsmaßstab dann tatsächlich ausprobiert und überprüft werden (PM-3).

Simulationen als Wissensbasis für die Technikentwicklung und -optimierung findet in vielerlei Richtungen statt. Bei der CCS-Technologieentwicklung werden sie angewendet für speicherbezogene Fragen zur Standortauswahl, zur Speicherkapazität oder zum Ausbreitungsverhalten von CO_2. Daneben spielen Simulationen auch bei rein technikbezogenen Fragestellungen etwa im Kraftwerksbereich eine große Rolle, um bspw. die Flexibilität von Kraftwerken zu untersuchen oder Wirkungsgrade bei Kraftwerken zu verbessern (PM-4).

Im Zentrum stehen dabei Fragestellungen zur Materialverbesserung und zur optimalen Anordnung einzelner Komponenten im Kraftwerksprozess (PM-4). Werden diese technikkomponentenbezogenen Simulationen zur Entwicklung und Optimierung von Technologien eingesetzt, dann geschieht dies in der Regel in einer engen Kopplung und Ergänzung des gesamten Sets an zur Verfügung stehenden wissenschaftlichen Methoden. Die Simulationsexperten haben in Interviews mehrfach betont, dass Simulationen zur Technologieentwicklung bzw. -optimierung in enger Verzahnung mit allen zur Verfügung stehenden wissenschaftlichen Methoden eingesetzt werden. Die sinnvolle Integration und gegenseitige Ergänzung diverser Methoden (etwa Simulation, Seismik, Bohrkerne) bei der Technikumsetzung in unterschiedlichen Größenordnungen (Labor-, Pilot-, Demonstrationsprojekt) führt erst zu dem bestmöglichen Wissensstand. Dies impliziert auch, dass der bestmögliche Wissensstand erst bei vollständiger Umsetzung einer Technologie erreicht ist. Dies wurde am folgenden Beispiel der Öl- und Gas-Exploration deutlich gemacht: „Man fängt an, findet ein Feld mit wenigen Bohrungen und fängt an zu produzieren. Und man muss dann während der CO_2-Injektion neue Daten erheben. Und lernt sukzessive mehr und mehr über das Feld. Und wenn es ausgefördert ist, hat man einen optimalen Datensatz und kann rückwirkend mit den Modellen abklären, was da abgelaufen ist" (PB-4). Dieser Aspekt verweist auf das bereits erwähnte Collingridge-Dilemma.

Ein weiterer wichtiger Aspekt von Simulationen als Wissensgrundlage ist dagegen im politischen Bereich zu verorten. Zunächst wurde festgestellt, dass wissenschaftliche Ergebnisse insgesamt enorm wichtig sind, um der Politik die technisch-naturwissenschaftlichen Potentiale und Grenzen von Technologien aufzuzeigen. Damit haben Wissenschaftsergebnisse die wichtige Aufgabe, der Politik (technische) Handlungsoptionen aufzuzeigen und an die Hand zu geben. Simulationen leisten dabei ihren Beitrag im Konzert vorhandener wissenschaftlicher Methoden und sind Teil des wissenschaftlichen Erkenntnisprozesses (PB-4).

Darüber hinaus lassen sich auch Simulationsspezifika feststellen, die dem Bedürfnis politischer Akteure nach einer Auswahl von Handlungsoptionen entgegenkommt. Bei Simulationen werden oftmals unterschiedliche Szenarien betrachtet. Bei der Szenarioerarbeitung und -auswahl werden entweder unterschiedliche Ausgangsbedingungen angenommen oder Einflussfaktoren auf die Prozessverläufe variiert. Die Varianz der Ausgangsbedingungen und/oder Einflussfaktoren richtet sich nach objektiven und rationalen Kriterien und ist für die Simulation in der Regel leicht zu bewerkstelligen. Um unterschiedliche Szenarien basierend auf verschiedenen Einflussfaktoren durchzuspielen, werden in der Regel die Werte dieser Einflussfaktoren geändert. Anhand eines Modells können somit durch Parameterwertveränderungen unterschiedliche Szenarien generiert werden. Die Flexibilität von Simulationen hinsichtlich der Integration unterschiedlicher Szenarien in ihren Analyseraum ist insofern für politische Entscheidungsträger interessant, als dass Simulationen zum einen unterschiedliche (technische) Handlungs- und damit Politikoptionen generieren können, und/oder zum anderen die Folgewirkung von politisch bereits ersonnenen Handlungsoptionen durchrechnen und aufzeigen können. Für die Sondierung von konkreten Entscheidungen über politische Rahmensetzungen ist gerade der letztgenannte Punkt wichtig, indem Simulationen Handlungsoptionen spezifizieren und deren intendierte und nicht intendierte Auswirkungen aufzuzeigen können. Damit leisten sie einen Beitrag zur gesetzgeberischen Verpflichtung zur Wirkungsforschung (z. B. Gesetzesfolgenabschätzung).

7.4.2 Prozedurale und strategische Verwertung in Aushandlungsprozessen

Politische Vorhaben und Politikformulierungen sind eingebettet in einen intensiven Kommunikationszusammenhang unterschiedlichster Akteure. Eine konkrete
Politikvorlage zur Abstimmung im formalen Gesetzgebungsprozess markiert den
(vorläufigen) Endpunkt eines bereits langwierigen und intensiven Kommunikati-
ons- und Aushandlungsprozesses, an dem je nach betrachtetem Fall unterschied-
lichste Akteure wie politische Exekutive und Parteien, Verwaltung, Wissenschaft, Öffentlichkeit und Interessensvertreter beteiligt waren. In der Phase des
politischen Agenda-Setting und der Politikformulierung im vorparlamentarischen Raum sind auch Simulationen bereits Gegenstand und Inhalt von Kommunikationsprozessen. In welcher Form sich dies an der hier untersuchten Fallstudie
auf Basis der Expertengespräche konkretisiert, wird im Folgenden aufgezeigt.

(1) Simulation als Kommunikationsgegenstand: Die Debatte um die Entwicklung und Umsetzung der CCS-Technologie wird in Expertenkreisen sowie
der interessierten Öffentlichkeit bereits seit Anfang der 2000er Jahre geführt. Die
Initiative der Europäischen Kommission, nationale CCS-Gesetze in allen Mit-
gliedsländern anzustoßen sowie eine Reihe von Demonstrationsvorhaben zur
CCS-Speicherung europaweit einzurichten, hat die Auseinandersetzung um CCS
insbesondere in Deutschland deutlich befeuert. Mit dem Bekanntwerden konkreter, für eine CO_2-Einlagerung in Betracht zu ziehender Speicherstandorte hat sich
die Debatte aus den Expertenkreisen gelöst und wurde vermehrt unter Beteiligung von Medien, organsierten Interessen und Öffentlichkeit geführt. Damit sind
auch Simulationen in den Blickpunkt dieser intensivierten gesellschaftlichen
Auseinandersetzung um CCS gerückt.

Simulationen waren vielfach Gegenstand in dieser öffentlichen Debatte. In
der inhaltlichen Auseinandersetzung um Fragen der technischen und sozialen
Machbarkeit der CCS-Technologie wurden bestimmte Simulationsstudien von
einzelnen Akteuren herangezogen, um Sachverhalte wissenschaftlich zu verdeutlichen und zu objektivieren. Die Referenz auf ausgewählte Simulationsstudien
wurde in der Regel von Experten geleistet und von anderen Teilnehmern und
Beobachtern der Debatte aufgenommen. Es bildete sich eine Art Wissenskanon
aus, bei dem einige Studien einen zentralen Platz einnahmen. Diese Studien
lassen sich dann immer wieder als Referenzpunkte in der Debatte in unterschiedlichen Kommunikationszusammenhängen auffinden (z. B. Medienartikel, Onli-
ne-Foren, Gremiensitzungen, Expertenanhörungen, Gremiensitzungen). Auch
von der interessierten Öffentlichkeit wurden diese Studien aufgegriffen und

rezipiert. Es wurde bereits bei der Analyse der Wahrnehmungsmuster auf die zentralen Studien in der deutschen CCS-Debatte hingewiesen. Diese Studien zeichnen sich durch ihre integrative Untersuchungsperspektive aus, sind frei im Internet verfügbar und sind der ressortbezogenen Auftragsforschung zu zuordnen.

Ein konkretes Beispiel für Simulationen als Kommunikationsgegenstand sind Bürgerdialoge. Simulationen werden im Dialog des Bürgers mit der Politik thematisiert, wenn Simulationsstudien als wissenschaftliche Referenz in der Debatte dienen. Dies kann auf zweierlei Art und Weise erfolgen. Entweder werden Simulationsstudien seitens einer Bürgeranfrage an die staatliche Verwaltung gegenüber einem federführenden Ministerium thematisiert. Die meist per email (seltener per Telefon) gestellten Bürgeranfragen an die Verwaltung beziehen in der Regel kritisch Stellung zur CCS-Technologie. Oft sind es direkt betroffene Bürger, bei denen die mit der Technologie wahrgenommenen Risiken im Vordergrund stehen. Betroffene Bürger befürchten durch die CCS-Speicherung bspw. den Verfall ihrer Grundstückswerte oder eine Versauerung des Grundwassers durch einen CO_2-Austritt. Diese wahrgenommenen Risiken werden dann mit wissenschaftlichen Studien belegt und unterfüttert, die sie aus der Debatte um CCS aufgenommen haben. Die verantwortlichen Referenten in der Verwaltung sind dann aufgefordert, detailliert inhaltlich Stellung zu beziehen und die Sachverhalte in einer nachvollziehbaren Art und Weise zu erläutern, so dass sie vom Bürger verstanden werden (PM-2).

Andererseits bringen aber auch die angesprochenen Verwaltungsreferenten Simulationsstudien ins Spiel, um die Bedeutung von bestimmten Risiken zu konkretisieren. Ein Gesprächspartner hat dies beispielhaft beschrieben: „Im Rahmen einer Bürgeranfrage thematisiert ein Bürger das Risiko von CO_2-Austritten in das Trinkwasser. Wenn CO_2 in den Untergrund gepresst wird, kommt es zu einem erheblichen Druckaufbau und verdrängt das Salzwasser, welches dann das bestehende Trinkwasserreservoir verunreinigt. Der Fachreferent wird dann in seiner Stellungnahme auf die Eintrittswahrscheinlichkeit des Salzwasseraustritts Bezug nehmen und dies mit wissenschaftlichen Studien zu belegen versuchen. Die Argumentationskette ist dann in etwa: die BGR-Druckstudie hat nachgewiesen, dass bei einer Injektion von CO_2 ein maximaler Überdruck von ca. 100 bar entsteht. Das Gestein kann aber Frac-Drücke von beispielsweise 500 bar aushalten laut der Expertise unserer Kollegen vom Geologischen Landesamt" (PB-2). Kennzeichen dieser exemplarisch dargestellten Bürger-Politik-Kommunikation ist, dass Simulationsstudien in eine leicht verständliche Sprache übersetzt werden müssen, die inhaltlichen Aussagen der Simulationsergebnisse im Vordergrund stehen und die Ergebnisse wissenschaftlich-objektives Faktenwissen repräsentieren (PA-1; PM-6).

(2) Unterschiedliche Verwertungsfunktionen der Kommunikationsinhalte:
Die Expertengespräche haben darüber hinaus unterschiedliche Verwertungsfunktionen von Simulationsergebnissen in deliberativen Kommunikationsprozessen aufgezeigt. Es lassen sich eine erkenntnistheoretische, eine evidenzielle, eine strategische und eine edukatorische Verwertung unterscheiden.

Zunächst kann eine erkenntnistheoretische Verwertungsfunktion differenziert werden. Dabei werden Simulationsergebnisse als eine erkenntnistheoretisch objektive Wahrheit verstanden, deren Geltungsanspruch mit dem wissenschaftlichen Zustandekommen über den Simulationsprozess verbunden ist. Insbesondere naturwissenschaftliche Simulationsstudien, wenn sie empirisch gestützt und damit belastbar sind, liefern notwendige ‚harte Fakten‘. Dieses objektive Faktenwissen ist als Ausgangsbasis für eine Bewertung und Auseinandersetzung um Technologien unverzichtbar. Dieses Wissen sollte als Bezugspunkt und Orientierung immer wieder in kontrovers geführten Debatten eingespeist werden, um zu einer Objektivierung von Sachverhalten beitragen zu können (PB-3). Es wurde aber auch deutlich darauf hingewiesen, dass Faktenwissen (auch auf Basis von Simulationen) zwar eine notwendige, aber keine hinreichende Bedingung für Akzeptanz in der Bevölkerung ist (PB-3). Die epistemische Verwertung von wissenschaftlichen (Simulations-)Ergebnissen ist dadurch handlungsleitend, da sie Möglichkeiten und Grenzen des prinzipiell (technisch) Machbaren aufzeigt. Dies wurde am Beispiel der Abschätzung der Speicherkapazitäten zur CO_2-Einlagerung in Deutschland verdeutlicht (PB-2). Unter anderem mit Hilfe von Computersimulationen wurden in einem kontinuierlichen Erkenntnisprozess die verfügbaren Speicherkapazitäten in Deutschland spezifiziert. Im Zuge der Erkenntnisfortschritte fiel das Gesamtvolumen der Speicherkapazitäten deutlich geringer aus im Vergleich zum älteren Forschungsstand. Dieser Befund ist für die Bewertung der CCS-Technologie auch aus Sicht der beteiligten Interessensvertreter von großer Bedeutung. Die fortschreitende Erkenntnis mit dem Befund deutlich geringerer Speicherkapazitäten in Deutschland bildet den ‚faktischen‘ Hintergrund zur Debatte um Potentiale und Grenzen der CCS-Technologie.

Zweitens kann eine evidenzielle Verwertungsfunktion von Simulationswissen in Aushandlungsprozessen unterschieden werden. Mit evidenzieller bzw. auf Evidenz basierender Verwertung ist die Heranziehung von Simulationsergebnissen im Sinne eines Beweises oder Nachweises gemeint. Simulationen dienen dann zur Spezifizierung und Objektivierung von Sachverhalten in einer Kontroverse, um eindeutiges Wissen um bspw. Ursache-Wirkungszusammenhänge zu erhalten. Der evidenzielle Charakter von Simulationen (und anderen Erkenntnisinstrumenten) ist bei der Umsetzung und dem laufendem Betrieb von Technologien relevant, wenn mögliche Technikfolgen beobachtet und deren potentielle Risiken immer wieder kontrolliert und bewertet werden müssen.

Dies wurde am Beispiel der Diskussion um Weyburn in Kanada verdeutlicht (vgl. Box 1). Die Ereignisse von Weyburn wurden auch in Deutschland in der Öffentlichkeit und unter Experten intensiv und kontrovers diskutiert. Während einige Akteure austretendes CO_2 aus dem Speicher verantwortlich machten, sahen andere Vertreter natürlich austretendes CO_2 als Hauptursache für Blaualgenbildung und sprudelnde Gasaustritte an. Die die Vorfälle begleitende mediale Berichterstattung mitsamt den Bildern von toten Tieren hat die Akzeptanz für die CCS-Technologien auch in Deutschland erheblich beeinträchtigt.

Das Beispiel Weyburn zeigt vor allem eins: den Betreibern und Aufsichtsbehörden gelang es nicht, auf Basis von belastbaren Gegenargumenten die Diskussion in den Griff zu bekommen. Sie konnten aufgrund von Lücken bei der Vorerkundung und in den Ausbreitungsmodellen nicht nachweisen, dass die Vorfälle in keinem Zusammenhang mit austretendem CO_2 aus dem Speicher stehen. Dies müsste aber – so ein Gesprächspartner – mindestens in speicherkritischen Regionen geleistet werden. Hier müssen Betreiber und Regulatoren zu jedem Zeitpunkt aus eigener Beobachtung und mit Hilfe unabhängiger Nachweisverfahren demonstrieren, dass die Speicher dicht sind und dies auch glaubwürdig in der Region vertreten, „so dass wenn einer kommt ‚ich habe ständig tote Katzen', die Nachbarn sagen ‚Pass auf dein Rattengift besser auf, und schiebe nicht alles auf den Speicher'. Dieses Beweisniveau muss man gerade in einer Region mit einer kritischen Öffentlichkeit erreichen" (PB-1). Ein zentraler Bestandteil von solchen Monitoringkonzepten und Nachweisinstrumenten zur evidenziellen Verwertung sind Computersimulationen.

Als weiteres lässt sich eine strategische Verwertungsfunktion beobachten. Eine strategische Orientierung bedeutet, dass bestimmte Begriffe oder Instrumente innerhalb einer Diskussion gewisse Ziele erfüllen sollen. Dabei können verschiedene Strategien angewandt werden, um bei anderen Akteuren Einstellungen zu ändern, Konflikte zu lösen oder Entscheidungen zu beeinflussen. Der Einsatz von Computersimulationen bzw. der argumentative Gebrauch ihrer Ergebnisse wird dann zugunsten von (Partikular-)Interessen instrumentalisiert. Bei Behörden sind dies etwa die Profilierung gegenüber anderen staatlichen Institutionen, der Nachweis politischer bzw. staatlicher Handlungskompetenz oder die Legitimierung von politischen Maßnahmen. Bei NGOs stehen Motive der Mitgliederbindung und -gewinnung, Mobilisierung von Geldressourcen sowie starke Medienorientierung im Mittelpunkt, während bei Wirtschaftsakteuren ökonomische Interessen zur Vermeidung wirtschaftlicher Schäden überwiegen.

Die Expertengespräche verwiesen bei der CCS-Technologie auf die Diskussion über Risiken wie Leckagen in die Atmosphäre oder in Trinkwasserreservoire. Diese Diskussion kann eigentlich nur standortspezifisch geführt werden, um eine konkrete Berechnung von Eintrittswahrscheinlichkeiten und Konsequenzen zu gewährleisten. Eine wissenschaftliche Risikoanalyse, die Eintrittswahrschein-lichkeit und Schadenshöhe berücksichtigt, ist auf die Spezifika von konkreten Standorten angewiesen. Da aber derzeit in Deutschland kein Standort für eine CO_2-Speicherung vorhanden ist, wird die Risikodiskussion auf Basis des potenti-ellen Schadensausmaßes geführt, ohne dessen Eintrittswahrscheinlichkeit zu berücksichtigen. Es wird dabei auf das Gefährdungspotential (engl. hazard) Be-zug genommen und dies in der Debatte als Risiko ‚verkauft' (Scheer et al. 2010).

Als weiteres Beispiel für eine strategische Verwertung wurde auf Norwegen verwiesen und die so genannte Aminproblematik im norwegischen Mongstad genannt (PB-1). Der geplante Bau einer CCS-Anlage im west-norwegischen Mongstad wurde zunächst verschoben; eine Investitionsentscheidung soll nun im Jahr 2016 getroffen werden. Argumentativ wurde die Verschiebung mit mögli-chen Gesundheitsrisiken durch die Ausbreitung von Aminen gerechtfertigt. Bei der geplanten CO_2-Abspaltung durch Amin-Wäsche können Amine nach außen treten. Das Ausbreitungsverhalten der Amine wurde über Simulationsrechnun-gen spezifiziert. Hier wurde nun vermutet, dass die Aminproblematik und deren modellrechnerische Evidenz eigentlich ein vorgeschobenes und strategisch ein-gesetztes Argument sei, um die CCS-Anlage aus Kostengründen nicht zu bauen, da die Kosten aus Sicht des Betreibers mittlerweile als zu hoch eingeschätzt werden (PB-1).

Als viertes kann eine edukatorische Verwertungsfunktion von Computersi-mulationen in Kommunikationsprozessen identifiziert werden. Dabei werden Simulationen als Lernwerkzeuge eingesetzt, um Nicht-Experten bzw. Laien grundsätzliche naturwissenschaftliche Prozesse und Funktionsweisen besser aufzeigen zu können (PM-1; PB-4). Simulationen dienen dabei als Hilfsmittel, um das Verständnis von wissenschaftlichen Sachverhalten, bestimmten Prozes-sen und Abläufen zu verbessern. Immer wieder wurde von geowissenschaftlicher Seite in den Expertengesprächen deutlich gemacht, dass es an einem grundle-genden Verständnis über Prozesse im Untergrund in der Bevölkerung und bei Interessensvertretern mangelt. Simulationen können hierbei helfen, den Stand an Sachkenntnis in der Öffentlichkeit zu verbessern. Als wichtiges Anwendungsbei-spiel wurde die simulationstechnische Darstellung von nicht-linearen Zusam-menhängen genannt, da diese Form des Wirkungszusammenhangs von Laien oft schwer zu verstehen ist, diese in der Natur aber häufig vorkommen (PB-4).

7.4.3 Instrumentelle Verwertung in Politikentscheidungen

Entscheidungen herbeizuführen sind das zentrale Geschäft der Politik. Dies um-fasst sowohl Entscheidungen im parlamentarischen Raum als auch die Implementation, Kontrolle und Evaluation im nachparlamentarischen Raum durch Verwaltung, richterliche Instanzen oder auch wissenschaftliche Begleitforschung. In welcher Art und Weise finden Computersimulationen im Rahmen der Fallstudie zu CCS in diesem Bereich der Politikgestaltung Berücksichtigung? Die Expertengespräche haben Befunde zu drei Bereichen bei Politikentscheidungen ergeben. Zunächst wurden Simulationen bei politischen Rahmensetzungen thematisiert. Im Zentrum stand dabei die deutsche CCS-Gesetzgebung. Zum zweiten wurden Simulationen bei der Durchführung von Genehmigungsverfahren angesprochen. Diese finden zwar im Rahmen gesetzlicher Regelungen statt, werden administrativ aber über Verordnungsermächtigungen und technische Regeln umgesetzt und weiter spezifiziert. Schließlich wurden Anforderungen und Qualitätsmerkmale für Simulationen in Politikentscheidungen von den Befragten formuliert. Die folgende Darlegung bezieht neben den Expertengesprächen auch weitere Dokumente wie die CCS-Gesetzesvorlage oder Forschungsliteratur ein, um die Einbettung von Simulationen in Politikentscheidungen umfassender auszuführen und verständlich zu machen.

(1) Simulationen in gesetzlichen Regelungen und Genehmigungsverfahren: Am 25. Juni 2009 trat die EU-Richtlinie zur geologischen Speicherung von CO_2 (EU 2009) in Kraft. Diese Richtlinie verpflichtet die EU-Mitgliedsländer, innerhalb von zwei Jahren einen rechtlichen Rahmen für die Erkundung und den Betrieb von CO_2-Speichern zu schaffen. Die EU-Rahmenrichtlinie und die nationalen Umsetzungen sollen die rechtliche Grundlage zur Umsetzung der EU-weit geplanten begrenzten Anzahl von CCS-Demonstrationsvorhaben liefern. Damit war auch Deutschland verpflichtet, eine gesetzliche Regelung zur Abscheidung, zum Transport und zur Speicherung von CO_2 zu verabschieden.

Sowohl die Große Koalition als auch die konservativ-liberale Bundesregierung haben Gesetzesinitiativen für ein deutsches CCS-Gesetz auf den Weg gebracht. Beide Gesetzentwürfe wurden aufgrund unterschiedlicher Interessenslagen in den Bundesländern kontrovers diskutiert. Zuletzt wurde der 2. Gesetzentwurf nach Verabschiedung durch den Bundestag vom Bundesrat am 23. September 2011 abgelehnt. Im Vermittlungsausschuss wurde dann nach langer Kontroverse am 27. Juni 2012 eine Einigung erzielt. Tabelle 13 gibt einen kurzen chronologischen Überblick über die Entwicklung der politischen Rahmensetzungen zur CCS-Gesetzgebung in Europa und Deutschland.

Auch wenn die gesetzliche Regelung mittlerweile in Kraft getreten ist, wird die zweite Entwurfsfassung (Drucksache 17/5750) hier als Grundlage für die Analyse von Simulationen in gesetzlichen Regelungen herangezogen, da die Expertengespräche darauf vielfach Bezug genommen haben. Die letztendliche Fassung des Gesetzes weicht nur geringfügig und in wenigen Punkten von dieser Gesetzesvorlage ab. Daneben wird zur Analyse von Simulationen in Politikentscheidungen auf das Forschungsprojekt STABILITY Bezug genommen. Die

Bundesanstalt für Geowissenschaften und Rohstoffe (BGR) hat vor dem Hintergrund der europäischen und deutschen Gesetzesinitiativen das Forschungsprojekt STABILITY (von Goerne et al. 2010) durchgeführt, um Anforderungen und Vorschläge zur Erstellung von Leitfäden und Richtlinien für eine dauerhafte und sichere Speicherung von CO_2 in enger Anlehnung an die EU-Richtlinie und den (ersten) deutschen Gesetzentwurf auszuarbeiten.

Dez. 2005	CCS-Sonderbericht des IPCC (Intergovernmental Panel on Climate Change)
März 2007	Staats- und Regierungschefs sprechen sich für Realisierung von 12 CCS-Demonstrationsprojekten bis 2015 aus
23. Jan. 2008	EU-Kommission überweist Ausgangsfassung der CCS-Richtlinie gemäß Mitentscheidungsverfahren an europäisches Parlament und Rat
12. Okt. 2008	Unternehmen Alstom, Babcock Borsig, EnBW, Eon, RWE und Vattenfall legen Gesetzentwurf für die CO_2-Abscheidung und -Lagerung in Deutschland vor
17. Dez. 2008	Europäisches Parlament – und später der Europäische Rat – verabschiedet CCS-Richtlinie. Nach Veröffentlichung nationale Umsetzung innerhalb von 2 Jahren
1. April 2009	Bundesregierung legt Gesetzentwurf zur Regelung von Abscheidung, Transport und dauerhafter Speicherung von Kohlendioxid („CCS-Gesetz") vor
06. Mai 2009	CCS-Gesetz in 1. Lesung im Bundestag
15. Mai 2009	Bundesrat beschließt Änderungswünsche für von der Bundesregierung vorgelegten CCS-Gesetzentwurf
25. Mai 2009	CCS-Anhörung im Bundestag
10. Juni 2009	EU-Kommission legt Entwurf zur Kofinanzierung von CCS-Demonstrationsprojekten vor
15. Juni 2009	Koalition einigt sich auf CCS-Gesetz
24. Juni 2009	CCS-Gesetz zur CO_2-Speicherung gescheitert, keine Einigung im Bundeskabinett innerhalb CDU/CSU
14. Juli 2010	Umweltminister Röttgen und Wirtschaftsminister Brüderle präsentie-

	ren Eckpunkte zum 2. CCS-Gesetzentwurf ohne Länderklausel
27. Aug. 2010	Anhörung zum 2. Gesetzentwurf im Bundeswirtschaftsministerium in Berlin
13. April 2010	2. CCS-Gesetzentwurf mit Länderklausel, Einigung im Bundeskabinett
7. Juli 2011	Bundestag verabschiedet 2. CCS-Gesetzentwurf
23. Sep. 2011	Bundesrat lehnt 2. Gesetzentwurf ab
14. Okt. 2011	CCS-Gesetz: Bundesregierung will den Vermittlungsausschuss anrufen
27. Juni 2012	Einigung über CCS-Gesetz im Vermittlungsausschuss

Quelle: Zusammenstellung in Anlehnung an Heisterkamp 2010, http://flensburg2.de/co2.html, www.iz-klima.de

Tabelle 13: Chronologie der Rahmensetzungen für CCS in Europa und Deutschland

Der Zweck der gesetzlichen Regelung ist die „Gewährleistung einer dauerhaften Speicherung von Kohlendioxid in unterirdischen Gesteinsschichten im Interesse des Klimaschutzes und im Interesse einer möglichst sicheren, effizienten und umweltverträglichen Energieversorgung und Industrieproduktion sowie dem Schutz des Menschen und der Umwelt, auch in Verantwortung für künftige Generationen" (§ 1) (Drucksache 17/5750).

Die genauen Ausführungsbestimmungen sind im CCS-Gesetz noch nicht festgelegt, sondern werden über Verordnungen spezifiziert. Diese genauen Antrags- und Genehmigungsabläufe sind derzeit noch nicht vorhanden. Vor diesem Hintergrund wird auf erste konzeptionelle Arbeiten zu einer möglichen Ausgestaltung der Antragsverfahren Bezug genommen, wie sie im Forschungsprojekt STABILTIY ausgearbeitet wurden.

Das im STABILITY-Projekt ausdifferenzierte Antragsverfahren auf Basis der EU-Richtlinie ist mehrstufig und umfasst die Phasen Planung, Untersuchung, Betrieb und Nachsorgung, bei denen jeweils eigenständige Anträge von einem potentiellen Betreiber zu erarbeiten und bei Genehmigungsbehörden einzureichen sind. Inhaltlich lassen sich die vorgesehenen gesetzlichen Anforderungen für Antragsteller und Genehmigungsbehörden in die drei zentralen Bereiche Einlagerungskonzept, Sicherheitskonzept und Überwachungskonzept unterglie-

195

dern. Abbildung 8 stellt die einzelnen Phasen dar und unterlegt sie mit den zu erbringenden Antragsinhalten.

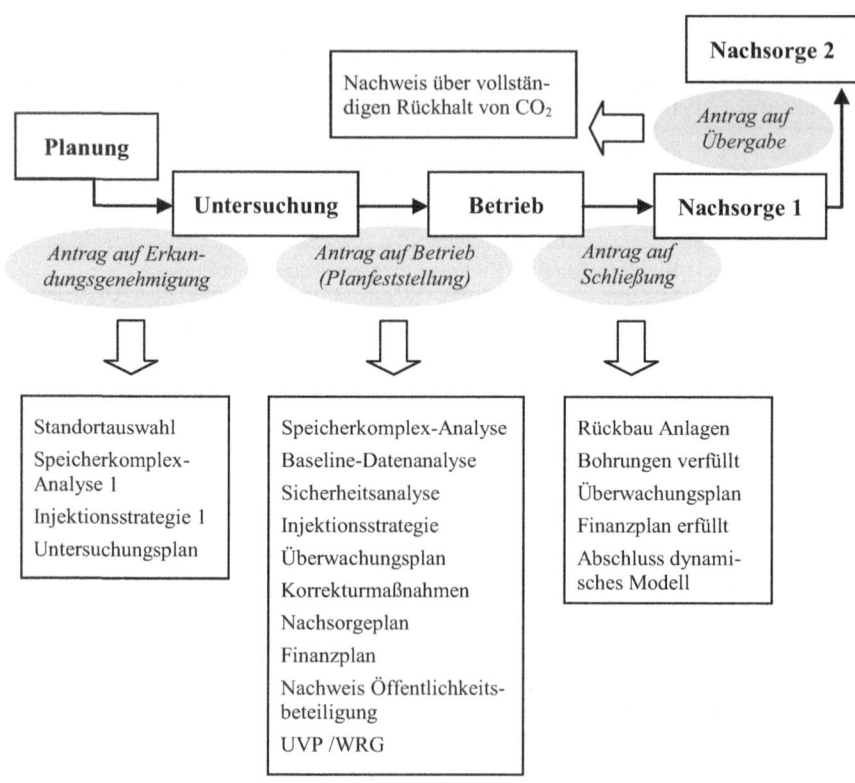

Quelle: nach von Goerne et al. 2010: 32

Abbildung 8: Antragsphasen und -inhalte für ein CO_2-Speicher-Projekt

Zur Konzepterstellung kommt je nach konkreter Fragestellung eine Vielzahl unterschiedlicher, aufeinander abgestimmter Methoden in Frage. Im Folgenden wird die Verwendung und Bedeutung von Computersimulationen bei den einzelnen Anforderungen illustriert.

Das Einlagerungskonzept befasst sich mit der Charakterisierung und Auswahl von potentiellen Standorten. Die sichere Einlagerung von CO_2 in potentiellen Standorten bedarf einer detaillierten Standortuntersuchung, um eine adäquate Bewertung der Tauglichkeit und ggf. der Standortauswahl treffen zu können. Grundsätzlich sollte eine Speicherformation ausreichend groß, in ihrer horizontalen und vertikalen Ausdehnung definiert bzw. begrenzt und ausreichend porös und permeabel sowie von einer oder mehreren dichten Deckschichten überlagert sein (von Goerne et al. 2010: 13).

Die Verfahrensschritte innerhalb der Voruntersuchung wurden von der BGR (von Goerne et al. 2010) exemplarisch ausgearbeitet. Die in vier Verfahrensschritten durchzuführende Voruntersuchung zur Standortauswahl umfasst zunächst in einer Planungsphase die Eingrenzung möglicher zu untersuchender Gebiete auf Basis von Informationen zur lateralen Ausdehnung, möglichen Störungen, Altbohrungen usw. Grundlage bildet das von der BGR erarbeitete Speicherkataster, welches alle untersuchungswürdigen Gebiete mit überregional verbreiteten Speicher- und Barrieregesteinen im tieferen Untergrund abgegrenzt und bewertet hat (Reinhold et al. 2011).

Der zweite Verfahrensschritt präzisiert mögliche Standorte, indem geowissenschaftlich und sozioökonomisch besonders taugliche Gebiete sondiert werden. Schließlich soll im dritten Schritt eine Rangliste der geeignetsten Standorte erstellt sowie in einem vierten Schritt der festgelegte Standort vom Antragssteller ober- und unterirdisch hinsichtlich der Speicherkapazität, der Injektivität, der Erreichbarkeit und einer konkurrierenden Nutzung erkundet werden. Der Antragsteller legt diese Bewertung den zuständigen Behörden vor und beantragt im Fall einer positiven Bewertung eine Betriebsgenehmigung.

Für den Nachweis der Tauglichkeit fordert die EU-Richtlinie vom Antragsteller bzw. potentiellen Betreiber eine Charakterisierung und Bewertung des Speichers und seiner Umgebung. Die Charakterisierung erfolgt über die drei Phasen Datenerhebung, Erstellung eines 3D-Erdmodells und einer Risikobewertung. In der Erkundungsphase bzw. der Voruntersuchung für einen potentiellen Speicher müssen zunächst Daten über die CO_2-Quelle sowie den Speicher und seine Umgebung erhoben werden. Die in Anhang 1 der EU-Richtlinie aufgeführten Datenanforderungen dienen der Charakterisierung des Speicherkomplexes und umfassen eine Vielzahl geowissenschaftlicher, standortbezogener Informationen (von Goerne et al. 2010: 36). Diese Datenanforderungen umfassen folgende Aspekte:

- Art (Lithologie, Genese, Bindemittel) der Formationen (Speicher- und Deckschichten);

- geometrische Merkmale über Struktur, Mächtigkeit und regionale Ausdehnung;
- Informationen über bereits existierende Bohrungen, Hydrologie mit Vorkommen von süßem Grundwasser und Austrittspunkte bzw. Quellen;
- reservoirtechnologische Daten zu Druck- und Temperaturbedingungen, kapillarer Schwellendruck, Druck-Volumenverhalten als Funktion der Injektivität der Formation;
- geochemische Informationen zur Zusammensetzung salinarer Wässer im Reservoir, der Lösungs- und Mineralisierungsgeschwindigkeit;
- geomechanische Daten zur Permeabilität und dem Frac-Druck;
- eine seismologische Bewertung des Potentials für induzierte Erdbeben;
- Vorhandensein und Bedingung natürlicher und anthropogener Wege, die als Leckagewege dienen könnten;
- hydraulische Eigenschaften über das Fließregime.

Diese Daten dienen in der zweiten Phase der Hauptuntersuchung dazu, über ein Vorhersagemodell das Systemverhalten des Speichers zu ermitteln, indem ein statisches und dynamisches 3D-Erdmodell zu erstellen ist. Mit Hilfe von computergestützten Reservoirsimulatoren wird zunächst ein dreidimensionales, statisches Modell der Speicherformation erstellt, um mögliche konkurrierende Nutzungen mit benachbarten Stätten zu prüfen. Das Modell charakterisiert die Speicherformation in Bezug auf die geologische Struktur, geomechanische und -chemische Eigenschaften, mögliche Störungen und Altbohrungen, Gesteinsschichten und die räumlichen Auswirkungen. In einem zweiten Schritt wird ein dynamisches Modell erstellt, das die Entwicklung der Speicherformation (Ausbreitung CO_2-Wolke, Druckentwicklung und Druckverteilung, Verhalten von Störungszonen, Größe der beeinflussten Region, Schichtwasserbewegung) über die Zeit abbildet (von Goerne et al. 2010: 45). Das dynamische Modell ist insbesondere für das Sicherheits- und Nachsorgekonzept relevant.

Die EU-Richtlinie fordert vom Antragsteller zudem ein Sicherheits- und Überwachungskonzept, welches bei einem konkreten Nutzungsvorhaben ein wesentliches Leckagerisiko ausschließt sowie kurz-, mittel, und langfristige negative Auswirkungen auf die Umwelt und Gesundheit unwahrscheinlich macht. Während die unterirdische Voraussetzung des Speichers über den Standortnachweis und die oberirdische Voraussetzung für Bau und Betrieb inklusive der Pipeline über die bautechnische Machbarkeit zu erbringen sind, wird der Schutz vor Risiken über das Sicherheitskonzept nachzuweisen sein. Das Sicherheitskonzept selbst besteht aus vier Teilen mit erstens der Standortcharakterisierung mitsamt einer Injektionsstrategie, zweitens der Risikoanalyse bestehend aus einer Szenarien- und einer Konsequenzanalyse, drittens einem Korrekturkonzept mit adäquaten Maßnahmen gegen mögliche Leckagen und viertens einem Beobachtungs- und Überwachungskonzept für den Betrieb und die Nachsorge. Der Nachweis der Sicherheit erfolgt im Kern über den Abgleich der im Zeitverlauf immer wieder empirisch zu erhebenden Daten mit der statischen bzw. dynamischen Computersimulation und/oder der Datengrundlage des Anfangszustandes (der so genannte Ist-Zustand der *Baseline*-Daten). Im Anhang 1 der EU-Richtlinie sind zu beachtende Faktoren für die dynamische Modellierung sowie die aus der Modellierung zu erzielenden Erkenntnisse aufgeführt (vgl. Tabelle 14). Die aufgeführten Faktoren beziehen sich auf unterschiedliche Aspekte bei der Modellierung. Bei der Festlegung der Injektionsstrategie wird die Modellierung genutzt, um über unterschiedliche Szenarien das effizienteste und sicherste Injektionsmanagement zu errechnen. Zwar ist ökonomisch eine möglichst geringe Anzahl von Bohrungen sinnvoll, hierbei wird aber mit dem größtmöglichen Druck an der Injektionssonde eingespeichert. Dies erhöht ggf. den Porendruck und kann zur Verdrängung von Formationswasser führen. Es kann daher sinnvoll sein, die Einspeicherung von CO_2 auf mehrere Injektionsbohrungen mit dann einem geringeren Injektionsdruck zu verteilen. Desweiteren sollen bei einer gekoppelten Modellierung deren Einzelwirkungen untersucht, multiple Simulationen zur Ergebnisvalidierung und Sensibilität unterschiedlicher Parameterwerte durchgeführt sowie über verschiedene Zeitskalen das CO_2-Verhalten im Untergrund prognostiziert werden.

Zu beachtende Faktoren bei dynamischer Modellierung
– mögliche Injektionsraten und Eigenschaften des CO_2-Stroms;
– die Wirksamkeit von gekoppelter Verfahrensmodellierung: d. h. die Art und Weise, wie mehrere Einzelwirkungen in dem/den Simulator(en) miteinander interagieren;
– reaktive Prozesse: d. h. die Art und Weise, wie im Modell Reaktionen des injizierten CO_2 mit den an Ort und Stelle vorhandenen Mineralen berücksichtigt werden;
– die verwendeten Lagerstättensimulatoren: multiple Simulationen können erforderlich sein, um bestimmte Ergebnisse zu validieren;
– kurz- und langfristige Simulationen: zur Ermittlung des Verbleibs des CO_2 und dessen Verhaltens über Jahrzehnte und Jahrtausende, einschließlich der Lösungsgeschwindigkeit von CO_2 in Wasser.
Erkenntnisse aus der dynamischen Modellierung
– Druck der Speicherformation als Funktion der Injektionsrate und der Injektionsmenge im Zeitablauf;
– die räumliche und vertikale Ausdehnung der Speicherformation im Lauf der Zeit;
– die Art des CO_2-Flusses in der Lagerstätte, einschließlich Phasenverhalten;
– die CO_2-Rückhaltemechanismen und -raten einschließlich Spillpoints sowie seitli-

che und vertikale Abdichtungen;
- sekundäre CO_2-Anreichungen in der unterirdischen Umgebung des Speicherkomplexes;
- Speicherkapazität und Druckgradienten in der Speicherstätte;
- das Risiko der Bildung von Rissen in der (den) Speicherformation(en) und im Deckgestein;
- das Risiko des Eintritts von CO_2 in das Deckgestein;
- das Risiko von Leckagen aus der Speicherstätte (z. B. durch aufgegebene oder unsachgemäß abgedichtete Bohrlöcher);
- die Migrationsrate (bei Lagerstätten mit einer Öffnung);
- Rissverschlussgeschwindigkeit;
- Veränderungen an der Fluidchemie der Formation(en) und dadurch verursachte Reaktionen (z. B. Änderung des pH-Werts oder Mineralisierung) und Einbeziehung in die reaktive Modellierung zur Folgenabschätzung;
- Verdrängung der ursprünglich vorhandenen Formationsfluide;
- verstärkte seismische Aktivität und Aufwerfung der Oberfläche.

Quelle: EU 2009 – Anhang 1 der CCS-Richtlinie der Europäischen Union (2009/31/EG)

Tabelle 14: Relevante Faktoren und Erkenntnisse der dynamischen Modellierung

Im Ergebnis erhofft man sich im Rahmen einer Risikocharakterisierung Erkenntnisse über das CO_2-Verhalten im Untergrund und dessen geomechanischen, -chemischen und -physikalischen Auswirkungen auf die Speicherformation. Damit sollen mögliche Risiken wie Leckagen, Verdrängung des salzhaltigen Formationswassers oder Bodenbewegung und seismische Ereignisse im Voraus abgeschätzt werden.

Zentrale Bestandteile der Modellierungen für die Risikoanalyse sind unterschiedliche Szenarien, die der Berechnung zugrunde gelegt werden. Dabei werden einzelne Szenarien auf Basis sicherheitsrelevanter Eigenschaften und Entwicklungen konzeptionalisiert und in die Computersimulation übertragen. Von Goerne et al. führen den Begriff Szenario näher aus: „Ein Szenario ist eine hypothetische Aufeinanderfolge von Ereignissen, welches zur Analyse kausaler Zusammenhänge konstruiert wird. Werden Risiken mit Hilfe einer Szenarioanalyse untersucht, so ist dies in der Regel keine umfassende und vollständige Analyse aller in Frage kommenden Faktoren, sondern die Erörterung ausgewählter Fallbeispiele. Im Falle der CO_2-Speicherung können so die kritischsten Faktoren in einzelne Szenarios gruppiert und einer nachfolgenden Konsequenzanalyse unterzogen werden. Aus den Ergebnissen lassen sich Überwachungssysteme und Risikopläne mit Korrekturmaßnahmen entwickeln, die mit zur Sicherheit beitragen" (von Goerne et al. 2010: 97).

In einem abschließenden Schritt der Risikobewertung wird nach der EU-Richtlinie (EU 2009: Anhang 1) ausgehend von den Umweltmerkmalen und der Verteilung der über dem Speicherkomplex lebenden Bevölkerung sowie dem über potentielle Leckagewege verbleibenden CO_2 das Gefährdungspotential qualitativ und/oder quantitativ abgeschätzt und bewertet. Bestandteil dieser Risikobewertung ist eine Folgenabschätzung (gefordert im Rahmen einer Umweltverträglichkeitsprüfung), bei der die Auswirkungen für verschiedene zeitliche und räumliche Größenordnungen betrachtet und mit Leckagen in unterschiedlichem Umfang in Verbindung gebracht werden. Dabei wird die Sensibilität bestimmter Arten, Gemeinschaften und Lebensräume in Bezug auf einen möglichen CO_2-Austritt und dessen Begleitumstände (andere Schadstoffe, Veränderung des ph-Wertes) untersucht. Für die Durchführung dieser Risikobewertung existieren derzeit noch keine genauen Vorschriften oder Grenzwerte. Auch bedarf es noch weiterführender Forschung über genaue Expositionsberechnungen auf Basis von Dosis-Wirkungsbeziehungen hinsichtlich der Auswirkung von CO_2-Belastungen für Mensch und Umwelt (von Goerne et al. 2010: 107).

Um mögliche Risiken im laufenden Betrieb eines CO_2-Speichers bzw. nach dessen Stilllegung genau beobachten zu können, ist vom Antragsteller ein Überwachungskonzept gefordert, dass die Speicherformation und dessen weitere Umgebung auf Unregelmäßigkeiten und Abweichungen vom Normalbetrieb beobachtet. Die Wahl der Überwachungsmethoden soll gemäß der EU-Richtlinie auf dem zum Planungszeitpunkt verfügbaren besten Verfahren beruhen. Dabei ist von folgenden Technologien Gebrauch zu machen (EU 2009: Anhang 2):

- Technologien, die das Vorhandensein, den genauen Ort und die Migrationswege von CO_2 im Untergrund erfassen;
- Technologien, die mithilfe numerischer 3D-Simulationen Daten über das Druck-Volumenverhalten und die räumliche/vertikale Sättigungsverteilung der CO_2-Fahne liefern;
- Technologien, die sich weiträumig einsetzen lassen, damit im Falle wesentlicher Unregelmäßigkeiten oder bei Migration des CO_2 aus dem Speicherkomplex überall innerhalb der räumlichen Grenzen des gesamten Speicherkomplexes und außerhalb davon Daten über zuvor nicht erkannte potentielle Leckagewege erfasst werden.

Die empirischen Daten aus den Überwachungsmaßnahmen werden mit den Entwicklungsverläufen der dynamischen Simulation, wie sie im Sicherheitskonzept ausgearbeitet wurden, verglichen. Bei signifikanten Abweichungen zwischen dem beobachteten und prognostizierten Verhalten sollen – falls notwendig – adäquate Maßnahmen des Risikomanagements eingesetzt werden. Darüber hinaus soll das dynamische Modell an den aktuellen Beobachtungsdaten rekalibriert werden, um neue Gefahrenszenarien und Strömungsraten zu erstellen. Auf dieser Basis wird eine erneute Risikobewertung durchgeführt und der Überwachungsplan aktualisiert.

Insgesamt bleibt festzuhalten, dass die EU-Richtlinie und auch der zweite Gesetzentwurf in Deutschland den Rahmen für die Durchführung von CCS-Demonstrationsvorhaben vorgeben. Allerdings wurden die einzelnen Anforderungen für Antragssteller und Genehmigungsbehörden noch nicht im Detail spezifiziert. Der deutsche Gesetzentwurf sieht eine Generalklausel und die Delegation von Entscheidungen vor, die über Verordnungsermächtigung und über die Festlegung von technischen Regeln spezifiziert werden müssen.

(2) Anforderungen für simulationsbasierte Entscheidungen: Die Expertengespräche haben in Bezug auf Simulationen und Politikentscheidungen verschiedene Anforderungen thematisiert, die auf die oben dargelegte Einbettung von Simulationen in Gesetzen und Genehmigungsverfahren rekurrieren.

Zunächst wurde von vielen Befragten konstatiert, dass bei der Umsetzung der CCS-Technologie Simulationen besonders in Genehmigungsverfahren entscheidungsrelevant sind. Da nicht zu allen wichtigen Aspekten Daten empirisch erhoben werden können, müssen diese Aspekte über Simulationen analysiert werden. Bei speziellen Fällen wie der Druckausbreitung oder der Auswirkung auf Schutzgüter sind Genehmigungsentscheidungen auf Basis von Modellergebnissen zu treffen (PA-1; PB-1). Dies betrifft die Anfangsphase der Erkundungs- und Betriebsgenehmigungen. Es wurde geschätzt, dass im Untergrund das Verfahren der Simulation mit ca. 80% die vorherrschende Methode ist, um Informationen zu generieren und Aussagen zu treffen (PA-1).

Vor diesem Hintergrund wurde mehrfach die Notwendigkeit betont, möglichst präzise und unabhängige Modelle zu entwickeln, auf deren Basis Behörden und Kontrollinstanzen Genehmigungsentscheidungen treffen können (PB-1). Die Anforderung an die Präzision von Modellen bezieht sich zum einen darauf, die Inhomogenität des Untergrunds besser abbilden zu können, als es derzeitige Modelle vermögen (PB-4). Zum anderen wurde auf die zugrunde gelegten Szenarien verwiesen. Wenn Sicherheitsaussagen und -entscheidungen auf Basis von Modellen gemacht werden, dann sollte eine neue Modellgeometrie zugrunde gelegt werden, welche bewusst *Worst-Case*-Szenarien bzw. derzeit als sehr unwahrscheinlich eingeschätzte Ereignisse in den Modellen berücksichtigt. Die Bewertung der Langzeitsicherheit hat insofern eine konkrete Entscheidungsrelevanz, da darauf die Verantwortungsübergabe vom Betreiber auf den Staat beruht (im derzeitigen Gesetz frühestens nach 30 Jahren). Die Prognose in die Zukunft über Modelle ist aber immer mit Unsicherheiten behaftet, denn sie sagen im Grunde nichts über die zukünftige Entwicklung aus: „Wenn ich einen schönen, idealen Speicher habe und CO_2 breitet sich aus, dann kann ich es ausrechnen und nachvollziehen. Habe ich aber eine Störung in meinem System übersehen, wo das CO_2 entweder nicht weiter kommt oder nach oben aufsteigen könnte, dann kann die Simulation meine Beobachtungen wunderbar abbilden bis zu diesem Punkt irgendwann in der Zukunft. Und dann geht alles einen völlig anderen Weg" (PB-4). Der Experte führt weiter aus: „Das ist im Betriebsablauf während einer Injektion weniger ein Problem, da Gegenmaßnahmen noch getroffen werden können. Ist der Betrieb aber geschlossen, dann wird es sehr viel schwieriger, geeignete Gegenmaßnahmen bspw. für den Fall einer unvorhergesehenen Störung zu treffen" (PB-4).

Die Notwendigkeit einer Weiterentwicklung in Richtung präziser Modelle wurde auch vor dem Hintergrund der derzeitigen Praxis von CCS-Erdmodellen betont. Die gesetzlich geforderte Risikobewertung auf Basis von statischen und dynamischen Modellen wird derzeit in der Praxis noch nicht erfüllt. Quantitative Risikobewertungen können nur standortspezifisch aufgestellt werden. Da in Deutschland noch kein Standort vorhanden ist, sind quantitative Risikobewertungen derzeit noch nicht möglich (PB-4). Der Stand bei den derzeit laufenden internationalen Speicherstandorten (bspw. Sleipner, In Salah) war von den Experten kaum abschätzbar, da sie nicht in diese Vorhaben mit eingebunden waren bzw. die Dokumente vertraulich und damit die spezifischen Daten nicht verfügbar sind. Hier können allenfalls Forschungsergebnisse beurteilt werden. Das große Problem der internationalen Forscherkollegen ist allerdings der Zugang zu allen relevanten Daten: „Sie kriegen im Grunde schon so eine vorsortierte Auswahl. Und da kommen dann Ergebnisse raus, die einmal der Industrie passen oder auch nicht" (PB-4).

Eine weitere Anforderung an die Erarbeitung präziser Modelle ist deren Neutralität: „Wenn es darum geht, Investitionen für die Zukunft zu planen und Technologien zu erproben, die ein hohes Risiko in sich bergen können, dann will ich genaue Sicherheit darüber haben, dass mein Modell auch richtig und zuverlässig ist und da würde ich diesen Anspruch erheben, dass das Modell auf Herz und Nieren und im Detail geprüft werden und für richtig befunden werden muss, auch von kritischen Betrachtern" (PB-1). Diese Anforderung wurde sowohl von zivilgesellschaftlichen Interessensvertretern als auch von behördlichen Fachvertretern erhoben. Die Neutralität von Modellen schließt ein, dass Genehmigungsbehörden über ‚eigene' Modelle als Entscheidungsgrundlage in Antragsverfahren verfügen. Die derzeitigen Modelle sind in der Regel von potentiellen Betreibern. Eine Genehmigungsbehörde müsste für ein konkretes Antragsverfahren auf jeden Fall eigene Modelle zur Verfügung haben, da man sich „nicht auf Betreibermodelle verlassen kann" (PA-1). Für die Entwicklung unabhängiger Modelle wurden Partizipationsverfahren unter Einbindung der kritischen Öffentlichkeit und von zivilgesellschaftlichen Vertretern eingefordert (GN-1).

Als eine weitere wichtige Anforderung wurde eine ausreichende Expertise bei den Genehmigungsbehörden thematisiert, um die Modellergebnisse adäquat bewerten und beurteilen zu können. Verantwortliche Behördenvertreter müssen zwar nicht im Detail den Simulationsverlauf wissen, aber sie müssen bspw. einschätzen können, wie hoch die Bandbreiten sein können und wie die Modellrechnung zu Stande gekommen ist (PM-5).

In diesem Zusammenhang spielt der Methodenmix zwischen Empirie und Simulation eine wichtige Rolle. Die Charakterisierung konkreter Speicherstandorte geschieht über eine Interaktion von empirisch zu erhebenden Daten und iterativer Modellanpassung. Dynamische Modelle werden immer wieder an Beobachtungsergebnisse angepasst. Bei diesem Prozess der (Re-)Kalibrierung ist „die Versuchung groß, bewusst oder unbewusst, die Modellschrauben so zu drehen, dass das Modell optimal den Messwerten entspricht" (PB-4). Dabei stellt sich die Frage, wie aussagekräftig Simulationsergebnisse nach der Modellanpassung sind, wenn es um sicherheitsrelevante Aspekte geht und die Ergebnisse über erhebliche Unregelmäßigkeiten zustande gekommen sind. Eine zentrale Anforderung ist es daher, den auch gesetzlich benutzten Begriff der ,erheblichen Unregelmäßigkeiten' im Abgleich von Empirie und Simulation genau zu fassen. Im STABILITY-Bericht wurden diese zentralen Fragen thematisiert und Anforderungen für die Spezifizierung von Unregelmäßigkeiten gestellt (von Goerne et al. 2010: 168). Demnach ist genau zu definieren, was eine erhebliche Unregelmäßigkeit ist und wer dies festlegt. Es wäre hilfreich, Bandbreiten festzulegen für einen akzeptierten Bereich von Unregelmäßigkeiten. Dabei ist zu sondieren, welche Bandbreiten allgemein und welche standortspezifisch sein müssten. Die Schutzgutbetrachtung ist bei der Bewertung von Unregelmäßigkeiten wichtig. Für die Rekalibrierung einer Simulation an der Empirie sollte unterschieden werden zwischen einer Unregelmäßigkeit, bei der das Modell innerhalb der erlaubten Bandbreiten nachjustiert werden kann, und erheblichen Unregelmäßigkeiten, bei dem das Modell nicht angepasst werden kann, da die bergbauliche Sicherheit nicht mehr gegeben ist. Dies könnte dann bspw. zu einem Injektionsstopp führen. Zudem sind die Ursache für die Abweichung des Soll-Ist-Abgleichs als auch deren Implikationen für die Schutzgüter zu prüfen.

7.5 Fazit

Die empirische Analyse über Perzeptions- und Rezeptionsmuster sowie Bewertungs- und Verwertungsmuster ergab ein sehr differenziertes Bild darüber, wie

Simulationen mit dem Schwerpunkt geologischer Technikfolgen von Entscheidungsträgern aus Politik, Verwaltung, Wirtschaft und Gesellschaft verarbeitet werden.

Abhängig von der institutionellen Einbettung und der Fachexpertise wird die Existenz von Simulationsstudien unterschiedlich wahrgenommen. Auf individueller Ebene sind unterschiedliche Motivationen und Kommunikationswege weitere Erklärungsfaktoren bei der Selektion von Simulationsstudien. Beim eigentlichen Rezeptionsvorgang kann zwischen der Art der Rezeption (Voll-, Teil-, Sekundärrezeption) und der Vorgehensweise (individualisiert, arbeitsteilig) unterschieden werden.

Auch die Bewertung von Simulationen durch Entscheidungsträger zeigt ein vielfältiges Bild. Die Instrumentenbewertung betonte die herausragende Stellung von Simulationen bei geowissenschaftlichen Problemstellungen und diagnostizierte einen eindeutigen Erkenntnismehrwert durch Simulationen. Die Prozessbewertung zeigte deutliche Unterschiede bei der Unsicherheitsbewertung. Je nach Rezipiententypus variiert der Umgang mit Unsicherheiten entlang des Simulationsprozesses zwischen einer aktiven, passiven und selektiven Herangehensweise. Bei der Ergebnisbewertung lässt sich ein Verstärkereffekt durch das Zahlenformat ausmachen. Je nach Standpunkt des Betrachters verstärken oder vermindern Zahlen die Glaubwürdigkeit. Wie umfassend Entscheidungsträger Simulationsergebnisse bewerten, zeigen die durch die Empirie ermittelten Belastbarkeitskriterien. Dabei tendieren geowissenschaftliche Simulationsexperten zu einer Bewertung anhand Modell-inhärenter Kriterien, während Experten ohne ausgewiesenen Simulationshintergrund zu einer Modell-kontextuellen Belastbarkeitsbewertung neigen.

Die empirisch identifizierten Verwertungsmuster lassen sich einer konzeptionellen und instrumentellen Verwertung zuordnen. Für ein besseres konzeptionelles Verständnis sind CCS-Simulationen als singuläres und komplementäres Erkenntnisinstrument wichtig. Sie dienen der Einschätzung von Technikpotentialen und zur Abschätzung von zur Verfügung stehenden Politikoptionen. Auch eine differenzierte strategische und prozedurale Verwertung von geologischen Technikfolgensimulationen konnte nachgewiesen werden. CCS-Simulationen sind Referenz in der öffentlichen Debatte und Ausgangspunkt für die Vernetzung von Akteuren. CCS-Simulationen sind auch bereits vielfältig in die derzeit existierende politische Rahmensetzung für die CCS-Technologie instrumentell eingebettet und werden bei der weiteren Ausgestaltung der CCS-Genehmigungsverfahren eine zentrale Rolle spielen.

8 Die Rezeption der „BGR-Druckstudie" bei Entscheidungsträgern

Die im vorangegangen Kapitel dargelegten Befunde der Expertengespräche haben Perzeption und Rezeption sowie Bewertungs- und Verwertungsdimensionen am Beispiel von geowissenschaftlichen CCS-Simulationen aufgezeigt. Im folgenden Kapitel werden Rezeptionsmuster am Beispiel der BGR-Druckstudie analysiert. Für ein besseres Verständnis werden zunächst Hintergrund und inhaltliche Schwerpunkte der Studie kurz vorgestellt.

8.1 Hintergrund und Inhalt der BGR-Druckstudie

Auf Initiative des Bundesministeriums für Wirtschaft und Technologie (BMWi) und des Bundesministeriums für Bildung und Forschung (BMBF) wurde Anfang 2009 die Bundesanstalt für Geowissenschaften und Rohstoffe (BGR) gemeinsam mit dem Lehrstuhl für Hydromechanik und Hydrosystemmodellierung (LH2) an der Universität Stuttgart beauftragt, eine Studie zur regionalen Druckauswirkung der CO_2-Speicherung in salinaren Aquiferen durchzuführen. Seitens der Auftraggeber sollte neben der inhaltlichen Untersuchung zum Druckaufbau bei der CO_2-Einlagerung auch der Nachweis erbracht werden, dass in Deutschland die methodische Kompetenz zur numerischen Simulation der Druckentwicklung bei der CO_2-Speicherung vorhanden ist (Schäfer et al. 2010: 6). Ursprünglich war geplant, den Forschungsauftrag an ein ausländisches Forschungsinstitut mit ausgewiesener Expertise zur Problemstellung der Druckausbreitung und numerischer Modellierung zu vergeben. Die Stärkung des Forschungsstandortes Deutschland war schließlich das entscheidende Motiv, die Studie dann doch durch deutsche Auftragnehmer durchführen zu lassen. Für die ministeriellen Auftraggeber stand damit ein prozeduraler Fokus im Vordergrund, bei dem staatliche und universitäre Forschungseinrichtungen vernetzt und ihre inhaltliche Kompetenz gebündelt werden sollten. Das Projekt wurde von der BGR und der Universität Stuttgart im Zeitraum von Januar 2009 bis Juni 2009 durchgeführt. Der Abschlussbericht wurde sowohl als Druckversion als auch als öffentlich zugängliches und herunterladbares PDF-Dokument auf der Internetseite der BGR im April 2010 veröffentlicht.

Die Studie[6] untersuchte die Auswirkungen der CO_2-Speicherung auf benachbarte Strukturen, bei denen möglicherweise konkurrierende Nutzungsansprüche bestehen. Dabei wird davon ausgegangen, dass bei der Einlagerung von CO_2 das injizierte CO_2 in dem Speicher verbleibt. Somit ist alleine die Druckentwicklung für benachbarte geologische Formationen relevant. Mit Hilfe numerischer Simulationen wird in der Studie die Druckentwicklung für eine fiktive Injektion von 25 Millionen Tonnen über zehn Jahre mit einer konstanten Injektionsrate von 2,5 Millionen Tonnen pro Jahr in eine typische Struktur des Nordostdeutschen Beckens untersucht. Während das geologische Modell auf realen geologischen Daten basiert, ist das Injektionsprogramm rein fiktiv. Die Simulation wurde über zwei unterschiedliche Simulationswerkzeuge durchgeführt. Seitens der BGR wurde die Reservoirsimulationssoftware Petrel/ECLIPSE300 des französischen Unternehmens Schlumberger verwendet. Dies ist eine kommerzielle Simulationssoftware des weltweit größten Unternehmens im Bereich der Erdöl- und Erdgasexploration. Die Mitarbeiter der Universität Stuttgart rechneten die Simulation mit dem im eigenen Haus entwickelten Simulationswerkzeug MUFTE.

Ziel der Studie war es, die Druckentwicklung auf benachbarte Strukturen zu untersuchen. Dabei sollten „verschiedene Szenarien insbesondere in Bezug auf die Randbedingungen des Systems, aber auch auf Permeabilität, Gesteinskompressibilität und Injektionstemperatur [...] Klarheit über den Einfluss verschiedener Parameter auf die Druckausbreitung liefern" (Schäfer et al. 2010: 6). Der Vergleich zwischen zwei unterschiedlichen Simulationswerkzeugen sollte darüber hinaus Erkenntnisse über den Einfluss von unterschiedlichen Simulationswerkzeugen auf die Ergebnisse liefern.

Das geologische Modell stützt sich auf eine reale Datenbasis. Zur Modellierung der Speicherformation wurden zwei Antiklinalstrukturen A und B im Buntsandstein gewählt mit einem Scheitelpunktabstand von ca. 30 km (vgl. linkes Schaubild in Abbildung 9). Die Modellgrenzen „werden im Nord- und Südwesten durch eine größere Störungszone und im Nord- und Südosten durch eine Landesgrenze definiert" (Schäfer et al. 2010: 8). Das geologische Modell selbst besteht aus fünf unterschiedlichen Typen von Buntsandstein, wobei die beiden seismischen Reflektoren der oberen und unteren Gesteinsformation das Modell begrenzen. Die Höhenlinien des Modells wurden zunächst interpoliert; das Horizontmodell wurde dann in den beiden Simulationswerkzeugen in ein 3D-Gitter übertragen. In beiden Gittern variieren die Zellen nach Größe und Form. Wäh-

---

6 Die folgende inhaltliche Erläuterung der Studie orientiert sich stark an Schäfer et al. (2010) und fasst die wichtigsten Aspekte teils paraphrasierend zusammen.

rend das geozelluläre Grundmodell bei Petrel/ECLIPSE aus ca. 850.000 Zellen besteht, enthält das Modell bei MUFTE knapp 100.000 Zellen. Da beide Gitter dieselbe räumliche Ausdehnung haben, ist die Zellengröße in beiden Modellen sehr unterschiedlich.

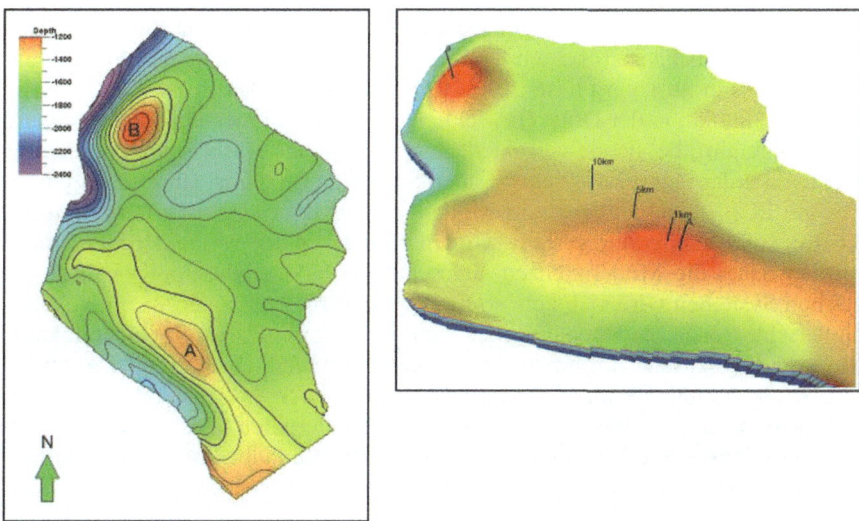

Quelle: linke Abbildung Schäfer et al. 2010: 8; rechte Abbildung Schäfer et al. 2010: 17

Abbildung 9:   Abbildung 9: Links: Darstellung der zwei Antiklinalstrukturen A und B im seismischen Reflektorhorizont. Rechts: Injektionsort A und unterschiedliche Druckmesspunkte (1km, 5km, 10km und ca. 30km [B]).

Das in die Simulationswerkzeuge übertragene Modell wurde um verschiedene geophysikalische Gesteinsparameter wie Permeabilität und Gesteinskompressibilität und Reservoirparameter wie Intitialdruck, Intitialtemperatur und Salinität des Formationswassers ergänzt. Diese Parameter sollten möglichst den realen Gegebenheiten einer norddeutschen Sandsteinformation entsprechen.

Die numerische Simulation erfolgte bei beiden Werkzeugen über ein identisches, fiktives Injektionsprogramm, dass im industriellen Maßstab reines CO_2 über einen Zeitraum von zehn Jahren über eine Bohrung injiziert. Dabei liegt der Schwerpunkt auf der Untersuchung der großräumigen Druckentwicklung. Die

209

lokalen Druckverhältnisse im Bereich der Injektionssonde wurden nicht berücksichtigt. Die Simulation wurde während der CO_2-Einlagerung und nach Ende der Injektion für einen Zeitraum von 30 Jahren (bzw. in zwei Langzeitszenarien für 90 Jahre) durchgeführt und die Druckentwicklung an verschiedenen Messpunkten zu berechnet. Die Messpunkte liegen ausgehend vom Injektionspunkt A in ein, fünf, zehn sowie ca. 30 km Entfernung (vgl. rechtes Schaubild in Abbildung 9). Die Simulation berechnete für jeden Zeitschritt in jeder 3D-Zelle die Stoffflüsse des Multi-Phasen-Systems mit den einzelnen Komponenten Wasser und Salz (jeweils in flüssiger Phase) sowie CO_2 in überkritischer Phase.

Die Simulation der Druckentwicklung wurde über unterschiedliche Szenarien durchgeführt, bei denen verschiedene Varianten der Einflussparameter durchgespielt wurden. Insgesamt wurden neun Szenarien gerechnet (fünf mit MUFTE; vier mit ECLIPSE), bei denen die Modellgrenzen, die Gesteinspermeabilität und die Injektionstemperatur variiert wurden. Als einer der wichtigsten Parameter wurden dabei die Modellgrenzen angesehen. Die Autoren schreiben dazu: „In offenen Systemen wird sich kein so großer Überdruck aufbauen wie in vollständig geschlossenen. Aus geologischer Sicht ist deshalb für reale Speicherlokationen immer einzuschätzen, inwieweit der Speicher randlich offen oder geschlossen ist. In Norddeutschland können Störungen oder Salzmauern Aquifere in geschlossene oder halboffene Kompartimente unterteilen. Aus diesem Grunde wurden halboffene, offene und geschlossene Modellrandbedingungen simuliert" (Schäfer et al. 2010: 18). Es wurden allerdings mit den beiden Simulationswerkzeugen nicht identische Szenarien gerechnet, was die Vergleichbarkeit der Ergebnisse beeinträchtigt.

Die Ergebnisse der Szenario-Berechnungen wurden unterschiedlich bildlich dargestellt. Zum einen wurde die Ausbreitung des CO_2 im Formationsspeicher in horizontalen und vertikalen Schnitten abgebildet. Dabei ist die CO_2-Fahne in der horizontalen Ausbreitung rund, solange injiziert wird: Nach Ende der Injektion passt sich die CO_2-Fahne den topographischen Konturen des Speichers an. Die vertikale Ausdehnung zeigt, dass das CO_2 bevorzugt im Sandsteinspeicher akkumuliert, aber auch in die weniger permeablen Strukturen eindringt (Schäfer et al. 2010: 20 f.).

Die Ergebnisse der Druckentwicklung wurden sowohl in Bildern wie auch in Zahlen dargestellt. Eine bildliche Darstellung der Druckdifferenz zum hydrostatischen Initialdruck im Speicherhorizont im Zeitverlauf zeigt, dass der Überdruck bis an alle Modellgrenzen heranreicht und mindestens einige bar beträgt (Schäfer et al. 2010: 20) (vgl. Abbildung 10).

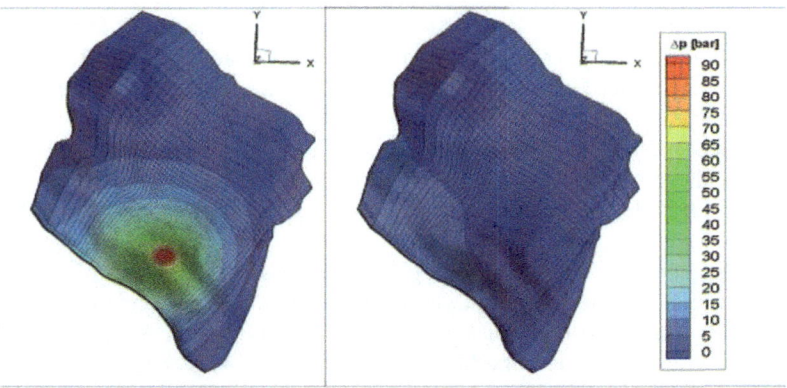

Quelle: Schäfer et al. 2010: 21

Abbildung 10: Überdruck (ΔP) im Speicherhorizont nach 10 (Ende der Injektion, links) und 40 (rechts) Jahren.

Zum anderen wurde für jedes Szenario die Druckentwicklung an den unterschiedlichen Messpunkten in Diagrammen ausgegeben. Abbildung 11 zeigt exemplarisch die Druckentwicklung für das Szenario 2 nach 40 Jahren sowie für das Langzeitszenario nach 100 Jahren.

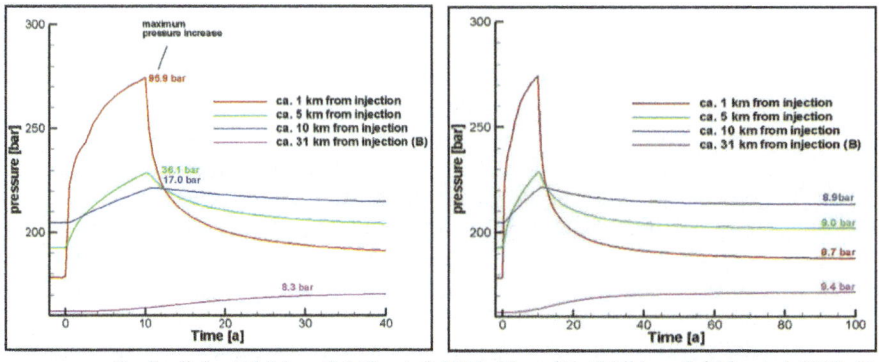

Quelle: linke Abbildung Schäfer et al. 2010: 23; rechte Abbildung Schäfer et al. 2010: 33.

Abbildung 11: Links: Druckentwicklung Szenario 2 (MUFTE) bei 40 Jahren. Rechts: Druckentwicklung Szenario 2 (MUFTE) bei 100 Jahren

Dabei zeigt sich, dass sich der Druck während der Injektionsphase (10 Jahre) bei den Messpunkten 1 bis 10 km stetig aufbaut, bis der maximale Druckanstieg kurz nach der Beendigung der Injektion erreicht ist. Nach einem (teils) starken Druckrückgang in der Folgezeit pendelt der Druck sich auf einem erhöhten Residualdruck ein. Bei dem entferntesten Messpunkt von ca. 31 km zeigt sich allerdings, dass der Druck auch nach 40 Jahren noch ansteigt und der Maximaldruck auch nach diesem Zeitraum noch nicht erreicht ist. Die Simulation über 100 Jahre zeigt, dass der Überdruck sich nach einigen Jahrzehnten bei ca. 9 bar einpendelt.

Die Ergebnisse der Modellierung zeigen, dass Modellgrenzen, Gesteinskompressibilität, Permeabilität und die Entfernung zum Injektionsstandort wichtige Einflussgrößen für die Druckentwicklung sind und bei bestimmten Bedingungen mit einem dauerhaft überhöhten Residualdruck zu rechnen ist. Die Autoren fassen die aus ihrer Sicht wichtigsten Ergebnisse der Simulationen in einigen Schlussfolgerungen zusammen. Sie sind im Folgenden aus Schäfer et al. 2010: 50f entnommen und aufgeführt:

1. Die wichtigsten Systemparameter für die Prognose von regionalen Überdrücken sind die Modellgrenzen (offen, halboffen oder geschlossen), die Gesteinskompressibilität und die Permeabilität.
2. Demnach ist in realen Speicherprojekten eine möglichst genaue Definition des hydraulischen Systems (geologische Grenzen des Aquifers) zu fordern, um die regionale Druckentwicklung adäquat prognostizieren zu können. In offenen hydrologischen Systemen kann sich der Überdruck nach Ende der Injektion innerhalb weniger Jahrzehnte wieder vollständig abbauen. Steht die Injektionsbohrung in der Nähe einer geschlossenen Aquifergrenze (z.B. dichte Störung, Fazieswechsel), verzögert sich der Druckabbau um mehrere Jahrzehnte, selbst wenn der Aquifer zur anderen Seite hin offen ist. In geschlossenen hydrologischen Systemen kann sich der Überdruck nicht abbauen (außer durch Geländehebung) und pendelt sich mehrere Jahrzehnte nach Ende der Injektion aquiferweit auf einem erhöhten Niveau ein.
3. Die Gesteinskompressibilität hat deutliche Auswirkungen auf die Geschwindigkeit, mit der der regionale Druck ansteigt und nach Ende der Injektionsphase wieder absinkt. Sie sollte für jedes Speicherprojekt während der Erkundungsphase im Labor bestimmt werden.
4. Eine gute Permeabilität des Speichergesteins ist ebenfalls von Bedeutung, indem sie den Druck schnell und effektiv vom Injektionsort in den Speicher verteilt. Sie ändert allerdings nichts an residualen Überdrücken in allseits geschlossenen hydrologischen Systemen. Auch die regionale Permeabilität muss in der Erkundungsphase zuverlässig bestimmt werden.

5. Im Bereich der eigentlichen Speicherstätte steigt der Überdruck schnell und fällt nach Ende der Injektion exponentiell ab. Je weiter man sich vom Speicherort entfernt, desto später macht sich der Überdruck bemerkbar (und baut sich auch langsamer wieder ab). In gut 30 km Entfernung zum Injektionsort wird das Druckmaximum in offenen Systemen erst etwa 5 Jahre, in halboffenen Systemen etwa 10-15 Jahre und in geschlossenen Szenarien mehrere Jahrzehnte nach Ende der Injektion erreicht.

6. Die Ergebnisse beider Simulationswerkzeuge sind gut vergleichbar. Die Wahl der Simulationsparameter hat einen sehr viel größeren Einfluss auf das Ergebnis als das Werkzeug.

7. Die Speicherkapazität einer bestimmten Struktur hängt nicht nur von ihrer eigenen Größe, sondern von den regional erzeugten Überdrücken ab. Diese wiederum sind eine Funktion der Größe und Grenzen des hydraulischen Systems und der Anzahl weiterer Speicherstätten (oder Förderbetriebe) innerhalb desselben.

8.2 Perzeption, Selektion und Rezeption der BGR-Druckstudie

Mit der Veröffentlichung der BGR-Druckstudie im April 2010 wurde die Druckproblematik bei der Injektion von CO_2 in den Untergrund in Deutschland erstmals umfassend thematisiert. Zwar hatte im deutschsprachigen Raum bereits früher eine vom BMBF finanzierte Studie die Frage des räumlichen Einflussbereiches infolge eines Druckanstiegs durch die Injektion von CO_2 aufgeworfen (Mönig/Kröhn 2009: 122). Eine genaue Untersuchung der Druckverhältnisse im Untergrund mit Hilfe von Simulationen wurde aber erst von der BGR-Druckstudie geleistet.

Entsprechend wurde die Studie auch mit großem Interesse von Experten, Entscheidungsträgern und Interessensvertretern, die sich näher mit der CCS-Thematik befassen, wahrgenommen. Die Studie wurde denn auch auf vielfältige Art und Weise rezipiert, indem die Druckproblematik in regionalen Medien, in unterschiedlichen Gremien sowie in einzelnen Gutachten und Stellungnahmen thematisiert wurde.

Mediale Aufmerksamkeit erzielte die Studie kurz nach ihrer Veröffentlichung in einer Regionalzeitung in Ostbrandenburg. Die Märkische Oderzeitung berichtete am 29. Juli 2010 mit der Titelzeile „Druckwellen treffen in Frankfurt aufeinander" über mögliche Gefahren durch regionale Druckausbreitung bei der Injektion von CO_2 (Steinkraus/Wendt 2010: 11). Unter Berufung auf den Sprecher der Bürgerinitiative ‚Contra Endlager' wäre die Stadt Frankfurt (Oder) „von zwei Flanken eingequetscht", wenn Kohlendioxid in Neutrebbin und Beeskow

(Oder-Spree) eingespeichert würde (Steinkraus/Wendt 2010: 11). Dabei wurde ausdrücklich auf die Ergebnisse der BGR-Druckstudie verwiesen, wonach der Druck am Rand von Speichergebieten extrem ansteige. Vier Wochen nach dieser Berichterstattung sah sich der verantwortliche Journalist veranlasst, den alarmistischen Ton des Berichts durch eine Gegenposition zu relativieren. Frauke Schäfer, Wissenschaftlerin der BGR und Mitautorin der Studie erhielt in der Zeitung Gelegenheit, sich zu den Druckschwankungen zu äußern. Ihrer Einschätzung nach gehe von einer Druckerhöhung von ca. 6% gegenüber dem Initialdruck keinerlei Gefährdung aus. Zudem steige und falle der Gesamtdruck in einigen Kilometern Entfernung nur noch sehr langsam (Wendt 2010: 2). Ausgenommen dieser zweimaligen Berichterstattung in der Märkischen Oderzeitung wurde die Studie in den Medien allerdings nicht weiter aufgegriffen.

Die Druckproblematik wurde auch Gegenstand von Gremiensitzungen im Rahmen des so genannten regionalen Erkundungsbeirates in Brandenburg. Dieses Beratungsgremium konstituierte sich am 7. Juli 2010 auf Betreiben des brandenburgischen Wirtschaftsministeriums, um die Erkundung nach einer geeigneten Speicherstätte im Raum Beeskow und Neutrebbin in Ost-Brandenburg durch den Betreiber Vattenfall offen und transparent zu begleiten. Die 18 Mitglieder des Gremiums repräsentieren unterschiedliche organisierte Interessen; vertreten sind Wirtschaft, Kirchen, Bürgerinitiativen, Kreis- und Landtage usw. (vgl. Energieland Brandenburg 2012). In der fünften und sechsten Sitzung des Erkundungsbeirates wurde die besondere Bedeutung der Druckausbreitung thematisiert. Hintergrund waren unterschiedliche Einschätzungen über die Größe des vom potentiellen Betreiber Vattenfall zu untersuchenden Erkundungsgebietes. Mit Verweis auf die GRS-Studie und die BGR-Druckstudie wurde von einem NGO-nahen Experten ein Erkundungsgebiet von ca. 100 km um die Bohrstelle angemahnt, um die Gefahr eines möglichen Salzwasseraufstiegs besser einschätzen zu können. Vertreter des Betreibers Vattenfall waren hingegen der Ansicht, dass ein geringeres Erkundungsgebiet in der ersten Phase ausreichend sei, da dadurch bereits gute Erkenntnisse über die Relevanz der Druckausbreitung gewonnen werden können. Bei Bedarf könnte dann ein größeres Gebiet betrachtet werden (Erkundungsbeirat 2011: 7 ff.).

Im CCS-Gesetzgebungsverfahren wurde die Druckproblematik in verschiedenen Stellungnahmen und Positionspapieren aufgegriffen. Im Ausschuss für Umwelt, Naturschutz und Reaktorsicherheit wurden bislang drei öffentliche Sitzungen zur Kohlendioxidabscheidung und -speicherung durchgeführt. Während der ersten beiden Sitzungen am 7. März 2007 und am 25. Mai 2009 kam die Problematik einer regionalen Druckausbreitung als Folge des Verpressens von CO_2 nicht zur Sprache. In sämtlichen Stellungnahmen der an der Sitzung beteiligten Akteure wurde die Druckproblematik in diesen beiden Sitzungen nicht angesprochen. Bei diesen Sitzungen waren verschiedene Vertreter staatlicher (Umweltbundesamt, Bundesanstalt für Geowissenschaften und Rohstoffe), wirtschaftlicher (Vattenfall, Wirtschaftsvereinigung Stahl, Bundesverband der Energie- und Wasserwirtschaft, Bundesverband der Deutschen Industrie) und gesellschaftlicher (Deutscher Gewerkschaftsbund, Greenpeace) Interessen sowie Wissenschaftler (Öko-Institut, Sachverständigenrat für Umweltfragen) eingebunden. Dies deutet daraufhin, dass die Perzeption und Rezeption der regionalen Druckauswirkung als ein potentielles Risiko bei der CO_2-Sequestrierung erst durch die wissenschaftliche Aufbereitung innerhalb der GRS- und der BGR-Druckstudie stimuliert wurde. Dies zeigt sich auch in der Resonanz, die die Druckproblematik dann bei der dritten öffentlichen Sitzung im Umweltausschuss erfuhr.

Die Verdrängung von salzhaltigem Formationswasser durch überhöhten Druck nach Einpressen von CO_2 griffen in der dritten Sitzung zur CCS-Technologie vom 6. Juni 2011 Akteure der Wasserwirtschaft auf. Im Beratungsprozess des CCS-Gesetzgebungsverfahrens äußersten sich verschiedene Verbände und Organisationen der Wasserwirtschaft sehr kritisch gegenüber der CCS-Technologie, da sie negative Auswirkungen auf unterirdische Trinkwasseraquifere befürchteten. In verschiedenen Stellungnahmen zum CCS-Gesetzesentwurf wurde die Druckproblematik mit (indirektem) Verweis auf die BGR-Druckstudie thematisiert. So kommt die Allianz der öffentlichen Wasserwirtschaft in ihrer Stellungnahme zu dem Schluss, dass die unterirdische Druckausbreitung „nach mittlerweile vorliegenden Gutachten [sic!] sehr groß und im Untergrund nicht beherrschbar" ist (Drucksache 17(16)267-F). Für den Bundesverband der Energie- und Wasserwirtschaft (BDEW) weitet „mit der Verdrängung des salinaren Tiefenwassers einhergehende unterirdische Druckausbreitung (...) den Einflussbereich einer Lagerstätte nahezu unendlich [aus]. Die Ausweitung führt zu Risiken, die derzeit und auch zukünftig nicht kalkulierbar sind" (BDEW 2010: 3). Der Deutsche Bund der verbandlichen Wasserwirtschaft (DBVW) schließt sich dieser Einschätzung an und argumentiert mit dem gleichen Wortlaut (DBVW 2010: 3). Der NGO-nahe Experte Ralf Krupp kommt in seiner Stellungnahme zu dem Schluss, dass es zu Salzwasser-Aufstiegen überall dort kommen kann, „wo der Überdruck im Speicherkomplex signifikant (mehr als 1 bar) erhöht wird. Dies ist nach Studien der BGR (2010) und der GRS (2010), bei einer industriellen Nutzung der Speicher, in einem weiten Radius (Größenordnung 100 km) um die Injektionsstätten möglich, soweit nicht bereits in kürzerer Distanz eine Druckentlastung durch Entweichen der Formationswässer erfolgt" (Drucksache 17(16)265-A 2011: 5). In den Stellungnahmen der übrigen Teilnehmer spielte die regionale Druckausbreitung allerdings keine Rolle.

In schriftlichen Äußerungen außerhalb dieser Beratungssitzungen wird die BGR-Druckstudie nur in dem Positionspapier des Bundestagsabgeordneten

Hans-Georg von der Marwitz erwähnt. Der erklärte CCS-Gegner sieht sich durch die Studie bestätigt, da durch die Sequestrierung „ein Überdruck aufgebaut [wird], der sich je nach geologischer Struktur in 5-20 Jahren auch auf Gebiete über 30 km Entfernung ausweitet (...) Die Lagerformation lässt sich räumlich daher nicht begrenzen" (von der Marwitz 2010: 2).

Aufgegriffen wurde die BGR-Studie darüber hinaus in diversen wissenschaftlichen Gutachten, die der Experte Ralf Krupp im Auftrag des BUND und des Amtes Barnim-Oderbruch angefertigt hat. Bei den insgesamt drei Gutachten wurde zunächst in einer geologischen Kurzstudie Bedingungen und mögliche Auswirkungen einer dauerhaften Lagerung von CO_2 im Untergrund über eine Literaturstudie untersucht (Krupp 2010). Das in der BGR-Druckstudie nicht zu Grunde gelegte, nicht lokalisierte Untersuchungsgebiet wird von Krupp als Antiklinalstruktur bei den Standorten Neutrebbin und Helmersdorf in Brandenburg identifiziert (Krupp 2010: 39). Damit wird in der BGR-Druckstudie jenes Gebiet untersucht, das vom möglichen Betreiber Vattenfall erkundet werden soll. Die Nichtbenennung des Standortes durch die Autoren der BGR-Druckstudie hat bei Bürgerinitiativen und Umweltverbänden großes Unverständnis ausgelöst. Darüber hinaus wird der Einfluss der regionalen Druckauswirkung auf die Gesamtspeicherkapazität anerkannt (Krupp 2010: 49). Eine explizite Auseinandersetzung mit der Druckproblematik als Risikofaktor findet allerdings nicht statt.

In einem zweiten Gutachten, dass als Literaturstudie im Auftrag des Amtes Barnim-Oderbruch als betroffene Region der von Vattenfall avisierten Aufsuchungsfelder Neutrebbin und Birkholz-Beeskow angefertigt wurde, sollte eine wissenschaftliche Begleitung im Sinne einer gutachterlichen Stellungnahme insbesondere zur regionalen Geologie ausgearbeitet werden. In dieser Studie wird auf Modellrechnungen zum räumlich-zeitlichen Verlauf des Druckaufbaus im CO_2- Speicher eingegangen und es werden die Ergebnisse der GRS-Studie als auch der BGR-Druckstudie detailliert dargestellt. Der Autor kommt zu folgendem Fazit: „Beide Studien kommen zu ähnlichen Aussagen hinsichtlich der Druckauswirkungen. Die Druckerhöhungen im salinen Aquifer erreichen Werte von mehreren MPa über dem hydrostatischen Druck in der entsprechenden Tiefe. Die Druckerhöhungen sind auch noch in Distanzen von größenordnungsmäßig 100 Kilometer erheblich. Die erhöhten Drücke bauen sich zu Beginn der CO_2-Injektion langsam auf und klingen nach Beendigung der Injektion langsam ab" (Krupp 2011: 39). Krupp geht in dem Umkreis von 100 Kilometer um die Injektionsstelle von einem möglichen Salzwasseraufstieg aufgrund des erhöhten Druckes aus, wobei die gefährdeten Gebiete ohne detaillierte Kenntnisse über den Untergrund nicht prognostiziert werden können. (Krupp 2011: 5; Drucksache 17(16)265-A: 5). Zieht man – so Krupp – einen Schlagkreis um die vorgesehenen Einlagerungsstätten, würde dies den größten Teil der Landesfläche Brandenburgs, den Stadtstaat Berlin, die südlichen Teile Mecklenburg-Vorpommerns und weite Teile Polens einschließen, wobei sich innerhalb dieses Schlagkreises mehrere hundert Wasserwerke mit ausgewiesenen Schutzgebieten befänden (Krupp 2011: 48).

Krupp hat dies anhand eines Schaubildes verdeutlicht (vgl. Abbildung 12), bei dem die grünen Flächen die vorgesehenen Gebiete für eine geologische Erkundung durch Vattenfall sind und die beiden blauen Kreise mit einem Durchmesser von je ca. 100 km die regionale Druckauswirkung abbilden sollen.

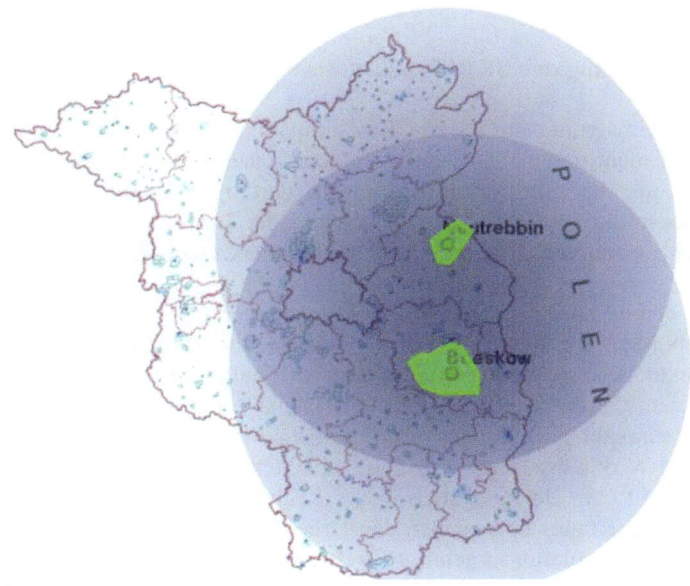

Quelle: Krupp 2011: 5; Drucksache 17(16)265-A: 6.

Abbildung 12: Druckeinfluss und Wassergewinnungsgebiete nach Krupp 2011

Die Rezeption der BGR-Druckstudie wurde auch im Rahmen der vom Verfasser unternommenen Expertengespräche thematisiert. Fast alle Gesprächspartner wussten um die Existenz der Studie. Allerdings haben sich nur vereinzelt Gesprächspartner näher mit der Studie befasst und sie eingehender rezipiert. Das Rezeptionsverhalten entspricht den Mustern, die im vorangegangen Kapitel allgemein zu CCS-Simulationen identifiziert wurden. Danach haben Experten mit einem geowissenschaftlichen Hintergrund die Studie teilweise oder auch vollständig rezipiert. Ausschlaggebend für eine vollständige Rezeption war entweder eine persönliche Verbindung zu den Autoren bzw. deren Institutionen oder ein ausgeprägtes inhaltliches Interesse an der Thematik (PM-6; GN-1). Ein ausgeprägtes inhaltliches Interesse an der Thematik war auch die Hauptmotivation für einige Nicht-Geowissenschaftler, sich intensiver mit der Studie auseinanderzusetzen. Insgesamt bleibt aber festzuhalten, dass die BGR-Druckstudie weitestgehend nur von Fachleuten und interessierten Laien wahrgenommen und rezipiert wurde.

8.3 Die Bewertung der BGR-Druckstudie

Allgemeine Bewertungsmuster zu CCS-Simulationen wurden im vorangegangenen Kapitel identifiziert. Die Bewertung von einzelnen Aspekten im Simulationsprozess und bei Simulationsergebnissen wird nun für die hier betrachtete BGR-Druckstudie analysiert. Die Dimension der Instrumentenbewertung wird dabei nicht weiterverfolgt, da die Experteninterviews dazu keine Aussagen machten.

Wie bereits ausgeführt, wird die Belastbarkeit von Simulationsprozessen und -ergebnissen von Rezipienten über verschiedene Modell-inhärente und Modell-kontextuelle Aspekte bewertet. Bei der Modell-inhärenten Bewertung werden Faktoren wie die zugrunde gelegten Daten, Randbedingungen und Annahmen, die Parameterauswahl, das Modell selbst sowie die den Prozessen unterlegten Ursache-Wirkungszusammenhänge betrachtet. Zudem wird ein Abgleich der Simulation mit dem Bezugssystem in der Realität vollzogen. Bewertungsfaktoren des Modell-Kontextes beziehen den Urheber und den Rezeptionsdiskurs mit ein und stellen Simulationsergebnisse in den Kontext von vergleichbaren Studien und allgemein dem Wissensstand der Forschungsdisziplin. Auch wird der Grad der Einbindung von externen bzw. kritischen Experten in die Wissensproduktion der Simulationsergebnisse als Belastbarkeitskriterium herangezogen.

Betrachtet man zunächst die Modell-inhärenten Aspekte der Ergebnisbewertung, so haben die Expertengespräche folgende Befunde ergeben. Erstens bezogen sich die der BGR-Druckstudie zugrunde gelegten Daten auf das geologische Modell, bei dem ein Gebiet mit zwei benachbarten Antiklinalstrukturen im Mittleren Buntsandstein ausgewählt wurde. Die Datenbasis bildete das Geophysikalische Kartenwerk der DDR (Schäfer et al. 2010: 7). Daraus wurden auch Daten für die einzelnen Modellhorizonte, d. h. die Höhe der einzelnen Gesteinsschichten abgeleitet. Damit wurde ein reales Beispiel aus dem Nordostdeutschen Becken der Simulation zugrunde gelegt. Interessanterweise wurde die Datenqualität bzw. das in der Studie verwendete Datenmaterial von den Befragten nicht thematisiert. Der mit Hilfe der Daten festgelegte und spezifizierte Untersuchungsgegenstand wurde von den Experten nicht als Bewertungskriterium für die Belastbarkeit der Simulationsergebnisse herangezogen. Allerdings sorgte die Identifizierung des konkreten Standortes bei verschiedenen Rezipienten für Aufsehen. Wie oben bereits ausgeführt, wurde das in der Studie nicht explizit genannte Gebiet von dem NGO-nahen Experten Ralf Krupp als Standort in den Gemeinden Neutrebbin und Helmersdorf lokalisiert. Dies berührte zwar nicht die Qualität und Belastbarkeit der Simulationsergebnisse; allerdings mussten sich die Autoren den Vorwurf der Intransparenz gefallen lassen. Denn – so ein Experte: „was ich eigentlich schlecht finde, dass man sozusagen versucht hat geheim zu halten, um welches Gebiet es geht, das ist einfach ungeschickt gegenüber der Öffentlichkeit, man sollte das lieber sagen, um welches Gebiet es geht und sagen, warum man das macht" (GN-1).

Zweitens erhielt die Bewertung von zugrundegelegten Annahmen wie Randbedingungen und Parameter bei den Befragten deutlich mehr Aufmerksamkeit. Dabei wurden die den Szenarien zugrunde gelegten Randbedingungen und Parameter thematisiert. Es wurde anerkannt, dass bei einer Simulation vereinfachte und idealisierte Annahmen unabdingbar sind (PM-2; GN-1). Die in der Simulation betrachteten Annahmen über Randbedingungen (offen, halboffen, geschlossen) wurden von Geowissenschaftlern aber hinsichtlich ihres Realitätsbezugs kritisch hinterfragt. So wurde bezweifelt, dass eine geschlossene Randbedingung (d. h. eine völlig undurchlässige Gesteinsschicht) in der Realität überhaupt vorkommen kann (PM-2). Zudem wurde auch die Annahme kritisiert, dass zwar die Seitenränder mit unterschiedlicher Durchlässigkeit betrachtet wurden; die Schicht nach oben und unten hingegen als ideal dicht angenommen wurde. Diese Annahme wurde als „geologisch gesehen absurd" eingestuft, da es solche Gesteinsschichten in der Realität nicht gibt (GN-1). Dies führe dann zwar zu Ergebnissen, die nicht uninteressant sind, weil sie einem unter den idealisierten Bedingungen sagen, was passieren würde, aber es ist mit der Praxis direkt nicht zu vergleichen (GN-1).

Ähnlich verhält es sich mit den für die Studie herangezogenen Parametern als Einflussgrößen für die regionale Druckentwicklung. Während Nicht-Geowissenschaftler Parameterauswahl und -werte nicht in Frage stellen und als einleuchtend und logisch bewerteten, wurden von Geowissenschaftlern die festgelegten Parameterwerte kritisch hinsichtlich ihres Realitätsbezugs hinterfragt. So wurde der Parameterwert ‚Gestein inkompressibel' angezweifelt, da die Kompressibilität von Gestein immer von der Höhe des Drucks abhänge. Die um den Faktor fünf variierenden Permeabilitätswerte wurden als äußert mutig eingestuft, wenngleich der Befragte für sich ein geringes Beurteilungsvermögen bei diesem Sachverhalt einräumte (PM-2).

Drittens wurden die beiden in der Studie verwendeten Modelle MUFTE und ECLIPSE von den Befragten nicht thematisiert. Selbst geowissenschaftliche und simulationsversierte Experten unter den Befragten haben einzelne Modellaspekte nicht aufgegriffen und hinsichtlich ihres Realitätsbezuges verglichen und diskutiert. Dies ist insofern erstaunlich, da die Studie im Vergleich zu anderen Simulationsveröffentlichungen detailliert und ausführlich Aspekte wie Modellgitter und -größe, Funktionsweise sowie das modellierte Fluidsystem erläutert. Einzelne Modellaspekte stehen offenbar als Bewertungskriterium für die Belastbarkeit der Ergebnisse nicht im Vordergrund.

Viertens wurden vereinzelt Ursache-Wirkungszusammenhänge von Geowissenschaftlern thematisiert, d. h. es wurden die Folgewirkungen einer durch CO_2-Injektion hervorgerufenen Druckerhöhung im Untergrund sondiert. Diese Folgewirkungen sind in der Studie nicht explizit ausgeführt worden. Ein Experte sieht prinzipiell drei mögliche Folgewirkungen einer Druckausbreitung in Aquiferen (GN-1): Zum einen kann das Wasser bzw. das Gestein komprimiert werden (Gesteinskompressibilität). Dies kann man auf Basis genauer Gesteinsdaten für einen spezifischen Standort ausrechnen. Zum andern kann der Auqifer aufgebläht werden, so dass das Deckgestein angehoben wird. Hierbei besteht die Gefahr, dass das Deckgestein reißt und der Speicher damit untauglich wird. Diese Option ist zwar in der Praxis möglich, darf bei der CCS-Technologie aber nicht angewendet werden, da der Speicher damit zerstört wird. Schließlich ist der dritte Mechanismus das Verdrängen von Volumen, d. h. die im Aquifer befindlichen salinen Formationsgewässer werden verdrängt und müssen in andere Gesteinsschichten weichen. Nach Einschätzung des Experten ist der letztgenannte Mechanismus die entscheidende Folgewirkung und hätte in der Studie ausführlicher beleuchtet werden müssen (GN-1). Dabei stellt sich auch die Frage, wie hoch der Druck sein darf, damit das Formationswasser nicht aufsteigt bzw. es nicht zum Bruch des Gesteins kommt (PA-1). Es zeigt sich, dass die Ursache-Wirkungszusammenhänge insbesondere von Geowissenschaftlern eindeutig erkannt und verstanden wurden. Kritisiert wurde an der Studie aber, dass diese Folgewirkungen nicht näher ausgeführt und von den Autoren kritisch diskutiert wurden.

Fünftens nahm der Abgleich des Modells mit der Realität bei den Befragten den größten Raum ein. Die Reflektion der Experten über die verschiedenen Modell-inhärenten Bewertungsaspekte umfasste immer einen Abgleich, wie gut oder schlecht das Modell die abzubildende Wirklichkeit repräsentiert. Die Diskussion über Annahmen, Randbedingungen, Parameter usw. orientierte sich immer an der Einschätzung, ob sie die Realität adäquat wiedergeben. So wurde konstatiert, dass Parameterauswahl und unterschiedliche Szenarien die Realität nach allen Seiten auszuloten versuchen. Dies sei sehr logisch und sehr korrekt gemacht worden (PM-2; GN-1). Bemängelt wurde allerdings die Homogenität des geologischen Modells. So wurden innerhalb des Simulationsraumes keine Störungen und Brüche vorgesehen und eine absolute Dichtigkeit des Gesteins nach unten und nach oben angenommen. Dies entspreche aber nicht der Realität, so dass Simulationsergebnisse vor diesem Hintergrund nur eine eingeschränkte Aussagekraft besitzen (PM-2; GN-1). Um dieses Defizit zu beheben, wurde eine Simulationsstudie gefordert, die ein inhomogenes, durch Brüche, Risse und Frakturen gekennzeichnetes Untersuchungsfeld zugrundelegt (GN-3). Andere Experten stellten den hypothetischen und standortunabhängigen Charakter der Studie in den Vordergrund, der Übertragungen und Schlussfolgerungen auf einen konkreten Standort von vornehrein nicht zulasse (PB-1; PM-6).

Der Blick auf die Modell-kontextuellen Aspekte zeigt zunächst, dass die Urheberbewertung bei vielen Experten von großer Bedeutung war. Sowohl Geo- wie Nicht-Geowissenschaftler haben die Rolle der BGR als ein Urheber der Studie thematisiert. Dabei gilt die BGR auch den CCS-kritischen Experten als neutraler Wissenschaftslieferant, „die nicht bewerten, sondern Fakten zur Verfügung stellen" (PP-2). Auf der anderen Seite wurde eine politische Funktion der BGR gesehen, indem die Bundesanstalt als nachgelagerte Behörde derzeit die CCS-Technologie propagieren müsse (NB-1). Die hier betrachtete Studie wurde aber vom gesamten Expertensample als wissenschaftlich unabhängig und inhaltlich korrekt eingeschätzt.

Mehrere Befragte kontrastierten die BGR-Simulationsergebnisse mit Vergleichsstudien. Zum einen wurde von Geowissenschaftlern auf die Forschungstradition zur Druckproblematik in den Niederlanden (die Forschergruppe um Bert van der Meer) und den USA (Veröffentlichungen des Forscherteams um Jens Birkholzer) verwiesen. Betont wurde allerdings die geringe Vergleichbarkeit der Studienergebnisse aufgrund von unterschiedlichen Studiendesigns. Interessanterweise wurde von Nicht-Geowissenschaftlern aber auch mehrfach die Vorgängerstudie zur Druckproblematik in Deutschland (GRS 2009) erwähnt. Viele der Befragten interpretierten die grundlegenden Ergebnisse beider Studien als vergleichbar und ähnlich: dass nämlich die Druckentwicklung bei der Einlagerung von CO_2 eine bedeutende und nicht zu vernachlässigende Größe sei.

Bei der Bewertung des Wissensstandes in der Forschungsdisziplin zur Erforschung der Druckausbreitung haben insbesondere Geowissenschaftler ein klares Bild. Dabei wurde einerseits auf die Bedeutung der Druckausbreitung für die Genehmigung konkreter Speicherstandorte und der Abschätzung von Speicherkapazitäten verwiesen. Zur Einschätzung von Nutzungskonkurrenzen ist die Analyse der Druckausbreitung zentral, um die Beeinflussung anderer Speicher,

Formationen oder Nutzungshorizonte zu sondieren (PM-6). Zum anderen spielt die Druckausbreitung für die Potentialabschätzung der Speicherkapazitäten eine zentrale Rolle, da die regionale Druckauswirkung Auswirkungen auf die Anzahl möglicher Speicherstätten hat (PM-3). Schließlich wurde auch auf die Forschungstradition im Öl- und Gasbereich verwiesen, welche eindeutige Erkenntnisse über Wirkungszusammenhänge bei der Druckausbreitung liefere (PM-5).

Die Bewertungskriterien ‚Rezeptionsdiskurs' und ‚Einbindung von Experten' wurden in den Expertengesprächen dagegen nicht thematisiert. Dies mag zum einen daran liegen, dass aufgrund des noch recht kurzen Veröffentlichungszeitraums der BGR-Druckstudie noch keine umfassende Rezeption stattgefunden hat; zum anderen daran, dass die partizipative Einbindung von Experten in Simulationsstudien keine weitverbreitete und gängige Forschungspraxis in den Geowissenschaften ist, so dass Rezipienten dies auch nicht erwarten.

In den Expertengesprächen wurde auch nach den aus Sicht der Experten wichtigsten Ergebnissen der BGR-Studie gefragt (vgl. Tabelle 15).

Nr.	Inhaltich	Bezugspunkt			
		U	W	B	S
1.	Abhängig von den Systemgrenzen (offen, halboffen, geschlossen) verändert sich die Druckausbreitung, Druckerhöhung und die Dauer der Druckerhöhung (PM-6)	x		x	
2.	Die geologische Situation ist entscheidend für den Druckaufbau; um den Einzelfall zu simulieren, braucht man daher eine viel konkretere Datenbasis (PB-1)	x		x	x
3.	Die Wirkung der Injektion auf den Druckaufbau: Und dass Gesteinseigenschaften quasi über den Druckaufbau indirekt die Injektionsrate kontrollieren. D. h., es können nicht unbegrenzte Mengen pro Zeiteinheit injiziert werden (PB-1)	x		x	x
4.	Das geht dann noch 30, 40, 50 Jahre weiter, wenn der Druck sich dann in Wellen abbaut oder fortpflanzt (PP-2)		x		
5.	Druckausbreitung braucht eine gewisse Zeit. Druckausbreitung ist auch über Distanz von mehreren 10er km noch zu sehen (PB-2; GB-1)		x		
6.	Sehr interessant ist auch die extrem zeitversetzte Druckerhöhung weit weg vom Injektionsort (PM-6)		x	x	

		U	W	B	S
7.	Druckaufbau ist in der Nähe der Injektionsstelle am größten und nimmt im Raum lateral sehr stark, im Randbereich ist er dann nur minimal. D. h. der Druck ist lokalisiert und über die Zeit allenfalls ein bisschen regionalisiert (PB-3)		x	x	
8.	Es lässt sich räumlich nicht auf 10, 20 km begrenzen. Das lässt sich ja unten tatsächlich nicht kontrollieren, wo es hingeht (PP-2)		x	x	
9.	Wenn die Druckauswirkung so weit in die Fläche geht, ist dazwischen eine Störung. Verdrängte Formationsgewässer steigen auf und dringen zwangsläufig in Süßwasserstockwerke ein und versalzen das Süßwasser (GN-1)		x	x	x
10.	Der Druckaufbau beeinflusst damit auch die Speicherkapazität, wie viel CO_2 pro Zeiteinheit injiziert werden kann. Dies hat Auswirkungen auf Berechnung bei Klimamodellen, wie viel CO_2 mit CCS entsorgt werden soll (PB-1)		x	x	x
11.	Bei zwei naheliegenden Speicherformationen überlagern sich die Druckwellen, d. h. die Druckauswirkungen verstärken sich im Überschneidungsbereich gegenseitig (GN-1)		x		x
Methodisch					
12.	Inhaltliche Ergebnisse waren so zu erwarten, es ist aber wichtig, es einmal so wissenschaftlich gezeigt zu haben (PM-3; PB-1; PM-6)				
13.	Der Druckaufbau ist im Prinzip simulierbar; über diese Simulation ein Gefühl für die zeitlichen und regionalen Dimensionen zu bekommen, war wichtig (PB-1)				
Prozedural					
14.	Ein wichtiges Ergebnis ist, dass die Arbeitsgruppen, die zu Speicherkapazitäten arbeiten, die Methode Simulation einsetzen (PM-3)				

Erklärung: U = Ursache; W = Wirkung; B = Bewertung; S = Schlussfolgerung

Quelle: eigene Darstellung

Tabelle 15: Die wichtigsten Ergebnisse der BGR-Studien aus Sicht der Befragten

Die von den Befragten geäußerten wichtigsten Ergebnisse lassen sich den drei Kategorien ‚inhaltlich', ‚methodisch' und ‚prozedural' zuordnen. Die Kategorie ‚inhaltlich' umfasst Ergebnisse, die sich auf verschiedene Aspekte des untersuchten Wirkungszusammenhangs beim Druckaufbau durch CO_2-Injektion beziehen. ‚Methodische' Ergebnisse beinhalten Äußerungen zur Simulationsmethode, während die ‚prozedurale' Kategorie sich auf den Prozess der Wissensproduktion bezieht.

Mit Abstand am häufigsten wurden inhaltliche Aspekte als wichtigste Ergebnisse der Studie von den Befragten genannt. Tabelle 15 listet die einzelnen, inhaltlich zuzuordnenden Antworten auf und charakterisiert sie nach Aussagegehalt und Bezugspunkt. Zunächst fällt auf, dass inhaltliche Bezüge zu dem in der Studie untersuchten Ursache-Wirkungszusammenhang deutlich im Vordergrund standen. Unter Ursache-Wirkungszusammenhang ist im Rahmen der Studie zu verstehen, dass mit Hilfe einer Simulation der unterirdische Druckaufbau in Raum und Zeit (Wirkung) hervorgerufen durch die Injektion von CO_2 (Ursache) untersucht wird. Dabei wird die Veränderlichkeit des Druckaufbaus (Varianz des Wirkungsphänomens) in Abhängigkeit bestimmter Ausgangsbedingungen wie Systemgrenzen, Gesteinskompresibilität, Permeabilität etc. (Mit-Ursache) analysiert. Die Systemeigenschaften sind als Mit-Ursache verantwortlich für die Varianz des Wirkungsphänomens, d. h. die Unterschiede der Druckhöhe in Raum und Zeit.

Es zeigt sich, dass alle inhaltlichen Äußerungen den Ursache-Wirkungszusammenhang in den Mittelpunkt stellen. Dabei werden oftmals auch subjektive Bewertungen und weiterführende Schlussfolgerungen bei der wichtigsten Ergebnisnennung aufgeführt. Bei den ursachenbezogenen Ergebnissen stehen die Systemeigenschaften wie Randbedingungen und Gesteinskompressibilität im Vordergrund der Aufmerksamkeit. Sie werden als wichtigste Ursache für die Varianz der Druckhöhe bewertet. Dabei wird eine priorisierende Bewertung der Mit-Ursachen vorgenommen sowie Schlussfolgerungen gezogen: dass etwa für einen konkreten Standort eine genaue geologische Datenbasis notwendig sei (Ergebnis 2) oder Gesteinseigenschaften indirekt Rückkopplungseffekte auf die Injektionsrate bewirken (Ergebnis 3).

Auch bei den wirkungsbezogenen Aspekten dominiert die Priorisierung von Ergebnissen in Verbindung mit Bewertungsaussagen. So wird die Bedeutung des generellen Druckaufbaus als gering eingeschätzt, wenn es heißt: „der Druck ist lokalisiert und über die Zeit allenfalls ein bisschen regionalisiert". Dem stehen allerdings auch Bewertungen gegenüber, die dem Druckaufbau eine große Bedeutung beimessen (Ergebnisse 8, 9, 11). Alleine bei der Beschreibung des generellen Wirkungsphänomens (Druckaufbau benötigt Raum und Zeit) wird auf eine Bewertung und auf Schlussfolgerungen verzichtet (Ergebnis 4 und 5).

Insgesamt kann bei den inhaltlichen Ergebnispriorisierungen festgehalten werden, dass die Befragten sich auf den Ursache-Wirkungszusammenhang des untersuchten Phänomens konzentrieren und die Wahrnehmung ihrer wichtigsten Ergebnisse mit eigenen Bewertungen und Schlussfolgerungen verbinden. Bei den Ergebnisnennungen, die der methodischen Kategorie zuordnenbar sind, wurde die Wichtigkeit des objektiv wissenschaftlichen Nachweises eines inhaltlich eigentlich zu erwartenden Ergebnisses herausgestellt. Daneben wurde auch auf den Umstand hingewiesen, die Problemstellung über die Simulationsmethode prinzipiell untersuchen zu können (Ergebnisse 12 und 13). Für ein Vertreter einer politischen Behörde stand hingegen der Kompetenzaufbau und die Vernetzung von Arbeitsgruppen im Vordergrund.

Es wurde bereits oben ausgeführt, dass Simulationsergebnisse vornehmlich als Zahlen- oder Bildformat generiert werden. Es wurde argumentiert, dass Zahlen ihre inhaltliche Aussage mit Objektivität und Universalität versehen und damit einen Anspruch auf wissenschaftliche Neutralität und Exaktheit erheben, obwohl diese Genauigkeit aufgrund einer Vielzahl von Unsicherheiten im Entstehungsprozess nicht immer gegeben ist. Dabei wurde die These vertreten, dass die vermittelte Genauigkeit auch eine Glaubwürdigkeit der Ergebnisse an den Rezipienten transportiert.

Auch bei der BGR-Druckstudie waren die zentralen Ergebnisse der Simulationsberechnungen konkrete Zahlenwerte für alle neun berechneten Szenarien bei verschiedenen Zeit- und Entfernungspunkten. Tabelle 16 zeigt exemplarisch die Simulationsergebnisse für die ersten drei Szenarien. Aus der Tabelle wird ersichtlich, dass für einzelne Entfernungs- und Zeitpunkte konkrete Druckerhöhungswerte (in bar) prognostiziert wurden. In der Diskussion und Schlussfolgerung der Ergebnisse verzichteten die Autoren allerdings auf konkrete Zahlenbezüge. Sie argumentieren vielmehr auf einer generalisierenden Ebene ohne auf die Bedeutung konkreter Zahlenwerte einzugehen.

Wie verhält es sich nun mit der Bewertung konkreter Zahlenergebnisse bei Rezipienten der Studie? Wurden die konkreten Zahlenwerte von Rezipienten besonders wahrgenommen? Und wenn ja, wie wurden diese numerischen Simulationsergebnisse im Einzelnen bewertet? Die Expertengespräche ergaben ein differenziertes Bild zur Bedeutung von Zahlenwerten. Die Bewertungsmuster lassen sich den Bereichen ‚Relevanz vs. Irrelevanz von Zahlen‘, ‚divergierende Sicherheitsbewertung‘ und ‚Kommunikationsanforderungen‘ zuordnen.

Szenario	Entfernung (km)	ΔP_{max} (bar)	ΔP_{40J} (bar)	ΔP_{100J} (bar)
1	1	94	5	-
	5	35	4	-
	10	16	4	-
	31	4	3	-
2	1	96	12	9
	5	36	12	9
	10	17	10	9
	31	8	8	9
3	1	84	0	-
	5	29	0	-
	10	12	0	-
	31	3	0	-

Quelle: aus Schäfer et al. 2010: 36

Tabelle 16: Simulationsergebnisse der BGR-Druckstudie (Szenarien eins bis drei)

Zunächst ist festzuhalten, dass die Bedeutung von konkreten Zahlenwerten bei den Rezipienten unterschiedlich bewertet wurde. Zum einen wurde den konkreten Zahlenwerten eine hohe Relevanz zugesprochen; zum anderen wurden die Zahlenwerte als weitestgehend irrelevant eingeschätzt. Einige Experten – vornehmlich geowissenschaftliche Simulationsexperten – stuften die in der Studie präsentierten Zahlenwerte als unwichtig und ohne Bedeutung ein, da es sich um einen hypothetischen und abstrahierten Standort handelt und die konkreten Werte nicht mit der Realität übereinstimmen könnten (PM-6; PB-2; PB-1). Ihnen war das generalisierende Ergebnis eines variierenden regionalen Druckaufbaus in Raum und Zeit abhängig von bestimmten Randbedingungen wichtiger als die genaue Höhe des errechneten Überdrucks. Gleichwohl wurde von diesen Experten betont, dass unabhängig von der BGR-Druckstudie konkrete Zahlenwerte für eine standortgebundene Untersuchung von außerordentlicher Wichtigkeit seien. Genehmigungsbehörden sind auf konkrete und valide Zahlen oder Zahlenbandbreiten angewiesen, um Entscheidungen treffen zu können. An die BGR-Druckstudie wurde folglich auch die Anforderung gestellt, dass in einem nächsten Schritt die Ergebnisse der Studie mit konkreten Messwerten zu verbinden seien, um valide, standortbezogene Ergebnisse zu erhalten.

Für NGO-nahe Vertreter waren konkrete Zahlenwerte hingegen Anlass für eine Diskussion um mögliche Konsequenzen der Druckausbreitung und deren Relevanz für eine Sicherheitsbewertung von CCS (GN-1; GB-1). Im Rezeptionsdiskurs zur BGR-Druckstudie hat sich der konkrete Zahlenwert von 9 bar dauerhaften Überdrucks nach einhundert Jahren als diskursiver Bezugspunkt herausgeschält. In der oben ausgeführten medialen Verwertung in einer regionalen ostdeutschen Zeitung war die dauerhafte Druckerhöhung um 9 bar zentrales Element der Berichterstattung, indem zum einen der Sprecher der lokalen Bürgerinitiative vom Aufeinandertreffen von „zwei 10 bar-Druckwellen in Frankfurt (Oder)" sprach, und zum anderen Frauke Schäfer – Mitautorin der Studie – in dem abgedruckten Interview zur Gefährlichkeit von einem dauerhaften Überdruck von 9 bar Stellung bezog. Es wird deutlich, dass konkrete Zahlen als kognitiver Anknüpfungspunkt im Kommunikationsprozess dienen, um Sachverhalte zu konkretisieren, um sie damit besser vorstellbar und kommunizierbar zu machen. Der diskursive Anker ‚9 bar' wurde aus dem Kontext der BGR-Druckstudie herausgelöst, indem nicht mehr danach gefragt wurde, ob dieser Zahlenwert denn in der Realität als Ergebnis so vorkommen kann. Vielmehr wurde der Wert als in der Realität so vorkommend gesetzt und dann nach den daraus resultierenden Konsequenzen gefragt.

Dies führt zu einer zweiten Dimension bei der Rezeption von Zahlenwerten, die als an Zahlen festgemachte ‚divergierende Sicherheitsbewertung' bezeichnet werden kann. Im Mittelpunkt stand dabei die Interpretation der Konsequenzen einer dauerhaften Druckerhöhung um 9 bar. Interessanterweise haben sich in den Expertengesprächen dazu auch jene geäußert, welche die konkreten Zahlenergebnisse der BGR-Druckstudie als unwichtig einstuften. Dabei lässt sich eine eindeutig gegensätzlich Bewertung feststellen.

Zum einen wird eine Druckerhöhung um 9 bar als völlig unbedenklich eingeschätzt. Hier wurde mit dem Frac-Druck argumentiert, d. h. die Druckerhöhung muss deutlich unter der Druckschwelle bleiben, ab dem das Gestein zu reißen beginnt. Diese Werte sind aus der Gas- und Ölförderung bekannt und lassen sich für einzelne Standorte sehr gut berechnen. Auf der anderen Seite wurde von CCS-kritischen Vertretern argumentiert, dass ein selbst unter Frac-Druck liegender Überdruck dann gefährlich werden kann, wenn in dem Überdruckgebiet Störungen, Risse und Frakturen vorhanden seien. Diese Störzonen erlauben dann dem durch Überdruck verdrängten Salzwasser in die Höhe zu steigen und in Trinkwasseraquifere einzudringen. Aufgrund der Größe des vom Überdruck betroffenen Gebietes seien zwangsläufig Störungen und Risse vorhanden (GN-1). Daneben wurde von einem Nicht-Simulierer ein Analogieschluss angeführt, um die Gefährlichkeit der Druckerhöhung aufzuzeigen: „Der Mensch, der sich 10 bar vorstellen kann, und sich vorstellen kann, dass jedes Jahr Menschen sterben, weil sie vor einem LKW-Reifen oder vor einem Traktorreifen stehen, der mit 10 bar beladen ist – und dem wird die Lunge weg geblasen. Da gibt es so 20 Todesfälle. Das ist immer so meine Dimension" (GB-1). Analogien werden hier wieder als Mittel des Verstehens und der Kommunikation eingesetzt. Dabei wird zugleich das für einige Menschen tödlich endende Risiko eines platzenden LKW-Reifens auf die Problematik der unterirdischen Druckerhöhung übertragen.

Der unterschiedliche Stellenwert und die Interpretationsbandbreite von Simulationsergebnissen im Zahlenformat stellen für einige Befragte bestimmte Anforderungen an die Kommunikation. Demnach sollten konkrete Zahlenwerte in den Kontext gestellt werden, um beim Rezipienten besser verstanden zu werden und den Gebrauch „hinkender Analogievergleiche" zu erschweren (PB-3). Ein Vertreter einer staatlichen Behörde fasste dies folgendermaßen zusammen: „Aber man müsste natürlich den Leuten erklären, was passiert. (…) D. h. man darf nicht enden mit der Simulation, das sind jetzt 6 bar. Sondern man müsste dann vielleicht sagen, was können die 6 bar wirklich für Konsequenzen jetzt haben. (…) Wahrscheinlich ist ein bisschen das Problem bei der ganzen Sache, dass in der Bevölkerung über den Untergrund eigentlich nichts groß bekannt ist. (…).. Das ist aber kein Problem der Simulation, sondern ein Problem des Gegenstandes" (PM-6).

8.4 Die Verwertung der BGR-Druckstudie

Die Verwertung der Simulationsergebnisse aus der BGR-Druckstudie kann derzeit aufgrund des noch relativ kurzen Veröffentlichungszeitraums nur ansatzweise beurteilt werden. Die Expertengespräche haben verschiedene Verwertungsoptionen und -möglichkeiten aufgezeigt, ohne dass die Ergebnisse bereits vollständig in diese Verwertungsprozesse eingegangen sind. Im Folgenden werden mögliche Verwertungskontexte für die BGR-Druckstudie aufgezeigt, wie sie von den Experten angesprochen und skizziert wurden.

Zunächst haben die Simulationsergebnisse Auswirkungen auf die Abschätzung der Speicherkapazität (PM-3; PB-4). Die Speicherkapazität für die Einlagerung von CO_2 ist aus technischer Sicht abhängig von der Druckausbreitung und dem Druckaufbau. Für eine Potentialanalyse der Speicherkapazität ist die BGR zusammen mit den geologischen Diensten der Länder zuständig. Diese Zuständigkeit ist im derzeit vorliegenden Gesetzentwurf in Paragraf 5 festgelegt. Die durch die BGR-Druckstudie nachgewiesene regionale Druckausbreitung beeinflusst insofern diese Potenzialabschätzung, als dass dadurch die rein volumetrische Betrachtung des verfügbaren Porenraums innerhalb einer Speicherstruktur nicht ausreicht, um das für die Speicherung nutzbare Volumen und die langfristige Sicherheit bewerten zu können (von Goerne et al. 2010). Die Druckauswirkungen werden die rein volumetrisch vorhandenen Speicherkapazitäten verringern.

Dies stellt auch Anforderungen an die Sicherheit von potentiellen Speichern, welche von Genehmigungsbehörden als Überwachungsaufgabe zu gewährleisten ist. So wurde angemerkt, dass aufgrund der Druckausbreitung zwischen zwei oder mehreren nahegelegenen Kohlendioxidspeichern aus Sicherheitsgründen immer Pufferzonen eingerichtet werden müssten, da Speicherformationen nicht unabhängig voneinander betrieben werden können (PM-6). Für die Genehmigung von Speichern wurde diese Anforderung auch in Paragraf 7, Abschnitt 3 im CCS-Gesetz aufgenommen mit der Zielsetzung, dass „Beeinträchtigungen von Bodenschätzen und vorhandenen Nutzungsmöglichkeiten des Untergrundes, deren Schutz jeweils im öffentlichen Interesse liegt, sowie Beeinträchtigungen von bergrechtlichen Genehmigungen und wasserrechtlichen Zulassungen ausgeschlossen sind" (Drucksache 17/5750: 11).

Die Druckausbreitung erfordert darüber hinausgehend aus Sicht eines Befragten für die Erkundung potentieller Speicher ein viel größer abzusteckendes Erkundungsgebiet im Vergleich zur derzeit festgelegten Gebietsgröße bei der Erkundung von Vattenfall in Neutrebbin (GB-1). Generell drängen sich durch die BGR-Druckstudie einige Aspekte und Fragen auf, die bei der Bewertung von konkreten Standorten zu bedenken sind: „Welcher Druck baut sich auf? Wie wirkt er sich aus in der Region? Wie weit geht die Druckaureole auch in Relation zum konzessionierten Speichergebiet? D. h. wie groß müssen Untersuchungsgebiete sein für eine Speichergenehmigung und wie groß dürfen sie andererseits sein? Dies muss in Genehmigungsverfahren für Speicherformationen standortspezifisch bewertet werden" (PB-1).

Dies berührt auch das Risikomanagement zum sicheren Betrieb von Kohlendioxidspeichern. Zum einen leiten sich aus dem Druckaufbau Anforderungen an das Injektionsmanagement ab. Die BGR-Druckstudie hat gezeigt, dass der Druckaufbau in der Nähe der Injektionssonde am größten ist und damit Rückwirkungen auf die Injektion selbst hat. Bei geringerem Druckaufbau in einer Speicherformation kann mehr und konzentrierter in den Raum injiziert werden (z. B. über nur ein Bohrloch); bei einem höherem Druck muss weniger injiziert werden bzw. kann die Injektion über mehrere Bohrlöcher gestreut werden. So ist denkbar, dass Genehmigungsbehörden auf Basis von Druck-Monitoring-Daten Vorgaben über das Injektionsmanagement oder die optimale Füllung des Speichers machen (PB-4).

Schließlich haben die Simulationsergebnisse der BGR-Druckstudie bereits zu einer konkreten Verwertung im Bereich der internationalen Zusammenarbeit geführt (PB-2). Da die Berechnungen gezeigt haben, dass die Druckausbreitung über mehrere 10er Kilometer stattfindet, können Speicherformationen in grenznahen Gebieten auch grenzüberschreitende Auswirkungen haben. Für die in Ost-Brandenburg vorgesehenen Speicherformationen ist dies der Fall. Vor diesem Hintergrund wurde seitens des BGR Kontakt mit dem polnischen geologischen Dienst aufgenommen. In Zusammenarbeit mit dem *Polish Geological Institute (PGI)* und den geologischen Diensten der Bundesländer Mecklenburg-Vorpommern, Brandenburg und Sachsen wird derzeit im Projekt GEOPOLD eine Untersuchung der relevanten Schichtenfolgen vorgenommen (Kuhlmann et al. 2010).

8.5 Fazit

In diesem Kapitel wurden die Perzeption und Rezeption sowie die Bewertung und Verwertung von Simulationen anhand einer konkreten Simulationsstudie (BGR-Druckstudie) untersucht. Damit konnte die Bandbreite der in Kapitel 7 allgemein identifizierten Rezeptionsmuster noch einmal vertiefend betrachtet werden, um darin Unterschiede und Gewichtungen herauszuarbeiten. Die BGR-Druckstudie wurde in weiten Kreisen von Experten, Interessensvertretern und der interessierten Öffentlichkeit wahrgenommen. Die Studie war etwa Referenz in regionalen Medien in Regionen potentieller Speicherstandorte und Gremiensitzungen sowie in Stellungnahmen und Anhörungen zur deutschen CCS-Gesetzgebung. Inhaltlich wurde die BGR-Druckstudie zur Risikobewertung der CCS-Technologie von unterschiedlichen Akteuren herangezogen. Während einige Vertreter die unterirdische Druckentwicklung mit Verweis auf die Studie als akzeptabel bewerteten, sahen andere Befragte die Simulationsergebnisse als Beweis für ein nicht zu akzeptierendes Risiko. Kommunikativer Referenzpunkt für diese divergierende Sicherheitsbewertung war das Simulationsergebnis von 9 bar Überdruck in dem untersuchten Langzeitszenario. Das Beispiel zeigt, das Zahlenformate als ‚thematischer und kommunikativer Anker' in politischen Aushandlungsprozessen bedeutsam sind.

Es wurde deutlich, dass die Befragten der Belastbarkeit von Simulationsergebnissen unterschiedliche Kriterien zugrunde legten. Zum einen wurden Modell-inhärente Kriterien betrachtet. Der Abgleich der Simulation mit der Realität und die Bewertung der Ursache-Wirkungszusammenhänge waren sehr wichtige Bewertungskriterien. Im Vordergrund standen dabei Einschätzungen zu den Annahmen, den Randbedingungen und den Parametern. Bei den Modell-kontextuellen Kriterien stand eindeutig die Urheberbewertung im Vordergrund, während die Einbindung von Experten und die Abschätzung des Rezeptionsdiskurses kaum betrachtet wurden.

Die Simulationsergebnisse der BGR-Druckstudie wurden von den Befragten auch nach Wichtigkeit priorisiert. Dabei standen inhaltliche Ergebnisse deutlich im Vordergrund. Bei der inhaltlichen Ergebnisbewertung fließen häufig bereits eigene Interpretationen und subjektive Schlussfolgerungen mit ein. Simulationsergebnisse werden offenbar unmittelbar mit der Frage ihrer Konsequenzen in Verbindung gebracht.

9 Schlussbetrachtung: Vergleich der konzeptionellen und empirischen Analyse

Ausgangspunkt der vorliegenden Untersuchung war die Fragestellung, wie politikrelevante wissenschaftliche Simulationen in politischen Entscheidungsprozessen verarbeitet werden. Dazu wurden zunächst Kommunikationsprozesse beim Wissenstransfer von wissenschaftlicher Expertise an politisch-gesellschaftliche Entscheidungsträger untersucht und Erkenntnis- und Kommunikationsfunktionen von Computersimulationen an der Schnittstelle von Wissenschaft und Politik bestimmt. Anhand einer empirischen Fallstudie zur CCS-Technologie wurden dann unterschiedliche Simulationstypen identifiziert und deren Politikrelevanz *ex-ante* abgeschätzt. Schließlich wurden simulationsbasierte Perzeptions- und Rezeptionsmuster sowie Bewertungs- und Verwertungsmuster von geowissenschaftlichen Simulationen bei politisch-gesellschaftlichen Entscheidungsträgern eruiert. Abschließend werden in diesem Kapitel die wichtigsten Ergebnisse der empirischen Untersuchung zusammengefasst und kritisch gegenüber den Befunden der konzeptionellen Analyse diskutiert.

9.1 Diskussion der Perzeptions-, Selektions- und Rezeptionsmuster

Die empirische Analyse zu CCS-Simulationen in Entscheidungsprozessen zeigt eine Reihe interessanter Ergebnisse, wie simulationsbasierte Informationen von politisch-gesellschaftlichen Entscheidungsträgern rezeptionsseitig verarbeitet, bewertet und verwertet werden. Der Analyserahmen zur empirischen Untersuchung differenzierte zwischen den drei Phasen der Perzeption, Selektion und Rezeption sowie den diese Phasen iterativ begleitenden Bewertungs- und Verarbeitungsdimensionen. Anhand dieser Zweiteilung werden die wichtigsten Ergebnisse der Untersuchung zusammengefasst und gegenüber den im konzeptionellen Teil der Arbeit vorgestellten theoretischen Ansätzen diskutiert.

Tabelle 17 zeigt zunächst die wichtigsten empirischen Ergebnisse der Perzeptions-, Selektion- und Rezeptionsmuster. Der kurzen textlichen Zusammenfassung und Erläuterung der Tabelle folgt im Anschluss die Diskussion der Ergebnisse gegenüber den eingangs vorgestellten theoretischen Ansätzen zur Wissensvermittlung an der Schnittstelle von Wissenschaft und Politik und zur Wissensvermittlung als Kommunikationsprozess.

Schwerpunkt	Erläuterung	Empirische Ausprägung
Wahrnehmung	Grad der Wahrnehmung von Simulationen	− Keine Wahrnehmung − Partielle Wahrnehmung − Umfassende Wahrnehmung
Kommunikationswege	Kommunikationswege zur Wahrnehmung von Simulationen	− Nutzung IuK & Literaturverweise − Persönliche/institutionelle Netzwerke − Politische Entscheidungsprozesse
Motivation	Begründungen zur (Nicht-)Rezeption von Simulationen	− Erkenntnis − Gefahrenabwehr − Instrumentalisierung − Unverständnis
Gegenstände	Art der Rezeption von Simulationen	− Teilrezeption − Vollrezeption − Sekundärrezeption
Mechanismen	Vorgehensweise bei der Rezeption und Art der inhaltlichen Verarbeitung	− Individualisiert − Arbeitsteilig − Abgleich mit Wissensstand und Erwartung − Angleichung an eigene Position

Quelle: eigene Darstellung

Tabelle 17: Ergebnisübersicht über Perzeptions-, Selektions- und Rezeptionsmuster

Die Analyse der Perzeptions-, Selektions- und Rezeptionsmuster zeigte ein differenziertes Bild. Die Wahrnehmung simulationsbasierter Expertise differenziert sich in eine partielle, umfassende sowie eine Nicht-Perzeption. Die Ausprägungen decken somit das gesamte Spektrum möglicher Perzeptionsformen ab. Bei den Kommunikationswegen dominiert der schnelle und einfache Zugang zu Informationen. Eine schnelle Recherche über das Internet oder die Information über Netzwerke sind die wichtigsten Informationswege. Die thematische Auseinandersetzung in Entscheidungsprozessen (Konferenzen, Anhörungen etc.)

komplettieren das Portfolio der Kommunikationswege über Simulationsstudien. Hinter den Perzeptionsmustern verbergen sich intentionale Handlungsabsichten, wie die Ausprägungen der Handlungsmotivation zeigen. Die Perzeption von Simulationen ist motiviert durch das Streben nach Erkenntnis für ein besseres Problemverständnis, dem Wunsch nach Vermeidung einer Gefahrensituation bzw. der Minimierung von Risiken oder einer absichtsvollen Instrumentalisierung der Expertise in der gesellschaftlichen Auseinandersetzung zur Politikgestaltung. Werden Simulationen nicht wahrgenommen, so steht dahinter oftmals ein fehlendes Verständnis für dieses Wissenschaftsinstrument.

Es lassen sich auch unterschiedliche Muster dahingehend unterscheiden, was genau rezipiert wird. Primärquellen werden überwiegend nur teilweise und in Ausschnitten rezipiert, während in der Regel simulationsversierte Fachleute Simulationsstudien vollständig lesen und durcharbeiten. Häufig ist bei politischen Entscheidungsträgern auch die Sekundärrezeption über Gespräche und der direkte Austausch mit einer Vielzahl unterschiedlicher Gesprächspartner aus Wirtschaft, Wissenschaft und Gesellschaft. Bei den Rezeptionsmechanismen lassen sich eine individualisierte und arbeitsteilige Vorgehensweise unterscheiden. Die inhaltliche Informationsverarbeitung geschieht zum einen als Abgleich mit dem eigenen Wissensstand und der Erwartungshaltung sowie zum anderen als Angleichung von Studienergebnissen an die persönliche oder institutionell vermittelte Technikbewertung.

Die eingangs vorgestellten Befunde zur Wissensvermittlung an der Schnittstelle von Wissenschaft und Politik werden größtenteils durch die empirische Fallstudie zur Verarbeitung von CCS-Simulationen bei gesellschaftlichen und politischen Entscheidungsträgern bestätigt.

Eine umfangreiche Wahrnehmung und Rezeption findet besonders innerhalb der Ministerialbürokratie und der Verwaltung statt. In der als *bottom-up* organisierten Rezeption wird auf Ebene der Fachreferenten und ihren thematisch zugeordneten Abteilungen am systematischsten der Wissenschaftsstand sondiert und Simulationsstudien am ehesten vollständig rezipiert. Sind Simulationen in themenbezogenen Wissenschaftsdisziplinen als Erkenntnismethode von Bedeutung, dann sind auch die entsprechenden Fachreferenten mit dieser Methode sehr vertraut und besitzen teilweise eigenständige Simulationserfahrung. Bei einer arbeitsteilig organisierten Struktur wird der Stand der Wissenschaft aufbereitet und verdichtet und in der Verwaltungshierarchie an die Leitungs- und Entscheidungsebene nach oben weitergegeben. Die in der Fallstudie befragten Parlamentsvertreter hingegen nehmen Simulationen nicht als besondere Wissenschaftsmethode war, was sich mit ihren sehr limitierten Zeitressourcen zur Lektüre von Wissenschaftsergebnissen erklären lässt. Die Verwaltungselite profitiert demnach am meisten von wissenschaftlicher Politikberatung.

Daraus lassen sich auch Schlussfolgerungen für das auf der Systemebene anzusiedelnde Verhältnis von Wissenschaft und Politik ziehen. Die konzeptionelle Analyse über das Verhältnis von Wissenschaft und Politik hat gezeigt, dass einige Autoren beide Subsysteme auf gegensätzliche Funktionslogiken und Handlungscharakteristika zuspitzen und strukturell kaum Austauschbeziehungen ausmachen. Andere Autoren weisen diese Sichtweise als zu undifferenziert zurück. Die empirischen Ergebnisse der Fallstudie weisen deutlich in die Richtung eines ausdifferenzierten Verhältnisses beider Subsysteme, bei der eine Zuspitzung auf dualistische Gegensätze zu kurz greift. Es spricht eher einiges dafür, dass zwischen Verwaltung und Ministerialbürokratie einerseits und individuellen und institutionellen Wissenschaftsproduzenten andererseits enge Austauschbeziehungen bestehen. In der arbeitsteiligen Rezeptionsorganisation arbeiten Fachreferenten eng mit Wissenschaftlern und Politikberatern zusammen. Dabei ist nicht mehr eindeutig zu unterscheiden, wer genuin Wissenschaftler oder Politikberater ist. Häufig vermischen sich die Rollen und Wissenschaftler fungieren in bestimmten Situationen als Berater.

Die selektiv vorhandenen engen Verflechtungen zwischen Wissenschaft und Politik deuten daraufhin, dass der Erklärungsansatz unterschiedlicher Politikstile in verschiedenen Ländern für die Varianz empirischer Arrangements zwischen Wissenschaft und Politik aussagekräftiger ist. Die Einbindung von Wissenschaftlern in den Meinungsbildungsprozess und die Form der Wissenschaftskommunikation (z. B. Anhörungen in Ausschüssen, Bedeutung der Auftragsforschung bei CCS, Bündelung der Wissenschaftskompetenz in Deutschland über die BGR-Druckstudie) deutet auf einen korporatistischen Politikstil hin, der auch in anderen Politikfeldern in Deutschland identifiziert wurde.

Allerdings zeigt das Beispiel der CCS-Technologieentwicklung, dass dieser traditionelle deutsche Politikstil zusehends mit anderen Politikstilformen konfrontiert ist. Die große Bedeutung von Bürgerinitiativen und NGOs bei der CCS-Thematik deutet auf einen relativ offenen Zugang für gesellschaftliche Gruppen zur politischen Arena, der eher für den adversatorischen Politikstil kennzeichnend ist.

In der Fallstudie zeigte sich auch eine deutliche Dominanz der Wissensproduktion als Auftragsforschung. Sowohl die BGR-Druckstudie als auch die von mehreren Experten genannten Referenzstudien wurden über ressortgebundene Auftragsforschung initiiert. Die Studien zeichnen sich zum einen durch eine konsequente Problemorientierung aus, indem bspw. die Druckproblematik für eine großskalige Anwendung der CCS-Technologie in den Blick genommen wird. Definition und Fragestellung der Studien wurden dabei von außen an die

Forschungsnehmer herangetragen, so dass nicht grundlagenorientierte Forschung, sondern deren Anwendungsbezug und Lösungsorientierung im Vordergrund stand. Zum anderen wurden die Studien über interdisziplinäre Forschungsverbünde mit vorwiegend außeruniversitären Forschungsinstitutionen realisiert. Vieles spricht dafür, dass im Bereich der CCS-Technologieentwicklung neue Formen der Wissensproduktion und -kommunikation im Verständnis von ‚post normal science' oder ‚Mode 2' vorhanden sind.

Der Vergleich der empirischen Resultate mit den konzeptionellen Befunden zur Wissensvermittlung als Kommunikationsprozess zeigt einige interessante Ergebnisse. Zunächst fällt auf, dass die im dreisäuligen Kommunikationsprozess konzeptionalisierte Transmitterphase in der Fallstudie sehr schwach ausgeprägt war. Die Rezeption wissenschaftlicher Expertise erfolgte vornehmlich über primäre Wissenschaftsquellen, die als ‚graue Literatur" im Internet frei verfügbar waren. Damit waren die Wissenschaftsproduzenten zugleich Kommunikatoren ihrer Ergebnisse. Eine Aufbereitung und Transformation der Wissenschaftsergebnisse in zielgruppenkonformes Beratungswissen durch eigenständige Transmitterakteure fand nicht statt. Das Beratungswissen wurde vielmehr bereits in die Forschungsfrage und das Forschungsdesign integriert. Über die ressortgebundene Auftragsforschung wurde das Beratungswissen direkt von der zu erbringenden Forschungsleistung eingefordert. Im Rahmen der Fallstudie waren nicht die Transmitterakteure, sondern die Kommunikationswege entscheidend für die Rezeption der Wissenschaftsergebnisse bei Entscheidungsträgern.

Aussagekräftig sind der dreisäulige Kommunikationsprozess und die Transmitterphase aber für themengebundene und institutionelle Selektionsmechanismen. Das lässt sich am Beispiel der medialen Verarbeitung der BGR-Druckstudie in regionalen Tageszeitungen aufzeigen. Die Studienergebnisse entsprachen den Selektionsmechanismen von Medien. Über die Druckproblematik und ihre visuelle Darstellung mit Hilfe einer Simulation ließ sich eine Gefahr einfach anschaulich machen (Druck in einer gewissen Höhe ist gefährlich), regional Betroffene klar identifizieren (Anwohner im Umkreis des Überdruckgebiets), und eine eindeutige Schuldzuschreibung gegenüber den Verantwortlichen für eine CCS-Umsetzung kommunizieren.

Ein weiteres Beispiel ist die instrumentelle Verwertung und Einbindung von Simulationen in der CCS-Gesetzgebung. Simulationen sind in Gesetzen und Genehmigungsverfahren bereits vielfach eingebunden. Als Erkenntnisinstrument dienen sie der Feststellung von Einführungsbedingungen für die Technologie (z. B. Tauglichkeit eines potentiellen Speichers) über Fragen der technischen Machbarkeit (z. B. Festlegung des Injektionsmanagement) bis hin zu Aspekten der Technikkontrolle und des Monitorings (z. B. Ausbreitungsverhalten der CO_2-

Wolke, Schließung eines CO_2-Speichers). Im derzeitigen Stadium der CCS-Technologie, d. h. beim Übergang von der Pilot- zur Demonstrationsphase, werden Simulationsergebnisse noch nicht als regulatorische Entscheidungshilfen interpretiert. CCS-Simulationsergebnisse besitzen also (noch) nicht den Stellenwert von gesetzlich gültigen Umweltstandards oder Grenzwerten. CCS-Simulationen dienen derzeit eher als Erkenntnisinstrument zum grundlegend besseren Verständnis der Technikfolgen. Dies zeigt sich auch in der CCS-gesetzlichen Anforderung eines umfassenden Wissensaustauschs zwischen allen Beteiligten an der Technologieentwicklung.

Die in der Heuristik des Kommunikationsprozesses ausgearbeitete Rezeptionsphase nimmt die empfängerseitigen Stufen der Informationsaufnahme und -verarbeitung in den Blick. Über Dekodierung, Rückschlüsse, Vergleiche und Bewertungen werden Informationen vom Rezipienten verarbeitet. Dieses analytische Phasenmodell lässt sich mit den Ergebnissen der Fallstudie bestätigen, auch wenn die einzelnen Stufen bei den Expertengesprächen nicht so eindeutig identifizierbar waren. Die Art der inhaltlichen Verarbeitung mit dem Abgleich von Simulationsergebnissen mit dem eigene Wissensstand und der Angleichung an die eigene Technikeinstellung verweist auf die eingangs formulierten Prozessstufen der Informationsverarbeitung mit dem Vergleich und der Bewertung von Botschaften und ggf. der Ausbildung spezifischer Überzeugungen (vgl. Tabelle 1). Eine genauere Betrachtung der Verstehensprozesse unter Berücksichtigung von kommunikationstheoretischen Ansätzen zur Informationsverarbeitung wird nachfolgend bei der Ergebnisdiskussion der Bewertungs- und Verwertungsdimensionen geleistet.

9.2 Diskussion der Bewertungs- und Verwertungsmuster

Tabelle 18 führt die wichtigsten empirischen Ergebnisse der Bewertungs- und Verwertungsmuster auf. Nach einer kurzen Zusammenfassung werden die einzelnen Ergebnisse gegenüber den Befunden der kommunikationstheoretischen Ansätze zur Informationsverarbeitung sowie den eingangs dargelegten Bewertungs- und Verwertungsdimensionen von Simulationen diskutiert.

Bei der Instrumentenbewertung wurde die Einschätzung von Simulationen als Erkenntnisinstrument von den Befragten auf den Untersuchungsgegenstand zurückgeführt. Der Forschungsgegenstand ‚Untergrund' macht Simulationen als Erkenntnisinstrument unverzichtbar, da mit anderen Wissensinstrumenten nur begrenzt Erkenntnisse gewonnen werden können. Eine enge Verschränkung von Simulationen mit Experiment und Theorie ist für geowissenschaftliche Fragestellungen notwendig. Damit verbindet sich auch ein deutlicher Erkenntnismehrwert durch Simulationen als objektivierbares Verfahren, um ansonsten schwer oder nicht zugängliche Prozesse beschreibbar, darstellbar und vermittelbar zu machen. Auch für die Differenzierung unterschiedlicher Simulationstypen wurden Charakteristika des Untersuchungsgegenstandes und damit verbundenen Forschungsfragen zugrunde gelegt. Simulationen auf naturwissenschaftlicher Basis gelten als deutlich belastbarer und erkenntnisreicher im Vergleich zu Simulationen, welche soziale Entwicklungspfade beschreiben.

Schwerpunkt	Erläuterung	Empirische Ausprägung
Bewertungsmuster		
Simulation als Erkenntnisinstrument	Erkenntnistheoretische Bewertung von Simulationen	– Forschungsgegenstand determiniert Simulation als Erkenntnismethode – Erkenntnismehrwert durch Simulationen
Differenzierung von Simulationen	Wahrnehmung von Simulationstypen	– Naturwissenschaftliche Simulationen – Sozialwissenschaftliche Simulationen
Unsicherheiten	Bewertungsmuster von Unsicherheiten bei Simulationen	– Aktive Unsicherheitsbewertung – Reaktive Unsicherheitsbewertung – Selektive Unsicherheitsbewertung
Formate: Ergebnisse in Zahlen/Bilder	Bewertung der simulationsspezifischen Formate Bild/Zahlen	– Formate entsprechen dem Zeitgeist – Verstärkereffekt: Formate begünstigen oder behindern Glaubwürdigkeit
Belastbarkeit von Ergebnissen	Belastbarkeitskriterien zur Bewertung von Simulationsergebnissen	– Modell-inhärent: Daten, Randbedingungen, Annahmen, Parameter, Kausalität, Abgleich Modell vs. Realität, Transparenz – Modell-kontextuell: Urheber, Diskurs, Studienvergleich, Wissensstand Disziplin, Partizipation
Verwertungsmuster		
Konzeptionelle Verwertung	Verwertung von Simulationen zum besseren Verständnis	– Singuläres Wissenswerkzeug für Geologie – Spezifika des Simulationswissens: Komplexitätsreduktion, Szenarios – Wissensgrundlage für Technikpoten-

		tiale und Politikoptionen
Instrumentelle Verwertung	Verwertung von Simulationen in konkreten Politikentscheidungen	– Vielfache (zukünftige) Verwertung in Gesetzen und Genehmigungen – Anforderungen: Modelle sollen unabhängig, präzise, neutral sein
Prozedurale und strategische Verwertung	Prozedurale und strategische Verwertung von Simulationen in Aushandlungsprozessen	– Kommunikationsgegenstand: Referenz in öffentlicher Debatte; Gegenstand im Bürgerdialog – Inhaltliche Verwertung: erkenntnistheoretisch, evidenziell, strategisch, edukatorisch

Quelle: eigene Darstellung

Tabelle 18: Ergebnisübersicht über Bewertungs- und Verwertungsmuster

Bei der Prozessbewertung von Simulationen aus Sicht des Umgangs mit Unsicherheiten entlang des Simulationsprozesses lassen sich je nach Kompetenz und Vertrautheit eine aktive, reaktive und selektive Unsicherheitsbewertung von geowissenschaftlichen Simulationen unterscheiden.

Bei der Ergebnisbewertung steht die Beurteilung der Ergebnisformate und der Belastbarkeit im Vordergrund. Simulationsergebnisse in Zahlen und Bildern entsprechen einem Zeitgeist, in dem Kommunikation zunehmend über Visualisierungen und Quantifizierungen unterstützt wird. Bilder und häufig noch mehr Zahlen vermitteln dabei eine Genauigkeit, die durch ihre inhaltliche Aussagekraft eigentlich nicht gedeckt wird. Die befragten Simulationsexperten schlossen von der vermeintlichen Genauigkeit von Zahlen und Bildern auf eine erhöhte Glaubwürdigkeit unter Rezipienten. Der Glaubwürdigkeitsvorsprung von Bildern und Zahlen wurde von Nicht-Simulationsexperten allerdings nicht geteilt. Die Einschätzung der Ergebnisse hänge viel mehr von der grundsätzlichen Einstellung des Rezipienten zur Technik ab. Dies kann als Verstärkereffekt interpretiert werden, wonach Simulationsbilder und -zahlen je nach Technikeinstellung des Rezipienten die Glaubwürdigkeit oder das Misstrauen in die Simulation verstärken.

Die Befunde zur Belastbarkeitsbewertung zeigen denn auch, dass eine Vielzahl von unterschiedlichen Kriterien bei der Einschätzung der Belastbarkeit von Simulationsergebnissen herangezogen wird. Zum einen werden Modell-inhärente Kriterien insbesondere von geowissenschaftlichen Experten mit oder ohne Simulationserfahrung zugrunde gelegt. Die Belastbarkeitsbewertung stützt sich dabei auf Einschätzungen zur Datenqualität, den Randbedingungen, den getroffenen

Annahmen, den Parametern und den unterlegten Wirkungszusammenhängen sowie dem Abgleich von Modell gegenüber der Realität. Bei der Modellkontextuellen Belastbarkeitsbewertung stehen hingegen kontextuelle Kriterien wie die Glaubwürdigkeit der Urheberschaft, der Verlauf des Rezeptionsdiskurses, der Vergleich mit anderen Studienergebnissen, die Abschätzung des disziplinären Wissensstandes oder der Grad der partizipativen Einbindung von Interessensvertretern im Simulationsprozess im Vordergrund.

Die empirisch vorgefundenen Verwertungsmuster verweisen auf die große Bedeutung konzeptioneller und instrumenteller Verwertung von CCS-Simulationen. Bei der Technologieentwicklung und -umsetzung von CCS sind Simulationen als singuläres Erkenntnisinstrument mit ihren charakteristischen Wissensspezifika (Komplexitäts- und Szenariodarstellung) für ein konzeptionelles Verständnis unverzichtbar. Simulationsergebnisse dienen als Wissensgrundlage für die Einschätzung von Technikpotentialen und zur Verfügung stehenden Politikoptionen. Eine prozedurale und strategische Verwertung von CCS-Simulationen konnte in Aushandlungsprozessen nachgewiesen werden. CCS-Simulationen sind als Kommunikationsgegenstand Referenz in der öffentlichen Debatte und Gegenstand in Dialogen zwischen Verwaltung und Bürgern. In politischen Aushandlungsprozessen werden Simulationsergebnisse auf unterschiedliche Weise benutzt. Dabei kann zwischen einer erkenntnistheoretischen, evidenziellen, strategischen und edukatorischen Verwertung von Simulationsergebnissen unterschieden werden. CCS-Simulationen sind auch bereits vielfältig in konkrete Entscheidungsprozesse bei Gesetzen und Genehmigungsverfahren eingegangen. Auch wenn die genaue Festlegung von Genehmigungsabläufen in Deutschland noch nicht spezifiziert wurde, werden Simulationen in zentralen Bereichen der CO_2-Sequestrierung verankert sein (z. B. im Einlagerungs-, Sicherheits- und Überwachungskonzept).

Die Diskussion der empirischen Ergebnisse erfolgt mit den im konzeptionellen Teil der Untersuchung vorgestellten simulationsbezogenen Bewertungs- und Verwertungsaspekten (vgl. Kapitel 4).

Zunächst wird die Bewertungsdimension näher betrachtet. Bei der Instrumentenbewertung decken sich die empirischen Ergebnisse in einem Punkt mit den von Sybille Krämer (2009) identifizierten erkenntnistheoretischen Simulationsaspekten. Geowissenschaftliche Experten betonten die methodische Notwendigkeit, den Gegenstandbereich des ‚Untergrunds‘ über numerische Verfahren erkunden zu müssen, da andere wissenschaftliche Methoden nicht mehr weiterhelfen. Die notwendigen und sehr komplexen mathematischen Differentialgleichungen zur Beschreibung unterirdischer, nicht-linearer Mehrphasenprozesse sind analytisch nicht lösbar und können nur über numerische Simulationen abgebildet und berechnet werden. Über Simulationen werden im Untergrund ablaufende geologische Prozesse darstellbar, die mit anderen wissenschaftlichen Methoden nicht, oder nur sehr schwer erfassbar sind.

Krämer betont in ihrer erkenntnistheoretischen Analyse den über Simulationen virtuell neu geschaffenen Gegenstand in strikter Abgrenzung zu Vorgehensweisen bei anderen Erkenntnismethoden. Dabei werde bei Simulationen nur mehr das Oberflächenverhalten von Phänomenen abgebildet, ohne Berücksichtigung der das Phänomen erklärenden Tiefenstruktur. Diese Abgrenzung wird von geowissenschaftlichen Gesprächspartnern nicht in dieser Eindeutigkeit betont. Für Geowissenschaftler ist die zugrundeliegende Struktur, die das Phänomen zustande bringt, eindeutig mit in der Geologie bekannten Gesetzmäßigkeiten hinterlegt (z. B. *Navier-Stokes* Gleichungen in der Strömungslehre). Daraus lässt sich schlussfolgern, dass CCS-Simulationen eher als komplementäre experimentelle Fortführung betrachtet werden im Sinne eines virtuellen Experiments. Zu betonen ist allerdings, dass Experten ohne geowissenschaftlichen und simulationstechnischen Hintergrund die erkenntnistheoretischen Aspekte von Simulationen nicht thematisierten. Simulationen gelten ihnen schlichtweg als relativ gute, wissenschaftsgesteuerte, objektivierte Verfahren. Bei Nicht-Simulationsexperten beeinflusst der wissenschaftliche Wahrheits- und Deutungsanspruch, der mit Simulationen transportiert wird, offenbar die Bewertung des Simulationsinstruments.

Die Expertengespräche betonten deutlich den Erkenntnismehrwert von Simulationen. Das Vermögen von Simulationen, ansonsten unzugängliche Prozesse besser beschreibbar, darstellbar und vermittelbar zu machen, liefert den Mehrwert für ein besseres Verständnis der Prozesse und eine *ex-ante* Abschätzung von Technologien. Damit wird implizit Krämers Feststellung bestätigt, dass Simulationen uns Wissen liefern, dass etwas funktioniert, ohne uns zu erklären, wie es genau funktioniert.

Die Differenzierung von Simulationstypen machte sich bei den Expertengesprächen am Erkenntnisobjekt und dem Erkenntnisinteresse fest. Die Unterscheidung zwischen naturwissenschaftlichen und sozialwissenschaftlichen Simulationen greift die eingangs getroffene Differenzierung des Simulationsgegenstandes auf, bei der zwischen natürlichen Ereignissen, technischen Wirkungsketten und menschlichen Handlungsfolgen differenziert wurde. Natürliche Ereignisse und technische Wirkungsketten werden dabei als Gegenstand von naturwissenschaftlichen Simulationen interpretiert, bei denen die Wirkungszusammenhänge auf Basis naturgesetzlicher, deterministischer Gesetzmäßigkeiten unterlegt sind. Menschliche Handlungsfolgen dagegen werden als Erkenntnisobjekt von sozialwissenschaftlichen Simulationen betrachtet, bei denen bestimmte, stochastische Gesetzmäßigkeiten für Entwicklungspfade basierend auf menschlichen Entscheidungen unterlegt sind. Für die Befragten war ein wichtiges Unterscheidungsmerkmal für diese Differenzierung die Unveränderlichkeit des Erkenntnisobjektes und die Eindeutigkeit der Wirkungszusammenhänge, welche immer die gleichen Ergebnisse hervorbringen. Dabei gelten den Befragten naturwissenschaftliche Simulationen als belastbarer im Vergleich zu sozialwissenschaftlichen Simulationen. Offenbar bewerten die Befragten Simulationen dann als sehr wissenschaftlich, wenn deren Erkenntnisobjekt sehr gut verstanden und modellierbar ist und die Wirkungszusammenhänge stabil und deterministisch ausgeprägt sind, so dass Simulationsergebnisse sehr gut reproduzierbar sind. Simulationen von komplexen Systemen, bei denen Wissenslücken etwa hinsichtlich der Anfangsbedingungen bestehen und die auf stochastischen Zusammenhängen basieren, werden hingegen als weniger wissenschaftlich beurteilt. Interessanterweise wird der letzte Typus mit sozialwissenschaftlichen Simulationen in Verbindung gebracht ohne Berücksichtigung vergleichbarer Simulationen in den Naturwissenschaften (z. B. Klima- und Wettersimulationen).

Beim Umgang mit Unsicherheiten entlang des Simulationsprozesses wurden ein aktives, ein reaktives und ein selektives Bewertungsmuster identifiziert. Während simulationsversierte Rezipienten ein umfassendes Verständnis möglicher Unsicherheitsfaktoren entlang des Simulationsprozesses aufweisen und aktiv Unsicherheiten umfassend bewerten und abschätzen, sind selbst geowissenschaftliche Experten ohne eigene Simulationserfahrung auf die Aufbereitung und Kommunikation der Unsicherheitsaspekte durch den Modellierer angewiesen. Nicht-geowissenschaftliche Experten ohne Simulationserfahrung bewerten Unsicherheitsaspekte dagegen sehr selektiv und beschränken sich auf die Beurteilung der getroffenen Grundannahmen, der Modellgrenzen und der Parameter. Die zentrale Bewertungsperspektive fokussiert dabei auf den Vergleich und den Abgleich der Simulation mit der Wirklichkeit. Die empirischen Ergebnisse lassen sich holzschnittartig für die drei Bewertungstypen in die von Petersen (2006: 50) erarbeitete Unsicherheitsmatrix übertragen (vgl. Abbildung 13).

Zunächst wird deutlich, dass die Bewertungsmuster nicht alle Unsicherheitsdimensionen abdecken. Die umfassendste Betrachtung von Unsicherheitsfaktoren wird von geowissenschaftlichen Simulationsexperten geleistet. Die befragten Simulationsexperten nehmen *idealiter* zwar eine ganze Reihe von Unsicherheitsarten in den Blick. Allerdings wurden Wertedifferenzen sowie Unsicherheitsaspekte aus dem Bereich des ‚bekannten Nichtwissens‘ nicht genannt. Eine reaktive Unsicherheitsbetrachtung fokussiert auf sehr ausgewählte Aspekte insbesondere im Bereich der quantitativ und qualitativ ausgewiesenen Unsicherheitsbereiche. Die von den Befragten genannten Aspekte der Darstellung von Annahmen, der Vergleich mit anderen Simulationen sowie der Test auf die Ergebnisabhängigkeit des Modells lassen sich diesem Bereich zuordnen. Bei einer selektiven Bewertung werden hingegen nur sehr ausgewählte Unsicherheitsfaktoren betrachtet. Im Rahmen der CCS-Fallstudie waren dies die getroffenen Grundannahmen, Modellgrenzen und Parameter. Die Fokussierung auf die Ausgangsbedingungen bei der selektiven Bewertung entspricht in der Petersenschen Unsicherheitsmatrix die Art der Unsicherheit auf der Stufe des konzeptionellen Modells und der Parameterbetrachtung. Die Bewertung der technischen Modellimplementation steht hingegen bei keiner der drei Bewertungsstrategien im Vordergrund.

UNCERTAINTY MATRIX Location/source of uncertainty ⬇	Nature of uncertainty		Range of uncertainty		Recognised ignorance	Methodological unreliability	Value diversity
	Epistemic	Ontic	Statistical	Scenario			
Conceptual model	A/C	A	A/B	A/B		A	
Mathematical model — Model structure	A	A	A/B	A/B		A	
Mathematical model — Model parameter	A/C	A	A/B	A		A	
Model inputs	A	A	A/B	A/B		A	
Technical model implementation							
Processed output data / interpretation	A/C	A	A/B	A/B/C		A/B	

Erklärung: A = aktive Bewertung; R = reaktive Bewertung; S = selektive Bewertung

Quelle: eigene Darstellung in Anlehnung an Petersen 2006: 50

Abbildung 13: Typologie der Unsicherheitsbewertung und Unsicherheits-Matrix

Bei der BGR-Druckstudie konkretisierten sich diese Bewertungsmuster, indem die Festlegung der Randbedingungen in offen, geschlossen und halboffen sowie die unterschiedlichen Annahmen einer lateralen (seitlich) und vertikalen (nach oben und unten) Durchlässigkeit kritisch hinterfragt wurden. Simulationsexperten reflektierten darüber hinaus über die zugrunde gelegten Daten, die verwendeten Parameterwerte, die Wirkungsmechanismen der unterirdischen Druckerhöhung sowie einen generellen Abgleich der Simulation mit der Realität.

Bei der Ergebnisbewertung von Simulationen wurde eingangs zwischen der Darstellung sowie der Art von Simulationsaussagen unterschieden. Während die Darstellungsweise auf semiotischer Ebene Implikationen der Formate Zahlen und Bilder in den Mittelpunkt stellt, beziehen sich Art und Bandbreite auf semantischer Ebene auf unterschiedliche wahrheitsfähige Aussagetypen.

Nach Porter (1995) wurden Zahlenformate als ein Kommunikationsmedium aufgefasst, die ihre inhaltliche Aussage über wissenschaftliche Disziplinierung mit Objektivität und Universalität versehen und damit über hohe Konsens- und Akzeptanzpotentiale verfügen. Simulationsergebnisse in Zahlen wurden von den Befragten auch vor diesem Hintergrund bewertet. Zwar wurde explizit darauf verwiesen, dass mit Simulationsergebnissen in Zahlen ein Anspruch auf Genauigkeit, Objektivität und Neutralität kommuniziert und damit Glaubwürdigkeit vermittelt wird. Bezweifelt wurde aber, dass Zahlen auf inhaltlicher Ebene dieser Genauigkeit aufgrund von Unsicherheitsfaktoren bei ihrem Zustandekommen gerecht werden. Simulationsergebnisse in Zahlen vermitteln vielmehr eine Scheingenauigkeit und wirken damit glaubwürdiger. Abhängig ist deren Glaubwürdigkeit aber auch vom Standpunkt des Betrachters. Je nach Standpunkt des Betrachters können Zahlen Glaubwürdigkeit oder Misstrauen verstärken, je nachdem, ob sie der Erwartungshaltung des Rezipienten entsprechen oder widersprechen.

Die von Theodore Porter identifizierten Konsens- und Akzeptanzpotentiale lassen sich durch die Expertengespräche nicht eindeutig belegen. Dies liegt m. E. weniger am Format von Zahlen als an der Art und Weise ihres Zustandekommens im Simulationsprozess. Die Methode Simulation hat offenbar in der Bewertung der Befragten noch nicht den Grad an eindeutiger und konsistenter Formalisierung, Normierung und Disziplinierung erreicht, um Simulationsergebnisse als wissenschaftlich objektive und universelle Aussage aufzufassen. Strategien der Delegitimierung setzen mit Kritik am Entstehungsprozess an, indem getroffene Annahmen, Datenqualität, unterlegte Wirkungszusammenhänge u. a. in Frage gestellt werden. Simulationsergebnisse in Zahlen tragen zumindest bei der hier untersuchten CCS-Fallstudie eher ein hohes Konfliktpotential, als dass sie Konsens stiftend fungieren.

Zahlen werden darüber hinaus noch anderweitig in Rezeptionsdiskursen genutzt. In der Kommunikation über Simulationsergebnisse dienen sie als thematischer Aufhänger in diskursiven Auseinandersetzungen. Das Beispiel der BGR-Druckstudie zeigt, dass konkrete Zahlenwerte als thematischer Anker für Begründungszusammenhänge und Argumentationen einen zentralen Stellenwert haben, weil sie Sachverhalte zuspitzen und dadurch ‚Fakten schaffen'. Die Auseinandersetzung um Konsequenzen einer dauerhaften Druckerhöhung durch CO_2-Injektion machte sich am Simulationsergebnis 9 bar Druckerhöhung fest. Zur Verdeutlichung der lateralen Ausbreitung des Drucks wurde auf den 30 km Simulationsmesspunkt bzw. auf eine 100 km radiale Ausbreitung verwiesen. An diesem ‚kommunikativen Anker' wurde von verschiedenen Akteuren über Konsequenzen der Druckerhöhung gestritten. Zahlen sind offenbar besonders geeignet, um in einer Kommunikation thematische Bezugspunkte zu fixieren.

Mit Bildern verhält es sich anders. Simulationsbilder können zumindest in verbalen Auseinandersetzungen um die richtige Interpretation von Simulationsergebnissen nicht so leicht und eindeutig kommuniziert werden wie Zahlen. Bilder brauchen in einer Kommunikation eine visuelle Darstellungsform; eine rein verbale Reproduktion von Bildern verfehlt ihre Wirkung. Damit Bilder als kommunikativer Bezugspunkt fungieren können, muss die visuelle Darstellung den Kommunikationsteilnehmern bekannt sein. Erst dann vermögen Bilder in einer Kommunikation auch Bezugspunkte zu fixieren, wirken dabei aber unbestimmter und unkonkreter als Zahlen, da ihre quantitativen Aussagen schwerer zu fassen sind. Bilder dienen damit in Kommunikationsprozessen eher zur Verdeutlichung und Veranschaulichung des räumlichen Simulationsprozesses, indem das geologische Modell dargestellt oder die darin ablaufenden dynamischen Ereignisse visualisiert werden. Daraus lässt sich schlussfolgern, dass Bilder eher als Zahlen bei Simulationsergebnissen Potential der Konsensfindung haben.

Art und Bandbreite von Simulationsergebnissen umfassen den Typus und die Anzahl der wissenschaftlichen Aussage. Bei der BGR-Druckstudie wurden verschiedene Szenarien berechnet, so dass in diesem Fall eine relativ große Bandbreite an Ergebnisaussagen und Prognosen vorhanden war. Dies wurde damit begründet, dass die unterschiedlichen Szenarien verschiedene Varianten möglicher geologischer Strukturen abbilden sollen. Damit eröffnet sich aber auch ein größerer Spielraum für den Rezeptionsprozess der Ergebnisse. Rezipienten können sich auf bestimmte Szenarien stützen. Bei der Auseinandersetzung um die Ergebnisse wurde von den CCS-Kritikern die dauerhaft um 9 bar ermittelte Druckerhöhung in den Vordergrund gestellt. Damit wurde aus ihrer Sicht das *‚worst case scenario'* der insgesamt neun Szenarien aufgegriffen, da bei diesem Szenario selbst nach 100 Jahren noch eine dauerhafte und leicht ansteigende Druckerhöhung am entferntesten Messpunkt festgestellt wurde. Interessanterweise spielten Druckerhöhungen – auch wenn sie um den Faktor 10 höher waren – zu anderen Zeitpunkten und Entfernungen keine Rolle. Langzeitfolgen und größte räumliche Entfernung waren ausschlaggebend für die Fokussierung seitens der Kritiker auf dieses Szenario. Offenbar wurde dieses Szenario strategisch aus Sicht der ermittelten Druckwerte gewählt und nicht aufgrund der besonders adäquaten Szenarioparameter. Dies deutet daraufhin, dass eine große Bandbreite in Form unterschiedlicher Szenarien Interpretationsspielräume von Simulationsergebnissen begünstigt. Ist die Bandbreite von Simulation gering (z. B. nur ein Szenario), so ist die Fixierung eines ‚thematischen Ankers' über Ergebniszahlen begrenzt; ist die Bandbreite über mehrere Szenarien hoch, so ergeben sich für Akteure strategische Spielräume im Rezeptionsdiskurs.

Die Bewertung der BGR-Simulationsergebnisse durch die Befragten, wie sie in der Tabelle 15 aufgeführt wurden, lässt Schlussfolgerungen über ihr Verständnis zur Art der Aussage zu. Die Ergebnisbewertung stellt den Ursache-Wirkungszusammenhang in den Mittelpunkt. Die Simulationsergebnisse werden dabei gleichermaßen als empirische und explikative Aussage aufgefasst. Als empirische Aussage werden sie als Sachverhalt mit einem konkreten Raum- und Zeitbezug interpretiert, indem auf konkrete Werte der Druckerhöhung Bezug genommen wird. Die Auseinandersetzung um die 9 bar Druckerhöhung geht von einer empirischen Relevanz dieser Werte aus. Gleichfalls werden die Ergebnisse aber auch als explikative Aussage im Sinne einer Erklärung und Begründung eines Sachverhalts bewertet. In dieser Ergebnisinterpretation steht ein eher qualitatives und konzeptionelles Verständnis der Druckproblematik im Vordergrund. Dabei wird etwa hervorgehoben, dass sich die Druckerhöhung abhängig von den Systemgrenzen verändert, die Druckausbreitung eine gewisse Zeit braucht oder der Druckaufbau die Speicherkapazität beeinflusst.

Die Belastbarkeit von Simulationsergebnissen wurde von den Befragten über verschiedene Bewertungskriterien beurteilt. Die Belastbarkeitskriterien lassen sich einer Modell-inhärenten und einer Modell-kontextuellen Dimension zuordnen. Während bei der ersten Dimension simulationstechnische und methodische Bewertungsaspekte im Vordergrund stehen, wird die Belastbarkeit beim Modell-kontextuellen Ansatz über Umfeldfaktoren wie Rezeptionsdiskurs, Urheberschaft oder dem Wissensstand einer Forschungsdisziplin bewertet. Die Belastbarkeitskriterien wurden über die Empirie der Rezeption von CCS-Simulationen bei Entscheidungsträgern ermittelt. Dadurch konnte zwar eine Kriterienliste erstellt, jedoch keine Gewichtung zwischen den einzelnen Kriterien erhoben werden, da die Aussagen der Befragten allgemeiner Natur waren. Die Relevanz einzelner Kriterien lässt sich aber aus den Äußerungen der Befragten zu den spezifischen Ergebnissen der BGR-Druckstudie ableiten, weil einzelne Kriterien besonders hervorgehoben, andere nur am Rande erwähnt oder gar nicht benannt wurden. Tabelle 19 zeigt eine qualitative Relevanzabschätzung der Belastbarkeitskriterien für die BGR-Druckstudien.

Kriterien	Relevanz	Erläuterung der Bewertung
Modell-inhärente Kriterien		
Daten	-	– Keine inhaltliche Bewertung der Datenqualität – Standortunabhängig vs. standortbezogen
Randbedingungen	o	– Realitätsbezug der Randbedingungen
Annahmen	o	– Realitätsbezug der Annahmen
Parameter	o	– Realitätsbezug der Parameterwerte
Modell	-	– Kein Bezug zu Modell bezogenen Unsicherheiten
Ursache-Wirkungs-Zusammenhang	+	– Betrachtung von Folgewirkungen des Druckaufbaus
Abgleich Modell vs. Realität	+	– Aussagekraft der Ergebnisse für Realität sehr wichtig
Modell-kontextuelle Kriterien		
Urheberbewertung	+	– BGR: neutraler Wissenslieferant vs. politischer Akteur
Rezeptionsdiskurs	-	– Kein Bezug zu Positionierungen anderer Akteure
Vergleichsstudien	o	– Referenz zu internationalen Studien
Wissensstand Forschungsdisziplin	o	– Bedeutung der Druckproblematik bei der Technikumsetzung
Einbindung Experten	-	– Kein Bezug zur partizipativen Modellierung

Erläuterung: + = hohe Relevanz; o = mittlere Relevanz; - = niedrige Relevanz

Quelle: eigene Darstellung

Tabelle 19: Belastbarkeitskriterien für Simulationsergebnisse der BGR-Druckstudie

Der Abgleich der Simulation mit dem Bezugssystem und die Bewertung der Ursache-Wirkungszusammenhänge waren entscheidende Belastbarkeitskriterien zur Einschätzung der Simulationsergebnisse der BGR-Druckstudie. Dabei wurden insbesondere die Güte der Annahmen, der Randbedingungen und der Parameter in Betracht gezogen. Bei der Modell-kontextuellen Dimension dominierte die Urheberwertung zur Einschätzung der Belastbarkeit. Daneben wurden die Ergebnisse mit internationalen Studien verglichen sowie allgemein gegenüber dem Wissenstand zur Bedeutung der Druckproblematik eruiert. Die Einbindung von Experten und die Abschätzung des Rezeptionsdiskurses waren dagegen nicht relevant.

Die empirisch ermittelten und auf Relevanzunterschiede analysierten Belastbarkeitskriterien finden in der Forschungsliteratur keine Entsprechung. Verständnis und Bewertung von Simulationsergebnissen bei Entscheidungsträgern wurden bislang in der Literatur vorwiegend analytisch und anekdotisch eruiert. Am pointiertesten haben dies Wagner et al. (2010) in ihrer Gegenüberstellung eines richtigen Verständnisses vornehmlich bei Simulationsexperten und einem falschen Verständnis bei politischen Entscheidungsträgern dargestellt. Die Diagnose eines grundlegend falschen Verständnisses bei Entscheidungsträgern kann über die CCS-Fallstudie nicht bestätigt werden. Entscheidungsträger, auch wenn sie keine ausgewiesenen Simulationsexperten sind, nehmen ausgewählte simulationsbezogene Kriterien wie Annahmen oder Parameter und auch kontextuelle Belastbarkeitskriterien als Bewertungsgrundlage. Eine undifferenzierte Beurteilung von Simulationen als ‚sound science' konnte jedenfalls nicht nachgewiesen werden. Damit ist die Bewertung von Simulationen bei Entscheidungsträgern eindeutig differenzierter, als es Wagner et al. postulieren.

Wie stellen sich nun die in der CCS-Fallstudie ermittelten Verwertungsmuster im Vergleich zu den eingangs erarbeiteten Aspekten dar? Die konzeptionelle Analyse differenzierte einen instrumentellen, konzeptionellen, strategischen und prozeduralen Gebrauch von Simulationen bei der Politikgestaltung. Die Verwertung von Simulationen geschieht über ihre Erkenntnis- und Kommunikationsfunktion. Die Bedeutung der simulationsbasierten Erkenntnis- und Kommunikationsfunktion variiert aber bei den einzelnen Verwertungstypen. Bei der instrumentellen und konzeptionellen Verwertung dominiert die Erkenntnisfunktion: über Simulationen können bspw. Handlungsoptionen identifiziert und bewertet und Entscheidungen umgesetzt und ausgestaltet werden. Oder Simulationen dienen als Interpretationshilfe für ein besseres Verständnis von Wirkungszusammenhängen und der Identifikation von Nichtwissen. Beim strategischen und prozeduralen Gebrauch steht die Kommunikationsfunktion im Vordergrund, indem Simulationen zur Objektivierung eigener Interessen, zur Kommunikation von Wissen an Laien oder zur Integration und Vernetzung von Akteuren herangezogen werden können.

Die konzeptionelle Verwertung von CCS-Simulationen für Verstehensprozesse betonte zunächst die herausgehobene Stellung von Simulationen als singuläres Wissensinstrument. Bei geowissenschaftlichen Anwendungen sind Simulationen mittlerweile alternativlos und unverzichtbar, um Erkenntnisse über Prozessverläufe im Untergrund zu gewinnen. Dies liegt in ihrem spezifischen Vermögen, die in der Geologie besonders wichtige Raum- und Zeitdimension virtualisieren und komplexe Prozesse über Zeitraffereffekte bearbeitbar machen zu können. Diese Spezifika des Simulationswissens sind für geowissenschaftliche Fragestellungen von entscheidender Bedeutung und tragen zu einer besseren Problemwahrnehmung und einem besseren Problemverständnis bei.

Das Beispiel der BGR-Druckstudie zeigt, dass Simulationsergebnisse als Wissensgrundlage dienen, um spezifische Bedingungen der Technikentwicklung und -umsetzung zu sondieren. Sie dienen als exploratives Instrument zur Spezifizierung von unsicherem Wissen oder zur Sondierung von erkanntem Nichtwissen. Die Ergebnisse der Drucksimulation haben aufgezeigt, dass das unsichere Wissen um eine mögliche Druckproblematik bei der CO_2-Sequestrierung über größere Raum- und Zeitskalen spezifiziert werden kann. Die BGR-Druckstudie machte deutlich, dass die räumliche Nähe zwischen Speicherformationen ein wichtiges Auswahlkriterium ist, das vorher von Entscheidungsträgern nicht so eindeutig als Problem wahrgenommen wurde. Allerdings zeigt sich auch in den empirischen Ergebnissen, dass das Informations- und Kontrollproblem des Collingridge-Dilemmas über Simulationen nicht zu lösen ist. Trotz des Potentials von Simulationen, *ex-ante* Technikfolgen zu untersuchen, wurde in den Interviews deutlich darauf verwiesen, dass der bestmöglichste Wissensstand erst bei einer vollständigen Technikumsetzung zu erreichen ist.

Der instrumentelle Gebrauch von Simulationen ist bei der Fallstudie zur CCS-Technologie eindeutig nachweisbar. Obwohl die gesetzlichen Regelungen und Ausführungsbestimmungen noch nicht abschließend festgelegt sind, wird die wichtige Rolle von Simulationen als Erkenntnisinstrument bei der Technikumsetzung sichtbar. Im engen Verbund mit anderen Erkenntnisinstrumenten sind Simulationen beim Einlagerungs-, Sicherheits- und Überwachungskonzept von herausragender Bedeutung. Mit Hilfe von Simulationen sollen für die Risikocharakterisierung und -analyse Erkenntnisse über das CO_2-Verhalten und dessen geomechanischen, -chemischen und -physikalischen Auswirkungen gewonnen werden, um mögliche Risiken wie Leckagen, Bodenbewegungen oder Salzwasseraufstieg bewerten zu können. Diese Erkenntnisse werden vielfach über Szenariosimulationen gewonnen, bei denen verschiedene Ausgangsituationen oder Entwicklungspfade simuliert und verglichen werden. Geowissenschaftliche Simulationen dienen damit der konkreten Ausgestaltung und Umsetzung von CCS-Technikoptionen, indem sie deren Potentiale und Limitierungen aufzeigen.

Simulationen sind für die Bewertung von Handlungsoptionen, für die Technikumsetzung und die begleitende Wirkungsforschung in der Rahmengesetzgebung der Europäischen Union und Deutschland sowie in spezifischen Genehmigungsbestimmungen bereits fest verankert.

Allerdings muss deutlich auf den erkenntnisgewinnenden Gebrauch von CCS-Simulationen im Rahmen der Fallstudie hingewiesen werden. Die CCS-Technikentwicklung und -umsetzung befindet sich immer noch in einer Innovationsphase, in der mögliche Optionen und Konfigurationen von Technikomponenten ausgelotet werden. Dafür wird auch die Methode der Simulation instrumentell eingesetzt. CCS-Simulationen werden dagegen (noch) nicht eingesetzt, um Politikentscheidungen evidenzbasiert zu treffen. Damit liegt bei der CCS-Technologie noch keine politische Entscheidungssituation vor, wie sie zu Beginn der Untersuchung an den Beispielen des Vulkanausbruchs in Island und des Gerichtsverfahrens *Downs* gegen *Secretary of State for the Environment* herausgearbeitet wurden. Bei diesen Fällen wurden Simulationsergebnisse als Grundlage für eine Entscheidung in einer binären, diskreten Entscheidungssituation herangezogen, wie sie häufig in der Politik vorkommt. Diese Entscheidungsoptionen sind mit klar definierten Bereichen hinterlegt, die sich über Umweltstandards oder Grenzwerte voneinander abgrenzen. Simulationsergebnisse substantivieren und determinieren dann diese Entscheidung, indem sie eindeutig der einen oder anderen Entscheidungsoption zuzuordnen sind. Bei der Fallstudie zur CCS-Technologie konnte dieser Typus einer instrumentellen Verwertung nicht nachgewiesen werden. Einige Experten wiesen deutlich darauf hin, dass für die Durchführung von CCS-Risikobewertungen derzeit noch keine Grenzwerte oder genauen Vorschriften existieren. Der Forschungsstand über Technikfolgen bei CCS ist noch nicht so weit, dass ‚sichere' und/oder ‚nicht sichere' Bereiche eindeutig definiert werden können. Gleichwohl wurde in der Empirie deutlich, dass die Umsetzung der CCS-Technologie zukünftig diese Phase erreichen wird, bei der im Genehmigungsprozess eindeutige Sicherheitsaussagen zu machen und -entscheidungen zu treffen sind. Aller Voraussicht nach werden dann auch Simulationsergebnisse als Entscheidungsgrundlage dafür genutzt werden. Daraus wurden Anforderungen nach Präzision und Unabhängigkeit von Simulationen abgeleitet.

Es lässt sich auch eine strategische Verwertung von CCS-Simulationen in Aushandlungsprozessen nachweisen. Zum einen dienen wissenschaftliche Studien (darunter auch Simulationsstudien) als Referenzpunkt in Aushandlungsprozessen, indem sie als Wissenskanon in der Debatte herangezogen werden. Auf diese Studien wird in unterschiedlichen Kommunikationszusammenhängen immer wieder verwiesen, um über den wissenschaftlichen Wahrheitsanspruch die eigene Position zu legitimieren oder jene der Gegenseite zu delegitimieren. Das

Beispiel der BGR-Druckstudie hat dies deutlich gemacht. Mit Verweis auf die 9 bar Überdruck als Ergebnis im Langzeitszenario wurde von einigen Akteuren auf die Unbedenklichkeit von Sicherheitsrisiken hingewiesen, während andere diesen Wert als ausdrückliches Sicherheitsrisiko einstuften. Damit verbunden wurden von den Akteuren Strategien der Modell-Legitimierung bzw. -Delegitimierung verwendet, um die Legitimität der Ergebnisse zu stärken oder zu schwächen. Ein weiteres Beispiel für eine von einem Experten vermutete strategische Verwertung ist die Aminproblematik im norwegischen Mongstad, bei der Gesundheitsschäden durch Amine als vorgeschobenes Argument des Betreibers interpretiert wurden.

Eine prozedurale Verwertung von Simulationen zeigt sich in der CCS-Fallstudie auf unterschiedlichen Ebenen. Simulationen sind vielfach Kommunikationsgegenstand in der öffentlichen Debatte und in Dialogen zwischen staatlicher Verwaltung und Bürgern. Sie erfüllen damit auch eine edukatorische Funktion in der Wissenskommunikation. Simulationen scheinen sich besonders dafür zu eignen, da deren Ergebnisformate Zahlen und Bilder naturwissenschaftliche Prozesse und Funktionsweisen anschaulich und leicht verständlich kommunizieren können. Damit tragen Simulationen über eine Objektivierung von Sachverhalten zur Konfliktvermeidung und zur Konsensherstellung bei. Die prozedurale Funktion der Akteursintegration und -vernetzung lässt sich am Beispiel der BGR-Druckstudie nachweisen. Ein Hauptmotiv für die Durchführung der Studie war seitens der Auftraggeber der Nachweis und die Bündelung der simulationstechnischen Kompetenz in Deutschland über die Vernetzung wissenschaftlicher und staatlicher Forschungsinstitutionen und Akteure.

Fasst man die empirischen Befunde der Verwertungsmuster zusammen, dann bestätigt sich die in Kapitel 6 hergeleitete Feststellung zur Politikrelevanz von CCS-Simulationen (vgl. Tabelle 8). Die Expertengespräche haben differenziert und mit vielen anschaulichen Beispielen den Gebrauch von Simulationsergebnissen in den vier Verwertungsbereichen aufgezeigt. Bei der instrumentellen Verwertung werden Simulationen für die Phasen der Technikförderung, -regulierung und -kontrolle eingesetzt. Konzeptionell überwiegt der Gebrauch für eine bessere Problemwahrnehmung und das Verständnis von Sachverhalten. Aber auch zur Sondierung von Politikoptionen werden CCS-Simulationen verwendet. Der strategische Gebrauch fokussiert auf die Legitimität von Leitbildern. Die Fallstudie konnte hingegen keine strategische Verwertung in den Bereichen Politikwettbewerb und Nutzung von Zeitfenstern nachweisen. Beim prozeduralen Gebrauch ließ sich dagegen eindeutig eine Verwertung im Bereich der Technikentwicklung und der Technikakzeptanz aufzeigen, die so in der ex-ante Abschätzung der Politikrelevanz von Simulationen zu geologischen CCS-Technikfolgen nicht erwartet wurde.

9.3 Diskussion von Rezeptionstypen und Kommunikationstheorien

Die empirischen Ergebnisse der Perzeptions- und Rezeptionsmuster sowie der Bewertungs- und Verwertungsmuster bei Entscheidungsträgern zeigen vielschichtige Facetten, wie simulationsbasierte Informationen von Rezipienten bewertet und verarbeitet werden. Die Ergebnisse verweisen immer wieder auf Differenzierungen innerhalb des Befragungssamples, die sich an ihrer fachlichen Kompetenz und/oder ihrer institutionellen Stellung festmachen lassen. Damit lässt sich anknüpfen an die aus der Soziologie und Psychologie herrührenden Expertenattribute Wissen und Rolle. Während Wissen die erworbene Sachkompetenz in einem Themengebiet herausstellt, betont der Rollenbegriff einen gesellschaftlich zugeschriebenen Expertenstatus über die institutionelle Einbettung in wichtige Entscheidungs- und Gestaltungsprozesse. Daran anschließend lassen sich aus den empirischen Ergebnissen der Expertenbefragung zwei Rezeptionstypen kondensieren, welche idealtypisch wesentliche Unterscheidungsmerkmale simulationsbasierter Informationsverarbeitung aufgreifen. Diese können als Wissensrezipient und als Rollenrezipient bezeichnet werden:

- Wissensrezipient: Zum einen können unter dem Begriff Wissensrezipient geowissenschaftliche Simulationsexperten gefasst werden, welche auf Referentenebene in nachgelagerten Behörden oder als (externe) wissenschaftliche Berater von gesellschaftlichen oder wirtschaftlichen Interessenverbänden tätig sind. Diese Experten arbeiten nahezu ausschließlich über geowissenschaftliche Technikfolgen der CCS-Technologie auf Basis einer sehr spezialisierten geologischen und simulationstechnischen Sachkompetenz.

- Rollenrezipient: Zum anderen lässt sich ein Teil der befragten Experten als Rollenrezipient auffassen. Darunter fallen Experten oberhalb der Referentenebene in Ministerien, NGOs oder der Wirtschaft sowie Parlamentarier in ihrer Funktion als politische Entscheidungsträger. Das Thema CCS konkurriert dabei mit anderen Themen, die im vom Experten verantworteten Themenbereich (z. B. Klimapolitik, regionale Wirtschaftsförderung, Energiewirtschaft) angesiedelt sind.

Während bei Wissensrezipienten die Sachkompetenz bei der Informationsverarbeitung von großer Bedeutung ist, ist bei Rollenrezipienten die Ausrichtung an gesellschaftlichen und institutionell vermittelten Interessenslagen, Einstellungen und Bewertungen wichtig. Gleichwohl ist zu betonen, dass in der Realität die beiden Aspekte Wissen und Rolle bei einem Rezipient gleichermaßen anzutreffen sind, aber in unterschiedlichen Gewichtungen Einfluss auf die Rezeption haben. Die Abgrenzung und Zuspitzung bei den beiden Rezeptionstypen dient der Veranschaulichung und Systematisierung der empirisch vorgefundenen Facetten simulationsbasierter Rezeption. Auf dieser Basis werden die empirischen Ergebnisse nun in den Kontext von kommunikationstheoretischen Ansätzen gestellt.

Eingangs wurden verschiedene Kommunikationstheorien vorgestellt, welche theoretische Erklärungsansätze für Prozesse der inhaltlichen Informationsbewertung und -verarbeitung liefern. Diese umfassten Theorieansätze zur sozialen und kognitiven Informationsverarbeitung, zur Beurteilung der Informationsquelle und der Integration neuer Informationen sowie zu den Möglichkeiten von Verständigung zwischen einzelnen Kommunikationsteilnehmern. Welche Rückschlüsse lassen sich aus der empirischen Analyse gegenüber den Kommunikationstheorien ziehen?

Die vergleichende Betrachtung der Empirie mit den kommunikationstheoretischen Ansätzen erfolgt auf Basis einer analytisch reflektierenden Würdigung. Zwar sind einige der eingangs vorgestellten Kommunikationstheorien methodisch auch für eine empirische Überprüfung weiterentwickelt und aufbereitet worden. Eine solche Vorgehensweise war mit dem in dieser Untersuchung verwendeten explorativen Forschungsdesign aber nicht kompatibel. Empirische Überprüfung von Theorien setzt ein bestimmtes Maß an empirischem Vorwissen über den Untersuchungsgegenstand zur Hypothesengenerierung voraus, welches beim Gegenstand der simulationsbasierten Informationsverarbeitung bei Entscheidungsträgern nicht gegeben war.

Die *Elaboration-Likelihood Theory (ELT)* erklärt, wann und wie neue Informationen beim Rezipienten zu Einstellungsänderungen führen. Über soziale Einflussfaktoren und die kognitive Verarbeitungskapazität werden Informationen entweder über einen zentralen oder einen peripheren Weg verarbeitet. Die empirisch festgestellten Bewertungs- und Verwertungsmuster von CCS-Simulationen bei Entscheidungsträgern bestätigen die dichotome Konzeption der Informationsverarbeitung bei der ELT.

Wissensrezipienten zeigen einen hohen Grad an Beteiligung. Aufgrund der eigenen Sachkompetenz und der langjährigen beruflichen Beschäftigung mit geologischen und simulationstechnischen Themen besteht eine große intrinsische Motivation an geowissenschaftlichen CCS-Simulationsstudien. Die intensive und kritische Informationsverarbeitung berücksichtigt die Bandbreite der Argumente und der Informationsquellen, und stellt sie dem eigenen Wissensstand gegenüber. Es hat sich auch gezeigt, dass Wissensrezipienten über eine ausgeprägte Fähigkeit zur intensiven Verarbeitung von Informationen verfügen. Diese zentrale Verarbeitungsroutine nimmt CCS-Simulationen umfassend auf unterschiedlichen Kommunikationswegen war. Simulationsstudien werden dabei in der Regel vollständig und eigenständig rezipiert. Die Unsicherheiten im Simulationsprozess werden umfassend und aktiv beurteilt und die Ergebnisse über eine Modellinhärente Belastbarkeitsbewertung abgeschätzt.

Bei Rollenrezipienten hat sich dagegen gezeigt, dass Simulationsstudien deutlich weniger intensiv bearbeitet und Urteile schneller auf Basis peripherer Hinweisreize getroffen werden. Hier kann von einer peripheren Verarbeitungsroutine gesprochen werden. Deutliche Unterschiede zeigen sich insbesondere auf der Ebene der Sachkompetenz und der damit verbundenen Fähigkeit zur intensiven und kritischen Verarbeitung von Informationen. Befragte mit geringen oder gar keinen Simulationskenntnissen hatten deutlich größere Berührungsängste, sich mit Simulationsstudien intensiv auseinander zu setzen. Beim geologischen Forschungsgegenstand war dieses Hemmnis geringer. Die fehlende Sachkompetenz wurde tlw. durch die Anwendung intuitiver Heuristiken kompensiert, wenn etwa geowissenschaftliche Fragestellungen mit Hilfe von Analogieschlüssen auf Alltagssituationen beurteilt wurden.

Es wurde aber auch deutlich, dass die befragten Rollenrezipienten ein prinzipiell großes Interesse an der CCS-Thematik hatten. Der Grad der Beteiligung war also auch bei ihnen sehr hoch, so dass die ELT-Variable Motivation sehr stark ausgeprägt war. Diese hohe Motivation kann über die bereits bestehende Einstellung und Positionierung zur CCS-Technologie erklärt werden. Vorgefasste Meinungen für oder wider der CCS-Technologie steigern zwar die Motivation und sorgen so für eine bessere Informationsverarbeitung. Stabile Einstellungen beeinflussen aber auch maßgeblich die Interpretation wissenschaftlicher Sachverhalte, indem sie die Beurteilung von neuen Informationen über die Angleichung an vorhandene Meinungen und Positionen ausrichten.

Wenn spezifisches Wissen und Sachkenntnis bei Rezipienten gering sind, dann werden kontextuelle Faktoren für die Informationsverarbeitung und -bewertung umso wichtiger. Mit dieser Argumentation wurde eingangs die Relevanz der *Souce-Credibility Theory* von Howland und Weiss (1951) untermauert. Die empirischen Befunde der Bewertungsmuster bei CCS-Simulationen und bei der BGR-Druckstudie bestätigen eindeutig die theoretischen Ansätze der kontextorientierten Glaubwürdigkeitsforschung. Die von Hovland et al. (1953) differenzierten Glaubwürdigkeitsattribute ‚Kompetenz' und ‚Vertrauenswürdigkeit' lassen sich empirisch hinterlegen. Die Urheberbewertung von Informationsquellen wurde als wichtigstes Modell-kontextuelles Belastbarkeitskriterium für Simulationsergebnisse in der empirischen Analyse herausgestellt. Der Wissenschaft wird dabei ein Glaubwürdigkeitsvorsprung gegenüber anderen Informationsquellen eingeräumt. Simulationen der Wissenschaft gelten als vertrauenswürdiger gegenüber unternehmerischen oder staatlich verantworteten Simulationen. Aber auch bei wissenschaftlichen Urhebern wird die Vertrauenswürdigkeit im

Einzelfall über die Bewertung der Reputation, der Unabhängigkeit und der Neutralität hinterfragt, denn es ist entscheidend, „wer es macht" (WI-1). Die Bewertung der Glaubwürdigkeit konzentriert sich sowohl auf die Person bzw. Institution (Informationsquelle), indem die Nähe und die Beziehung etwa zum politischen Gegner sondiert werden, als auch auf die Art der Veröffentlichung des Informationsproduktes (Kommunikationsmedium), indem das Renommee von Veröffentlichungsorganen betrachtet wird. Während Wissensrezipienten die Vertrauenswürdigkeit der Quelle und des Mediums ins Auge fassen, fokussieren Rollenrezipienten mehr auf die Beurteilung des Urhebers. Dies kann am Beispiel der BGR-Druckstudie gezeigt werden. Sowohl Geo- wie Nicht-Geowissenschaftler haben die BGR als Urheber der Studie thematisiert. Die BGR wurde als neutraler Wissenschaftsproduzent gesehen, welche nicht bewertet, sondern ‚Fakten' zur Verfügung stellet. Es wurde aber auch auf die politische Funktion der BGR hingewiesen, die als nachgelagerte Behörde des Bundesministeriums für Wirtschaft und Technologie (BMWi) die CCS-Technologie protegiere. Die BGR-Druckstudie selbst wurde aber als wissenschaftlich unabhängig und inhaltlich korrekt eingestuft. Die Rezipienten unterschieden also bei der Beurteilung der BGR zwischen der (eingeschränkten) Vertrauenswürdigkeit aufgrund einer wahrgenommenen politischen Funktion und der Kompetenz, Wissenschaftsprodukte nach bestem Stand der Wissenschaft produzieren zu können. Die von Hovland et al. (1953) eingeführte Differenzierung von Vertrauenswürdigkeit und Kompetenz als zwei voneinander unabhängige Attribute der Glaubwürdigkeit werden durch die Fallstudie bestätigt.

Die Fallstudie hat neben der Urheberschaft aber auch weitere Modellkontextuelle Kriterien ergeben, die bei der Belastbarkeitsbewertung von Simulationsergebnissen relevant sind. Dazu zählen die Kontextualisierung der Ergebnisse im Rezeptionsdiskurs und über Vergleichsstudien, der Abgleich mit dem Wissenstand der Forschungsdisziplin sowie die Einbindung von Experten in den wissenschaftlichen Produktionsprozess. Bei diesen Bewertungsstrategien lässt sich eine strikte Trennung zwischen Glaubwürdigkeit der Informationsquelle und inhaltlicher Ergebnisbewertung nicht aufrechterhalten. Beim Kriterium Rezeptionsdiskurs wird einerseits die Glaubwürdigkeit der sich äußernden Experten und Wissenschaftler beurteilt, andererseits aber auch deren inhaltliche Kritik in den Blick genommen. Der Abgleich mit dem Wissensstand einer Forschungsdisziplin setzt auch ein Mindestmaß an inhaltlicher Beurteilungsfähigkeit durch den Rezipienten voraus. Rezipienten haben offenbar Bewertungsstrategien entwickelt, bei denen gleichermaßen Quelle und Inhalt in Betracht gezogen werden. Die Glaubwürdigkeitsforschung hat diese ‚Grauzonen' der Glaubwürdigkeitsbeurteilung von Informationen noch zu wenig theoretisch und empirisch betrachtet. Die Mischungsverhältnisse von Quelle und Inhalt bei der Beurteilung von Informationen analytisch und empirisch klarer herauszuarbeiten und mit Rezeptionstypen in Verbindung zu bringen bleibt ein Desiderat an die Glaubwürdigkeitsforschung.

Die Integration neuer Informationen in vorhandenes Wissen, Anschauungen und Einstellungen beim Rezipienten wurde eingangs über die *Expectancy-Value Theory* sowie die *Theory of Reasoned Action* hergeleitet. Kernthese dieser kommunikationstheoretischen Ansätze ist, dass Einstellungen von Personen eine Funktion von komplexen Merkmalszuschreibungen und Merkmalsbewertungen gegenüber einem Objekt oder einem Sachverhalt sind, die eine Überzeugung (‚belief‘) ausbilden. Die Theorie des geplanten Handelns fügt der Erklärung von Verhaltensweisen basierend auf Einstellungen noch eine intentionale Handlungsabsicht hinzu, die durch subjektive Normen sowie die Erwartungshaltung des sozialen Umfelds bestimmt wird. Neue Informationen und rationale Argumente führen demnach nicht automatisch zu neuem Verhalten und neuen Einstellungen.

Die in der Fallstudie ermittelten inhaltlichen Rezeptionsmechanismen über einerseits den Abgleich von Simulationsergebnissen mit dem eigenen Wissensstand und der Erwartungshaltung sowie andererseits der Angleichung von Studienergebnissen an die persönliche oder institutionell vermittelte Position zur CCS-Technologie bestätigen die Theorieansätze. Bei beiden Verarbeitungsmechanismen werden neue Informationen zunächst mit bestehenden Überzeugungen abgeglichen. Beim Wissensstand handelt es sich um überwiegend rationalitätsbasierte Überzeugungen, die sich über logische Relationen von einzelnen objektiven und interpersonal nachvollziehbaren Wissenskomponenten zusammensetzen. Die Integration neuer Informationen geschieht dann über ein komplexitätsreduzierendes Bewertungsschema, indem diese als entweder passend oder konform oder als nicht passend und nicht konform mit dem Wissensstand eingeordnet werden. Diese Filterung stellt eine sehr hohe Hürde für die Veränderung von bestehenden Überzeugungen dar. Sind neue Informationen konform, müssen alte Überzeugungen per se nicht geändert werden. Sind neue Informationen nicht konform, reichen sie als eine singuläre Wissenskomponente kaum aus, um das komplexe, rationale Gebäude der bestehenden Überzeugungen grundlegend zu ändern.

Wie die Einordnung neuer Informationen in dieses Bewertungschema vonstattengeht, wurde in der CCS-Fallstudie deutlich. Wissenschaftsergebnisse werden nicht a priori als nicht zu hinterfragende objektive Wahrheit aufgenommen, sondern ihre wissenschaftliche Robustheit wird vom Rezipienten eigenständig mal mehr, mal weniger intensiv beurteilt. Simulationsexperten reflektieren dabei umfassend über Modell-inhärente Unsicherheitsaspekte. Rezipienten ohne Simulationsexpertise nehmen sehr ausgewählte Aspekte wie die getroffenen Annahmen oder Parameter in den Blick oder verwenden Analogieschlüsse zur Einschätzung der Robustheit. Je robuster neue Informationen sind, desto größer dürfte ihr Einfluss sein, bestehende Überzeugungen zu verändern.

Bei der Angleichung von Studienergebnissen an die eigene Position der Technikbewertung ist von einem persistenteren Überzeugungsgerüst auszugehen. Bestehende Überzeugungen werden von normativen Werten, Kosten-Nutzen Abwägungen oder Faktoren der subjektiven Risikowahrnehmung zusammengehalten. Damit verbindet sich eine Erwartungshaltung an die Wissenschaft, Ergebnisse zu produzieren, die diese Position unterstützen. Diese Erwartungshaltung beeinflusst bereits vorgelagerte Phasen der Rezeption, indem positionskonforme Wissenschaftsergebnisse gezielt gesucht und selektiert werden. Die Bewertung der Robustheit von neuen Informationen ordnet sich der Positionierung alter Überzeugungen unter. Werden Simulationsergebnisse als konform betrachtet, wird der Realitätsbezug der Modelle betont, um die Robustheit und Objektivität der Ergebnisse zu untermauern. Werden Simulationsergebnisse als nicht konform bewertet, wird der Realitätsbezug von Simulationen in Frage gestellt, um die Ergebnisse zu delegitimieren. Aufgrund ihrer Wesensform zwischen Virtualität und Realität sind Computersimulationen für Legitimierungs- bzw. Diskreditierungsstrategien besonders geeignet.

Betrachtet man die beiden unterschiedlichen Rezeptionstypen, tendieren Wissensrezipienten eher zu einem Abgleich neuer Informationen mit dem eigenen Wissensstand bei einer umfassenden Robustheitsbewertung der Ergebnisse. Bei Rollenrezipienten dominiert dagegen die Angleichung neuer Informationen an die eigene Position. Rollenrezipienten gleichen neue Informationen aber auch mit ihrem Wissensstand ab und bewerten die Robustheit entweder nach selektiven Simulationsaspekten (Annahmen, Parameter) oder über Analogieschlüsse.

Wie sind vor diesem Hintergrund die Aussichten auf eine gemeinsame Verständigung einzuschätzen? Mit dem *Shared-Meaning*-Ansatz hat Clark (1996) ein theoretisches Konzept vorgelegt, das Möglichkeiten einer gemeinsamen Verständigung über die Teilung eines gemeinsamen Bezugsrahmens erklärt.

Die Kommunikation wissenschaftlicher Expertise an politisch-gesellschaftliche Entscheidungsträger wurde eingangs als Sonderfall einer Experten-Laien-Kommunikation bezeichnet. Betrachtet man die empirischen Ergebnisse der Fallstudie, muss diese Einschätzung teilweise relativiert werden. Wissensrezipienten zeichnen sich durch eine fundierte geowissenschaftliche und simulationstechnische Expertise aus, die sie auf dem Gebiet von Technikfolgen der CCS-Technologie auch zu Experten machen. Bei den betrachteten CCS-Simulationen handelt es sich somit bei Wissensrezipienten um eine Experten-Experten-Kommunikation, bei der allenfalls graduelle Unterschiede bei den Wissensbeständen zwischen Kommunikator und Rezipient zu beobachten sind. Unterschiede bei der kognitiven Verarbeitungskapazität sind dagegen nicht vorhanden. Der geteilte Bezugsrahmen zwischen den Kommunikationsakteuren ist potentiell relativ groß, da er ähnliche Wissensbestände in den Bereichen der Geowissenschaften und der Simulationstechnik abzudecken vermag. Zur Kompensation vorhandener Wissensdefizite werden rezipientenseitig ggf. Strategien eingesetzt, um Informationen besser zu entschlüsseln und damit den eigenen Bezugsrahmen zu erweitern (z. B. Sekundärrezeption, arbeitsteilige Rezeption).

Bei Rollenrezipienten ist die Fachexpertise dagegen in den Bereichen der Geowissenschaften und/oder der Simulationstechnik deutlich geringer. Aber auch diese Experten beschäftigen sich teils über lange Zeiträume mit diesen Themenstellungen, auch wenn die disziplinäre Tiefe der Fachexpertise nicht vorhanden ist. Diese Kommunikation kann als Experten-Laien oder Experten-Semi-Experten-Kommunikation bezeichnet werden. Der geteilte Bezugsrahmen ist bei diesem Kommunikationstypus deutlich kleiner. Wissensrezipienten wiesen in der Fallstudie mehrfach daraufhin, dass erhebliche geologische Wissensdefizite in der Auseinandersetzung um die CCS-Technologie vorhanden sind. Allerdings werden auch von Rollenrezipienten Strategien wie die arbeitsteilige Rezeption eingesetzt, um den Bezugsrahmen zu erweitern. Es wurde in der Fallstudie aber deutlich, dass ein gemeinsames Verständnis weitaus schwieriger zu erreichen ist. Die Kontroverse um die Druckerhöhung um 9 bar hat dies anschaulich gemacht.

Zusammenfassend kann festgehalten werden, dass die empirische Analyse Grundaussagen der kommunikationstheoretischen Ansätze bestätigen und somit für die Erklärung der Kommunikation von simulationsbasiertem Wissen an politische Entscheidungsträger hilfreich ist. Die Fallstudie gab aber auch wichtige Hinweise auf notwendige Theoriearbeit: Bei der *Elaboration-Likelihood Theory* wählten Rollenrezipienten trotz sehr hoher Motivation eine periphere Informationsverarbeitung. Die Theorie müsste klarer herausarbeiten, bei welcher Gewichtung zwischen Motivation und Kapazität eine zentrale oder periphere Verarbeitung geschieht. Die Glaubwürdigkeitsforschung müsste die Mischungsverhältnisse von Quelle und Inhalt bei der Beurteilung von Informationen analytisch und empirisch klarer herausarbeiten und mit Rezeptionstypen in Verbindung bringen.

10 Fazit: Abschließende Überlegungen über Simulationen und Politik

Computersimulationen gehören mittlerweile in einer Vielzahl von Wissenschaftsdisziplinen zum methodischen Standard des Erkenntnisgewinns. Ihre epistemische Bedeutung für die Wissenschaft wird weiter zunehmen und ihre Anwendung gerade in den Natur- und Technikwissenschaften wird sich weiter vertiefen und ausdifferenzieren. Aber auch in der Risikoabschätzung, bei der Risiken identifiziert, charakterisiert und wenn möglich quantitativ abgeschätzt werden, sind Simulationen ein unverzichtbares Instrument. In der probabilistischen Folgenabschätzung dienen Simulationen im Verbund mit Experimenten und statistischen Verfahren dazu, Wirkungszusammenhänge zu erkennen und abzuschätzen, damit verbundene Unsicherheiten quantitativ oder qualitativ zu beschreiben sowie generell mögliche Risikoquellen auszumachen. Fortschreitende Steigerung der Rechnerleistung, verbesserte Modelle und Algorithmen, Exklusivität der Anwendung, Kosteneffizienz und Versuch ohne folgenschweren Irrtum sind nur einige Gründe, die für eine weitere Bedeutungszunahme von Simulationen in der Wissenschaft sprechen.

Insbesondere im Bereich der Technikentwicklung sind Simulationen von großer Bedeutung, indem sie einen wissenschaftlichen Beitrag zur Technikgestaltung und -bewertung leisten. Zieht man die weitere Ausdifferenzierung technischer Innovationen und die Diskussion um Zukunfts- und Schlüsseltechnologien in Betracht (Scheer/Konrad 2004, Scheer 2013), so werden wissenschaftliche Simulationen gerade in diesen Bereichen weiter an Bedeutung gewinnen. Synthetische Biologie, Nanotechnologie, Mikrosystemtechnik oder Biotechnologie – um nur einige Beispiele zu nennen – zeichnen sich gerade dadurch aus, dass ihre technischen Wirkungsketten extrem komplex sind und auf einer sehr kleinen räumlichen Skala ablaufen. *In silicio* Untersuchungen über einen Computer sind bei diesen Technologien ein wichtiges Instrument, um ablaufende Prozesse und Wirkungsweisen überhaupt untersuchen zu können. Durch ihr Vermögen, Grundlagen-, Anwendungs- und Orientierungswissen bereitzustellen, sind Simulationen ein zentrales Instrument der Technikgenese.

Eine zunehmende Bedeutung von wissenschaftlichen Simulationen bei Risikoabschätzung und Technikgenese geht einher mit einer zunehmenden Bedeutung von Simulationen in politischen Entscheidungsprozessen. Wissenschaftliche Expertise und Politikberatung wird sich in einer Vielzahl von Politikfeldern immer mehr auf Simulationswissen stützen; politisch-gesellschaftliche Entscheidungsträger werden sich zunehmend mit simulationsbasiertem Wissen auseinander setzen müssen. Ein genaues Verständnis darüber, wie politikrelevante Simulationen in Entscheidungsprozessen verarbeitet werden, ist daher unerlässlich. Simulationen an der Schnittstelle zwischen Wissenschaft und Politik war Gegenstand dieser Arbeit. Die vorliegende Untersuchung hat zur Verarbeitung von Simulationswissen in politischen Entscheidungsprozessen Ergebnisse zu Erkenntnis- und Kommunikationsfunktionen von Simulationen, zur Politikrelevanz von Simulationen und zu simulationsbasierten Perzeptions- und Rezeptionsmustern sowie Bewertungs- und Verwertungsmustern bei politisch-gesellschaftlichen Entscheidungsträgern hervorgebracht.

Zunächst ist festzuhalten, dass wissenschaftliches Wissen in Entscheidungsprozessen – wenn es von Entscheidungsträgern bei der Fülle von Kommunikationsangeboten wahrgenommen wird – einen großen Stellenwert hat. Der Gültigkeitsanspruch wissenschaftlicher Aussagen auf objektive Wahrheit und Lieferung von Faktenwissen kann in einem modernen Politikverständnis, das sich am Leitbild eines rationalen und evidenzbasierten Verstehens und Entscheidens orientiert, nicht ignoriert werden. Wissenschaftsergebnisse können bestritten, aber nicht einfach übergangen werden. Sie fungieren als Legitimationsressource und sind daher ein wichtiger Orientierungs- und Referenzpunkt in politisch-gesellschaftlichen Auseinandersetzungen. Damit ist gleichfalls nicht gesagt, dass wissenschaftliche Erkenntnis der alleinige Maßstab in politischen Entscheidungsprozessen ist. Epistemisches Wissen und daraus abgeleitete Handlungsempfehlungen sind gebunden an Akzeptabilität und Umsetzungsfähigkeit und müssen kompatibel gegenüber den Geltungsansprüchen von interessierten Gruppen und resonanzfähig bei Adressaten von Entscheidungen sein.

Die Fallstudie hat das Gewicht wissenschaftlicher Expertise in Entscheidungsprozessen bestätigt. Die differenzierten Rezeptionsmuster bei der Verarbeitung von politikrelevanten Simulationen zeigen, dass sich Entscheidungsträger unabhängig vom Grad ihrer Fachexpertise mit Simulationswissen mehr oder weniger intensiv auseinander setzen. Auch wissenschaftliches Simulationswissen – wenn politikrelevant – kann nicht einfach ignoriert werden. Die inhaltliche Auseinandersetzung ist vielfältig: zum einen werden Simulationsergebnisse methodenunabhängig bewertet, indem der wissenschaftliche Gültigkeitsanspruch auf Wahrheit den simulationsmethodischen Entstehungsprozess überdeckt. Die Wissenschaft transportiert damit auch über Simulationen einen Geltungsanspruch, bestes und sicheres Wissen zu liefern. Zum anderen wird aber gerade der simulationsmethodische Entstehungsprozess von Simulationsergebnissen in den

Blick genommen. Dabei werden – abhängig vom Grad der Simulationsexpertise bei den Rezipienten – stark selektive oder sehr umfassende Faktoren der Simulation für die Ergebnisbewertung herangezogen. Zudem werden neben diesen Modell-inhärenten Kriterien auch kontextuelle Faktoren zur Einordnung von Simulationsergebnissen betrachtet.

Auch die Funktionsanalyse der Verwertungsmuster hat gezeigt, dass Simulationen auf vielfältige Weise in Entscheidungsprozessen verwertet werden. Instrumentell sind CCS-Simulationen derzeit zwar noch nicht als konkrete Entscheidungsgrundlage vorgesehen; zukünftig wird aber die weitere Ausgestaltung von CCS-Verordnungen und Genehmigungsverfahren zu einem Gebrauch von Simulationen als Entscheidungsgrundlage führen. Simulationsergebnisse werden dann den Status als Nachweisinstrument für die Einhaltung bzw. Nicht-Einhaltung von bestimmten Werten (z. B. Orientierungswerte, Richtwerte, Grenzwerte) erhalten. Bei der CCS-Fallstudie dominiert derzeit die konzeptionelle Verwertung für ein besseres Verständnis der ablaufenden Prozesse und der Problemwahrnehmung. Strategisch und prozedural werden CCS-Simulationen im Vorfeld von politischen Entscheidungen in politisch-gesellschaftlichen Aushandlungsprozessen verwertet.

Was sind nun die Spezifika der Erkenntnismethode Simulation in politischen Entscheidungsprozessen? Lassen sich bestimmte simulationsspezifische Aspekte aufführen, die Simulationen als diskriminatives Erkenntnis- und Kommunikationsinstrument herausstellen? M. E. sind einige Alleinstellungsmerkmale von Simulationen hervorzuheben.

Erstens fällt der durch die Wissenschaft transportierte Wahrheits- und Geltungsanspruch bei Simulationen deutlich schwächer aus im Vergleich zu den beiden anderen Erkenntnisinstrumenten Experiment und Theorie. Eine generelle Wahrnehmung von Simulation als ‚sound science‘ und ‚truth generator‘, wie von manchen Autoren konstatiert, kann jedenfalls nicht bestätigt werden. Der Grad des ‚sicheren Wissens‘ ist bei Simulationen sehr fallspezifisch und abhängig von der Qualität einer Simulation. Damit ergeben sich für Simulationsergebnisse relativ große Interpretationsspielräume, die sich sowohl am methodischen Simulationsprozess selbst als auch am untersuchten Simulationsgegenstand festmachen lassen.

Zweitens wird von Modellierern in der Regel keine umfassende Qualitätsbewertung geliefert, so dass Rezipienten je nach Grad der Simulationsexpertise auf eigene Einschätzungen angewiesen sind. Rezipienten sind sich über mögliche Qualitätsschwankungen von Simulationen aber sehr wohl bewusst und haben Rezeptionsmuster ausgebildet, um eine eigenständige Qualitätsbewertung möglich zu machen. Dabei ist die Qualitätsbewertung abhängig vom Grad der eigenen Simulationsexpertise. Ist sie schwach ausgeprägt, werden Modell-kontextuelle Aspekte herangezogen; ist sie stark ausgeprägt, werden Modellinhärente Aspekte betrachtet. Es wäre wünschenswert, wenn Modellierer umfassender Simulationsergebnisse in den Kontext möglicher Unsicherheiten stellen und eindeutig Unsicherheiten entlang des Simulationsprozesses kommunizieren. Wichtig ist vor allem die Kommunikation von Unsicherheiten bei den Ausgangsbedingungen einer Simulationen: Grundannahmen, Einflussfaktoren (Parameter) und der Vergleich der Ausgangssituation mit dem Bezugssystem wird von vielen Rezipienten in Betracht gezogen.

Daraus leitet sich drittens ein zentrales Merkmal von Simulationen ab, das erklärungskräftig für die großen Interpretationsspielräume ist: das simulationsspezifische Spannungsverhältnis von Virtualität vs. Realität. Für viele Rezipienten ist die Aussagekraft von Simulationsergebnissen gegenüber dem Bezugssystem schwierig einzuschätzen. Dabei tendieren sie in der Regel zu einem Abgleich mit der Wirklichkeit. Simulationsergebnisse werden dann für konkrete Fälle herangezogen. Dazu trägt auch bei, dass Simulationen Ergebnisse in konkreten Zahlen liefern, die dann auf bestimmte Sachverhalte übertragen werden. Die Wesensform zwischen Virtualität und Realität bietet im politisch-gesellschaftlichen Raum auch ein Einfallstor für einen strategischen Umgang mit Simulationsergebnissen. Werden sie im Abgleich mit der eigenen Positionierung als konform bewertet, wird der Realitätsbezug der Modelle betont; werden sie als nicht konform eingeschätzt, wird der Realitätsbezug in Frage gestellt, um Simulationsergebnisse zu delegitimieren.

Mit der hier vorgelegten Untersuchung wurde eine systematische Studie vorgelegt, die konzeptionell und empirisch-explorativ die Verarbeitung von politikrelevanten Simulationen in Entscheidungsprozessen analysierte. Für die weitere Entwicklung des Forschungsfeldes zur Kommunikation und Wirkung von wissenschaftlichen Simulationen in politischen Entscheidungsprozessen ist es notwendig, weitere Fallstudien in anderen Politikfeldern durchzuführen, um eine Vertiefung, Ausweitung und Einordnung der hier erzielten Ergebnisse zu gewährleisten. Aus den hier vorgelegten Ergebnissen ergeben sich aber auch bereits weitere Forschungsfragen, die ich zum Abschluss nur kurz anreißen möchte:

- Wie müssen Modellierer Unsicherheiten aufbereiten und kommunizieren, um Interpretationsspielräume bei Entscheidungsträgern zu verringern?
- Welche Qualitätsanforderungen müssen Simulationen erfüllen, um in Entscheidungsprozessen als legitime und anerkannte Entscheidungshilfe zu fungieren.

- Wie werden Simulationsergebnisse in ihren spezifischen Formaten als Bild und Zahl von Rezipienten kognitiv verarbeitet?
- Und welche Rückwirkungen haben Simulationen auf Kommunikatoren, d. h., wie beeinflussen und prägen sie Verstehens- und Entscheidungsprozesse?

Simulationen in politischen Entscheidungsprozessen sind und bleiben ein spannendes, anspruchsvolles und vor allem interdisziplinär und transdisziplinär ausgerichtetes Forschungsfeld. Neben der Klärung von spezifischen Forschungsfragen kommt dem Forschungsfeld daher noch eine weitere Bedeutung zu: nämlich als integratives Bindeglied zu fungieren zwischen den sich weiter spezialisierenden und ausdifferenzierenden Systemen der Wissenschaft und der Politik.

Literatur

Abad, Alberto/Adánez, Juan/García-Labiano, Francisco/de Diego, Luis F./Gayán, Pilar (2009): Modeling of the chemical-looping combustion of methane using a Cu-based oxygen carrier. In: Energy Procedia 1. 391-398

Alcamo, Joseph/Kreileman, Eric/Leemans, Rik (1996): Global models meet global policy: How can global and regional modellers connect with environmental policy makers? What has hindered them? What has helped? In: Global Environmental Change 6/4. 255–259

von Alemann, Ulrich/Heinze, Rolf G. (Hrsg.) (1979): Verbände und Staat. Vom Pluralismus zum Korporatismus. Opladen: VS Verlag für Sozialwissenschaften

Arnold, Eckhart (2011): Tools for Evaluating the Consequences of Prior Knowledge, but no Experiments. On the Role of Computer Simulations in Science. Stuttgart: www.eckhartarnold.de/papers/2011_Simulations_as_Theoretical_Tools/Simulations _as_Theoretical_Tools.pdf. Zugriff am 16.5.2013

Bachu, Stefan/Bonijoly, Didier/Bradshaw, John/Burruss, Robert/Holloway, Sam/Christensen, Niels/Mathiassen, Odd (2007): CO₂ storage capacity estimation: methodology and gaps. In: International Journal of Greenhouse Gas Control ¼. 430-443

Bacon, Diana H./Sminchak, Joel R./Gerst, Jacqueline L./Guptabm, Neeraj (2009): Validation of CO₂ Injection Simulations with Monitoring Well Data. In: Energy Procedia 1. 1815–1822

Bandelow, Nils C. (1999): Lernende Politik. Advocacy-Koalitionen und politischer Wandel am Beispiel der Gentechnologiepolitik. Berlin: Edition Sigma

Banks, Jerry (1998): Principles of Simulation. In: Banks, J.: Handbook of Simulation: Principles, Methodology, Advances, Applications and Practice. New York, Chichester, Weinheim, Brisbane, Singapore, Toronto: John Wiley & Sons. 3-30

Balci, Osman (1998): Verification, Validation, and Accreditation. In: Banks, J. (ed.): Handbook of Simulation - Principles, Methodology, Advances, Applications, and Practice. New York, Chichester, Weinheim, Brisbane, Singapore, Toronto: John Wiley & Sons. 335-393

Barber, Bernard (1983): The Logic and Limits of Trust. New Jersey: Rutgers University Press

Bechmann, Gotthard/Beck, Silke (2003): Gesellschaft als Kontext der Forschung. Vorstudie im Auftrag des BMBF. Karlsruhe: http://www.itas.fzk.de/deu/lit/2003/bebe03a.pdf. Zugriff am 16.5.2013

BDEW [Bundesverband der Energie- und Wasserwirtschaft e.V. (2010): Stellungnahme der norddeutschen Wasserwirtschaft zur Umsetzung der Richtlinie 2009/31/EG des europäischen Parlaments und des Rates vom 23. April 2009 über die geologische Speicherung von Kohlendioxid. Hamburg

Bennaceur, Kamel/Gielen Dolf (2009): Energy technology modelling of major carbon abatement options. In: Energy Procedia 1. 4297 – 4306

Benammar, K. J. (1993): Pictures of Thought: The Representational Function of Visual Models. Ph.D. dissertation. University Park, PA: Pennsylvania State University

Benz, Arthur/Lütz, Susanne/Schimank, Uwe/Simonis, Georg (Hrsg.) (2007): Handbuch Governance. Theoretische Grundlagen und empirische Anwendungsfelder. Wiesbaden: VS Verlag für Sozialwissenschaften

von Beyme, Klaus (1997): Der Gesetzgeber: der Bundestag als Entscheidungszentrum. Opladen: Westdeutscher Verlag

de Bie, Pierre: Problemorientierte Forschung. Frankfurt: Ullstein Buch

Bischoff, Roland (2010): Uni simuliert Technologien: Wie Politiker Fachgutachten lesen. In: Stuttgarter Zeitung vom 02.9.2010, www.stuttgarter-zeitung.de/inhalt.uni-simuliert-technologien-wie-politiker-fachgutachten-lesen.71b6d3b1-f555-4865-8918-57c67af3e967.html; Zugriff am 16.5.2013.

Bless, Herbert/Fiedler, Klaus/Strack, Fritz (2004): Social cognition: How individuals construct social reality. Hove: Psychology Press

Blilie, Charles L. (2007): The Promise and Limits of Computer Modeling. Singapore, Hackensack: World Scientific

Blotevogel, Hans Heinrich (1997): Einführung in die Wissenschaftstheorie: Konzepte der Wissenschaft und ihre Bedeutung für die Geographie. Duisburg: Geographisches. Institut der Gerhard-Mercator-Universität, 3. Aufl., Diskussionspapier 1/1997

Bogner, Alexander/Menz, Wolfgang (2002): Das theoriegenerierende Experteninterview. Erkenntnisinteresse, Wissensformen, Interaktion. In: Bogner, A./Littig, B./Menz, W. (Hrsg.): Das Experteninterview. Theorie, Methode, Anwendung. Opladen: Leske + Budrich. 33-70

Boulanger, Paul-Marie/Bréchet, Thiery (2005): Models for policy-making in sustainable development: The state of the art and perspectives for research. In: Ecological Economics 55. 337-350

Bradshaw, Gay A./Borchers, Jeffrey G. (2000): Uncertainty as information: narrowing the science-policy gap. In: Conservation Ecology 4/1. Article 7

Brenner, Thomas/Werker, Claudia (2009): Policy Advice Derived from Simulation Models. In: Journal of Artificial Societies and Social Simulation 12/4. 2

Bromme, Rainer/Rambow, Riklef/Sträßer, R. (1996): Jenseits von ‚Oberfläche' und ‚Tiefe': Zum Zusammenhang von Problemkategorisierungen und Arbeitskontext bei Fachleuten des Technischen Zeichnens. In: Gruber, H./Ziegler, A. (Hrsg.): Expertiseforschung: Theoretische und methodische Grundlagen. Opladen: Westdeutscher Verlag. 150-168

Bromme, Rainer/Jucks, Regina/Rambow, Riklef (2004): Experten-Laien-Kommunikation im Wissensmanagement. In: Reinmann, G./Mandl, H. (Hrsg.): Der Mensch im Wissensmanagement: Psychologische Konzepte zum besseren Verständnis und Umgang mit Wissen. Göttingen: Hogrefe. 176-188

Brugnach, Marcela/Tagg, Andrew/Keil, Florian/de Lange, Wim J. (2007): Uncertainty Matters: Computer Models at the Science-Policy Interface. In: Water Resources Management 21. 1075-1090

Castles, Francis (ed.) (1993): Families of nations: patterns of public policy in western democracies. Aldershot: Dartmouth

Chadwick, Andy/Arts, Rob/Bernstone, Christian/May, Franz/Thibeau, Sylvain/Zweigel, Peter (2008): Best practice for the storage of CO_2 in saline aquifers. Keyworth, Nottingham: British Geological Survey Occasional Publication No. 14. http://nora.nerc.ac.uk/2959/1/0812_CO2STORE_BPM_book_V7.pdf, Zugriff am 25.5.2013

Clark, Herbert H. (1996): Using language. Cambridge: Cambridge University Press

Clark, Herbert H./Brennan, Susan A. (1991): Grounding in communication. In: Resnick L. B./Levine, J. M./Teasley, S. D. (eds.): Perspectives on socially shared cognition. Washington: APA Books. 127-149

Collingridge, David (1980): The Social Control of Technology. New York: Frances Pinter

Craig, Robert T. (1999): Communication theory as a field. In: Communication Theory 9/2. 119-161

van Daalen, Els E./Dresen, Leen/Janssen, Marco A. (2002): The roles of computer models in the environmental policy life cycle. In: Environmental Science and Policy 5. 221-231

DBVW [Deutscher Bund der verbandlichen Wasserwirtschaft] (2010): Stellungnahme zum Entwurf eines Gesetzes zur Demonstration und Anwendung von Technologien zur Abscheidung, zum Transport und zur dauerhaften Speicherung von Kohlendioxid ,CCS-Gesetz'. o. O.

Dotzler, Bernhard J. (2003): Art. »Simulation«. In: Ästhetische Grundbegriffe. Historisches Wörterbuch in sieben Bänden, Bd. V. Stuttgart, Weimar. 509-534

Dreyer, Marion/Renn, Ortwin (2011a): Special Issue: Participatory Modelling in Natural Resource Governance: Conceptual Reflections and Empirical Insights for Contributing to the Development of an Emerging Research Field. In: Environmental Policy and Governance 21/6. 379-486

Dreyer, Marion/Renn, Ortwin. (eds.) (2011b): Participatory Modelling in natural resource governance: Conceptual reflections and empirical insights for contributing to the development of an emerging research field. Special Issue of Environmental Policy and Governance 21/6

Drucksache 17/5750 (2011): Gesetzentwurf der Bundesregierung: Entwurf eines Gesetzes zur Demonstration und Anwendung von Technologien zur Abscheidung, zum Transport und zur dauerhaften Speicherung von Kohlendioxid. Berlin

Drucksache 17(16)267-F (2011): Stellungnahme der Allianz der öffentlichen Wasserwirtschaft e.V. zum Gesetzentwurf der Bundesregierung: Entwurf eines Gesetzes zur Demonstration und Anwendung von Technologien zur Abscheidung, zum Transport und zur dauerhaften Speicherung von Kohlendioxid. Berlin

Drucksache 17(16)265-A (2011): Stellungnahme von Ralf Krupp zu CCS. Anhörung im Umweltausschuss am 06.6.2011, Berlin

Dugas, Ross/Alix, Pascal/Lemaire, Eric/Broutin, Paul/Rochelle, Gary (2009): Absorber model for CO_2 capture by monoethanolamine: application to CASTOR pilot results. In: Energy Procedia 1. 103-107

Earle, Timothy C./Cvetkovich, George (1994): Risk communication: The Social construction of meaning and trust. In: Brehmer, B./Sahlin, N. E. (Eds.): Future Risks and Risk Management. Amsterdam: Kluwer

Edwards, Paul N. (1996): Global comprehensive Models in Politics and Policymaking. In: Climatic Change 32. 149-161

Energieland Brandenburg (2012): Regionaler Erkundungsbeirat. http://www.energie.brandenburg.de/sixcms/detail.php/bb1.c.217754.de. Zugriff am 14.5.2013

Energy Procedia (2009): Greenhouse Gas Control Technologies 9. Proceedings of the 9th International Conference on Greenhouse Gas Control Technologies (GHGT-9), 16–20 November 2008, Washington DC, USA. 1/1, http://www.sciencedirect.com/science/journal/18766102/1. Zugriff am 6.5.2013

Engel, Andreas/Möhring, Michael (1995): Der Beitrag der sozialwissenschaftlichen Informatik zur sozialwissenschaftlichen Modellbildung und Simulation. In: Gsänger, M./Klawitter, J. (Hrsg.): Modellbildung und Simulation in den Sozialwissenschaften. Dettelbach: Röll Verlag. 39-60

England and Wales High Court Decisions (2008): Downs v Secretary of State for Environment, Food and Rural Affairs [2008], EWHC 2666 (Admin) (14. November 2008). http://www.bailii.org/ew/cases/EWHC/Admin/2008/2666.html. Zugriff am 17.5.2013

Erkundungsbeirat (2011): Regionalbeirat zur Begleitung der geologischen Erkundung in Ostbrandenburg (Erkundungsbeirat) Ergebnisprotokoll der 6. Sitzung vom 26.1.2011. www.energie.brandenburg.de/media_fast/bb1.a.2865.de/26012011prot.pdf. Zugriff am 14.5.2013

Esping-Andersen, Gøsta (1990): The three worlds of welfare capitalism. London: Polity

Essandoh-Yeddu, Joseph/Gülen, Gürcan (2009): Economic modeling of carbon dioxide integrated pipeline network for enhanced oil recovery and geologic sequestration in the Texas Gulf Coast region. In: Energy Procedia 1. 1603-1610

EU [Europäische Union] (2009): Richtlinie 2009/31/EG des Europäischen Parlaments und des Rates vom 23. April 2009 über die geologische Speicherung von Kohlendioxid. Brüssel

Faltinson, John/Gunter, Bill (2009): Integrated Economic Model CO_2 capture, transport, ECBM and saline aquifer storage. In: Energy Procedia 1. 4001-4005

Farber, Daniel A. (2008): Modeling Climate Change and Its Impacts: Law, Policy, and Science. In: 86 Texas Law Review. 1656-1699

Festinger, Leon (1950): Informal social communication. In: Psychological Review 57. 271-282

Festinger, Leon (1954): A theory of social comparison processes. In: Human Relations 7. 117-140

Fiedler, Klaus (1996): Die Verarbeitung sozialer Informationen für Urteilsbildung und Entscheidungen. In: Stroebe, W./Hewstone, M./Stephenson, G. M. (Hrsg.): Sozialpsychologie. Eine Einführung. Berlin, Heidelberg, New York: Springer-Verlag. 143-176

Fine, James D./Owen, Dave (2005): Technocracy and Democracy: Conflicts between Models and Participation Environmental Law and Planning. In: Hastings Law Journal 56/5. 901-982

Fishbein, Martin/Ajzen, Icek (1975): Belief, attitude, intention, and behavior: An introduction to theory and research. Reading: Addison-Wesley

Fishbone, Leslie G./Abilock, Harold (1981): MARKAL, a linear-programming model for energy system analysis: Technical description of the BNL version. In: International Journal of Energy Research 5/4. 353-375

Fisher, Elizabeth/Pascual, Pasky/Wagner, Wendy (2010): Understanding Environmental Models in Their Legal and Regulatory Context. In: Journal of Environmental Law 22/2. 251-283

Fox Keller, Evelyn (2003): Models, Simulation, and Computer Experiments. In: Radder H. (ed.) (2003): The Philosophy of Scientific Experimentation. Pittsburgh: University Press. 198-215

Frigg, Roman/Hartmann, Stephan (2006): Models in Science. In: Edward N. Zalta (ed.) (2006): The Stanford Encyclopedia of Philosophy (Spring 2006 Edition). 240-249

Frigg, Roman/Reiss, Julian (2009): The philosophy of simulation: hot new issues or same old stew? In: Synthese 169. 593-613

Frykman, Peter/Bech, Niels/Sørensen, Ann T./Nielsen, Lars Henrik/Møller Nielsen, Carsten/Kristensen, Lars/Bidstrup, Torben (2009): Geological modeling and dynamic flow analysis as initial site investigation for large-scale CO_2 injection at the Vedsted structure, NW Denmark. In: Energy Procedia 1. 2975-2982

Funtowicz, Silvio O./Ravetz, Jerome R. (1990): Uncertainty and Quality in Science for Policy. Dordrecht: Kluwer Academic Publishers

Funtowicz, Silvio O./Ravetz, Jerome R. (1993): Science for the post-normal age. In: Futures 25. 739-743

Furnham, Adrian F. (1988): Lay theories: Everyday understanding of problems in the social sciences. Oxford, New York, Beijing: Pergamon Press

Galison, Peter (1996): Computer Simulations and the Trading Zone. In: Galison, P./Stump D. J. (eds.): The Disunity of Science: Boundaries, Contexts, and Power. Stanford. 118-157

Gapillou, Claude/Thibeau, Sylvain/Mouronval, Gérard/Lescanne, Marc (2009): Building a geocellular model of the sedimentary column at Rousse CO_2 geological storage site (Aquitaine, France) as a tool to evaluate a theoretical maximum injection pressure. In: Energy Procedia 1. 2937-2944

Gibbons, Michael/Limoges, Camille/Nowotny, Helga/Schwartzman, Simon/Scott, Peter/Trow, Martin (1994): The New Production of Knowledge: The Dynamics of Science and Research in Contemporary Societies. London et al.: Sage

Gigerenzer, Gerd/Todd, Peter M./the ABC Research Group (1999): Simple heuristics that make us smart. New York: Oxford University Press

Gläser, Jochen (2001): Modus 2a und Modus 2b. In: Bender, G. (Hg.) (2001): Neue Formen der Wissenserzeugung. Frankfurt/M.: Campus. 83-99

271

von Goerne, Gabriela/Weinlich, Falk/May, Franz (2010): Vorschläge zur Erstellung von Richtlinien für die Speicherung von CO_2: Anforderungen an Richtlinien und Vorschläge für die Erkundung, die Auswahl, den sicheren Betrieb und die Überwachung von CO_2-Speichern sind Gegenstand dieses Berichts, der eine Grundlage für die weitere Entwicklung und Abstimmung von Richtlinien bietet. Hannover: Eigenverlag BGR

Gooding, David C. (2002): Narrowing the Cognitive Span: experimentation, visualisation and digitalization. In: Radder, H. (ed.): Scientific Experimentation and its Philosophical Significance. Pittsburgh: University of Pittsburgh Press. 369-405

Gramelsberger, Gabriele (2004): Computersimulationen: Neue Instrumente der Wissensproduktion. Explorationsstudie für das BMBF. Berlin

Grimm, Volker, (2002): Visual Debugging: A way of analyzing, understanding and communicating bottom-up simulation models in ecology. In: Natural Resource Modeling 15/1. 23-38

Groner, Marina/Groner, Rudolf/Bischof, Walter F. (1983): Approaches to heuristics: A history review. In: Groner, R. (ed.): Methods of heuristics. Hillsdale: Erlbaum

Grünwald, Reinhard (2008): Treibhausgas - ab in die Versenkung? Möglichkeiten und Risiken der Abscheidung und Lagerung von CO_2. Studien des Büros für Technikfolgen-Abschätzung beim Deutschen Bundestag Bd. 25. Berlin: Edition sigma

Grunwald, Armin (2009a): Technikfolgenabschätzung als wissenschaftliche Politikberatung am Deutschen Bundestag. In: Denkströme. Journal der Sächsischen Akademie der Wissenschaften 2. 64-82

Grunwald, Armin (2009b): Energiezukünfte vergleichend bewerten - aber wie? In: Möst, D./Fichtner, W./Grunwald, A. (Hrsg.): Energiesystemanalyse. Tagungsband des Workshops "Energiesystemanalyse" vom 27. November 2008 am KIT Zentrum Energie. Karlsruhe: Universitätsverlag Karlsruhe. 33-47

Grunwald, Armin (2010): Technikfolgenabschätzung - eine Einführung. 2. Auflage, Berlin: Edition sigma

Gurba, Lila W./Lowe, Allen (2009): Techno-economic modelling of the energy systems: Development of Australian conditions for technology assessment. In: Energy Procedia 1. 4387-4394

Haag, Daniel/Kaupenjohann, Martin (2001): Parameters, prediction, post-normal science and the precautionary principle: a roadmap for modelling for decision-making. In: Ecological Modelling 144. 45-60

Happe, Kathrin/Kellermann, Konrad (2007): Diese Modelle sind zu complex! – oder doch nicht? Paper prepared for presentation at the 47th annual conference of the GEWISOLA (German Association of Agricultural Economists) and the 17th annual conference of the ÖGA (Austrian Association of Agricultural Economists), 'Changing Agricultural and Food Sector'. Freising/Weihenstephan, Germany, September 26-28, 2007

Hartmann, Stephan (1996): The World as a Process: Simulations in the Natural and Social Sciences. In: Hegselmann, R./Mueller, U./Troitzsch, Klaus G. (eds .): Simulation and Modelling in the Social Sciences from the Philosophy of Science Point of View. Kluwer: Dordrecht. 77-100

He, Xuezhong/Lie, Jon Arvid/Sheridan, Edel/Hägg, May-Britt (2009): CO_2 capture by hollow fibre carbon membranes: Experiments and process simulations. In: Energy Procedia 1. 261-268

Heinrichs, Harald (2005): Advisory systems in pluralistic knowledge societies: An indicator-based typology to assess and optimize environmental policy advice. In: Maasen, S./Weingart, P. (eds.): Democratization of Expertise? Exploring Novel Forms of Scientific Advice in Political Decision-Making. Springer. 41-61

Heintz, Bettina (2007): Zahlen, Wissen, Objektivität: Wissenschaftssoziologische Perspektiven. In: Mennicken, A./Vollmer, H. (Hrsg.): Zahlenwerk: Kalkulation, Organisation und Gesellschaft, Wiesbaden: VS Verlag für Sozialwissenschaften. 65-86

Heisterkamp, Ines (2010): Genese und Scheitern des deutschen CCS-Gesetzgebungsverfahren. Bonn: Eigenverlag Germanwatch, http://germanwatch.org/klima/ccs-deu10.pdf. Zugriff am 25.5.2013

Helfferich, Cornelia (2009): Die Qualität qualitativer Daten: Manual für die Durchführung qualitativer Interviews. 3. überarbeitete Aufl. Wiesbaden: VS Verlag für Sozialwissenschaften

Hellström, Tomas (1996): The Science-Policy Dialogue in Transformation: Model-Uncertainty and Environmental Policy. In: Science and Public Policy 23. 91-97

Helmig, Rainer/Hinkelmann, Reinhard/Class, Holger/Breiting, T./Kobayashi, K./Bielinski, A./Sheta, H. (2003): Modellierung des Ausbreitungsverhaltens umwelt- und klimagefährdender Gase im Untergrund. Simulation und Visualisierung an der Universität Stuttgart (Universität Stuttgart). Referat für Presse- und Öffentlichkeitsarbeit, Borschüre. 22-28

Hovland, Carl I./Weiss, Walter (1951): The Influence of Source Credibility on Communication Effectiveness. In: Public Opinion Quarterly. 635-650

Hovland, Carl I./Janis, Irving L./Kelley, Harold H. (1953): Communication and Persuasion: Psychological Studies of Opinion Change. New Haven: Yale University Press

Humphreys, Paul (1991): Computer Simulations. In: Fine, A./Forbes, M./Wessels, L. (eds.): Proceedings of the 1990 Biennial Meeting of the Philosophy of Science Association Vol. 2. East Lansing. 497-506

Humphreys, Paul (1994): Numerical Experimentation. In: Suppes, P. (1994): Scientific Philosopher Volume 2. Philosophy of Physics, Theory Structure, and Measurement Theory. 103-121

IEA [International Energy Agency] (2007): Legal Aspects of Storing CO_2: Update and Recommendations. Paris

IEA [International Energy Agency] (2008): CO_2-Capture and Storage: A Key Carbon Abatement Option. Paris

IEA [International Energy Agency] (2009): Natural and Industrial Analogues for Geological Storage of Carbon Dioxide. Paris

IPCC [Intergovernmental Panel on Climate Change] (2005): Special Report on Carbon Dioxide Capture and Storage, Contribution of Working Group III, Report of the Intergovernmental Panel on Climate Change. Cambridge: Cambridge University. Press

Ivanović, Ruza F./Freer, Jim E. (2009): Science versus politics: truth and uncertainty in predictive modeling. In: Hydrological Processes 23/17. 2549-2554

Jäger, Jill (1998): Current thinking on using scientific findings in environmental policy making. In: Environmental Modeling and Assessment 3. 143-153

Jann, Werner/Wegrich, Kai (2003): Phasenmodelle und Politikprozesse: Der Policy Cycle. In: Schubert, K./Bandelow, Nils C. (Hrsg.): Lehrbuch der Politikfeldanalyse. München, Wien. 71-105

Jasanoff, Sheila (1995): Skinning scientific cats. In: Conca, K./Alberty, M./Dabelko G. D. (eds.): Green Planet Blues. Boulder: Westview Press. 179-189

Jegarl, Seong/Jeom-In, Baek/Dong-Sik, Jang/Chong-Kul, Ryu (2009): Impact assessment of CO_2 mitigation options in Korea using energy system analysis model. In: Energy Procedia 1. 3747-3754

Kahneman, Daniel/Slovic, Paul/Tversky, Amos (eds.) (1982): Judgment under uncertainty: Heuristics and biases. Cambridge: Cambridge University Press

King, John L./Kraemer, Kenneth L. (1993): Models, facts, and the policy process: the political ecology of estimated truth. In: Goodchild, M.F./Parks, B.O./Steyaert, L.T. (1993): Environmental modeling with GIS. New York: Oxford University Press. 353-360

Köhnken, Günter (1990): Glaubwürdigkeit. Untersuchungen zu einem psychologischen Konstrukt. München: Psychologie Verlags Union

Kopp, Andreas (2009): Evaluation of CO_2 Injection Processes in Geological Formations for Site Screening. Institut für Wasserbau der Universität Stuttgart. Stuttgart: Eigenverlag

Köschel, Peter: (o.J.): Skript 1 und 2 zur Vorlesung „Diskerete Systeme". www.tu-chemnitz.de/informatik/ModSim/script_disi/Simulation_1_2.pdf. Zugriff am: 26.4. 2013

Kornmeier, Martin (2007): Wissenschaftstheorie und wissenschaftliches Arbeiten: Eine Einführung für Wirtschaftswissenschaftler. Heidelberg: Springer-Physica

Krämer, Sybille (2009): Simulation und Erkenntnis. Über die Rolle computergenerierter Simulationen in den Wissenschaften. Berlin, http://userpage.fu-berlin.de/~sybkram/media/downloads/Simulation_und_Erkenntnis.pdf. Zugriff am 25.3.2013

Krewitt, Wolfram/Nienhaus, Kristina/Roloff, Nils/Weeber, Rudolf/Reeg, Matthias/Weimer-Jehle, Wolfgang/Wassermann, Sandra/Fuchs, Gerhard/Kast, Thomas/Schmidt, Bernd/Leprich, Uwe/Hauser, Eva (2011): Analyse von Rahmenbedingungen für die Integration erneuerbarer Energien in die Strommärkte auf der Basis agentenbasierter Simulation. Stuttgart

Krupp, Ralf (2010): Geologische Kurzstudie zu den Bedingungen und möglichen Auswirkungen der dauerhaften Lagerung von CO_2 im Untergrund. http://www.bund.net/fileadmin/bundnet/pdfs/klima_und_energie/20101118_klima_e nergie_ccs_studie.pdf. Zugriff am 25.05.2013

Krupp, Ralf (2011): Gutachten zur geplanten Kohlendioxid-Einlagerung (CCS) in der Antiklinal-Struktur Neutrebbin, Ostbrandenburg. http://www.co2bombe.de/joomla/images/stories/co2/krupp_gutachten_1_neutrebbin _final.pdf. Zugriff am 14.5.2013

Küppers, Günter/Lenhard, Johannes (2005): Computersimulationen: Modellierungen zweiter Ordnung. In: Journal for General Philosophy of Science 36/2. 305-329

Kuhlmann, Gesa/Feldman-Olszewska, Anna/Geissler, Eckart/Höding, Thomas/Müller, Christian/Obst, Karsten/Tomaszczyk, Maciej/Pieńkowski, Grzegorz/Gerling, Johannes-Peter (2010): Harmonized transnational geology: a necessity for near border sub-surface CO_2 storage. In: Hoppe, A./Röhling, H. G./Schüth, C. [Hrsg.]: GeoDarmstadt 2010: Geowissenschaften sichern Zukunft. SDGG 68: 341. Frankfurt/M., Darmstadt: DGG

Kusch, Martin (2002a): Knowledge by Agreement. Oxford: Clarendon Press

Kusch, Martin (2002b): Testimony in communitarian epistemology. In: Studies in the History and Philosophy of Science 33. 335-354

Landfried, Christine (1986): Politikwissenschaft und Politikberatung. In: von Beyme, K. (1986): Politikwissenschaft in der Bundesrepublik Deutschland. Sonderheft der Politischen Vierteljahresschrift (PVS) 17. Opladen: Westdeutscher Verlag. 100-115

Lasswell, Harold D. (1948): The structure and function of communication in society. In: Brison, L. (Ed.): The Communication of Ideas. New York: Harper. 37-51

Lipset, Seymour M./Schneider William (1983): The Confidence Gap: Business, Labor, and Government in the Public Mind. New York: The Free Press

Littlejohn, Stephen/Foss, Karen A. (2008): Theories of Human Communication. 9th edition, Belmont: Thomson Wadsworth

Lofstedt, Ragnar (2003): Risk communication: Pitfalls and promises. In: European Review 11. 417-435

Löfstedt, Ragnar (2005): Risk Management in Post-Trust Societies. New York: Palgrave MacMillan

Luo, X./Knudsen, J. N./de Montigny, D./Sanpasertparnich, T./Idem, D./Gelowitz, R./Notz, S./Hoch, H./Hasse, E./Lemaire, P./Alix, F. A./Tobiesen, O./Juliussen, M./Köpcke, H. F./Svendsen, F. (2009): Comparison and validation of simulation codes against sixteen sets of data from four different pilot plants. In: Energy Procedia 1. 1249-1256

Malbin, Michal J. (1980): Unelected Representaives: Congressional Staff and the Future of Representative Government. New York

Marin, Bernd/Mayntz, Renate (eds.) (1991): Policy Networks. Empirical Evidence and Theoretical Considerations: Frankfurt/M.: Campus

von der Marwitz, Hans-Georg (2010): Positionspapier zu Carbon Capture and Storage (CCS). Berlin, www.von-der-marwitz-mdb.de/download/?file=100820_mdb_von_der_marwitz_positionspapier_ccs_website.pdf. Zugriff am 14.5.2013

Mayntz, Renate (1994): Politikberatung und politische Entscheidungsstrukturen: Zu den Voraussetzungen des Politikberatungsmodells. In: Murswieck, A. (Hrsg.): Regieren und Politikberatung. Opladen: Leske Budrich: 17-29

Mayntz, Renate (2001): Die Bestimmung von Forschungsthemen in Max-Planck-Instituten im Spannungsfeld wissenschaftlicher und außerwissenschaftlicher Interessen: Ein Forschungsbericht: Köln: MPIfG Discussion Paper 01/8

Mayntz, Renate (2009): Sozialwissenschaftliches Erklären. Probleme der Theoriebildung und Methodologie. Schriften aus dem MPI für Gesellschaftsforschung Bd. 63, Frankfurt/M.: Campus

Meadows, Donnella/Meadows, Dennis/Randers, Jorgen/Behrens, William (1972): The Limits to Growth. New York: Universe Books

Merten, Klaus (1977): Kommunikation. Eine Begriffs- und Prozeßanalyse. Opladen: Westdeutscher Verlag

Merten, Klaus (1999): Einführung in die Kommunikationswissenschaft. Bd. 1: Grundlagen der Kommunikationswissenschaft. Münster: LIT Verlag

Meuser, Michael/Nagel, Ulrike (1991): Expertinneninterviews – vielfach erprobt, wenig bedacht. Ein Beitrag zur qualitativen Methodendiskussion. In: Garz, D./Kraimer, K. (Hrsg.): Qualitativ-empirische Sozialforschung. Opladen. 441-447

Middleton, Richard S./Bielicki, Jeffrey M. (2009): A comprehensive carbon capture and storage infrastructure model. In: Energy Procedia 1. 1611-1616

Mieg, Harald A./Näf, Matthias (2005): Experteninterviews. 2. Aufl., Institut für Mensch-Umwelt-Systeme (HES), ETH Zürich

Mönig, Jörg/Kröhn, Klaus-Peter (2009): Langzeitsicherheitliche Bewertung der CO_2 Untergrundspeicherung. GRS-Bericht 250, Gesellschaft für Reaktorsicherheit, Eigenverlag

Möst, Dominik/Fichtner, Wolf (2009): Einführung in die Energiesystemanalyse. In: Möst, D./Fichtner, W./Grundwald, A. (2009): Energiesystemanalyse – Tagungsband des Workshops „Energiesystemanalyse" vom 27. November 2008 am KIT Zentrum Energie, Karlsruhe: Eigenverlag. 11-32

Morrison, Margaret (2009): Models, measurement and computer simulation: the changing face of experimentation. In: Philosophical Studies 143. 33-57

Morrison, Margaret/Morgan, Mary S. (1999): Models as mediating instruments. In: Morgan, M. S./Morrison, M. (eds.) (1999): Models as mediators: Perspectives on natural and social science. Cambridge: Cambridge University Press

Nawratil, Ute (2006): Glaubwürdigkeit in der sozialen Kommunikation. 2. Aufl., München. http://epub.ub.uni-muenchen.de/archive/00000941/. Zugriff am 16.5.2013

Neelamkavil, Francis (1987): Computer Simulation and Modelling. New York: John Wiley and Sons

Nowotny, Helga (1999): Es ist so. Es könnte auch anders sein. Über das veränderte Verhältnis von Wissenschaft und Gesellschaft. Frankfurt/M.: Suhrkamp

NRC [National Research Council] (1996): Science and Judgment in Risk Assessment. Washington DC: Taylor & Francis

NRC [National Research Council] (2007): Models in Environmental Regulatory Decision Making. Washington DC: National Academies Press

Nutley, Sandra M./Walter, Isabel/Davis, Huw T.O. (2007): Using evidence: How research can inform public services. Bristol: The Policy Press

Olsson, Johanna A./Anderson, Lotta (2007): Possibilities and problems with the use of models as a communication tool in water management. In: Water Resources Management 21. 97-110

Oreskes, Naomi (2000): Why believe a computer? Models, measures and meaning in the natural world. In: Scheiderman, J. S. (ed.) (2000): The earth around us: Maintaining a liveable planet. San Francisco

Pahl-Wostl, Claudia (2002): Participative and Stakeholder-Based Policy Design, Evaluation and Modeling Processes. In: Integrated Assessment 3/1. 3-14

Peters, Richard. G./Covello, Vincent T./McCallum, David B. (1997): The determinants of trust and credibility in environmental risk communication: An empirical study. In: Risk Analysis 17. 43-54

Petersen, Arthur C. (2006): Simulating Nature: A Philosophical Study of Computer-Simulation Uncertainties and Their Role in Climate Science and Policy Advice. Antwerpen, Het Spinhuis, Apeldoorn. http://www.ivm.vu.nl/en/Images/Dissertation_VU_Petersen_Simulating_Nature_tcm53-215398.pdf. Zugriff am 3.4. 2013

Petty, Richard E./Cacioppo, John T. (1984): The Effects of Involvement on Responses to Argument Quantity and Quality: Central and Peripheral Routes to Persuasion. In: Journal of Personality and Social Psychology 46/1. 69-81

Petty, Richard E./Cacioppo, John T. (1986): The Elaboration Likelihood Model of Persuasion. In: Advances in Experimental Social Psychology 19. 123-205

Petty, Richard E./Wegener, Duane T. (1999): The Elaboration Likelihood Model: Current Status and Controversies. In: Chaiken, S./Trope, Y. (Eds.): Dual Processes Theories in Social Psychology. New York: The Guilford Press. 41-72

Pilkey, Orin H./Pilkey-Jarvis, Linda (2007): Useless Arithmetic: Why Environmental Scientists Can't Predict the Future. New York: Columbia University Press

Plaza, Jorge M./van Wagener, David/Rochelle, Gary T. (2009): Modeling CO_2 capture with aqueous monoethanolamine. In: Energy Procedia 1. 1171-1178

Policy Foresight Programme (2008): A New Look at the Interaction of Scientific Models and policy making. Record of the Workshop, University of Oxford, 13. February 2008.

Porter, Theodore M. (1995): Trust in Numbers: The Pursuit of Objectivity in Science and Public Life. Princeton: Princeton University Press

Prakke, Henk (1968): Kommunikation der Gesellschaft: Einführung in die funktionale Publizistik. Münster: Verlag Regensburg

Prell, Christina/Hubacek, Klaus/Reed, Mark/Quinn, Claire/Jin, Nanlin/Holden, Joe/Kirby, Mike/Sendzimer, Jan (2007): If you have a hammer everything looks like a nail: 'traditional' versus participatory model building. In: Interdisciplinary Science Reviews 32/3. 1-20

Raab, Gerhard/Ajami, Riad A./Goddard, Jason J./Unger, Alexander (eds.) (2010): The psychology of marketing: Cross-cultural perspectives. Aldershot: Gower Publishers

Rasch, Thorsten (2006): Verstehen abstrakter Sachverhalte: Semantische Gestalten in der Konstruktion mentaler Modelle. Berlin: Wissenschaftlicher Verlag

Reinhold, Klaus/Müller, Christian/Riesenberg, Cornelia (2011): Informationssystem Speichergesteine für den Standort Deutschland: Synthese. Hannover: Eigenverlag BGR

Renn, Ortwin (1992): Risk communication: Towards a rational discourse with the public. In: Journal of Hazardous Materials 29. 465- 519

Renn, Ortwin (1995): Style of using scientific expertise: a comparative framework. In: Science and Public Policy 22/3. 147-156

Renn, Ortwin (2008): Risk Governance. Coping with Uncertainty in a Complex World. London: Earthscan

Ritzschke, Michael/Wiedemann, Thomas (1998): Gewinnung und Aufbereitung von Simulationsdaten zu Vergleichszwecken. In: Engeli, M./Hrdliczka, V. (Hrsg.): 12. Symposium Simulationstechnik, Fortschritte der Simulationstechnik, Tagungsband, Zürich: vdf Hochschulverlag AG an der ETH. 283-290

Rohrlich, Fritz (1991): Computer Simulation in the Physical Sciences. In: PSA: Proceedings of the Biennial Meeting of the Philosophy of Science Association, Vol. 2: Symposia and Invited Papers. 507-518

Rosa, Eugene A. (2008): White, black and grey: Critical dialogue with the International Risk Governance Council's Framework for Risk Governance. In: Renn, O./Walker, K. D. (eds.): Global Risk Governance: Concept and Practice Using the IRGC Framework. Dordrecht: Springer. 101-118

Rudzio, Wolfgang (1991): Das politische System der Bundesrepublik Deutschland. 3. Aufl. Opladen: Leske Budrich

Salter, Liora (1988): Mandated Science: Science and Scientists in the Making of Standards. Dordrecht et al.: Kluwer

Saretzki, Thomas (2005): Welches Wissen - wessen Entscheidung? Kontroverse Expertise im Spannungsfeld von Wissenschaft, Öffentlichkeit und Politik. In: Bogner, A./Torgersen, H. (Hg.): Wozu Experten? Ambivalenzen der Beziehung von Wissenschaft und Politik. Wiesbaden: VS Verlag für Sozialwissenschaften. 345-369

Schäfer, Frauke/Walter, Lena/Class, Holger/Müller, Christian (2010): Projekt CO_2-Drucksimulation Regionale Druckentwicklung bei der Injektion von CO_2 in salinare Aquifere. Bundesanstalt für Geowissenschaften und Rohstoffe, Hannover: Eigenverlag BGR

Scharpf, Fritz (1973): Verwaltungswissenschaft als Teil der Politikwissenschaft. In: Scharpf, F. (Hrsg.): Planung als politischer Prozess. Aufsätze zur Theorie der planenden Demokratie. Frankfurt/M.: Suhrkamp

Scharpf, Fritz W. (1987): Sozialdemokratische Krisenpolitik in Europa. Frankfurt/M., New York: Campus Verlag

Scheer, Dirk (2006): Governance und Nachhaltigkeit: Sondierung und Analyse beispielhafter sozial-ökologischer Steuerungsmuster. IÖW-Schriftenreihe 183/06. Berlin

Scheer, Dirk (2013): Risk governance and emerging technologies: learning from case study integration, in: Journal of Risk Research 3-4. 355-368

Scheer, Dirk/Konrad, Wilfried (2004): Systeminnovationen und Nachhaltigkeit. In: UmweltWirtschaftsForum 3. 26-28

Scheer, Dirk/Rubik, Frieder (2006): Governance of Integrated Product Policy: in Search of sustainable Production and Consumption. Sheffield: Greenleaf Publishing Ltd.

Scheer, Dirk/Benighaus, Christina/Benighaus, Ludger/Gold, Stefan/Ortleb, Julia/Renn, Ortwin (2010): Kommunikation von Risiko und Gefährdungspotential: unterschiedliche Sichtweisen bei Akteuren der Risikokommunikation. Publikationsreihe "BfR-Wissenschaft". Berlin

Scheer, Dirk/Wassermann, Sandra/Scheel, Oliver (2012): Stromerzeugungstechnologien auf dem gesellschaftlichen Prüfstand: Zur Akzeptanz der CCS-Technologien. In: Pietzner, K./Schumann, D. (Hrsg.) (2012): Akzeptanzforschung zu CCS in Deutschland: Aktuelle Ergebnisse, Praxisrelevanz, Perspektiven. München: Oekom-Verlag. 86-106

Scheer, Dirk/Konrad, Wilfried/Scheel, Oliver (2013): Public evaluation of electricity technologies and future low-carbon portfolios in Germany and the USA. In: Energy, Sustainability and Society 3:8

Schmidt, Henk G./Boshuizen, Henny P. A. (1992): Encapsulation of biomedical knowledge. In: Evans, D./Patel, V. (eds.): Advanced models of cognition for medical training and practice. Berlin: Springer. 265-282

Schmitter Philippe C./Lehmbruch, Gerhard (Hrsg.) (1979): Trends Towards Corporatist Intermediation. Beverly Hills, London

Schmolke, Amelie/Thorbek, Pernille/DeAngelis, Donald L./Grimm, Volker (2010) Ecological models supporting environmental decision making: a strategy for the future. In: Trends in Ecology and Evolution 25/8. 479-486

Schnotz, Wolfgang (2003): Informationsintegration mit Sprache und Bild. In: Rickheit, G./Deutsch, W./Herrmann, T. (Hrsg.): Psycholinguistik. Ein internationales Handbuch. Berlin, New York: De Gruyter. 577-587

Schramm, Wilbur (1954): How Communication Works. In: Schramm, W. (ed.): The Process and Effects of Communication. Urbana: University of Illinois Press. 3-26

Schulz, Marlen/Scheer, Dirk/Wassermann, Sandra (2010): Neue Technik, alte Pfade? Zur Akzeptanz der CO_2-Speicherung in Deutschland. In: GAIA 19/4. 287-296

Shannon, Claude E./Weaver, Warren (1949): The Mathematical Theory of Communication. Urbana: The University of Illinois Press

Siegrist, Michael/Cvetkovich, George (2000): Perception of hazards: The role of social trust and knowledge. In: Risk Analysis 20/5. 713-720

Sirikitputtisak, Tule/Mirzaesmaeeli, Hamidreza/Douglas, Peter L./Croiset, Eric/Elkamel, Ali/Gupta, Murlidhar (2009): A multi-period optimization model for energy planning with CO_2 emission considerations. In: Energy Procedia 1. 4339-4346

van der Sluijs Jeroen, P. (2002): A way out of the credibility crisis of models used in integrated environmental assessment. In: Futures 34. 133-46

van der Sluijs, Jeroen P./Petersen, Arthur C./Janssen, Peter/Risbey, James S./Ravetz, Jerome R. (2008): Exploring the quality of evidence for complex and contested policy decisions. In: Environmental Research Letters 3, 024008. 9 Seiten

Smith, Mike U. (1992): „Expertise and the organization of knowledge: Unexpected differences among genetic counselors, faculty, and students on problem categorization tasks. In: Journal of Research in Science Teaching 29. 179-205

SRU [Sachverständigenrat für Umweltfragen] (2011): 100% erneuerbare Stromversorgung bis 2050: klimaverträglich, sicher, bezahlbar. Berlin: SRU Sondergutachten. http://www.umweltrat.de/SharedDocs/Downloads/DE/02_Sondergutachten/2011_07 _SG_Wege_zur_100_Prozent_erneuerbaren_Stromversorgung.pdf?__blob=publicati onFile; Zugriff am 19.05.2013

Steinkraus, Doris/Wendt, Andreas (2010): Druckwellen treffen in Frankfurt aufeinander. In: Märkische Oderzeitung vom 29.07.2010. Seite 11

Streeck, Wolfgang (2009): Man weiß es nicht genau: Vom Nutzen der Sozialwissenschaften für die Politik. MPIfG Working Paper 09/11, Max-Planck-Institut für Gesellschaftsforschung. Köln: Eigenverlag

Szulczewski, Michael/Juanes, Ruben (2009): A simple but rigorous model for calculating CO_2 storage capacity in deep saline aquifers at the basin scale. In: Energy Procedia 1. 3307-3314

Thorngate, Warren/Tavakoli, Marin (2009): Simulation, rhetoric, and policy making. In: Simulation and Gaming 40. 513-527

Turner, Stephen (2001): What is the problem with experts? In: Social Studies of Science 31. 123-149

VDI [Verein Deutscher Ingenieure] 3633 (1996): Simulation von Logistik-, Materialfluss- und Produktionssystemen, Begriffsdefinitionen (Gründdruck)

Wagner, Wendy/Fisher, Elizabeth/Pascual, Pasky (2010): Misunderstanding models in environmental and public health regulation. In: Environmental Law Journal 18. 293-356

Walker, Warren E./Harremoës, Poul/Rotmans, Jan/van der Sluijs, Jeroen P./van Asselt, Marjolein B. A./Janssen, Peter/Krayer von Krauss, Martin P. (2003): Defining Uncertainty A Conceptual Basis for Uncertainty Management in Model-Based Decision Support. In: Integrated Assessment 4/1. 5-17

Warnke, Philine (2002): Computersimulation und Intervention. Eine Methode der Technikentwicklung als Vermittlungsinstrument soziotechnischer Umordnungen. Dissertation an der TU Darmstadt. http://elib.tu-darmstadt.de/diss/000277. Zugriff am 26.3.2013

Wassermann, Sandra/Schulz, Marlen/Scheer, Dirk (2011): Linking Public Acceptance with Expert Knowledge on CO2 Storage: Outcomes of a Delphi Approach. In: Energy Procedia 4. 6353–6359

Webler, Thomas/Tuler, Seth/Dietz, Thomas (2011): Modellers' and Outreach Professionals' Views on the Role of Models in Watershed Management. In: Environmental Policy and Governance 21. 472-486

Webster, H. N./Thomson, D. J./Johnson, B. T./Heard, I. P. C./Turnbull, K. F./Marenco, F./Kristiansen, N. I./Dorsey, J. R./Minikin, A./Weinzierl, B./Schumann, U./Sparks, S. S. J./Loughlin S.C./Hort, M./Leadbetter, S. J./Devenish, B./Manning, A. J./Witham, C./Haywood, J. M./Golding, B. (2012): Operational prediction of ash concentrations in the distal volcanic cloud from the 2010 Eyjafjallajökull eruption. In: Journal of Geophysical Research 117. D00U08, doi:10.1029/2011JD016790

Wehling, Peter (2006): Im Schatten des Wissens? Konstanz: Universitätsverlag Konstanz

Weingart, Peter (1997): Neue Formen der Wissensproduktion: Fakt, Fiktion und Mode. IWT Paper: 15 Bielefeld: http://urban-is.de/Annex/HTML/Kap1/Wissensgesellschaft/Wissensproduktion-Weingart.pdf. Zugriff am 16.5.2013

Weingart, Peter (1999): Scientific Expertise and Political Accountability: Paradoxes of Science in Politics. In: Science and Public Policy 3. 151-161

Weingart, Peter/Lentsch, Justus (2008): Wissen, Beraten, Entscheiden. Form und Funktion wissenschaftlicher Politikberatung in Deutschland. Weilerswist: Velbrück Wissenschaft

Weiss, Carol H. (1979): The many meanings of research utilization. In: Public Administration Review 39/5. 426-431

Wendt, Andreas (2010): Druckschwankungen sind ungefährlich: Drei Fragen an Frauke Schäfer, Bundesanstalt für Geowissenschaften und Rohstoffe. In: Märkische Oder-zeitung vom 27.08.2010. Seite 1

Weßels, Bernhard (1999): Die deutsche Variante des Korporatismus. In: Kaase, M./Schmid, G. (Hrsg.): Eine lernende Demokratie: 50 Jahre Bundesrepublik Deutschland. Berlin. 87-113

Wick, Hanna (2012): Vom Eyjafjallajökull lernen. In: Neue Züricher Zeitung vom 22. 02. 2012, www.nzz.ch/nachrichten/hintergrund/wissenschaft/vom_eyjafjallajoekull_lernen_1. 15205762.html. Zugriff am 16.5.2013

WI/DLR/ZSW/PIK (Wuppertal Institut/Deutsches Zentrum für Luft- und Raum-fahrt/Zentrum für Sonnenenergie und Wasserstoff-Forschung/Potsdam-Institut für Klimafolgenforschung) (2007): RECCS – Strukturell-ökonomisch-ökologischer Vergleich regenerativer Energietechnologien (RE) mit Carbon Capture and Storage (CCS). Forschungsvorhaben im Auftrag des BMU, Wuppertal u. a. O. www.bmu.de/erneuerbare_energien/downloads/doc/38826.php. Zugriff am 22.4.2013

WI/STE/ISI/BSR {Wuppertal Instituts/Forschungszentrum Jülich/Fraunhofer Institut/BSR Sustainability GmbH] (2008): Sozioökonomische Begleitforschung zur gesellschaft-lichen Akzeptanz von Carbon Capture and Storage (CCS) auf nationaler und inter-nationaler Ebene. Wuppertal: Eigenverlag

Winsberg, Eric (1999): Sanctioning models: The Epistemology of Simulation. In: Science in Context 12/2. 275-292

Winsberg, Eric (2003): Simulated Experiments: Methodology for a Virtual World. In: Philosophy of Science 70. 105-125

Winsberg, Eric (2009): A tale of two methods. In: Synthese 169. 575-592

Wollmann, Helmut (2001): Politikberatung. In: Nohlen, D. (Hg.): Kleines Lexikon der Politik. München: C.H. Beck. 376-380

Yearly, Steven (1999): Computer models and the public's understanding of science: a case-study analysis. In: Social Studies of Science 29. 845-866

Yücel, Gönenç/van Daalen, Els (2009): An Objective-based Perspective on Assessment of Model-supported Policy Processes. In: Journal of Artificial Societies and Social Simulation 12/4. 3

Zimmerman, Rae (1987): A process framework for risk communication. In: Science, Technology, and Human Values 12/3-4. 131- 137

VS Forschung | VS Research
Neu im Programm Politik

Michaela Allgeier (Hrsg.)
Solidarität, Flexibilität, Selbsthilfe
Zur Modernität der Genossenschaftsidee
2011. 138 S. Br. EUR 39,95
ISBN 978-3-531-17598-0

Susanne von Hehl
Bildung, Betreuung und Erziehung als neue Aufgabe der Politik
Steuerungsaktivitäten
in drei Bundesländern
2011. 406 S. (Familie und Familien-wissenschaft) Br. EUR 49,95
ISBN 978-3-531-17850-9

Isabel Kneisler
Das italienische Parteiensystem im Wandel
2011. 289 S. Br. EUR 39,95
ISBN 978-3-531-17991-9

Frank Meerkamp
Die Quorenfrage im Volksgesetzgebungsverfahren
Bedeutung und Entwicklung
2011. 596 S. (Bürgergesellschaft und Demokratie Bd. 36) Br. EUR 39,95
ISBN 978-3-531-18064-9

Martin Schröder
Die Macht moralischer Argumente
Produktionsverlagerungen zwischen wirtschaftlichen Interessen und gesellschaftlicher Verantwortung
2011. 237 S. (Bürgergesellschaft und Demokratie Bd. 35) Br. EUR 39,95
ISBN 978-3-531-18058-8

Lilian Schwalb
Kreative Governance?
Public Private Partnerships in der lokalpolitischen Steuerung
2011. 301 S. (Bürgergesellschaft und Demokratie Bd. 37) Br. EUR 39,95
ISBN 978-3-531-18151-6

Kurt Beck / Jan Ziekow (Hrsg.)
Mehr Bürgerbeteiligung wagen
Wege zur Vitalisierung der Demokratie
2011. 214 S. Br. EUR 29,95
ISBN 978-3-531-17861-5

Erhältlich im Buchhandel oder beim Verlag.
Änderungen vorbehalten. Stand: Juli 2011.

Einfach bestellen:
SpringerDE-service@springer.com
tel +49 (0)6221 / 3 45 – 4301
springer-vs.de

 **Springer VS**

VS Forschung | VS Research

Neu im Programm Medien | Kommunikation

Roger Blum / Heinz Bonfadelli /
Kurt Imhof / Otfried Jarren (Hrsg.)
**Krise der Leuchttürme
öffentlicher Kommunikation**
Vergangenheit und Zukunft
der Qualitätsmedien

2011. 260 S. (Mediensymposium) Br.
EUR 34,95
ISBN 978-3-531-17972-8

Kristin Bulkow / Christer Petersen (Hrsg.)
Skandale
Strukturen und Strategien öffentlicher
Aufmerksamkeitserzeugung

2011. 315 S. Br. EUR 39,95
ISBN 978-3-531-17555-3

Olga Galanova
**Unzufriedenheits-
kommunikation**
Zur Ordnung sozialer Un-Ordnung

2011. 201 S. Br. EUR 39,95
ISBN 978-3-531-17674-1

Hans Mathias Kepplinger
Realitätskonstruktionen

2011. 235 S. (Theorie und Praxis öffentlicher Kommunikation Bd. 5) Br. EUR 34,95
ISBN 978-3-531-18033-5

Verena Renneberg
**Auslandskorrespondenz
im globalen Zeitalter**
Herausforderungen der modernen
TV-Auslandsberichterstattung

2011. 347 S. Br. EUR 39,95
ISBN 978-3-531-17583-6

Anna Schwan
Werbung statt Waffen
Wie Strategische Außenkommunikation
die Außenpolitik verändert

2011. 397 S. Br. EUR 49,95
ISBN 978-3-531-17592-8

Ansgar Thießen
**Organisationskommunikation
in Krisen**
Reputationsmanagement durch
situative, integrierte und strategische
Krisenkommunikation

2011. 348 S. Br. EUR 39,95
ISBN 978-3-531-18239-1

 Springer VS

The manufacturer's authorised representative in the EU is Springer
Nature Customer Service Centre GmbH, Europaplatz 3, 69115 Heidelberg,
Germany. If you have any concerns regarding our products, please
contact ProductSafety@springernature.com

Printed and bound by CPI Group (UK) Ltd, Croydon, CR0 4YY
27/04/2026
02097622-0001